CB002919

Do projecto ao edifício, do *habitat* ao espaço envolvente,
do campo à cidade, do funcional à vanguarda, do piroso ao estético,
da utopia à realidade – o campo de análise é imenso.
A razão de ser desta colecção reside na abordagem,
sob os ângulos mais diversos, das questões fundamentais
da arquitectura e do urbanismo. Mas isso não implica, naturalmente,
a exclusão de estudos referentes a outras épocas,
sobretudo quando contribuem para melhor
compreendermos a nossa.

1 — **Paisagem Urbana** de Gordon Cullen
2 — **Architectura in Nuce** de Bruno Zevi
3 — **Movimentos Modernos em Arquitectura** de Charles Jencks
4 — **A Paisagem Urbana Moderna** de Edward Relph
5 — **A Linguagem Moderna da Arquitectura** de Bruno Zevi

Movimentos Modernos em Arquitectura

Título original:
Modern Movements in Architecture

Tradução: José Marcos Lima

Capa de Edições 70
Na capa: Amoreiras, projecto do Prof. Arq. Tomás Taveira
Foto de Augusto Silva gentilmente cedida pelo Prof. Arq. Tomás Taveira

Depósito Legal nº 239 366/06

Impressão
TIPOGRAFIA LOUSANENSE
para
EDIÇÕES 70, LDA.
Março de 2006

ISBN (10): 972-44-0498-6
ISBN (13): 978-972-44-0498-1

EDIÇÕES 70, Lda.
Rua Luciano Cordeiro, 123 – 1º Esqº - 1069-157 Lisboa / Portugal
Telefs.: 213190240 – Fax: 213190249
e-mail: edi.70@mail.telepac.pt

www.edicoes70.pt

Charles Jencks

Movimentos Modernos em Arquitectura

70

AGRADECIMENTOS

Num estudo histórico como este, o autor teria forçosamente de contrair enormes dívidas de gratidão, de tipos diversos, que têm de ser assumidas, senão adequadamente retribuídas. Talvez a mais importante dessas dívidas diga respeito aqueles cujas ideias moldaram este livro: as ideias de Hannah Arendt sobre política e revolução, as de I. A. Richard e de Coleridge sobre imaginação, e as de E. H. Gombrich sobre o modo como a arte, e neste particular a arquitectura, pode comunicar uma significação. O leitor encontrará uma informação pormenorizada sobre estas ideias nas notas, mas tenho de acentuar neste preâmbulo a minha imensa gratidão a essas pessoas. Sem os seus escritos e sem o seu exemplo, este livro nunca teria sido escrito. Sinto uma gratidão semelhante para com os arquitectos Le Corbusier, James Stirling e Aldo van Eyck, cujo trabalho e personalidade serviram também de estímulo a este projecto.

Há um outro tipo de credores, a quem devo ajuda pessoal, discussões, críticas, informações em primeira mão e opiniões imparciais: os estudantes da Architectural Association, onde tenho dado aulas, os arquitectos Peter Cook, Joseph Zalewski e Alan Colquhoun, os historiadores Thomas Stevens e Eduard Sekler e um amigo constante, o teórico da arquitectura George Baird. Sem estas pessoas, e sem o estímulo sempre presente de *Architectural Design,* este livro ficaria ultrapassado e irrelevante do ponto de vista arquitectónico. Aquela revista tem sido especialmente importante, porque me tem permitido afinar o meu trabalho e facultado informação muito diversificada. Mesmo quando discordo da sua orientação e da dureza dos seus comentários, tenho de admitir que os seus critérios de escolha são elevados e que é notável a sua capacidade para ver o que há de relevante na arquitectura.

Finalmente, uma palavra de agradecimento para os meus dois críticos — Reyner Banham, que supervisionou este livro, sob uma primeira forma, quando era ainda apenas uma tese, e o meu editor, Nikos Stangos, que sugeriu alterações e cortes. Só para inverter as convenções, gostaria de dizer que, a haver omissões, erros ou passagens menos felizes, isso se deverá unicamente a falhas dos meus dois críticos, mas estou perfeitamente consciente de que o reverso é verdade. De facto, eles mostraram-se vigilantes e criativos nas cerradas leituras que fizeram — são num certo sentido, os leitores ideais — e eu, apenas eu, serei responsável por algumas falhas que ainda existam.

Charles Jencks

Londres, Julho de 1971

INTRODUÇÃO À SEGUNDA EDIÇÃO

Desde que escrevi este livro como tese de doutoramento, sobre a orientação de Reyner Banham, o mundo da arquitectura e a visão que tinha dele alteraram-se consideravelmente. Na RIBA, há vários anos, censurei o meu antigo professor por defender opiniões muito diversas no espaço de poucos meses, ao que ele me retorquiu com a máxima, «para provares que tens ideias na cabeça, certamente não podes ter sempre as mesmas ideias».

Há provavelmente outros meios de provar a existência intelectual de uma pessoa, mas a mudança consistente, dentro de uma certa direcção, continua decerto a ser um deles. Como o leitor depressa descobrirá, este livro foi, em 1971, um texto polémico a favor do pluralismo e contra um Modernismo restrito — e daí os em Movimentos Modernos. Em 1984, continua a ser isso mesmo, mas agora há dois novos movimentos a acrescentar e um posfácio sobre a arquitectura neo e pós-moderna. O mundo da arquitectura tornou-se aliás, mais tolerante, no espaço de tempo que passou entretanto, e mesmo, talvez, demasiado permissivo. De qualquer forma, o sentido da mudança que segui, defendi e a que chamei Pós-Modernismo, foi apontado pelas críticas constantes deste livro: as minhas próprias críticas a Gropius, Mies e às «firmas» mais burocráticas do Modernismo, e os textos de Jane Jacobs, Lewis Mumford, Robert Venturi, dos Advocate Planners e muitos outros. Desenvolvi estas críticas em 1975 de tal forma que as minhas simpatias iniciais face ao Modernismo foram seriamente abaladas, senão totalmente rejeitadas, desenvolvimento que encontra eco nos arquitectos pós-modernos. Refiro tudo isto não só porque ainda há muitos mal-entendidos e controvérsia sobre esta, matéria, mas também para tornar a minha posição como autor o mais clara possível para o leitor. O Pós-Modernismo *não* rejeita o Modernismo totalmente, como aconteceu com os tradicionalistas, mas desenvolve a sua própria linguagem híbrida, parcialmente a partir do seu predecessor.

Em 1984, ano fatídico, numa altura em que o nosso futuro arquitectónico é moldado por firmas cada vez mais burocráticas, e em que os nossos maiores gabinetes, como os chefiados por Walter Gropius, perpetram um tipo de *kitsch* historicista no Médio Oriente, Singapura ou muitos outros países — ver figura *67* —, é tempo de reavaliar o nosso passado recente e, ao mesmo tempo, a cultura ocidental: de criticar o historicismo e o Modernismo irracionais, que tanto êxito comercial obtêm. Devíamos evitar a polémica extremada a que esta prática conduz e tentar juntar as peças de uma cultura arquitectónica fragmentada, em parte de *avant-garde,* em parte tradicional. É possível fazer distinções de qualidade sem uma referência à ideologia, ponto que a minha teoria da multivalência, como veremos, abordará.

A melhor arquitectura pós-moderna é híbrida, como o melhor Pré-Modernismo da geração de 1900; tenta juntar passado e futuro sem compromisso, sem abdicar da ligação com o mundo moderno e a sua tecnologia, nem da ligação com a cultura ocidental, ou tradições locais. O híbrido é difícil de alcançar, e certamente mais exigente do que a atenção unívoca à estética e à tecnologia que caracterizou o brilhante Mies van der Rohe. É também uma linguagem mais rica em perspectivas, fazendo um uso total dos meios arquitectónicos, incluindo ornamentação, simbolismo, policromia, metáfora, perícia. Significa o regresso à arquitectura enquanto arte equilibrada e digna de fruição.

Charles Jencks

Londres, Novembro de 1983

INTRODUÇÃO: A PLURALIDADE DAS ABORDAGENS

Qualquer opinião é uma eclipse; uma asserção condicional com a parte condicional omitida.

(I. A RICHARDS

Historiadores e o público em geral pensam normalmente que existem uma teoria e uma prática unificadas, com a designação de «Arquitectura Moderna». Talvez, de tempos a tempos, este conceito escrito com maiúsculas tenha obtido um vasto entendimento e um consenso de especialistas, o que justificaria que se chamasse a uma tal área de acordo Arquitectura Moderna. Porém, na maior parte das vezes, o seu uso é geralmente informado pela ignorância. Aqueles que o usam, ou não estão conscientes da pluralidade das tradições arquitectónicas vivas, ou esperam aglutinar esta pluralidade a um qualquer movimento integrador. Por exemplo, quando ouvimos um historiador dizer «O Movimento Moderno», já sabemos o que vem a seguir: uma teoria que abarca tudo, uma ou duas linhas de desenvolvimento arquitectónico, uma coisa chamada «o verdadeiro estilo do nosso século», e um melodrama a sério com heróis e vilões, que interpretam os papéis previsíveis, de acordo com o intrincado argumento do historiador. Ofuscado por esta exibição de uma trama consistente, mais o seu inexorável desenvolvimento, o leitor esquece-se dos actores que faltam e dos seus variados feitos — ou seja, do que o historiador condena ao lixo. Em parte, estas selecção e omissão de dados são desejáveis, porque criam uma certa ordem conceptual, a partir de uma enorme complexidade de pormenores. Mas, infelizmente, serve amiúde para reforçar uma ideologia — uma tradição de desenvolvimento — à custa de uma pluralidade viva.

Podemos mostrar o que acabamos de dizer com um exemplo característico. Nikolaus Pevsner, no seu livro *Pionners of Modern Design* [1], dá-nos uma descrição muito clara de certos desenvolvimentos que conduziram, como

---

[1] Nikolaus Pevsner. *Pioneers of Modern Design,* Penguin Books, Harmondsworth, 1960, publicado pela primeira vez sob o título *Pioneers of the Modern Movement,* em 1936, por Faber & Faber. Pevsner terminava esta primeira edição justificando o estilo moderno como «genuíno» e «totalitário».

o seu subtítulo explica, «De William Morris a Walter Gropius». Recordando o seu livro, trinta anos depois, em 1966, Pevsner disse:

Para mim, o que tinha sido realizado em 1914 era *o* estilo do século. Nunca me ocorreu outra perspectiva. Aquele era o único estilo que servia todos os aspectos que interessavam, e que tinham a ver com a economia e a sociologia, com os materiais e com a funcionalidade[2].

Esta ingénua confissão é particularmente interessante pelo que revela acerca do trabalho de Pevsner e de outros historiadores. Tal como muitos da sua geração, Pevsner acredita que há uma relação determinística entre um certo conteúdo e uma certa forma, ou «todos os aspectos» que menciona e «*o* estilo» — em vez de adoptar a noção, mais flexível, de que a relação entre estilo e conteúdo é «imotivada»[3]. Além disso, a afirmação de Pevsner constitui uma franca confissão dos seus próprios valores selectivos. O que, obviamente, explica por que razões omitiu de início arquitectos tão importantes como Gaudi e Sant'Elia — a quem chamava «excêntricos» e «fantasistas» —, até ao momento em que, como ele próprio sugere, a pressão da opinião o obrigou a inclui-los no livro.

Há muitas omissões «ideológicas» deste género no livro de Pevsner, tal como em todas as histórias da arquitectura moderna [4], e podíamos justificá-las como «liberdades interpretativas» do historiador, se por acaso o seu efeito não fosse tão profundo. Porque, vejamos: qual tem sido o verdadeiro efeito da prática dos historiadores na história da arquitectura? Conservador, elitista e profético. O que tem como resultado que a teoria arquitectónica se tornou historicista, ou motivada por argumentos que garantem haver uma linha inevitável de evolução. Numa das formulações teóricas básicas, *Vers une architecture* (1923), Le Corbusier tentou persuadir os seus ouvintes de que «a indústria [está] a submergir-nos como uma torrente que corre para os seus fins naturais». Talvez os seus ideais fossem positivos e o efeito salutar, mas o método de argumentação era tão perigoso quanto qualquer determinismo, que defende que devemos seguir a tendência geral dos acontecimentos, conduzam-nos estes onde conduzirem.

O historiador da arquitectura recente, de um modo geral, tem seguido a mesma linha de argumentação, tornando-se implicitamente, ou um apologista de uma tradição única, digamos o Estilo Internacional, ou o profeta de um desenvolvimento inevitável, digamos, a tecnologia e o determinismo estrutural. Arquitectos e público são naturalmente persuadidos por estes argumentos convincentes e, por isso, a importância das tradições vivas ou das alternativas para o futuro, é radicalmente limitada. Por causa de uma tal supressão, dois movimentos arquitectónicos, o Futurismo e o Expressionismo, foram, durante trinta anos, amputados da nossa memória. Contudo, este tipo

---

[2] Nikolaus Pevsner, «Architecture in Our Time, the Anti-Pioneers», *Listener,* 29 de Dezembro de 1966, p. 953.

[3] Michael Lane, *Structuralism, A Reader,* Jonathan Cape, Londres, 1970. Como Ferdinand de Saussure salientou, em 1916, a relação entre som e sentido em linguagem é, na sua maior parte, inicialmente arbitrária ou imotivada; o mesmo se verifica na relação entre forma e conteúdo na arquitectura; ver também a nota seguinte para referências.

[4] Charles Jencks, «History as Myth», in George Baird e Charles Jencks, *Meaning in Architecture,* Barrie & Jenkins, Londres, 1970. Este ensaio analisa os padrões de interpretação histórica nos últimos cinquenta anos.

de omissão pode ser resultado, tanto da metodologia como da ideologia do historiador. Habituado a procurar elos de ligação entre arquitectos, o historiador pensa que esses elos existem sempre. Como principal esteio do seu trabalho, tenta encontrar relações entre contemporâneos ou entre homens de várias épocas como se houvesse, uma tradição universal omnipresente a que todos estariam ligados, ou um único desenvolvimento moral e lógico possível.

Opondo-se tanto à teoria do *Zeitgeist* como à teoria de uma via única, este estudo da arquitectura recente postula a existência de uma *série de movimentos descontínuos* e aborda esta pluralidade com diferentes métodos e em diferentes capítulos. Isto não quer dizer, contudo, que vá evitar, ou mesmo que possa evitar, a omissão de certos arquitectos e o recurso a conceitos selectivos. Como o leitor verá, recorri a uma série de ideias como multivalência, *Camp,* e as 'seis' tradições, que são tão restritivas como quaisquer outros conceitos. O uso de conceitos é tão inevitável no texto histórico como na ciência, como explica, de uma forma divertida, E. H. Gombrich, em «Classification and its Discontents». [5] O que está em causa é saber se os conceitos fazem luz sobre os seus objectos, se têm um grande poder explanatório e se são intrinsecamente relevantes e tão plurais como os factos.

A um certo nível de abstracção, há basicamente dois tipos de material historicamente relevante: o que exerce influência (ou o que é interessante por causa da sua importância como elo numa cadeia significante) e o que sobressai (ou que tem valor por si só, enquanto universo restrito e intrinsecamente relevante). O primeiro tipo de material é parte de um movimento; literalmente, um desenvolvimento no seio de uma tradição ou de uma situação. É o caso da evolução da casa comunal na Rússia, ou do movimento *Pop* em Inglaterra, para pegar em exemplos muito diferentes e descontínuos, abordados em capítulos posteriores. A relevância deste tipo de tradição evolutiva sobressai mais na narrativa histórica, ao passo que o segundo tipo de material deve ser, de preferência, analisado criticamente a nível das suas relações internas. Por exemplo, o trabalho *multivalente* de Le Corbusier, James Stirling e Aldo van Eyck é tão insignificante em si mesmo que a narrativa histórica é obrigada a parar — e a dar lugar à análise das relações internas.

Dado que, a todo o momento, fazemos juízos qualitativos acerca de construções e, em particular, porque uma história selectiva assenta basicamente num julgamento, creio ser necessário explicar o critério de selecção aqui adoptado. Algumas construções têm uma riqueza e uma densidade de significação que as tornam mais agradáveis para viver, ver e visitar, do que outras. Essas são as construções que todas as gerações reinterpretam segundo novas perspectivas. Voltamos a elas repetidamente, não necessariamente por causa de qualquer significado particular que elas possam veicular, mas mais devido à forma, profunda e estimulante, como as significações se interrelacionam ou aglutinam num conjunto poderoso. Para esta qualidade adoptei o termo genérico de multivalência, porque aponta para a presença de níveis de significação multivalentes. [6] Para ser mais preciso, a multivalência consiste em quatro qualidades distintas: *criação* imaginativa, ou a concatenação das partes

---

[5] Ver E. H. Gombrich, *Norm and Form,* Phaidon Press, Londres, 1966, pp. 81-83.

[6] A ideia de fusão imaginativa tem uma longa história na crítica literária, culminando em S. T. Coleridge. Ver I. A. Richards, *Coleridge on Imagination,* Routledge & Kegan Paul, Londres, 1934.

num novo todo, o *conjunto* assim obtido, as *relações* entre as partes, que são a causa desta criação e que permitem às partes *modificarem-se* umas às outras. Decididamente, a forma mais concreta de demonstrar a teoria da multivalência é aplicá-la a dois trabalhos que diferem quanto à natureza — um de Le Corbusier, que releva uma fusão imaginativa, e o outro de Frederick Gibberd, que mostra uma aglutinação de partes que é univalente.

UNITÉ D'HABITATION E CATEDRAL DE LIVERPOOL

A *Unité d'Habitation* [1] de Le Corbusier é provavelmente, pelo menos no seio dos círculos arquitectónicos, uma das construções mais famosas do pós-guerra em todo o mundo. Foi acolhida com muita atenção pela imprensa, nem toda, aliás, favorável, e continua a ser um objecto de eleição de peregrinações de estudantes ou de arquitectos praticantes — a maior parte dos quais tentam aclarar as vantagens e os inconvenientes de uma mega-estrutura e os ideais sociais da *Ville Radieuse,* que a inspiraram. Na realidade, os ideais que inspiraram a *Unité d'Habitation* são muito anteriores e derivam, no fim de contas, de uma série de tradições diversas que Le Corbusier misturou e sintetizou de uma forma criativa.

Por exemplo, Le Corbusier pegou na ideia de uma unidade habitacional autónoma do *Phalanstère* de Fourier — uma comuna de extensão variável do século XIX, que determinaria o seu próprio colectivo — e idealizou uma cidade feita dessas unidades. Para entendermos a inversão da ideia tradicional, basta-nos pensar no recorrente tema utópico de uma comunidade pequena e isolada, longe da confusão da cidade. Tanto o mosteiro tradicional como as comunidades utópicas de, digamos, Robert Owen, seguem este modelo. E embora tenha sido directamente inspirado pelo Mosteiro de Ema e pelo socialismo utópico de Fourier[7], Le Corbusier via de facto a sua *Unité* como parte de projectos citadinos mais vastos — tanto a *Ville Radieuse* como os seus projectos de remodelação de St Die e Marselha, etc. Assim, a autonomia e a auto-suficiência que são evidentes na *Unité* devem ser encaradas apenas como parciais. O que Le Corbusier realmente queria, era alojar os quatro milhões de famílias francesas que tinham ficado sem casa durante a guerra, numa série de *Unités* interrelacionadas, que se espalhariam por toda a França e, o que era mais importante, evitariam a proliferação da paisagem suburbana.

A par desta inversão das utopias tradicionais, a sua principal intenção social era, de certo modo, paradoxal — embora se tratasse de um paradoxo partilhado pela maior parte dos arquitectos modernos. E que consiste em elevar a vida familiar, a quotidiana vida doméstica do lar, ao nível do monumento público. Encontramos aí o mais próximo equivalente moderno do Templo Grego [2]; e, no entanto, para os Gregos, as pessoas que se dedicavam habitualmente a assuntos domésticos e privados eram chamadas de «idiotas», porque não chegavam às questões públicas e, portanto, não podiam instruir-se,

---

[7] Ver Peter Serenyi, «Le Corbusier, Fourier and the Monastery of Ema», in *Art Bulletin,* Dezembro de 1967. Em «The Marseilles Block», Le Corbusier escreve: «olhe-se para trás. Pense-se em Charles Fourier e nas suas 'ideias selvagens' de casas dispondo de serviços comunais... a própria água será conduzida através de tubos de ferro para cada casa'. Estávamos em 1830 e Fourier foi considerado louco. Portanto, não tenhamos medo das ideias» (p. 22).

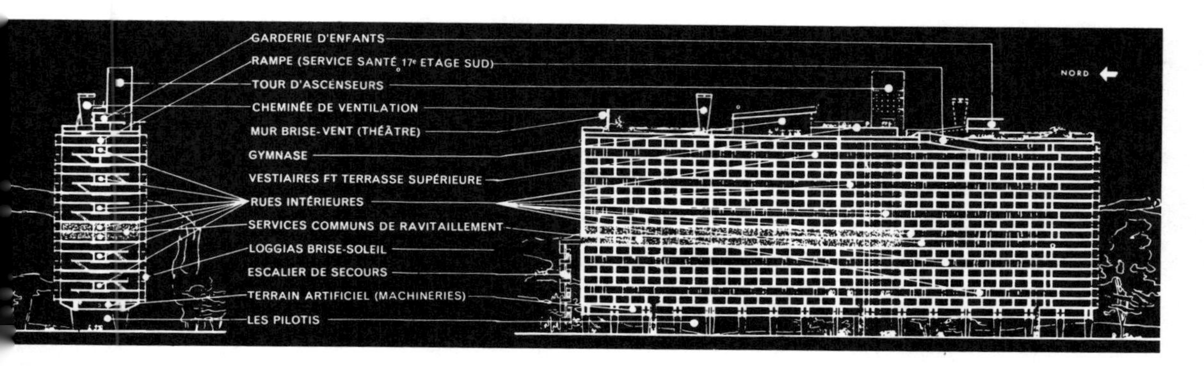

Le Corbusier: Unité d'Habitation, Marse-a, França, 1947-52, secção explanatória e senho em projecção frontal. Denominado r Le Corbusier «Uma Unidade Habitacional Tamanho Adequado», este «lar» para 1600 ssoas contém vinte e seis tipos diferentes de viços comunais; a *quantidade* de elementos m critério de multivalência.

nem ganhar direitos políticos. Como se esta inversão dos valores clássicos não bastasse, Le Corbusier faz também outras combinações desusadas das tradições do passado: as colunas são afiladas em baixo em vez de o serem em cima, a paisagem e o jardim estão no telhado em vez de estarem no chão, as ruas estão no ar e são internas em vez de serem externas e estarem no chão, e o centro comercial encontra-se no sétimo andar, em vez de estar ligado à vida comercial de Marselha.

Todas estas inversões chegavam para causar problemas aos habitantes e suscitar ofensas na imprensa popular e profissional. Por exemplo, Jane Jacobs condenou o centro comercial por ter sido afastado irrealisticamente da cidade, Lewis Mumford criticou os apartamentos por serem demasiado estreitos, Siegfried Giedion acusou as ruas interiores de serem corredores escuros, e a imprensa popular atacou a ideia de alojar 1600 pessoas numa colmeia imensa, anónima e inumana. Porém, todas estas faltas e afrontas aos hábitos tradicionais podiam ser, e na realidade foram-no, defendidas como criações positivas: o centro comercial autónomo dá uma determinada identidade aos habitantes, além de se revelar muito prático; os apartamentos longos amenizam a violência do sol mediterrânico, permitem uma ventilação em extensão e uma série de novas experiências com o espaço; os pequenos corredores interiores permitem economias em dinheiro e fornecem um contraste com as notáveis vistas dos apartamentos; e o alojamento de 340 famílias numa unidade evita a implantação suburbana e dá aos habitantes um sentimento misto de anonimato e relacionamento social, como acontece num navio ou num hotel de banhos. Evidentemente, pode sempre dizer-se que o camponês provençal se sentiria isolado e deslocado nesse espaço, mas pelo menos o professor civilizado e o solteirão inveterado deveriam achá-lo agradável (como, de facto, acharam). Globalmente, portanto, encontramos na *Unité* um equilíbrio entre objectivos positivos e consequências negativas, o que não é incomum em qualquer arquitectura multivalente. Se um trabalho tem múltiplos determinantes, então permitirá várias interpretações plausíveis, algumas das quais, embora opondo-se entre si, são igualmente válidas. Tal é o caso das quatro críticas que referi.

Regressando à inversão básica dos domínios público e privado, verificamos que esta ideia se encontra também implantada no interior. A cozinha, o local onde a dona de casa satisfaz as necessidades da família com todos os seus electrodomésticos, é o centro de cada apartamento [3]. Le Corbusier acentuou o seu papel como zeladora e admistradora do espaço familiar, pondo em relevo a sua presença no «novo coração» do lar. Na realidade, a exagerada importância simbólica dada a cada elemento da vida familiar, era uma velha ideia de Le Corbusier, que remontava aos anos vinte, quando apontou a casa como o problema central da arquitectura contemporânea. Propôs que os principais problemas sociais causados pela industrialização — desenraízamento, caos — encontrariam resposta, basicamente através do restabelecimento da harmonia da vida quotidiana e do lar. O facto de muitos críticos verem a *Unité* como uma imagem arquetípica da vida desenraízada — o navio, o hotel ou o mosteiro — volta precisamente a acentuar a natureza parado-

2. *Le corbusier: Unité d'Habitation,* facha[illegible] leste. A ordem colunar suporta um entabl[illegible] mento gigantesco de acomodações doméstic[illegible] dividido pelo espaço de circulação e pelo ce[illegible] tro de compras.

xal da criação de Le Corbusier. Porém, como é óbvio, ele viu na sua criação a reinstauração da harmonia cósmica entre o homem e a natureza que tinha sido destruída pela rápida urbanização. Daí a defesa da inclusão de todas as actividades do ciclo diário numa unidade e também de uma relação directa e não mediatizada do homem com a paisagem natural.

Explorando mais profundamente as suas intenções, encontramos a realização de uma série de qualidades positivas quase sem paralelo. De facto, Le Corbusier oferece na *Unité:* (a) vinte e três tipos diferentes de apartamentos,

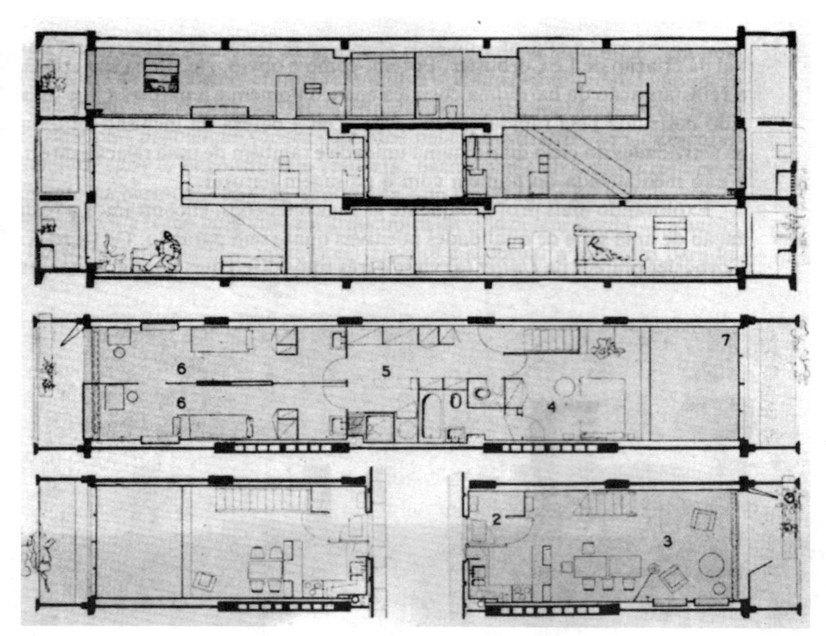

3. *Le Corbusier: Unité d'Habitation,* secçã[o] planta. Os apartamentos entrosam-se à volta [d]um corredor central; a cozinha e a casa [de] banho situam-se acima e abaixo dele, ao pa[sso] que os quartos dos pais e das crianças se situ[am] nos pontos mais afastados.

que abarcam todo o tipo de famílias; (b) todos eles rigorosamente privados, devido a isolamento sonoro e a inserção numa estrutura; (c) todos eles longe dos habituais vícios urbanos, como os gases dos automóveis e o barulho; (d) além de disporem de vinte e seis tipos diferentes de instalações colectivas [4],

4. *Le Corbusier: Unité d'Habitation,* vist[a do] terraço com uma chaminé grandiosa, pist[a de] atletismo, rampa para a creche, etc. Um ex[em]plo de composição compacta; ver também

Le Corbusier: Unité d'Habitation, janela-deira-mesa, etc.

como uma creche e um ginásio no terraço; (e) este todo unificado por uma estética purista que, ao mesmo tempo, é uma forma técnica de produção de massas. Por exemplo, se investigarmos o sistema de blocos de cimento no exterior ou as unidades com paredes repetitivas no interior, verificamos que foi usado um pequeno número de elementos similares numa série de diferentes posições. O efeito disto é tornar o que parece ser um gesto formal perfeitamente gratuito numa racionalidade económica e técnica. Dado que ambas as interpretações são igualmente válidas, podemos permitir-nos o prazer de vermos os objectos modificando-se ao passarem de um nível de interpretação para outro. Dado que esta *modificação* é outro critério de multivalência, valerá a pena repararmos pormenorizadamente num outro pequeno exemplo: o banco de janela [5]. Na realidade, esta forma em L não é especificamente um banco, pois pode também ser uma mesa, um estabilizador estrutural, um local para arrecadações, um sítio para as crianças se esconderem nas suas brincadeiras, e uma parte da ordem modular que se funde com outros contextos visuais. De dentro do apartamento, torna-se parte da vista para as árvores e a paisagem, ao passo que do exterior a forma em L funde-se com outros elementos geométricos num jogo cénico rítmico e branco, exaltado por um sol forte. Resumidamente, podemos dizer que esta única forma se insere em oito contextos imediatos ou, se quisermos, há pelo menos oito relações com diferentes contextos. Se cada uma destas relações modifica o modo como a forma é vista e usada, então também modifica a área circundante, tornando-a mais rica em significado.

Passando agora à Catedral de Liverpool [6], podemos verificar como a forma univalente é pobre a nível da capacidade relacional. Começando pelo exterior, verifica-se que cada parte da construção é retirada de um contexto prévio: a coroa de espinhos e a estrutura são reminiscências do trabalho de Niemeyer no Brasil; o uso do vidro estanhado lembra a igreja de Perret, no Havre; a porta e o campanário simbólicos lembram mais um qualquer trabalho de Breuer do que apelam para a contemplação original; o entalho em cimento é idêntico ao de Wright e os pináculos e os remates são claramente pseudo-góticos.

Os factos de estes motivos terem sido retirados de outras fontes não é tão perturbador como o problema de nada de original ter sido feito, a nível da sua interrelação, fosse por contraste ou por integração. Cada elemento é única e simplesmente encaixado no elemento seguinte, como se não existisse. Os pilares da estrutura são apenas fruto da mera necessidade técnica, não introduzindo a sua relação com os outros elementos qualquer modificação no seu sentido: irrompem pelo chão artificial sem a mínima cerimónia, atravessam desajeitadamente três faixas horizontais, como se o arquitecto tivesse querido criar o gesto aéreo da catedral de Niemeyer e desistisse das suas pretensões em cada fase do seu voo para o céu. Se esta perda de fé tivesse de alguma forma sido reconhecida e não negada atrás das superfícies claras e polidas,

6. *Frederick Gibberd: Catedral de Liverpo 1960-67.* O exterior divide-se em três plar principais, todos sem qualquer interrelaç aparente a nível de forma, cor e material (fo de alumínio, betão e pedra).

então pelo menos o arquitecto poderia ter imposto um contraste irónico entre os resultados e a sua intenção primária — um contraste que Le Corbusier usa frequentemente com resultados positivos, como veremos. Em vez disso, através de uma correcção constrangida nos pormenores, Gibberd mostrou que pensava naquelas formas exactamente como elas surgem aos nossos olhos. Por isso, tendo em conta o seu valor facial, as capelas salientes têm de ser vistas literalmente: como construções poligonais indiferentes pregadas a um chão circular — um compromisso entre necessidades técnicas e exigências formais. São massas de pedra inertes, desajeitadas e deselegantes, cujo gesto primitivo é de novo negado pela concretização — um exemplo de ambiguidade que não é apoiado porque os polos intencionais estão demasiado longe: isto é, não há suficientes elementos mediadores, os quais são também ambíguos.

No interior, encontramos por todo o lado a mesma literalidade univalente. A «coroa de espinhos» que, como facilmente se adivinha, «simboliza o reino de Cristo» no exterior, coroa também, como igualmente seria de prever, o altar-mor no interior [7]. Não há a mínima descoberta ou surpresa, o mínimo sentido do mistério no interior: apenas um espaço largo, central, que é entendido num relance com o seu significado univalente. Este espaço central é designado como «um palco num teatro circular», no intuito de levar a congregação a uma relação mais próxima e efectiva com o elaborado ritual católico romano — e, em particular, a celebração da missa cantada. Tudo visa reforçar esta centralidade, desde o soalho radiado à luz por cima do altar.

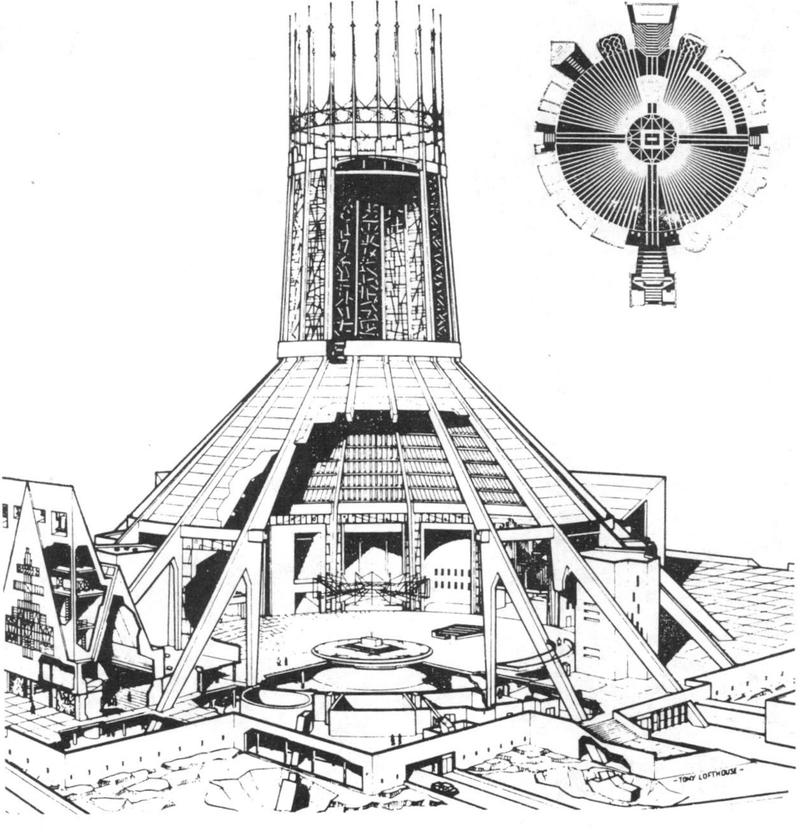

. *Frederick Gibberd: Catedral de Liverpool,* erspectiva em corte e planta mostrando dezasseis pilares de betão à volta da nave circular e o altar principal ligeiramente elevado.

O problema é que, uma vez mais, cada elemento ressalta no seu contexto de uma forma tão literal que abafa tudo o que se opõe, incluindo o coro: um altar em mármore sobre base; mais um baldaquino de alumínio; mais um vitral em vidro estanhado com uns raios de sol irrompendo, simbolizando, claro, a verdade, etc., etc. [8]. O método seguido é resultado de uma justaposição desapaixonada e, dado que os diversos elementos não mantêm qualquer relação especial entre si e, por isso, não operam qualquer modificação nas respectivas significações, pouca diferença faria se houvesse mais uns quantos ou menos uns quantos elementos. Podia dar-se o caso de os elementos isolados se relacionarem através de uma violenta e bizarra oposição, como nas colagens surrealistas, mas a verdade é que o possível contraste intrínseco é suprimido e, por isso, a ironia latente dissipa-se. Finalmente, se repararmos nas figuras do vidro estanhado ou da fachada do pórtico, daremos com a mesma literalidade unívoca [9]. As figuras são, na sua maior parte, fortuitas e, além disso, significam o óbvio, ou seja, a crucificação ou a luz divina, sem qualquer significação formal. Daí a sua forma arbitrária e gratuita.

Um dos processos mais simples para descobrir se um trabalho é frágil a nível de um inter-relacionamento interno, é analisá-lo de um ponto de vista irónico e descomprometido, utilizando diversas metáforas, para ver se o trabalho em questão aguenta este ataque, oferecendo contra-significados. Já vimos como se pode responder às críticas hostis à *Unité,* porque a forma multivalente desta permite interpretações opostas e, por isso, dissipa qualquer

8. *Frederick Gibberd: Catedral de Liverpo*
baldaquino de alumínio suporta o equipamer
acústico e mecânico sem qualquer come
mento; atrás disto, o coro flutua no espaç
a «Capela do Sagrado Sacramento» assenta
estrutura central.

Frederick Gibberd: *Catedral de Liverpool,* rada e pórtico em forma de sino. A perda fé na iconografia cristã reflecte-se na reza do padrão (três cruzes e três coroas).

perspectiva crítica univalente. Porém, isto já não se verifica no caso da Catedral de Liverpool. Por isso, a «coroa de espinhos», simbolizando o «reino de Cristo», tem sido alcunhada pelas piadas correntes em Liverpool como «uma torre de ventilação — o funil de Mersey», e, embora esta ironia possa conter um elemento afectuoso, a verdade é que consegue minar a pretensão unívoca de exprimir a compaixão pelo Cristo, porque comporta um dos significados plausíveis latentes na forma. As outras alcunhas, «tenda dos índios» ou «cápsula espacial», são também possíveis e igualmente subversivas em relação à pretendida ideia de divindade. Bastava o arquitecto ter assumido outros sentidos e reconhecido erros óbvios, como a tibieza do seu gesto inspirador, para ficar assegurado o necessário interrelacionamento dos elementos e integradas as objecções irónicas. Como estão, os diversos elementos mantêm-se isolados e sem qualquer relação entre si, face à nossa contemplação desolada.

Le Corbusier consegue envolver-nos de modo totalmente oposto, manejando a seu bel-prazer contradições, dificuldades e mesmo erros. Por exemplo, o uso da cor nas paredes exteriores das aberturas, janelas ou portas [10] foi concebido em consequência de um erro no desenho das barras verticais entre os vidros das janelas, quando Le Corbusier se encontrava ausente do seu escritório. Os lados coloridos foram criados para que as alterações se desviassem da monotonia do modelo da janela, mas servem também para outras

funções ocasionais, uma das quais é reduzir a escala do gigantesco projecto. Ora, o uso de um material que todas as vozes tinham considerado anteriormente pouco aconselhável, o betão bruto (*beton brut*), foi concebido inicialmente em consequêcia de carências em aço, e considerado então como um material nobre e de utilização possível, se transformado pelo tipo de trabalho realizado na madeira. Como era de esperar, o betão, material brutal, bem como os erros na construção, «levaram uma volta», através do contraste com pormenores:

10. *Le Corbusier: Unité d'Habitation*, fach oeste. Cores fortes e puras — vermelho, ve amarelo — usadas nas paredes laterais do fício.

Os defeitos eram nítidos em todas as partes da estrutura... betão à vista... quem tenha alguma imaginação, pode acrescentar sempre alguns elementos ricos de sentido... Mas nos homens e nas mulheres não se vêm as marcas de nascença... e decidi fazer beleza por contraste. Encontrarei o seu complemento e estabelecerei um jogo entre rudeza e refinamento, entre o insípido e o intenso, entre precisão e acidente.[8]

A fusão de opostos no seio de uma unidade irónica produz uma ordem mais vasta que pode suscitar pontos de vista opostos: a rudeza pode ser vista com um refinamento sofisticado, ou vice-versa, e esta ambiguidade, em vez de reduzir a experiência, pode torná-la afinal ainda mais intensa.

Quanto mais analisamos este trabalho, tanto mais relações encontramos entre os diferentes níveis de experiência e tanto mais forte se torna essa experiência, à medida que descobrimos, não só as intenções de Le Corbusier, mas também mais significados possíveis que existem latentes no seio da obra. É este o poder do trabalho multivalente para captar os poderes criativos do receptor que é significativo aqui. Isto não só permite à arquitectura tornar-se viva de modos diferentes para cada geração e, por isso, resultar numa arquitectura duradoura, como também estimula cada geração a ultrapassar as suas abstracções familiares. A arquitectura multivalente actua como um catalizador a nível do espírito, provocando interpretações totalmente novas que, mesmo a nível limitado afectam um indivíduo. O alcance, a delicadeza e a complexidade de significados que existem numa obra multivalente têm um efeito análogo no espírito, que com eles entra em interacção. De facto, somos transformados pelas experiências por que passamos[9], e a qualidade de uma obra é transferida, mesmo que indirectamente, para as estruturas organizacionais do espírito.

Como já referi, a multivalência é apenas um dos critérios para seleccionar obras discutidas neste livro; o outro critério é a relevância histórica dentro de uma tradição. De facto, o conceito de multivalência estará sempre presente em pano de fundo e será inteiramente assumido, mas só emergirá explicitamente em casos extremos. Na maior parte da obra, discutiremos problemas arquitectónicos explícitos. O primeiro capítulo é dedicado a uma visão sinóptica dos seis principais movimentos que se desenvolveram nos últimos cinquenta anos. Depois de abordarmos estas tradições, analisaremos de modo mais pormenorizado a recente obra dos pioneiros. Os capítulos 2 e 3 reavaliam as contribuições de Mies van der Rohe, Walter Gropius e Frank Lloyd Wright, considerando os seus últimos trabalhos, na sua maior parte, univalentes. Em contrapartida, os capítulos 4 e 5 são mais convencionais nos seus veredictos, embora sejam tentadas novas interpretações: Le Corbusier como trágico dualista e a obra de Alvar Aalto como um sistema de mensagens complexamente codificado. Os últimos três capítulos visam extrair interpretações inteiramente novas de material familiar: a atitude Camp, que é essencial e que marca muita da arquitectura americana, o movimento *Pop* em Inglaterra, e algumas novas ideias sobre «local» e o conceito de sociedade aberta que se têm desenvolvido em todo o mundo.

Portanto, esta história é uma série de narrativas descontínuas e pesquisas extensivas. Procura uma abordagem múltipla e opera a diferentes níveis,

---

[8] Le Corbusier, *Oeuvre Complète,* Volume V, 1946-52, Zurique, 1953, p. 195.

[9] Este argumento, que é terrivelmente complexo, é formulado por I. A. Richards in *Principles of Literary Criticism,* Routledge & Kegan Paul, 1924, pp. 43, 140, 46. Algumas críticas a esse argumento podem ser encontradas em W. H. N. Hotopf, *Language, Thought and Comprehension, A Case Study in the Writings of I. A. Richards,* Routledge & Kegan Paul, Londres, 1965, pp. 230-35.

mas espero que isso não faça o leitor sentir-se confuso. O problema é que as tradições arquitectónicas vivas são ricas e complexas na sua profusão e qualquer tentativa para as reduzir a uma qualquer noção simplista de «estilo moderno» ou «verdadeiro estilo» seria destrutiva, além de míope. É obrigação do historiador fazer luz sobre a pluralidade de movimentos e indivíduos criativos e elucidar essa criatividade. Para o conseguir, recorro a uma boa quantidade de citações dos escritos dos próprios arquitectos, o que não é usual em trabalhos desta natureza, e apresento, sempre que possível, uma série de pontos de vista — e, frequentemente, fotografias —, em vez de uma única visão convencional. Porém, dado que preferi e dei relevo a uma abordagem restritiva em extensão, estou perfeitamente consciente de que deixei de fora uma boa série de arquitectos que, por esse motivo, não poderia referir. [10]

---

[10] Apenas um pequeno número dos arquitectos importantes recentes pode ser discutido num livro deste tamanho e natureza, e se fosse mais uma revista do período a partir de 1945, teria incluído edifícios dos seguintes autores: *na Finlândia,* Siren, Pietila, Ervi e Korhonen; *na Dinamarca,* Arne Jacobsen e Bo & Wohlert; *na Suécia,* Erskine, Nyren, Lewerentz e Markelius; *na Noruega,* Grung e Fehn, Norberg-Shulz, Lund & Slatto; *na França,* Prouvé, Wogensky, Bodianski, Egger, Boudon, Schein; *na Holanda,* Blom, Van Stigt, Verhoeven; *na Áustria,* Haus-Rucker, Pichler, St. Florian, Feuerstein, Rainer; *em Israel,* Neumann, Glickson, Gerstel; *no Canadá,* Safdie e Andrews; *na América do Sul,* Villenueva; *na Polónia,* Soltan, Hansen; *na Austrália,* Seidler; *nos Estados-Unidos,* Neutra, Breuer, TAC, Cambridge 7, Ant Farm, Stern, Giurgola, Barnes, Polshek, Netch, Esherick, Wachsmann, Kiesler; *no Japão,* Maekawa, Sakakura, Maki, Otani, Okada, Raymond; *em Espanha,* Coderch & Valls, Martorell, Bohigas & McKay, Correa, Oiza, Paredes, Alba, Higueres; *na Suíça,* Gisel, Atelier 5, Foderer, Otto, Zwipfer, Stucky; *e em África,* Simounet, Studer; os italianos mencionados na nota 31 do capítulo I e na nota 15 do capítulo 8 — e muitos outros na Rússia. Ásia, Grécia e nos países satélites.

1. AS SEIS TRADIÇÕES: POLÍTICA E ARQUITECTURA

Tanto o projecto de Jefferson como as sociétés révolutionnaires *francesas anteciparam, com uma precisão quase fantástica, os comités,* sovietes *e* Räte, *que viriam a aparecer em qualquer revolução genuína ao longo dos séculos* XIX *e* XX... *[como Jefferson disse] «o entendimento humano não pode encontrar uma base mais sólida para uma república livre, duradoura e bem administrada».*

(HANNAH ARENDT, On Revolution).

No período entre 1920 e 1970, podemos distinguir seis tradições ou movimentos mais importantes na história da Arquitectura. Estas tradições, classificadas na extrema esquerda do diagrama ou «árvore da evolução» [1], representam, num sentido metafórico, as principais espécies arquitectónicas. A comparação dos movimentos arquitectónicos com a evolução das espécies biológicas tem as suas vantagens e, como é evidente, as suas limitações. Tal como as espécies animais, as tradições arquitectónicas desenvolvem-se e regridem dentro de um inter-relacionamento, e quando uma triunfa — a Escola Fascista dos anos trinta com a sua monumentalidade revivalista —, outra, na «luta pela sobrevivência», pode muito bem sucumbir — o Período Heróico da tradição idealista. No entanto, ao contrário das espécies animais, os movimentos arquitectónicos nunca sofrem uma completa extinção. Há sempre a hipótese de uma revivência de formas e ideias, mesmo que estas sofram uma renovação que lhes dá uma nova aparência. E, além disso, ao contrário do que sucede na evolução natural, os arquitectos tendem para saltar de uma espécie para outra, fazendo cruzamentos com o que lhes apraz e produzindo fértil descendência. De facto, como seria de esperar, os melhores arquitectos são os mais difíceis de classificar, aqueles que cabem nas seis tradições, aqueles que produzem uma fusão de interesses e formas multivalentes. Não obstante, mesmo com esta riqueza e complexidade, há uma certa coerência

---

[1] Para uma discussão de como nasceu esta árvore evolucionista, ver Charles Jencks, *Architecture 2000,* Studio Vista, Londres, 1971, pp. 35-48, e *Architectural Design,* 1970, p. 527.

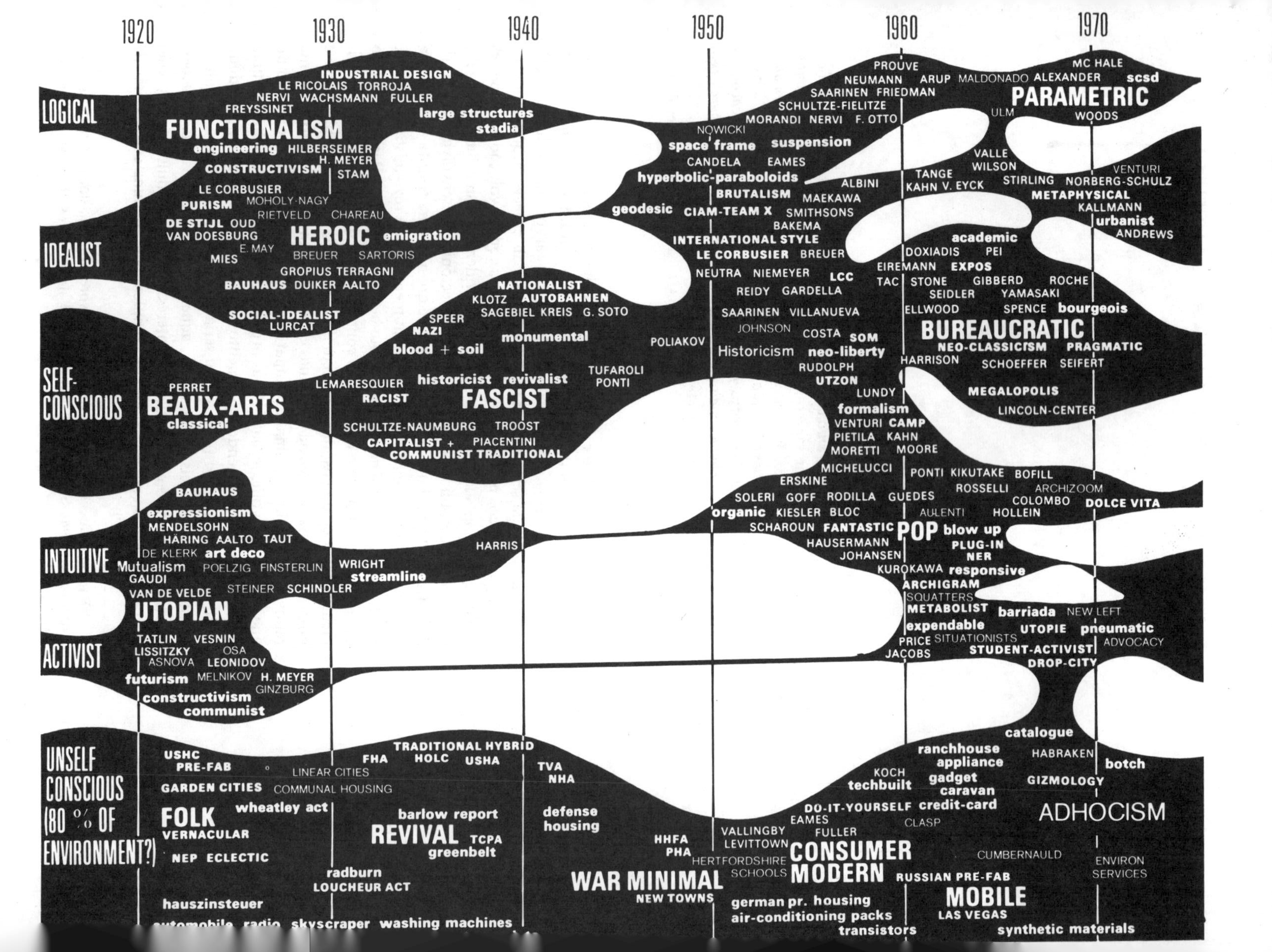
1920
1930
1940
1950
1960
1970
LOGICAL
IDEALIST
SELF-CONSCIOUS
INTUITIVE
ACTIVIST
UNSELF CONSCIOUS (80 % OF ENVIRONMENT?)
INDUSTRIAL DESIGN
LE RICOLAIS TORROJA
NERVI WACHSMANN FULLER
FREYSSINET
large structures
stadia
FUNCTIONALISM
engineering HILBERSEIMER
H. MEYER
CONSTRUCTIVISM
STAM
LE CORBUSIER
PURISM MOHOLY-NAGY
RIETVELD CHAREAU
DE STIJL OUD
VAN DOESBURG
HEROIC emigration
E. MAY
MIES
BREUER SARTORIS
GROPIUS TERRAGNI
BAUHAUS DUIKER AALTO
SOCIAL-IDEALIST
LURCAT
NATIONALIST
KLOTZ AUTOBAHNEN
SAGEBIEL KREIS G. SOTO
SPEER
NAZI
monumental
blood + soil
POLIAKOV
TUFAROLI
PONTI
PERRET
BEAUX-ARTS
classical
LEMARESQUIER
RACIST
historicist revivalist
FASCIST
SCHULTZE-NAUMBURG TROOST
CAPITALIST + PIACENTINI
COMMUNIST TRADITIONAL
BAUHAUS
expressionism
MENDELSOHN
HÄRING AALTO TAUT
DE KLERK art deco
Mutualism POELZIG FINSTERLIN
GAUDI
VAN DE VELDE STEINER SCHINDLER
WRIGHT
streamline
HARRIS
UTOPIAN
TATLIN VESNIN
LISSITZKY OSA
ASNOVA LEONIDOV
futurism MELNIKOV H. MEYER
GINZBURG
constructivism
communist
PROUVE
NEUMANN ARUP MALDONADO ALEXANDER
MC HALE
scsd
SAARINEN FRIEDMAN
SCHULTZE-FIELITZE
PARAMETRIC
ULM
WOODS
MORANDI NERVI F. OTTO
NOWICKI
space frame suspension
CANDELA EAMES
hyperbolic-paraboloids
VALLE
WILSON
ALBINI
TANGE
KAHN V. EYCK
VENTURI
STIRLING NORBERG-SCHULZ
METAPHYSICAL
KALLMANN
urbanist
ANDREWS
BRUTALISM MAEKAWA
geodesic CIAM-TEAM X SMITHSONS
BAKEMA
INTERNATIONAL STYLE
LE CORBUSIER BREUER
academic
DOXIADIS PEI
EIREMANN EXPOS
NEUTRA NIEMEYER LCC
TAC STONE GIBBERD ROCHE
SEIDLER YAMASAKI
REIDY GARDELLA
SAARINEN VILLANUEVA
ELLWOOD SPENCE bourgeois
JOHNSON
COSTA SOM
BUREAUCRATIC
NEO-CLASSICISM PRAGMATIC
Historicism neo-liberty
HARRISON SCHOEFFER SEIFERT
RUDOLPH
UTZON
LUNDY
MEGALOPOLIS
LINCOLN-CENTER
formalism
VENTURI CAMP
PIETILA KAHN
MORETTI MOORE
MICHELUCCI
ERSKINE
PONTI KIKUTAKE BOFILL
ROSSELLI ARCHIZOOM
SOLERI GOFF RODILLA GUEDES
COLOMBO DOLCE VITA
organic KIESLER BLOC
AULENTI HOLLEIN
SCHAROUN FANTASTIC
POP blow up
PLUG-IN
NER
HAUSERMANN
JOHANSEN
KUROKAWA responsive
ARCHIGRAM
SQUATTERS
METABOLIST barriada NEW LEFT
expendable UTOPIE pneumatic
PRICE SITUATIONISTS
ADVOCACY
JACOBS STUDENT-ACTIVIST
DROP-CITY
USHC
PRE-FAB
LINEAR CITIES
FHA
TRADITIONAL HYBRID
HOLC USHA
GARDEN CITIES COMMUNAL HOUSING
TVA
NHA
FOLK
wheatley act
VERNACULAR
barlow report
REVIVAL TCPA
greenbelt
defense
housing
NEP ECLECTIC
radburn
LOUCHEUR ACT
hauszinsteuer
automobile radio skyscraper washing machines
HHFA
PHA
WAR MINIMAL
NEW TOWNS
VALLINGBY
LEVITTOWN
HERTFORDSHIRE
SCHOOLS
EAMES
FULLER
CONSUMER
MODERN
DO-IT-YOURSELF credit-card
CLASP
KOCH
techbuilt
ranchhouse
appliance
gadget
caravan
catalogue
HABRAKEN
botch
GIZMOLOGY
ADHOCISM
CUMBERNAULD
ENVIRON
SERVICES
RUSSIAN PRE-FAB
MOBILE
LAS VEGAS
german pr. housing
air-conditioning packs
transistors
synthetic materials

. *Árvore Evolucionista, 1920-70.* O método ra determinar as seis principais tradições (dis- buídas na ponta esquerda do diagrama) seia-se numa análise estruturalista posta em evo por Claude Lévi-Strauss[1]. Pode ser útil leitor recorrer a este diagrama no início de da sub-secção deste capítulo.

de desenvolvimento que tende para manter um arquitecto dentro de um determinado quadro de ideias e formas sobrepostas. Por exemplo, na tradição lógica, o arquitecto terá de aprender as disciplinas afins de matemática, geometria e engenharia, ao mesmo tempo que tenderá para suportar os valores tradicionais do engenheiro: auto-pagamento, serviço-orientação, eficiência, abertura à mudança, capacidade de quantificação, etc. As restantes disciplinas e a coerência psicológica dos valores tendem para manter cada tradição distinta e ideologicamente oposta às outras. Assim, as espécies arquitectónicas desenvolvem-se mantendo-se perfeitamente autónomas, e por isso podemos tratá-las como uma metáfora biológica e uma analogia evolucionista, desde que não esqueçamos os limites muito importantes desta comparação.

No esboço que segue sobre as seis tradições, concentrei-me nas ideias políticas que constituem o pano de fundo de cada movimento, dado que elas se revelam da maior importância para a arquitectura. Invariavelmente qualquer arquitecto postula uma sociedade para as suas construções e, ao construir seja o que for, necessariamente se verá confrontado com questões políticas concretas. Por isso, não espanta que os maiores arquitectos tenham definido as suas posições políticas quotidianas — fosse por compromisso com a sociedade existente ou em desafio ou desvio em relação a ela. Basicamente, há três tipos diferentes de causas para esta situação. O arquitecto, hoje mais do que nunca, está dependente de um patrocínio colectivo, venha este do Estado, de um governo local ou de uma comissão de homens de negócios. Tem de fazer aquilo que se revela como uma decisão política de facto, quando aceita uma encomenda de um qualquer grupo. A escolha entre construir casas e fabricar material de guerra, antes de mais, é uma escolha política. Em segundo lugar, de um modo muito *amplo,* a arquitectura influencia as vidas daqueles que a habitam ou a usam. Isto não significa que a arquitectura possa, por si só, mudar a sociedade — uma ideia, actualmente, desacreditada, denominada «determinismo arquitectural» —, mas sim que ela tenha um efeito, pequeno mais significativo, nas pessoas. Talvez o máximo que se possa afirmar aqui seja que, quanto mais pobre e limitado for o meio cultural, maior será o efeito da arquitectura. Uma prisão ou uma cápsula espacial determinam fortemente a vida dos seus habitantes, ao passo que um grupo próspero de cientistas ou artistas criativos pode desenvolver-se quase que em qualquer ambiente desde que o rodeie um mínimo de apoios e estruturas. Em terceiro lugar, a arquitectura é uma arte política porque cristaliza o domínio público, os valores sociais partilhados, e os objectivos culturais a longo prazo. Daí que veicule explicitamente um conteúdo social muito maior do que as outras artes. Enquanto a música e a pintura podem mostrar-se relativamente apolíticas e sem ligação com o meio em que são produzidas, a arquitectura revela-se fortemente implicada na coisa pública. Isto impõe-lhe uma responsabilidade a nível de comunicação e mesmo de retórica. Por natureza, a arquitectura deve ajudar a explicar e a dramatizar certos significados sociais. Isto quer dizer, por sua vez, que hoje, quando todo o domínio público e a política passam por um estado de dúvida, à arquitectura também lhe falta credibilidade, como referimos no último capítulo.

Finalmente, adoptamos aqui uma visão política, porque as outras principais facetas da arquitectura recente foram já exaustivamente tratadas e são bem conhecidas: o desenvolvimento da «estética da máquina», do Estilo Internacional e da concepção «espaço-tempo»; as discussões a favor de uma nova moralidade, de uma «verdade para os materiais» e da responsabilidade social; os efeitos das novas técnicas, como o vidro, o aço, as estruturas pneumáticas e o ar condicionado, etc.[2] Todos estes desenvolvimentos são da máxima importância e não serão desprezados aqui, só que os enquadraremos nos actos e motivos dos arquitectos.

A TRADIÇÃO IDEALISTA

Talvez o centro daquela que é conhecida popularmente como a «arquitectura moderna», seja a tradição idealista. Os arquitectos Le Corbusier, Mies van der Rohe e Walter Gropius definiram claramente uma posição comum, baseada de uma forma bastante ampla em certos ideais sociais — liberalismo humanitário, pluralismo reformista e um vago utopismo social — e arquitectos mais recentes como Aldo van Eyck, Louis Kahn e James Stirling continuam a perfilhar esses ideais que decorrem desta corrente. Se acontece diferir um ou outro objectivo particular, a verdade é que a ligação a um idealismo genérico permanece. Assim, estes arquitectos consideram ser uma obrigação propor visões alternativas à ordem social existente. Opondo-se aos materialistas marxistas, não se concentram em veículos históricos de mudança (a classe operária e os partidos de vanguarda), e, como os idealistas platonistas, tendem para impor às suas obras uma perfeição, como se elas representassem uma ordem cósmica essencial.

A partir de Outubro de 1920 e durante dois anos, Le Corbusier escreveu na revista *L'Esprit nouveau* uma série de artigos que se disseminaram pela Europa e que tiveram um impacte fortíssimo nas principais capitais, como Berlim e Moscovo. O tom idealista e encantatório definiu o ambiente de fundo para todas as discussões futuras sobre a «Nova Arquitectura» e o seu «Período Heróico».

> Começou uma grande época...
> Existe agora um novo espírito: é um espírito de construção e de síntese guiado por uma concepção clara...

Acentuando sempre entidades tão idealistas como «o novo espírito», «uma concepção clara» e o *Zeitgeist* — «uma grande época» —. Le Corbusier conseguiu atrair, agrupar e cristalizar todas as esperanças recentes que eram correntes nos anos vinte e deu-lhes uma expressão original. Na Rússia, esta referência à «construção» encontrou um eco imediato e explícito num movimento então formado, o «Construtivismo» [43].

O facto de este idealismo ser um fenómeno internacional pode ser comprovado pela difusão de *slogans* que atravessaram fronteiras nacionais e mesmo fronteiras profissionais. O escritor francês Paul Valéry, como muitos outros, referia a espiritualidade e a disciplina mental subjacente à máquina: «um livro é uma máquina de ler». Ozenfant considerava um quadro «uma máquina para nos comover». Le Corbusier chamou à casa «uma máquina para vivermos» (a única formulação que o público achou ofensiva e daí o ser recordada); o crítico inglês I. A. Richards abriu os seus *Principles of Literary Criticism* com a observação «um livro é uma máquina de pensar»; o

---

[2] Ver Bibliografia p. 365.

grande realizador russo Eisenstein disse que «o teatro é uma máquina de representar»; e Marcel Duchamp levou toda a metáfora idealista a um extremo lógico, com o seu aforismo «a ideia é a máquina de fazer arte».

De facto, para termos uma ideia do platonismo excessivo a que tudo isto chegou, basta-nos citar o polemista e pintor (e por algum tempo arquitecto) holandês Van Doesburg, para quem a máquina era o criador de uma nova espiritualidade.

> Qualquer máquina é uma espiritualização de um organismo... A máquina é, por excelência, um fenómeno de disciplina espiritual... A nova sensibilidade artística espiritual do século XX não só sentiu a beleza da máquina, como ainda se apercebeu das suas ilimitadas possibilidades expressivas para as artes.[3]

As possibilidades expressivas que Van Doesburg concretizou na sua pintura e na sua arquitectura, traduziram-se por um «elementarismo» abstracto e anti-natural, baseado em linhas rectas, formas e cores primárias, planos e rectângulos rasos [12]. Relacionou este formalismo, próprio da produção mecanizada, com os aspectos libertadores da máquina, e contrastou tudo isto com a tendência da produção manual para reduzir os homens ao nível de autómatos:

. *Theo van Doesburg: L'Aubette Café, trasburgo, 1927.* Esta zona para dançar, ber e ver filmes baseava-se em geometrias ogonais e diagonais, cores primárias e objec- industriais (radiadores, iluminação, etc.), tados como «elementos» impessoais, abs- ctos. Um «estilo universal, colectivo», *De il.*

> Sob a supremacia do materialismo, a produção manual reduziu os homens ao nível de máquinas; a tendência que caracteriza a máquina (no sentido do desenvolvimento cultural) é o ser o medium por excelência do extremo oposto, ou seja, da libertação social.[4]

---

[3] De um manuscrito incompleto, 1931. A ideia vem do princípio dos anos 20 e é desenvolvida in Reyner Banham, *Theory and Design in the First Machine Age,* Londres, 1960, pp. 151, 152.

[4] Ibid., p. 151.

Em termos políticos, a libertação social a que Van Doesburg se refere não abarca unicamente o aspecto de uma maior economia a nível do trabalho, que a máquina permite, mas também a sua qualidade universalizante, abstracta. Porque é impessoal, a máquina obriga a uma certa igualdade entre os homens e conduz à evolução da arte «rumo ao abstracto e ao universal... à realização, através de um esforço comum e de uma concepção comum, de um estilo colectivo».[5]

Este resumo das orientações modernas feito por Van Doesburg é particularmente significativo porque era partilhado por muita da *avant-garde* europeia da época e porque mostra de que forma era vista a máquina em termos políticos: como um destruidor de fronteiras de classe e nacionais e um criador de uma fraternidade democrática e colectiva.

Além disso, esta difusão da metáfora mecânica iniciava muito mais do que o facto de a comunicação se ter internacionalizado ou do que a situação de um mundo-aldeia. Indiciava ainda uma vasta comunidade europeia de intelectuais, dedicada à criação de formas artísticas revolucionárias para uma nova ordem social a construir. O número de movimentos criativos que, no princípio dos anos vinte, partilhavam esta visão de uma forma ou de outra, era verdadeiramente impressionante: De Stijl na Holanda, o Purismo em Paris, o Construtivismo na Rússia e na Hungria, o Expressionismo e o Utopismo na Alemanha, Dadá e o Surrealismo em diversas grandes cidades como Nova Iorque, a Nova Crítica e a poesia em Inglaterra e nos Estados-Unidos, o formalismo na Checoslováquia., etc. Entre 1917 e 1925 surgiram mais movimentos activamente criativos do que em qualquer outra altura deste século.

13. *Le Corbusier: Uma Cidade Contempo[...] nea de 3 Milhões de Habitantes, Centro [...] Cidade, 1922.* Arranha-céus com facha[...] -cortina de vidro num parque, misturados c[...] invenções técnicas avançadas como o ae[...] plano, passou a ser uma imagem ideali[...] comum no final dos anos vinte.

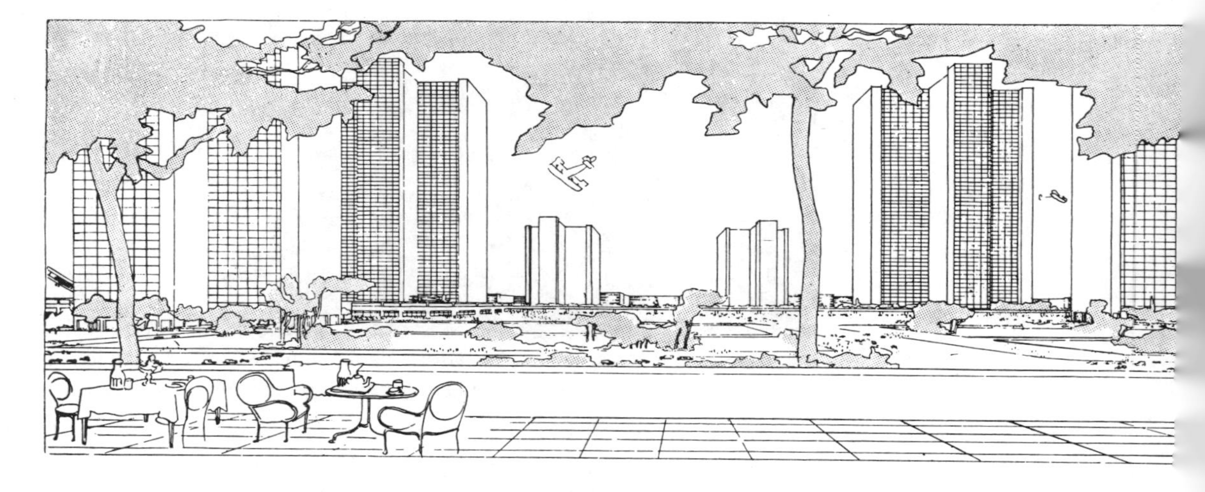

Tratou-se de uma fissão explosiva do espírito europeu; tinha-se atingido uma grandeza crítica e havia uma reacção intelectual em cadeia que faz com que os outros períodos pareçam, comparativamente, incipientes. «Sentia, de um modo muito nítido, que tudo se apressava e radicalizava. 1922-25, tudo girava a uma velocidade incrível», assinalava Le Corbusier a propósito dessa época florescente. O arquitecto definiu quase todos os princípios para a sua «Cidade

---

[5] Theo Van Doesburg, «Vers un style Collectif», *Bulletin de l'effort moderne,* Vol. I, N.° 4, 1924, p. 16.

Contemporânea para Três Milhões de Habitantes» [13] nos meses de Verão de 1922 — princípios que constituiriam os recursos básicos dos projectos dos trinta anos seguintes: a separação das principais funções e dos sistemas de circulação, a cidade no parque, a secção encadeada e a rua interna do bloco de apartamentos [3], etc. Politicamente, contudo, o resultado foi uma amálgama de ideologias opostas e, por isso, surgiram críticas violentas de todos os lados. Por exemplo, os comunistas franceses consideravam-no um projecto fascista porque implicava um governo central forte, porque devia ser dirigido por um corpo de *élite* de homens de negócios e por que havia nele uma distinção de classe entre patrões e trabalhadores. A natureza política ambivalente das propostas de Le Corbusier pode ser vista no seu «Projecto de Apartamentos para Venda» de 1922 — em parte social-utópico e comunista, em parte capitalista, com a sua referência a criados, e em parte pragmático, com as suas engenhosas economias de escala [14].

Um serviço comunal trata da satisfação de todas as necessidades básicas e fornece a solução para o problema dos criados (problema que é recente e que constitui um facto social inevitável). Uma realização moderna, aplicada a um empreendimento tão importante, visa substituir o trabalho humano pela máquima e pela boa organização; água quente corrente, aquecimento central, frigoríficos, água pura, aspiradores, etc. Já são necessários criados amarrados à casa; os seus substitutos passam a comportar-se como se trabalhassem numa fábrica, fazendo as suas oito horas de trabalho diário... A comida é fornecida a partir de uma vasta cozinha... Cada casa tem o seu próprio ginásio e sala de desportos, mas no terraço há um recinto comum para desportos e uma pista de 300 metros... Pelo sistema de compra colectiva os velhos sistemas de propriedades

Le Corbusier: Projecto de apartamentos ·a venda, 1922. Cento e vinte apartamentos ividuais, cada um com o seu próprio jardim penso no ar e integrado com serviços comu- s. Os desenhadores russos usaram-no como protótipo; veja-se [45].

deixam de existir. Não é paga qualquer renda; os proprietários compram quotas do empreendimento... produção em massa... *baixo custo...*[6]

Este projecto, tal como o seu programa funcional e a sua estética, foi imediatamente adoptado pelos construtivistas russos e desenvolvido na Casa Comunal [45]. Por isso e por outras razões, Le Corbusier depressa foi apeli-

---

[6] Le Corbusier, *Towards a New Architecture,* Architectural Press, Londres, 1927, pp. 229-31.

dado de comunista por elementos reaccionários. De facto, em 1927, o principal ataque que lhe foi dirigido (numa tentativa de o impedir de vencer o concurso da Liga das Nações) veio de um artigo com o título «O Cavalo de Tróia do Bolchevismo».[7] Le Corbusier era suspeito, segundo esse artigo, de ser um perigoso agente secreto de Lenine, que estava a converter subrepticiamente os cidadãos franceses ao comunismo, através de uma combinação de terraços, cimento armado, «máquinas para vivermos» e «a conspiração judaica internacional» — CIAM, o orgão oficial da arquitectura moderna. Este ataque foi depois desencadeado em massa pelos Nazis, quando começaram a suprimir a vanguarda. Durante toda a sua vida, Le Corbusier foi continuamente confundido com os comunistas. Uma das razões para tal foi o facto de ter concluído o seu notável *Towards a New Architecture* (1923) com um capítulo particularmente ambíguo, intitulado «Arquitectura ou Revolução»:

> O instinto primordial de qualquer ser humano é garantir para si a sua concha. As várias classes de trabalhadores da sociedade de hoje *já não têm habitações adaptadas às suas necessidades, sejam eles artífices ou intelectuais.* É uma questão de habitação que está na origem do mal-estar social dos nossos dias; arquitectura ou revolução[8].

Porém, como era de prever, foi precisamente esta passagem que deixou enfurecidos os marxistas ortodoxos, porque subentendia que o problema social podia ser resolvido através de meios arquitecturais e sem uma revolução de classe — uma posição típica dos arquitectos idealistas dessa época. Pressionado a propósito deste problema político, Le Corbusier viria a assumir um pragmatismo apolítico e a cair em justificações tecnocráticas — neutralidade e eficiência. O seu livro seguinte, *The City of Tomorrow* (1926), concluía-o com esta retratação:

> Desde a Revolução Russa que tanto os nossos revolucionários como os revolucionários bolchevistas têm pretendido para si o notável privilégio de se intitularem, eles só e mais ninguém, como os únicos revolucionários à face do mundo... o resto [do meu projecto de 1922] foi severamente criticado [pelo jornal comunista *L'Humanité,* etc.] porque não rotulei as primeiras construções do meu projecto de «Casa do Povo», «Casa dos Sindicalistas» ou «Casa dos Sovietes», e assim por diante; e porque não coroei o todo com a palavra de ordem «nacionalização de toda a propriedade». Tenho tido o cuidado de não me afastar do lado técnico do meu problema. Sou um arquitecto; ninguém vai querer fazer de mim um político...
>
> As coisas não são revolucionadas fazendo-se revoluções. A verdadeira Revolução está na solução dos problemas existentes.[9]

Por muito que isto possa soar insincero ou evasivo, a verdade é que se tratava da expressão integral e típica da verdadeira posição de Le Corbusier. Este, com efeito, tentaria sempre iludir todo o debate político apresentando soluções pragmáticas. Assim, o esquema de «compra colectiva» por quotas no empreendimento, que já referimos, era, de facto, um meio muito concreto para ultrapassar «os velhos sistemas de propriedade», tal como se veio a verificar, mais tarde, com as cooperativas e outras associações de habita-

---

[7] Do suíço Alex von Senger. Teve uma certa influência no facto de Le Corbusier ter perdido esta competição.

[8] Le Corbusier, op. cit., p. 250.

[9] Le Corbusier, *The City of Tomorrow,* Londres, 1929, trad. Frederich Etchells, pp. 300-301.

ção. Mas nem por isso estas soluções deixavam de ser brandos paliativos que não iam ao cerne do problema social e que representavam um compromisso típico dos idealistas e típico da organização liberal e reformista da «Arquitectura Moderna», a CIAM (*Congrès Internationaux d'Architechture Moderne*). Fundada em 1928, no castelo suíço de uma patrocinadora, Hélène de Mandrot, a CIAM sofreu logo à nascença de anomalias manifestas e contradições profundas. Um facto positivo era que a exposição Weisonhof do ano anterior tinha imposto a «Arquitectura Moderna» como *o* estilo dos anos vinte; um facto negativo era que Le Corbusier tinha acabado de perder o concurso da Liga das Nações por causa do seu modernismo sem compromissos. Além disso, a CIAM encontrava-se dividida internamente entre os arquitectos «formalistas» franceses e os «funcionalistas» alemães, ou, pondo a mesma oposição nos termos políticos que foram usados, entre reformistas burgueses e revolucionários marxistas. Em consequência disso, a sua carta de fundação era uma verdadeira salada mista de atitudes políticas, como se pode ver na frase que segue:

> Este redistribuição da terra, base preliminar indispensável para qualquer planeamento urbano, deve incluir a justa divisão entre os proprietários e a comunidade dos lucros provenientes do capital, e obtidos em obras de interesse comum. [10]

Assim, seria redistribuída a terra (revolucionários), mas continuaria a haver proprietários (capitalistas), mais um aumento dos lucros devido a grandes concentrações de capital (pragmáticos), lucros que, no entanto, teriam de ser divididos de forma equitativa (socialistas). Não admira que Le Corbusier e a CIAM tenham sido acusados de todos os pecados políticos. A sua posição agradava perfeitamente aos diversos extremistas que se encontravam nas fileiras do Congresso. Assim, para concluirem os pontos que faltavam na Declaração de 1928, apelaram para os interesses e «necessidades do maior número» (concessão evidente aos marxistas Ernst May e Hannes Meyer, que participavam no congresso); cederam inequivocamente no que toca às suas «obrigações profissionais para com a sociedade», defendendo uma maior «eficiência» através da «racionalização e da estandartização» (o que satisfazia os interesses do patronato e dos tecnocratas que havia no seu seio); tal como os liberais, pretendiam mudar a sociedade moldando a «opinião pública» e, com os fascistas, consideravam que os meios de controlo vinham de cima — do «Estado».

> IV. Arquitectura e as suas relações com o Estado... Se os estados adoptassem uma atitude oposta à actual, provocariam um verdadeiro renascimento arquitectural... [11]

Em pelo menos um caso, o de Francoforte, na Alemanha, parecia que o «estado» ou pelo menos a cidade, podia de facto desencadear este renascimento arquitectónico. Ernst May foi, com efeito, nomeado arquitecto-chefe da cidade e, durante o seu reinado, de 1925 a 1930, foram construídas 15 mil unidades de habitação, num sistema de produção em massa, de acordo com as traves-mestras do «Projecto de Apartamentos para Venda» de Le Corbusier — com fornecimento de mobiliário e múltiplos serviços [15]. Esta vasta

---

[10] Ulrich Conrads, *Programmes and Manifestoes on 20th Century Architecture,* Lund Humphries, Londres, 1970, p. 111.

[11] Ibid., p. 112.

estratégia habitacional pública impôs as virtudes da construção com placas de cimento (chamada precisamente o «sistema May»), bem como as sua estética, o «Estilo Internacional» (como lhe chamaram mais tarde os historiadores Hitchcock e Johnson, em 1932). O segundo congresso da CIAM, convocado por Ernst May em 1929, decorreu no meio deste triunfo da habitação de massas em Francoforte. O tema discutido foi o *Existenzminimum,* ou seja, a habitação de tamanho e custo mínimos.

Antes de deixarmos o triunfo da tradição idealista, o seu «Período Heróico» dos anos vinte, devemos mencionar mais duas das suas características, marcadas por grandes ideais e uma forte esperança. Por um lado, havia o «heroísmo da vida de todos os dias», a celebração de objectos familiares de uso quotidiano (*objectos-tipo*) como o cachimbo, a garrafa de vinho, a maçaneta da porta ou a máquina de escrever — que os pintores puristas Ozenfant, Léger e Le Corbusier incorporaram nos seus quadros. Para os puristas, estes objectos possuíam uma qualidade forte, anónima, «heróica», por-

15. *Ernst May: apartamentos de baixo c da Bruchfeldstrasse, Francoforte, 1926-* blocos em zig-zag cercam um jardim em culminam no centro comunitário. O «s espaço e o verde», juntamente com p brancos, terraços e janelas em transformaram-se em sinais convenciona arquitectura socialista e foram atacado Hitler como «*Kulturbolschewismus*».

que foram aperfeiçoados ao longo de muitos e muitos anos. Para usar as palavras de Paul Valéry, os melhores esforços de milhares de homens convergem para a forma mais económica e correcta». Por outro lado, o «Período Heróico» significava a tarefa hercúlea de determinados indivíduos no sentido de transformarem a sociedade. Este sentido da palavra herói, será melhor que o deixemos principalmente para a discussão sobre os activistas, mas a verdade é que também influenciou a tradição idealista. Por exemplo, consideremos o monumento de Mies van der Rohe [16] aos mártires comunistas Karl Liebknecht e Rosa Luxemburgo. Estes dois dirigentes comunistas foram mortos por oficiais alemães a seguir ao levantamento espartaquista de 1919. Rosa Luxemburgo, em particular, ilustrava as qualidades de uma heroína dedicada uma ideia única — a transformação da sociedade pela revolução e pelo controlo e chefia dos trabalhadores e não de qualquer partido de vanguarda. Esta importância dada à auto-transformação das massas colocava-a em oposição a outras doutrinas comunistas, nomeadamente a elitista «ditadura do proletariado» e do partido bolchevique defendida por Lenine. No entanto, para Mies van der Rohe, tratava-se de uma questão meramente pragmática, de um problema de forma — um «acidente do princípio ao fim», como ele próprio disse.

> O [projecto inicial, de um outro arquitecto] era um enorme monumento de pedra com colunas dóricas e os retratos de Luxemburgo e Liebknecht. Quando o vi, comecei a rir e disse-lhe que aquele seria um belo monumento para um banqueiro... Disse-lhe que não fazia a mínima ideia do que faria se estivesse no lugar dele, mas dado que a maior parte das pessoas como os dois revolucionários eram assassinadas contra uma parede, optaria, para o monumento, por uma parede de tijolo.[12]

O tom desprendido, e mesmo irónico, de van der Rohe, ao falar deste monumento e dos dois mártires comunistas, é revelador, na medida em que mostra a sua compreensão limitada de quem foram de facto os «heróis» do

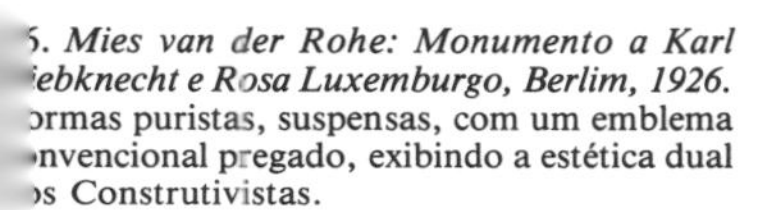
5. Mies van der Rohe: Monumento a Karl Liebknecht e Rosa Luxemburgo, Berlim, 1926. Formas puristas, suspensas, com um emblema convencional pregado, exibindo a estética dual dos Construtivistas.

[12] Carta ao autor, in Donald Drew Egbert, *Social Radicalism and the Arts,* Alfred Knopf, Nova Iorque, 1970, p. 661-2.

seu tempo e daquilo por que se bateram. Van der Rohe, tal como muitos outros arquitectos, sentia-se tão confuso perante a questão política que isso o tornava completamente apolítico, pragmático e, por isso, fatalista em relação à estrutura de poder existente. Por isso é que o vemos projectar este monumento comunista, projectar um edifício para o editor do *Bandeira Vermelha,* e depois colaborar na expulsão de estudantes comunistas da Bauhaus, em 1930 — e tudo isto era político. Quando os nazis subiram ao poder, passou a trabalhar para eles até 1937, ano em que partiu para os Estados Unidos, onde trabalhou para interesses muito diversos. Quando interroguei o arquitecto Philip Johnson acerca deste percurso, ele respondeu-me: «Mies era apolítico de uma forma tal que se o diabo lhe oferecesse trabalho, ele aceitava».

Esta política do apolítico é muito importante para analisarmos o declínio da tradição idealista depois do Período Heróico. Basicamente, o utopismo social que existia no trabalho de Le Corbusier, de Gropius e dos arquitectos da CIAM, sofreu um desvio precisamente quando a sua estética moderna — o

17. *Skidmore, Owings e Merrill: Edif*
Lever Brothers, Nova Iorque, 1951-2. U
placa alta e outra baixa justapostas para
nar a massa do edifício mais próxima dos t
seuntes. As janelas são rodeadas por cima e
baixo por tímpanos que reflectem os movin
tos mecânicos do lado oposto.

Estilo Internacional — triunfou em todo o mundo, nos anos cinquenta. Com efeito, o que era conhecido pelo público como «Arquitectura Moderna» passou a ser aceite pela maior parte dos governos nacionais, bem como pelas maiores companhias internacionais, e foi fortemente amputado do seu idealismo social. Em consequência deste êxito dúbio, a arquitectura moderna passou a ser identificada com as burocracias que a encomendavam, habitavam e, por vezes mesmo, a desenhavam. A ambiguidade que isto podia provocar era incomensurável, dado que muito do Estilo Internacional tinha sido associado anteriormente a instituições sociais progressistas. Nos anos cinquenta, este estilo atingiu uma espécie de penúltimo desenvolvimento — e também aceitaçãõ — com a criação da parede cortina. Basicamente, a parede-cortina é uma pele que não suporta nada, constituída pelas barras das janelas e pelos painéis entre estas, e em cantiléver sobre uma armação. Inicia o seu desenvolvimento decisivo com o Edifício Lever na Park Avenue, Nova Iorque, 1951 [17] e chega a duas conclusões visuais opostas, sete anos depois, do outro lado da rua, com os edifícios da Pepsi-Cola e da Seagram [53]. Porém, duas questões emergem. Será mais importante que a parede-cortina se desenvolva esteticamente de um modelo leve e fino para um outro fortemente articulado, ou o facto de Mies van der Rohe e alguns dos melhores arquitectos americanos gastarem as suas energias a adornarem os invólucros exteriores de monopólios que produzem detergentes, whisky e colas várias? Em segundo lugar, será o uso repetido da parede-cortina suficiente para articular a riqueza e a diversidade do conteúdo, ou seja, do que ocorre por detrás delas?

Se a Park Avenue se transformou numa artéria guarnecida de tais expressões anónimas da América das Grandes Companhias [18], o Estilo Interna-

Vista da Park Avenue, Nova Iorque, 1970.

cional passou a ser identificado com a Escola Burocrática de Arquitectura que a produziu [11]. Esta contradição entre a excelência visual e técnica, por um lado, tornou-se tão óbvia no princípio dos anos sessenta que a parede--cortina e a estética que veiculava caíram em desgraça e foram substituídas por outras abordagens. Dentro da tradição idealista, estas eram o Novo Brutalismo, a transição da CIAM para o *Team Ten* e trabalhos variados de arquitectos como Louis Kahn, Aldo Van Eyck e James Stirling — que serão todas discutidas em capítulos posteriores.

O que este conjunto heterogéneo tinha em comum era o facto de ser derivado dos princípios estabelecidos no Período Heróico, embora nenhum daqueles arquitectos tivesse um envolvimento activo a nível do pensamento social ou político. Das ideias de Le Corbusier partilhavam sobretudo a crença de que a arquitectura podia transformar socialmente os homens, bem como a noção de que ela deveria reflectir certos princípios organizativos encontrados em toda a natureza. Esta integração da natureza numa escala cósmica constituía o princípio subjacente partilhado por aquela a que podemos chamar, não encontrando melhor qualificativo, a Escola Metafísica de Arquitectura. O seu principal profeta foi Louis Kahn que, em termos quase místicos, falava do «que a construção quer ser».

> A natureza do espaço reflecte o que a construção quer ser...
> Na natureza do espaço encontramos o espírito e o poder de existir de uma certa forma...
> Através da *natureza* — porquê
> Através da *ordem* — o quê
> Através do *desenho* — como
> Uma forma emerge dos elementos estruturais inerentes à forma
> Uma cúpula não é concebida quando surgem questões sobre como construi-la
> Nervi constrói um arco
> Fuller constrói uma cúpula...
> *A ordem é intangível*
> Trata-se de um nível de consciência criativa que se vai sempre elevando... [13]

Este lacónico manifesto, intitulado *Ordem É,* foi escrito em 1960, e reflecte, com uma imensa precisão, uma crença nutrida pela maior parte dos arquitectos idealistas da época — a crença de que uma forma pode crescer quase que *naturalmente* a partir dos elementos estruturais primários (como Nervi e Fuller pensavam) e de que esta forma arquetípica fornece o esquema básico para toda uma construção [14]. O tipo de arquitectura realizado por esta Escola Metafísica era primitivo a nível de expressão, senão mesmo fundamentalista, e inequivocamente concretizado a partir de elementos básicos que o arquitecto produzia conceptualmente. Assim, tal como acontecia com os Puristas e o seu *objecto-tipo,* também estes arquitectos tendiam para produzir *a* cúpula, *o* tetraedro, *o* arco — ou o elemento genérico que parecia ter acabado de sair do reino ideal de Platão. Por exemplo, a Residência de St Andrews, de James Stirling, foi realizada a partir de uma repetição *da* unidade quarto de dormir e tem todas as qualidades de uma redução ao essencial e à expressividade funcional que identifica também estes arquitectos [19]. Mas que é que tudo isto tem a ver com política? Por um lado, verifica-se

[13] U. Conrads, op. cit., p. 160-70.

[14] Ver também a citação de Kallmann, nota 23, capítulo 6.

[a]

[b]

a,b,c. James Stirling, St Andrews Resi-
·ce, Escócia, !964-9, feita de paredes de blo-
de betão, organizadas ao longo de um piso
:irculação. A ideia básica deriva dos projec-
de alojamen:o comunal dos Construtivis-
de 1928-9 — [45].

[c]

uma tentativa para influenciar as vidas daqueles que usam a arquitectura por meios indirectos — as formas ordenadas e disciplinadas evocando estados mentais correspondentes nas pessoas que as usam — e, por outro lado, há uma tentativa para construir «contribuições para uma Utopia fragmentária», como referiram Smithsons, Guirgola e tantos outros arquitectos idealistas nos anos sessenta. Isto podia significar, como no caso de Stirling, a reutilização de um princípio organizativo que os construtivistas russos usaram nos seus projectos de casas comunais dos anos vinte, ou, como no caso de Goodman, a oferta de alternativas-tipo ideais entre as quais a sociedade poderia escolher [15]. Em todos estes casos, o acento era posto na mentalidade e na vontade da sociedade, mais do que na sua base material.

A TRADIÇÃO AUTO-CONSCIENTE

Um outro movimento arquitectónico coerente leva esta premissa idealista a extremos, dando tanto ênfase à intervenção da vontade que se torna hiperconsciente, senão mesmo, nalguns casos, inibido. A tradição auto-consciente da arquitectura demonstra frequentemente uma atenção tão reflectida em rela-

[15] Ver «Do Futurismo aos Futuríveis», capítulo 8, para discussão do trabalho dos Goodman.

ção às suas prórpias acções, que acaba por cair na paralisia absoluta. De um modo geral, esta atitude seguiu dois caminhos: a submissão a modelos passados da arquitectura, na crença de que tais modelos continham determinados princípios organizativos universais, ou a obsessão com as épocas passadas e as construções antigas, crendo que estas terão dado uma espécie de imortalidade terrena a quem as construíu. Auguste Perret e a sua crença nas propriedades universais da arquitectura clássica, com o seu princípio da coluna e do entablamento, exemplifica o primeiro caminho, ao passo que a ideia de Hitler de um Terceiro Reich clássico e milenário é típica do segundo. Ambas as crenças gozaram de vasta audiência no século XX, atingindo o máximo de popularidade nos anos trinta com as diversas formas de Fascismo, e de novo nos anos sessenta com o triunfo da Escola Burocrática. A orientação política da tradição auto-consciente, como o leitor terá decerto já adivinhado, é conservadora, elitista, centralista e pragmática, com um elemento ocasional de fundamentalismo místico, introduzido para catalisar, ou brutalizar (como as outras tradições salientariam) as massas.

Os argumentos que Hitler apresentou em *Mein Kampf* (1924) eram extremamente simples: «a arte degenerada» era devida à influência dos Judeus: «a casa com cobertura plana é oriental — oriental é judeu — judeu é bolchevista». Portanto, a Bauhaus, a CIAM, Le Corbusier, eram conspiradores judeus, logo comunistas. A interpretação racista da arquitectura foi desenvolvida, em 1928, por um arquitecto muito influente, Paul Schultze-Naumburg, com dois livros básicos, *Art and Race* e *The Face of the German House.* Este último defendia a ideia de que a casa alemã tinha um carácter racial, diferente do das casas das outras raças («Telhados lisos, cabeças lisas», como rezava o título de um dos seus artigos), ao passo que o primeiro referia as características positivas da arquitectura alemã: um telhado íngreme, uma expressão harmoniosa, «na qual parecem reflectir-se as feições do homem vertical, bom e verdadeiro».[16] Para além desta expressão benéfica, a melhor arquitectura alemã, a arquitectura do passado,

> dá-nos a impressão de que nasce da terra, como um dos seus produtos naturais, como uma árvore que enterra profundamente as suas raízes no interior da terra e com ela forma uma unidade. É isto que nos dá o nosso entendimento da pátria, de um vínculo com o sangue e a terra; para uma espécie de homens, [esta é] a condição da sua vida e o significado da sua existência.[16]

Esta defesa de uma arquitectura nacionalista e orgânica traduziu-se por um planeamento urbano que foi anti-urbano e, visualmente, muito parecido com as cidades-jardim inglesas de planeamento curvílineo. Em oposição aos edifícios anónimos e industrializados deste urbanismo, que pareciam, aos olhos dos nazis, fábricas estéreis, defendia-se a construção de monumentos ao Estado. Embora os ataques que estas oposições comportavam visassem os arquitectos do Período Heróico, isso não os impediu, de facto, de se comprometerem com as autoridades, por razões pragmáticas e outras. Assim, Mies van der Rohe assinou um apelo patriótico elaborado por Schultze-Naumburg,

---

[16] Paul Schultze-Naumburg, *Kunst und Rasse,* Munique, 1928, p. 127, citado por Barbara Miller Lane, *Architecture and Politics in Germany, 1918-45,* Harvard University Press, Cambridge, Mass., 1968, p. 39. Ver também Paul Schultze-Naumburg, *The Face of the German Hause,* Munique, 1929, p. 90.

apesar de este último ter, em 1932, uma posição tão inequívoca que chegou a dar conferências racistas, com milícias de choques presentes, as quais deveriam tratar de «espancar» convenientemente os artistas dissidentes.[17]

Quando, em Julho de 1933, depois da subida ao poder de Hitler [Mies] aceitou a encomenda para o Reichsbank [20], comportou-se como um traidor em relação a todos nós e em relação a tudo por que tínhamos lutado. Assinou, por essa altura, um apelo patriótico que Schultze-Naumburg tinha feito, na sua qualidade de Comissário, aos artistas, escritores e arquitectos alemães, para que pusessem as suas forças ao serviço do Nacional-Socialismo. Diria que, do grupo proeminente da Bauhaus, Mies foi o único que assinou. E aceitou a encomenda. Para nós, foi uma terrível punhalada nas costas.[18]

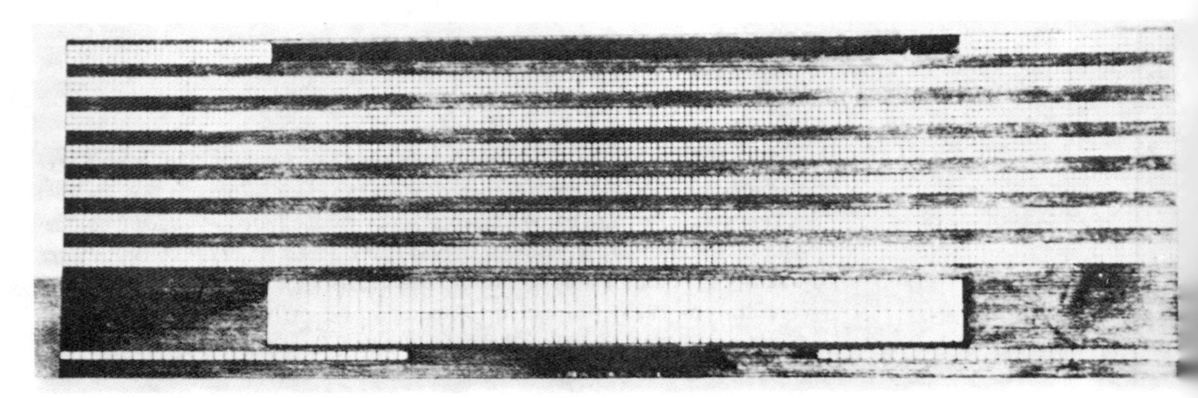

20. *Mies van der Rohe: Reichsbank, dese em projecção frontal, 1933.* As derivações teriores da fachada-cortina já estavam a

Embora para historiadores como Sybil Moholy-Nagy o compromisso de Mies pareça ser uma excepção, a verdade é que, pelo contrário, podemos dizer que foi mais regra do que excepção. De facto, em Junho de 1934, ou seja, pouco tempo depois de Mies van der Rohe ter assinado o apelo e aceite a encomenda do Reichsbank, Gropius escreveu várias cartas a Goebbels, defendendo a «germanidade» da nova arquitectura e chamando-lhe uma síntese «das tradições clássica e gótica»[19], além de ter projectado salões de exposições para os nazis. Wassili Luchardt, Herbert Bayer, Hugo Häring e outras figuras descomprometidas dos anos vinte realizaram também um trabalho muito duvidoso. Le Corbusier passou o ano de 1941 em Vichy, tentando persuadir o regime fantoche a dar-lhe trabalho[20]; Frank Lloyd Wright viajou com a maior alegria pela Rússia num dos mais infelizes períodos da sua história — durante as purgas; Philip Johnson, apoiando todos os grupos demagógicos, um após outro, chegou mesmo a visitar Hitler em Danzing, pouco depois deste ter invadido a Polónia para desencadear a Segunda Guerra Mundial[21]. Apresento estes exemplos heterógeneos, porque a opinião histórica mais espalhada é que os arquitectos do Período Heróico eram ferozes adversários do Fascismo; uma análise mais atenta das suas afirmações prag-

[17] Barbara Miller Lane, op. cit., p. 258, nota 57.

[18] Sibyl Moholy-Nagy, *Journal of the Society for Architectural Historians,* Março de 1965, p. 84.

[19] Barbara Miller Lane, op. cit., p. 181, também citada no capítulo 3, nota 15.

[20] Ver por exemplo Stanislaus von Moos, Le Corbusier, *Elemente einer Synthese,* Verlag Huber, Estugarda, 1968, pp. 220, 236, 265-71.

[21] William Shirer, *Berlin Diary,* Alfred Knopf, Nova Iorque, 1941, p. 213.

máticas e da ênfase que punham no «Estado» (como já referimos) e noutros veículos autoritários, teria permitido outra conclusão.

O caso do Fascismo italiano é particularmente interessante por pôr em relevo esta ambivalência[22]. Por exemplo, Le Corbusier, apesar de odiar a pompa e a monumentalidade de um estado centralista (aderiu, aliás, à Frente Popular, em 1935, para lutar, ao lado dos comunistas, contra os nazis), admirava o Fascismo, que «conseguia pôr os comboios a cumprir os horários». Os sentimentos dos arquitectos racionalistas italianos, como Pagano e Terragni, eram idênticos. Todos construíram para Mussolini, mesmo tendo algumas dúvidas acerca do classicismo monumental que se transformou na assinatura do regime. Os principais exemplos dessa atitude foram o Forum

Guerrini, Lapadula e Romano: Palácio ?ivilização Italiana, EUR, Roma, 1942. sicismo despojado com arcadas repetitivas a ser um motivo favorito vinte anos mais ; vejam-se, por exemplo, as ilusrações e [118].

Mussolini, em Roma (1937), e a Exposição Universal, também em Roma, em 1942 [21a], ambos tentando estabelecer um paralelismo entre a velha e a nova arquitectura de Roma. Tal como em posteriores obras da tradição auto-consciente, os termos mediadores entre estes dois extremos eram coisas como a glória dos Césares, a imortalidade e a universalidade do classicismo. Porque este classicismo era tão claro e frugal, mesmo defensores do Estilo Internacional como Nikolaus Pevsner chegaram a prever a sua reabilitação futura:

> ...Muitos [dos edifícios] que foram construídos... serão um dia respeitados de novo. Combinam todos uma rectangularidade convincente com uma bela exibição de mármores brilhantes dentro e fora.[23]

---

[22] Ver Giulia Veronesi, *Difficolta politiche dell'architettura in Italia,* Milão, 1953.

[23] Nikolaus Pevsner, *An Outline of European Architecture,* Penguin Books, 7.ª edição, reimpresso em 1964, p. 411. Ver também nota 1 da Introdução.

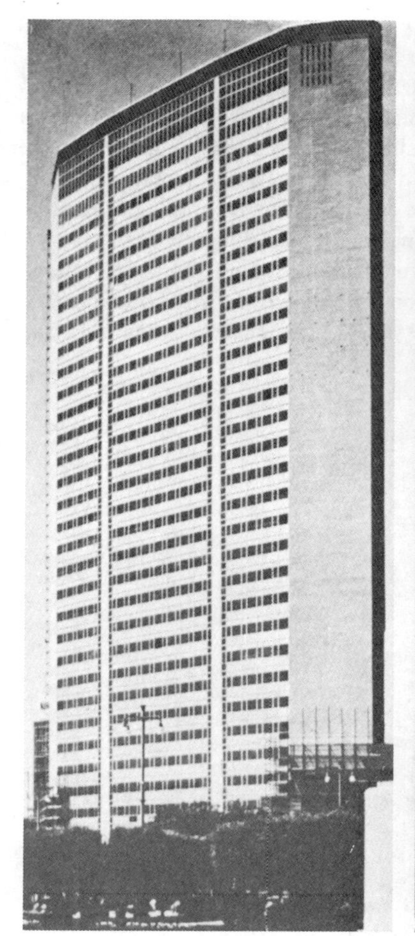

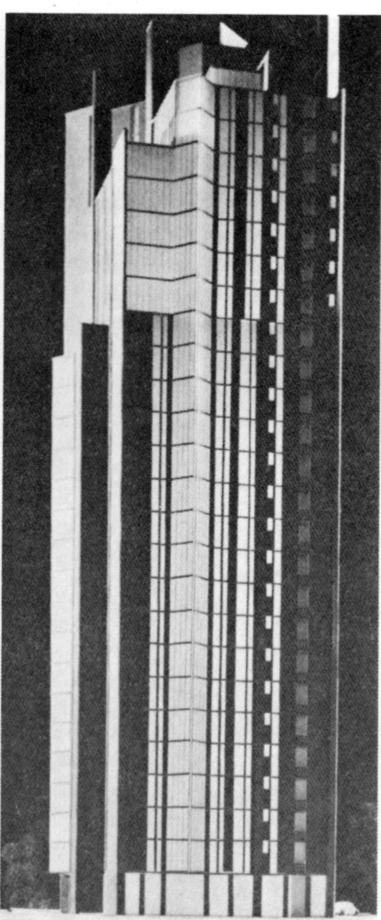

21b. *Gio Ponti: Edifício Pirelli, Milão, 19*
e c). Alberto Rosselli; Projecto de «arran
-luz», 1965. A arquitectura como uma mo
elegante e formalmente brilhante.

Os edifícios de Gio Ponti integram-se nesta descrição, e a sua explicação, vinte anos mais tarde, acerca da acção das forças políticas, adequa-se tanto ao seu Edifício Pirelli [21b] como ao trabalho que executou anteriormente, sob o fascismo.

Admito de bom grado que a arquitectura (a boa arquitectura) possa ser um meio de propaganda, um meio que recomendo a todos... quando encontro pessoas que têm a ambição de ficar na História, aconselho-as sempre a investirem no «Banco da Arquitectura», que lhes garantirá a «segurança» — que se traduz pelo seu próprio nome — de uma referência posterior inevitável; e refiro então o que ganharam Papas, Reis, Príncipes e Patrícios que «amaram a arquitectura» e cujos nomes... ficaram para sempre... no esplendor da História... E refiro o que Mies e Skidmore, Owings e Merrill significaram para a Seagram e a Lever, respectivamente.[24]

Que estamos aqui perante arquétipos do pensamento moderno, e não perante um qualquer capricho de uma cultura particular, é um facto que pode ser mostrado, citando passagens similares dos principais arquitectos da Escola Burocrática, seja qual for a sua nacionalidade: Yamasaki (EUA), Spence

[24] Gio Ponti, *Domus Magazine,* Junho de 1961, p. 3.

(Inglaterra), Niemeyer (Brasil), etc. Coube a Philip Johnson, em afirmações típicas do movimento Camp a nível da arquitectura, levar esta posição a um ponto extremado e, ao mesmo tempo, irónico.

> A única verdadeira pulsão é a imortalidade — não o sexo. Platão é que tinha razão, Freud e Horácio estavam errados. A propósito: o que é que Horácio disse? Bom, não interessa. Os monumentos duram muito mais tempo que as palavras. As civilizações são lembradas pelas suas construções. Nada há mais importante que a arquitectura.[25]

Uma das ironias que resultou desta posição foi que os monumentos que deveriam consagrar a imortalidade do seu autor, acabaram por se parecer todos uns com os outros, apagando-se, por isso, na memória colectiva. Assim, o Palácio dos Congressos construído na Rússia, em 1961 [22], pode perfeitamente ser confundido com o Ministério dos Negócios Estrangeiros de Bra-

Moscovo, Palácio dos Congressos, 1961.

sília, projectado por Niemeyer em 1966, ou com qualquer realização das burocracias de Washington. Quais serão então os factores psicológicos que fazem da tradição auto-consciente uma entidade una e que a tornam constantemente subserviente para com os poderes reinantes? Fazer a pergunta é quase dar a resposta, porque os factores que, em qualquer campo, conduzem à submissão, têm sempre algo a ver com as ideias de pragmatismo, fatalismo, uma crença no *status quo* e no *Zeitgeist*.[26] Porém, o arquitecto é mais facilmente influenciável por tais factores, porque tem de depender — mais directamente do qualquer outro artista — do patrocínio social e porque tem de se manter relativamente actualizado perante uma tecnologia em rápida transformação: dois factores que o encorajaram a permanecer aquiescente face a forças externas. Se Mies dizia que «o indivíduo está a perder significado; o seu destino já não é o que nos interessa», ao apelar para o *Zeitgeist* da industrialização, era óbvio que podia encontrar uma resposta no apelo de Goebbels ao *Zeit-*

---

[25] Cleveland Amory, «Philip Johnson», *Vogue,* Maio de 1964, p. 205.

[26] Tentei explorar este nexo de factores em «La Trahison perpetuelle des Clercs», in *Architecture 2000, Predictions and Methods,* Studio Vista, Londres, 1971, pp. 20-29.

geist social: «O mais essencial dos princípios do nosso movimento vitorioso consiste em que o indivíduo foi destronado.[27] O fatalismo, seja ele social ou tecnológico, parece ser a ruína da tradição auto-consciente.

DOLCE VITA OU OS HIPERSENSUALISTAS

A meio dos anos sessenta, parte desta tradição tinha passado por uma metamorfose que lhe alterou o carácter de forma considerável. Fundia-se com partes da tradição intuitiva — num terreno comum, o da moda e do formalismo — para dar um tipo de movimento que não existia desde o virar do século e do *Art Nouveau*. Este movimento, como o seu antecessor, baseava-se numa atitude dúplice: um ataque à monotonia do pesado ambiente industrial e, ao mesmo tempo, o tirar partido dos produtos mais avançados da tecnologia. Por um lado, os hipersensualistas lançaram-se numa orgia de cor, explorando os processos mais modernos — verde quente contra laranja *dayglo*, púrpura niquelado contra cintilações de azul lunar, fosco, polarizado — e, por outro lado, realizaram encomendas de prestígio para locais sofisticados e da moda da *elite* urbana: *night clubs*, lojas de velas [23], *boutiques*, espaços privados para amantes da arte, exposições como a Biennale em Veneza

[27] Devo este paralelismo a Sibyl Moholy-Nagy; ver a sua resposta à carta in *Jonal of the Society for Architectural Historians*, Outubro de 1965.

e a Triennale em Milão e, acima de tudo, produtos de consumo, desde móveis policromáticos a «Camas de Sonho» [24]. Qual era o seu principal mercado? A *Eurodomus,* uma exposição anual, que exibe tanto híbridos futuristas (M--Design, Stil Novo, O-Luce), como as firmas de moda mais fortemente estabelecidas (Marie Claire, Rinascente). Como se pode ver nesta lista, os hipersensualistas dependiam do tipo de mercados sofisticados que consumiram a *Art Nouveau* (como a Tiffany's), embora, no caso dos hipersensualistas, houvesse muito mais consumidores, interessados em pagar as suas experiências com as últimas tecnologias. Qual era o principal objectivo dos hipersensualistas? Fazer passar uma exposição profusamente colorida numa das revistas «de qualidade» mais na moda, como *Domus, Vogue* ou *Studio International.* Qual era o seu epigrama não confessado? «É tão belo que me subjuga por completo», ou «Parece tão saboroso que até podia comê-lo».

Assim, parece à primeira vista que os hipersensualistas eram um cruzamento entre o *Pop* britânico e o Camp americano: a sofisticação tecnológica e fria dum e a doçura sensual e homossexual do outro. E, no entanto, este

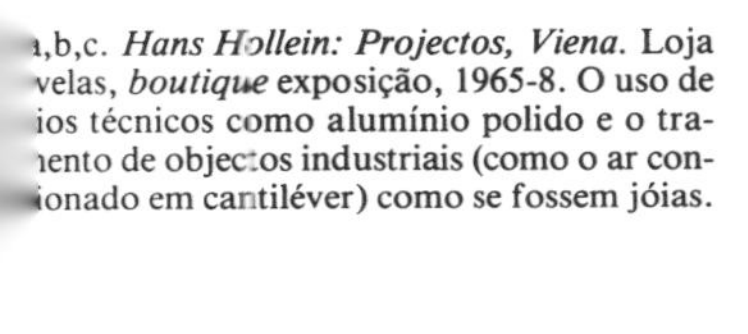
ı,b,c. *Hans Hollein: Projectos, Viena.* Loja velas, *boutique* exposição, 1965-8. O uso de ios técnicos como alumínio polido e o tra-ıento de objectos industriais (como o ar con-ionado em cantiléver) como se fossem jóias.

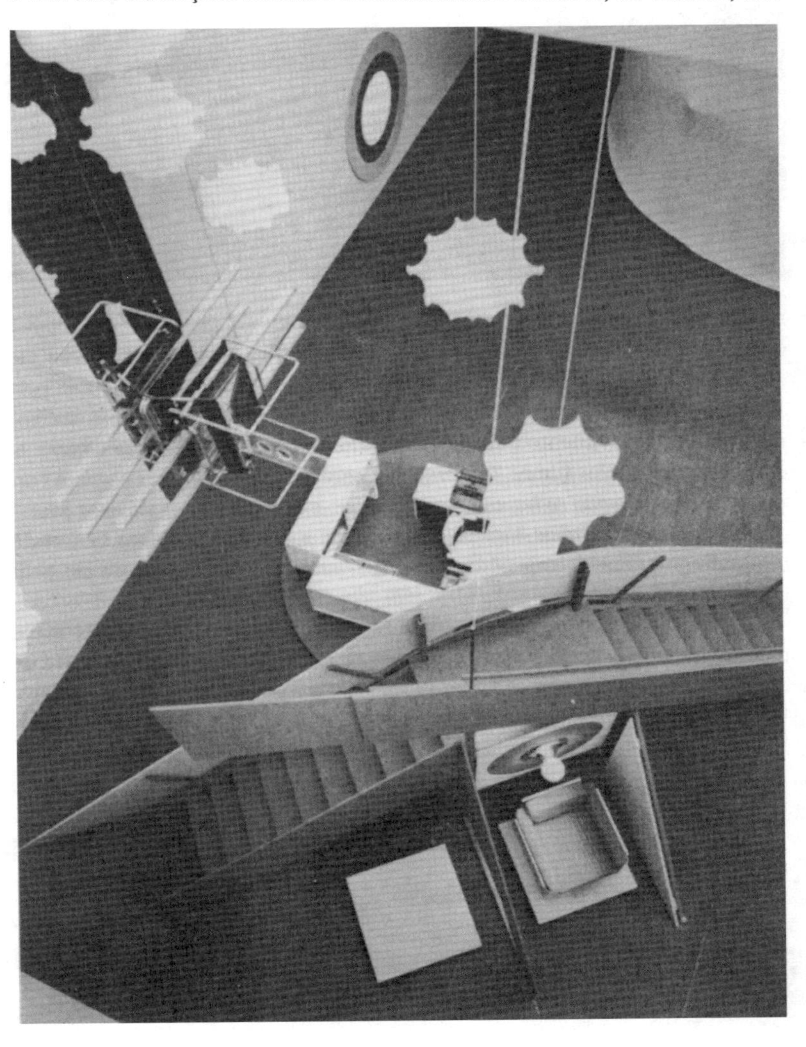

24. *Archizoom: Cama de Sonho. «Presságio de Rosas». Florença, 1968.* Um ambiente hermeticamente fechado, em que pontificam imagens rarefeitas do retrato de Bob Dylan, da *Art Deco* dos anos vinte, Mies, etc. A natureza ritualística desta cama, próxima do altar sacrificial, faz pensar nas pinturas metafísicas de De Chirico.

movimento arquitectural e social é muito diferente de qualquer dos outros dois: trata-se, de facto, de uma emanação da cultura burguesa milanesa, do milagre económico, de um catolicismo longínquo e da paixão italiana pela sacarina — a *dolce vita,* se quisermos, a vida doce. Na verdade, o melhor retrato deste movimento é-nos dado, muito provavelmente, pelo cinema e, em particular, pelos filmes *Teorema* de Pasolini (Cristo surge aí como o fornicador de *nouveaux riches* milaneses que, no entanto, podem até citar Marx) e, evidentemente, *Dolce Vita* de Fellini (com a estátua do Cristo benzendo viajando por cima de super-blocos de apartamentos, pendurada de um helicóptero pouco seguro).

É esta a imagem de uma tecnologia absoluta, contrastanto com artefactos culturais e valores tradicionais, que torna atraentes tais formas. Como era de esperar, o mais convincente dos arquitectos hipersensualistas, Hans Hollein, fez precisamente desta justaposição a trave-mestra da sua arquitectura [25].

25. *Hans Hollein: Pista de Aviação nos Campos de Trigo Austríacos, 1964.*

Haus Rucker Co.: Coração Amarelo ndo, Viena, 1968. Um espaço pneumático el coberto com riscas e pintas vermelhas, pode ser inserido em qualquer ambiente, proporcionar uma mudança na pressão do o tacto e no contacto e no tempo de rever- ção — uma nova experiência sensual.

Num manifesto, profético em relação ao trabalho que realizaria, Hollein sintetizou as intenções dos hipersensualistas.

Uma beleza sensual... a arquitectura não tem um objectivo. O que construímos acabará por achar a sua utilidade. A forma não depende da função... Agora, pela primeira vez na história da humanidade, numa altura em que uma ciência extremamente desenvolvida e uma tecnologia aperfeiçoada nos oferecem os meios para tal, estamos a construir o que queremos, fazendo uma arquitectura que não é determinada pela técnica, mas que usa a técnica — uma arquitectura absolutamente pura.[28]

Uma arquitectura absolutamente pura que depende do patrocínio de *boutiques* psicadélicas, revistas de moda e exposições de *design* trianuais. Os princípios políticos deste trabalho são evidentemente elitistas, como o próprio Hollein refere inequivocamente:

A arquitectura não significa a satisfação das necessidades do medíocre, não se traduz por um quadro feito de propósito para encaixar a felicidade comezinha das massas... a arquitectura é um assunto de elites.

E outro vienense que também escreveu um manifesto sobre a «Arquitectura Absoluta», Walter Picher, leva esta atitude ainda mais longe, imaginando as máquinas como a nova *elite*.

---

[28] Hans Hollein, in *Arts and Architecture,* California, 1963, p. 14.

27. *Superstudio: O Monumento Contín[uo]*, *Deserto do Arizona, 1969.* «Apresentámos modelo arquitectónico para uma urbaniza[ção] total como resultado lógico de uma hist[ória] orientada: a história dos monumentos, começou com Stonehenge e, passando Kaaba e pelo VAB, encontra o seu desfech[o] monumento contínuo». Esta era uma das modestas afirmações do Superstudio.

A arquitectura é a encarnação do poder e dos desejos de um número reduzido de homens... A arquitectura nunca serve para. A arquitectura esmaga quem não está em condições de suportá-la... As máquinas apoderaram-se da [arquitectura] e os seres humanos, agora, são apenas tolerados no seu domínio.[29] [26]

É difícil descobrir se estas afirmações são brincadeiras profundamente elaboradas ou tiradas demasiado sérias. Esta ambivalência é partilhada por todos os hipersensualistas e pode ser considerada como a sua muito peculiar virtude. Assim, no *Teorema* de Pasolini, os membros mais abastados da sociedade podem ser vistos a enunciar palavras de ordem marxistas ao entrarem para os seus *Lamborghinis,* e, por exemplo, os grupos Archizoom e Superstudio consideram-se revolucionários esquerdistas, embora perfeitamente integrados no quadro estabelecido da sociedade de consumo (chamam-lhe «revolução de dentro»). O grupo Superstudio desenhou «O Monumento Contínuo», que «é uma única obra arquitectónica, projectada para toda a superfície do planeta» — como uma proposta de *Teorema,* conduzindo uma ideia bizarra à sua conclusão lógica [27]. Neste caso, a ideia é uma mistura de «urbanização social total, 'fascista'», como lhe chamam, e de um igualitarismo absoluto. Todos têm exactamente um quarto idêntico, ou uma habitação idêntica, usada para todas as funções, revestida com uma grelha de

[29] Conrads, op. cit., p. 181.

:8. *Ricardo Bofill e associados: Xanadu, Calpe, Espanha, 1967.* Um complexo de dezasete apartamentos instalados no meio de uma aisagem intocada. Bofill, um seguidor de Gaudi, consegue um uso expressivo da estrutura — como aqui se pode ver pelos telhados iperbólicos.

quadrados brancos. Tal como a obra de Hollein, este monumento é inserido na natureza de forma a provocar um contraste chocante e presume-se ser adequado à fruição de um estado de suprema calma e serenidade; a sua «perfeição estática comove o mundo com o amor que cria»: bom, pelo menos espera «comover». Como se tratasse de um paradoxo obsessivo, o prazer obtido consiste em convencermo-nos de algo que sabemos ser questionável, quando não inteiramente falso:

> Estamos a desenvolver uma arquitectura que esperamos tornar sagrada e imutável, desenhamos a nossa arquitectura como um sinal no deserto, arquitectura que é felicidade serena, arquitectura que é doce tirania. [30]

Se tratarmos de procurar algum envolvimento político claro neste movimento (descontado a «doce tirania»), provavelmente só o encontraremos a um nível semi-consciente: uma insistência na autonomia artística que roça

[30] Citações extraídas de vários escritos não publicados do Superstudio, 1968.

a liberdade criativa sem limites e um gozo ou divertimento criativo que explora cada nova técnica e invenção, para proveito da sensualidade. A natureza desta sensualidade pode ser entendida em qualquer edição da *Domus* desde 1965 — a revista milanesa editada por Gio Ponti inclui quase todos os hipersensualistas, à excepção de alguns arquitectos espanhóis e japoneses.[31]

Foi precisamente um arquitecto espanhol, Ricardo Bofill, quem conseguiu uma análise mais funda das contradições presentes neste movimento, talvez por sentir na pele essas mesmas contradições — por ser um activista que, vivendo sob um fascismo real, desenha *villas* de luxo quando não se encontra envolvido na agitação política [28].

> Considero necessário conhecer esta nova forma de pseudo-fascismo, diferente de qualquer outro, complexo e contraditório, avançado em certos campos e atrasado noutros...[32]

Bofill mostra que foi uma mistura de «milagre económico», provocado pelo turismo e pela industrialização, assente numa ditadura convencional dissimulada, que desorientou e cooptou a oposição.

> Encontramos, finalmente, o mais descarado dos arrivismos em certos arquitectos conhecidos pelas suas convicções «classicistas», que se puseram a modernizar as suas «fachadas», de forma a poderem continuar a manter os seus oito filhos. Os novos ministros não demoraram muito tempo a entender esta situação e a tornar-se patrões... da mais moderna arquitectura, convertendo-a na arquitectura oficial. Os exemplos mais recentes disso são: a [participação espanhola] nas Feiras Universais de Bruxelas, 1957, e Nova Iorque, 1964. O franquismo, agora, pode dar-se ao luxo de usar a arquitectura de vanguarda para a sua propaganda, mesmo que ela não seja normalmente identificada com o fascismo... Os arquitectos estão muito ligados às Belas-Artes, à *Architecture d'Aujourd'hui,* à ideia básica de Brasília.[33]

Este incisivo comentário sobre o envolvimento político da vanguarda encontra, obviamente, um paralelo noutros países ocidentais, naquilo a que Herbert Marcuse chamou a «tolerância repressiva». Os elementos potencialmente críticos da sociedade são despoletados por serem definidos como uma parte integral da cultura, ou uma variação marginal dela, definição veiculada pelos meios de comunicação social. Poucos arquitectos escapam a este comprometimento e a esta diluição da sua posição. Porém, um grupo há que, constituído por arquitectos expressionistas da tradição intuitiva, tem mantido normalmente a sua autonomia, porque a maior parte das *elites* dirigentes achou a sua arquitectura demasiado desagradável e pouco dignificante.

A TRADIÇÃO INTUITIVA

Talvez a principal razão para a independência crítica dos arquitectos expressionistas seja a sua ideologia da criatividade individual, que é frequen-

---

[31] Uma lista representativa incluiria Luigi Moretti, Gio Ponti e Alberto Rosselli, Carlo Scarpa, Joe Colombo, Gae Aulenti, Hans Hollein, Ettore Sottsass, Archizoom, Superstudio, Maurizio Sacripanti, Haus Rucker Co., Walter Pichler e, com algumas reservas, Ricardo Bofill e Kiyonari Kikutake.

[32] Ricardo Bofill, «The Present Situation of Architecture in Spain», *Zodiac 15,* 1966, p. 196.

[33] Ibid., p. 197.

temente confundida com uma forma de anarquismo. O movimento *Art Nouveau* e arquitectos como Gaudi e Van de Velde pregaram todos a autonomia da imaginação do artista e combinaram isto com um socialismo romântico, baseado na cooperação e na solidariedade. O sistema das guildas medievais foi um modelo para o socialismo de William Morris; os escritos anarquistas de Kropotkin, Stirner e mesmo Tolstoi, foram particularmente admirados e defendidos pelo arquitecto Van de Velde; a Bauhaus, na sua fase expressionista, de 1919 a 1923, baseava-se amplamente nas ideias de Assistência Mútua que remontam ao Anarco-Sindicalismo de Proudhon. De facto, o manifesto da fundação (1919), da autoria de Gropius, parece um cruzamento entre o Socialismo das Guildas, o Movimento de Artes e Ofícios em Inglaterra e o Mutualismo:

> Criemos então uma nova guilda de artífices sem distinções de classe... uma comunidade de trabalhadores... [assente na] colaboração dos estudantes para o trabalho dos mestres... planeamento colectivo de um projecto estrutural extensivo, utópico... virado para o futuro... [em] contacto com a vida pública, com as pessoas, através de exposições e outras actividades.[34]

A Bauhaus chegou mesmo a ser dirigida por um *Conselho* de Mestres (com participação dos estudantes) e «as relações amistosas entre mestres e estudantes» seriam «encorajadas por peças, conferêcias, poesia, música, festas». Gropius, pela mesma época, dizia numa outra proclamação:

> A nossa época perderá a reverência pela máscara agonizante da organização, que nos cega e nos faz errar. O relacionamento de homem para homem, o espírito das pequenas comunidades, devem voltar a triunfar. Pequenas e frutíferas comunidades, sociedades secretas, fraternidades... construindo guildas como na idade de ouro das catedrais.[35]

Na verdade, muitas destas ideias eram perfeitamente ortodoxas na Alemanha, logo a seguir à Revolução Republicana de Novembro de 1918, depois de o *Kaiser* ter fugido e de os sociais-democratas terem formado os Conselhos de Trabalhadores e de Soldados que desencadearam a greve geral. O *Novembergruppe,* a que pertenciam Gropius, Mies, Bruno Taut e outros arquitectos de vanguarda, formou um Conselho de Trabalhadores Artistas, que proclamou a criação de obras de arte colectivas, o alojamento das massas e a «destruição de monumentos sem valor artístico» (um derradeiro golpe no militarismo elitista que, para toda a vanguarda alemã, era responsável pela Primeira Guerra Mundial). Os Conselhos de Trabalhadores Artistas surgiram em quase todas as cidades alemãs, decalcados de modo muito consciente dos Sovietes (uma forma de organização que parece brotar espontaneamente em qualquer revolução popular). Pretendiam uma «revolução espiritual» que acompanharia a revolução política e, por isso, tendiam para identificar o que era conhecido como Utopismo ou Expressionismo com um programa de esquerda.

---

[34] Walter Gropius, «Programme of the Staatliches Bauhaus in Weimar», citado por Ulrich Conrads, op. cit., pp. 49-53.

[35] Walter Gropius, *Ja! Stiemmen des Arbeitsrates für Kunst in Berlin,* Charlotenburgo, 1919, pp. 32-3.

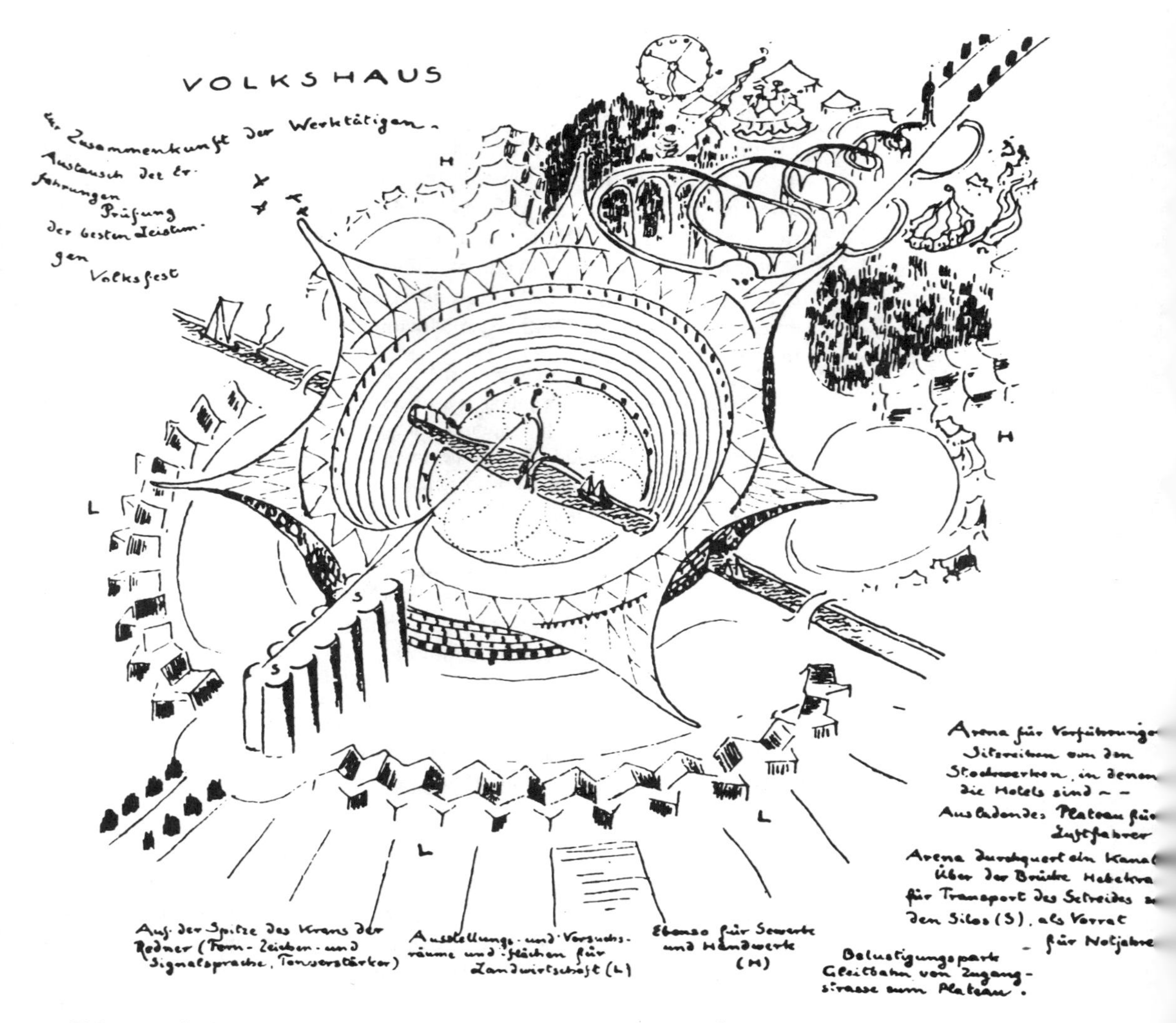

Talvez o principal expoente desta dupla revolução tenha sido Bruno Taut, que aliou a «nova arquitectura de cristal» ao novo espírito comunitário. De facto, nos seus esboços utópicos, é muito frequente o edifício central ser uma «casa de cristal» ou, pelo menos, uma aplicação expressiva das últimas tecnologias [29]. Taut, nos seus manifestos, pedia que «não fosse feita qualquer distinção entre edifícios públicos e privados... [eles] devem poder ser construídos por qualquer pessoa» — no que se antecipa aos polemistas do meio auto-construído. Os arquitectos deveriam formar «corporações» em que a «Assistência Mútua» seria o traço de união.

Estas corporações devem exercer integralmente o princípio da assistência mútua... Só esta torna uma associação frutífera e activa. É mais importante do que o número de votos, que nada significa sem concórdia social.

Taut conclui este pequeno panegírico das virtudes da fraternidade e da solidariedade, com uma resposta perfeitamente inconsequente e improvável ao marxismo...

29. *Bruno Taut: Desenho para um Ce Comunitário, 1918.* A arquitectura expre nista do vidro assentava em ideias mutuali «Equipamento para comunicação públic topo do guindaste... Áreas de exposição e e rimentação para agricultura (L). O mesmo profissões e comércios (H(). Arena para e táculos — filas de lugares em frente dos nos quais os hotéis estão situados *[sic]* — *teau* projectável para passeios. A arena é vessada por um canal. Por cima da sua p uma grua para transportar cereais para os (S) tendo em vista as reservas para os an escassez. Parque de diversões, ramp estrada de acesso para o *plateau.* Chegad água, terra e ar». (Citado de *The Dissol of Cities,* 120).

[A assistência mútua] exclui toda a competição inartística, logo desleal.[36]

Não era apenas a Bauhaus que estava organizada segundo as linhas da concórdia social e da assistência mútua: isso acontecia também com o *atelier* comunitário de Frank Lloyd Wright, denominado «Taliesin», e com os *ateliers* de Le Corbusier e Alvar Aalto. Todos estes arquitectos dirigiam os seus gabinetes com um forte controlo central, mas isto era contrabalançado por um trabalho de organização de equipa, que era perfeitamente autónomo. Naturalmente, Le Corbusier projectou formas anarquistas de organização, baseadas nos sindicatos operários em que o controlo devia ser exercido desde a base até ao topo[37], ao passo que Aalto garantia ter organizado as suas próprias firmas de acordo com os princípios mutualistas de Kropotkin. Como é evidente, a teoria e a prática políticas destes arquitectos não eram, de modo algum, inteiramente anarquistas. Assim, Frank Lloyd Wright, nos seus projectos utopistas para *Broadacres,* imaginou um sistema que era individualista e baseado na auto-ajuda, nas economias familiares, no crédito social e no controlo colectivo de grandes infra-estruturas — transportes e electricidade, por exemplo —, mas tudo isto surgia misturado com sociedades capitalistas e com uma distinção de classes inscrita no projecto.

De qualquer forma, o movimento utopista do princípio dos anos vinte nutria ideais anarquistas, que os principais arquitectos expressionistas subscreviam. Infelizmente estas ideias nunca foram muito longe na prática, dado que, na realidade, foram construídos muito poucos edifícios expressionistas (à excepção dos de Taut, Mendelsohn, Poelzig e Häring). Por isso, quando o Expressionismo foi rebaptizado como «Arquitectura Fantástica» nos anos sessenta, as raízes políticas e ideológicas tinham já sofrido uma erosão, e o movimento tinha-se transformado num capítulo bastante significativo da história da arquitectura.

Este ressurgimento foi lançado por exposições e livros: *Fantastic Architecture* de Conrad e Sperlich (em alemão, 1960, em inglês, 1963), um artigo de *L'Architecture d'Aujourd'hui* intitulado igualmente *Fantastic Architecture* (1962) e uma exposição no Museu de Arte Moderna de Nova Iorque sobre «Arquitectura Visionária» (1960). Se havia alguma justificação ideológica para tal, tinha decerto a ver com a liberdade de imaginação do arquitecto, contra a estrutura convencional da sociedade e um racionalismo estérial na arquitectura.

O pintor vienense Hundertwasser defendeu duas teses básicas, a este nível, no seu *Manifesto-Bolor Contra o Racionalismo em Arquitectura,* de 1958. A primeira faz lembrar a reivindicação extremada da liberdade individual do anarquista Max Stirner:

Qualquer pessoa devia poder construir, e enquanto esta liberdade de construir não existir, a arquitectura projectada de hoje não pode, de forma alguma, ser considerada uma arte. A arquitectura, nos nossos países, é sujeita à mesma censura que a pintura na União Soviética.[38]

---

[36] Bruno Taut, «Architektur-Programm», Berlim, 1918, citado por Ulrich Conrads, op. cit., p. 43.

[37] Le Corbusier, *The Radiant City,* Orion Press, Nova Iorque, 1967 (1933), pp. 192-3.

[38] Conrads, op. cit., p. 157.

30. *Frei Otto: Pavilhão alemão, Expo 6 Montreal.* Estas redes de tensão em forma tenda constituiam, de facto, uma distribuiç das mais eficientes das forças estruturais.

31. *Felix Candela: Igreja da Virgem M losa, Cidade do México, 1954.* A express forças em oposição alcança um sentido tural numa armação.

A segunda tese, formulada com uma forte perspicácia polemista, atacava a convenção racionalista da linha recta enquanto símbolo da eficiência e da rectidão:

Só o simples facto de mostrarmos uma linha recta devia ser proibido, pelo menos moralmente. A régua é o símbolo do novo analfabetismo. A régua é o sintoma da nova doença da decadência.

Vivemos num caos de linhas rectas... Quem não acredite nisto, que se dê ao trabalho de contar todas as linhas rectas que tem à sua volta e então compreenderá; porque nunca mais parará de contar... [39]

---

[39] Ibid.

Depois de contar três mil linhas rectas na sua lâmina de barbear, Hundertwasser propõe um antídoto universal — «bolores», «micróbios» e fungos» e vários «agentes desintegradores» que podem reduzir toda a arquitectura recta a curvas aéreas e livres. O tipo de edifício que poderia adequar-se a esta descrição era o projectado pela «Arquitectura Fantástica» de Bruce Goff [119], Juan O'Gorman, Simone Rodilla e Amancio Guedes. Estes autores foram capazes de juntar todo o tipo de material, desde cápsulas de garrafas a vidros partidos, passando por arame de capoeiras e cascalho, e de o usarem como um pintor abstracto usa a tinta: como um meio de expressão aberto que tem as suas próprias qualidades e regras naturais.

Uma outra abordagem naturalista denominada «fantástica» foi a de engenheiros de estruturas como Morandi, Nervi e Castiglioni. Levaram a estrutura aos seus limites expressivos. Frei Otto desenhou cabos de tensão que saltavam de uma montanha para outra ao longo de vinte e cinco milhas de vale, sustentando verdadeiras cidades-tendas [30]. Félix Candela levou ao seu extremo a capacidade construcional da parabolóide hiperbólica, realizando largas abóbadas, com apenas 5/8 de uma polegada de grossura, mas com um arco máximo de trinta e três pés. Mas nem o trabalho de Candela [31], nem as cidades suspensas de Otto contrariavam as leis básicas da estática. De facto, tal como a arquitectura de Gaudi antes deles, puseram em prática as virtualidades expressivas da lógica inerente à estrutura.

Pegando nesta lógica estrutural como ponto de partida, o arquitecto alemão Hans Scharoun mostrou até que ponto esta arquitectura fantástica podia

.. *Hans Scharoun: Sala de Concertos da* *rmónica de Berlim, Berlim, 1956-63,* exte-
.

32b, c. *Hans Scharoun: Sala de concertos Filarmónica de Berlim, Berlim, 1956-63,* p sagens interiores e auditório.

Jorn Utzon: Ópera de Sydney, Austrália, . As abóbadas em forma de vela, ineficien- omo estrutura, suportavam telhados acús- alguma distância abaixo e deveriam fazer rar as vagas de barcos à vela e as ondas orto — uma associação literalmente fan- a tanto em termos de custo como de ade- ilidade. O custo previsto inicialmente era milhões de dólares: ultrapassou os 70 ões.

ser expressivamente integrada a um nível metafórico. Por exemplo, o seu Auditório da Filarmónica de Berlim espelha o frenesi característico anterior ao concerto no espaço de circulação [32]. E dentro do auditório, as formas em cascata (formas a que Scharoun chamava «as vinhas de gente») são também apropriadas ao espírito da interpretação musical. De facto, a música é um gerador de forma, mesmo a nível literal, já que as formas interiores, convexas e descontínuas, difundem os sons pelos lugares à volta. Nos anos vinte, Scharoun era membro do grupo utopista de arquitectos e, tal como eles, um grande expoente da criatividade individual enquanto medida única de qualidade e juízo de valor:

> A nossa obra é o sonho extático do nosso sangue quente, multiplicado pela tensão sanguínea pelos milhões de seres humanos nossos irmãos. O nosso sangue é o sangue do *nosso* tempo, das possibilidades de expressão do nosso tempo.
>
> Criamos, temos de criar precisamente como o sangue dos nossos antepassados se expandiu em ondas de criatividade...[40]

[40] Ulrich Conrads e Hans Sperlich, *Fantastic Architecture*, Architectural Press, Londres, 1963, p. 142-3.

Esta insistência na criatividade individual tornou-se política e funcionalmente «fantástica» com Jorn Utzon e a sua Sydney Opera House [33]. Esta extravagante construção provocou um debate parlamentar na Austrália, várias lotarias, e, por fim, a resignação do arquitecto, porque tinham sido introduzidas diversas economias e mudanças no projecto. A um nível arquitectónico, podiam pôr-se em causa as abóbodas em forma de concha, por nada terem a ver com os tectos acústicos ou com a função da ópera. Na realidade, foram concebidas por analogia com os barcos à vela frequentes nas proximidades e, geometricamente, a partir da superfície de uma esfera — motivos que nada têm a ver especificamente com um teatro de ópera ou com música, como acontecia no caso de Scharoun. A um nível político e social, o projecto era também questionável, dado que elevava a ópera a uma posição de prioridade adentro do espectro de actividades cívicas — um lugar habitualmente reservado a edifícios religiosos ou a algum tipo de centro comunitário.

É em situações como esta que o formalismo abstracto — a especialidade da tradição intuitiva — se funde com as preocupações da sociedade de consumo no sentido de conseguir a domesticação da vanguarda. Alguns arquitectos da tradição intuitiva, como os situacionistas, ou individualistas extremos, como Bruce Goff, conseguiram defender a sua ideologia da criatividade de limitações impostas pela sociedade. Os situacionistas pretendiam uma «criação colectiva», uma «participação total», uma «arte do diálogo», susceptíveis de assegurarem a defesa da imaginação individual face à sociedade.

> O exercício desta criatividade lúcida é a garantia da liberdade de cada um e de todos, dentro do quadro dessa igualdade que é garantida pela ausência da exploração de um homem por outro. A liberdade lúdica significa a autonomia criativa do homem, que ultrapassa a velha divisão entre um trabalho imposto e um lazer passivo... Opondo-se ao espectáculo, a cultura situacionista, quando posta em prática, implicará uma participação total.
>
> Opondo-se à preservação da arte, envolverá uma organização directa do movimento vivido... colectiva... uma arte do diálogo... todos serão artistas... todos construirão a sua própria vida. [41]

É curioso que esta defesa, assumida pelos situacionistas, em 1960, da criação populista e espontânea, retoma os manifestos anarquistas dos anos vinte, reivindicando, como eles, a reorganização da «produção na base de uma associação livre e igualitária de produtores». Estas ideias políticas aproximam-nos dos conceitos mais revolucionários da tradição activista, a que nos referiremos posteriormente, tal como as ideias sobre criatividade expressiva nos conduzem noutra direcção, a meio caminho entre as tradições auto-consciente e lógica.

A TRADIÇÃO LÓGICA

O recente movimento arquitectural japonês, chefiado por Kenzo Tange, situa-se na confluência de muitas tradições e categorias aqui adoptadas. Num certo sentido, trata-se de um rebento do Período Heróico e da obra final de

---

[41] U. Conrads, *Programmes and Manifestoes on 20th Century Architecture*, pp. 172-3.

Kenzo Tange: Pavilhão Central, Expo 70,
ka. Em cima: uma mega-estrutura gigan-
a com cápsulas adaptadas, calhas móveis de
s, e *robots* comandando a acção com bra-
encaixáveis. Em baixo: um *robot* tansporta
oas e lugares parcialmente móveis. Muitas
ideias que *Archigram* projectou seis anos
s foram racionalizadas pelo processo de
nho sistemático.

Le Corbusier, embora seja, ao mesmo tempo, muito parecido com o trabalho dos hipersensualistas e participe daquela que é agora classificada como tradição lógica. A razão para situarmos assim os «metabolistas» japoneses está em que todos eles vão buscar ideias e imagens a outras fontes e *aperfeiçoam-nas sistematicamente,* de tal forma que o resultado é frequentemente superior às origens. Um bom exemplo é a obra de Kenzo Tange para o Pavilhão Principal da Expo 70 [34], que é uma realização do grupo Archigram's-Plug-in-City, 1964, e a Cidade Espacial de Yona Friedman, 1961 [208]. Aquilo que começou por se aparentar com extravagantes visões utopistas no princípio dos anos sessenta, transformou-se numa disciplina racionalizada nos anos setenta. Os robots estão ainda presentes e o equipamento mecânico é ainda celebrado em termos visuais como um arsenal militar de considerável poder explosivo, e no entanto este gigantesco pavilhão foi, na verdade, o resultado de um sistemático processo de planeamento (realizado por uma equipa sob a direcção de Tange), que pede meças aos processos do programa

espacial americano. Que este não é propriamente um exemplo raro, é um facto que pode ser verificado na Torre de Kiyonari Kikutake [35a], que também constitui um desenvolvimento lógico de projectos anteriores: as experiências geodésicas de Buckminster Fuller e o Projecto para a Torre de Montreal de 1964 [35b]. De novo, e tal como acontecia com a estrutura de Tange, temos uma grelha em treliça obtida com juntas articuladas e tubos de aço todos pré-fabricados e rapidamente encaixados uns nos outros no local. Apesar de permanecer alguma da força expressiva do Archigram — o poliedro compensado pelas escadas verticais —, o edifício é ainda uma experiência a nível da racionalização do projecto e da eficiência logística (o transporte das várias partes para construção no local e, depois da Expo, a sua retirada para destruição). Este relevo dado aos ciclos de crescimento, mudança e decadência é a ideia básica dos metabolistas japoneses e finalmente, com o Takara Beautilion de Kisho Kurokawa, podemos dizer que esta filosofia atingiu um nível de expressão lírica. Basicamente, a estrutura de Kurokawa consiste numa unidade única, repetida duzentas vezes, e feita por doze tubos de aço que

35a. *Kiyonari Kikutake: Torre Central, E 70, Osaka,* numa base triangular, consiste três escadas prateadas suportando gale poliédricas para vistas.
35b. *Peter Cook: Projecto para a Torre Montreal, 1964.* A rede geodésica insere á de diversão, os edifícios incluem auditóri restaurantes, ao passo que os «contento indicam quartos de hotel.

b. *Kisho Kurokawa, Takara Beautilion, o 70, Osaka.* Uma grelha de tubos de aço aros no fim, o que implica que novas uni- s podem ser acrescentadas ou retiradas uma mudança a nível de função. Cápsu- escadarias, etc., encontram-se suspensas ro da grelha tridimensional.

confluem num círculo comum. Este possui juntas finais que aceitam novas unidades susceptíveis de seguirem qualquer direcção pretendida. Dentro da unidade estrutural encontram-se vários compartimentos, equipamento mecânico e sistemas de circulação. Todo este edifício metabólico foi montado em apenas uma semana — presumivelmente o tempo necessário também para o desmontar.

Embora Kurokawa tenha tido um êxito raro como arquitecto, a sua situação constitui, de certo modo, um resultado do «milagre económico» japonês. Em 1971, com trinta e seis anos de idade, tinha já projectado inúmeros edifícios, além de três pavilhões na Expo 70 e duas novas zonas urbanas em construção. Tal como os outros metabolistas e ao contrário da vanguarda europeia dos anos vinte, a sua arquitectura foi aceite pela sociedade e de facto

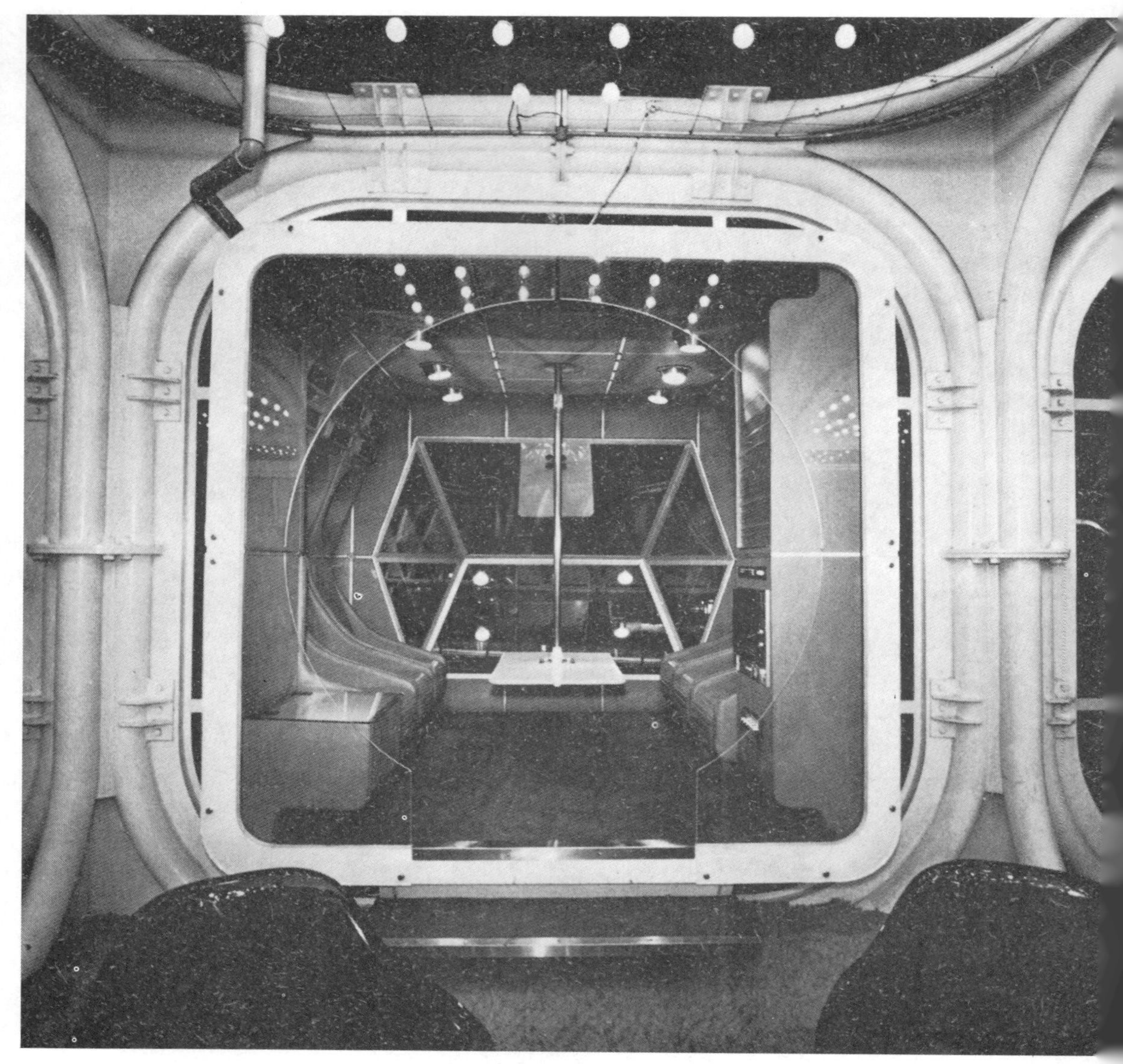

construída. Este êxito, combinado com uma rápida inovação tecnológica no Japão, provocou, naturalmente, uma filosofia política da meritocracia, do directivismo e da tecnocracia. Kenzo Tange tornou-se o principal porta-voz dessa filosofia, tanto pela sua obra (por exemplo, a Cidade para Dez Milhões, baseada numa economia terciária [200]), como pelas suas afirmações:

> Enfrentando a realidade, temos de nos preparar e trabalhar para uma nova era que será caracterizada por um novo tipo de revolução tecnológica... o controlo e o planeamento da produção e distribuição de energia, ao mesmo tempo que é criada uma produtividade muito superior à do presente... Num futuro não muito distante, o impacte de uma segunda revolução tecnológica mudará a natureza básica de toda a sociedade...[42]

---

[42] Kenzo Tange, «On Vitalism», in *CIAM 59 in Otterlo,* ed. Oscar Newman, Alex Tirani, Londres, 1961, pp. 171-2.

Esta ênfase no planeamento sistemático, no crescimento contínuo e no impacte da revolução cibernética era tão característica da tradição lógica, que quase podíamos dizer que constituía a sua face ideológica. Buckminster Fuller, o inventor-arquitecto, levou esta atitude ao seu máximo extremo, projectando estruturas geodésicas [37] e proclamando o triunfo final da tecnocracia (ou administração) sobre a política:

Parece perfeitamente claro que, havendo o suficiente para todos, o homem deixará de fazer guerras. Quando o homem conseguir alcançar o máximo com o mínimo,

Buckminster Fuller: Union Tank Car [...]*pany, Louisiana, 1958.* Com um diâme[...]e 384 pés e uma altura de 116 pés, este era [...]ltura «o mais largo recinto em rotação [...]pleta alguma vez construído». O princípio [...]riano da máxima eficiência por cada quilo [...]aterial gasto produz frequentemente, [...]anto subproduto, uma imagem visual[...]e atractiva e homogénea.

de tal forma que consiga proporcionar a todos um melhor nível de vida, então não haverá nenhuma razão fundamental para a guerra... Dentro de dez anos será anormal o homem ter êxito... A política tornar-se-á obsoleta.[43]

Uma outra afirmação de Fuller segue quase textualmente a *Parábola de Saint-Simon,* de 1832, em que os efeitos desastrosos da rejeição da indústria e dos seus especialistas são opostos aos efeitos benéficos de uma liberação em relação aos políticos.

Por outro lado, suponhamos que nos libertávamos de todos os políticos, de todas as ideologias, de todos os livros sobre política — e que os mandávamos para uma órbita à volta do Sol. Se isso acontecesse, todos continuariam a comer como antes, todas

[43] Buckminster Fuller, «2000 + », *Architectural Design,* Fevereiro de 1967, p. 63.

as barreiras políticas iriam por água abaixo e poderíamos começar a encontrar processos para mandar as mercadorias excedentárias num lugar para as zonas onde faltassem.[44]

Como sempre acontece na tradição lógica, as virtudes de auto-apagamento do engenheiro, as suas qualidades de direcção e eficiência, são constrastadas com a falta de horizontes dos políticos, descritos como vilões. Fuller propõe um sistema de organização mundial em que os seus puros e nobres engenheiros, «Os Arquitectos Universais», substituiriam o governo dos homens pela administração da eficiência. Esta ideologia da «Sociedade Post-Industrial» ou mesmo «o fim da ideologia» tornaram-se reis e senhores no princípio dos anos sessenta e, algo estranhamente, ou talvez nem tanto, muito populares entre os estudantes de Arquitectura de finais dessa década, apesar de os seus defeitos se terem tornado óbvios em críticas tão devastadoras como a de Noam Chomsky, em *American Power and the New Mandarins* (1969). Não havendo fronteiras ideológicas, os apagados técnicos podiam trabalhar tanto para fins construtivos como para fins destrutivos.

Outro tipo de justificações veiculadas pela tradição lógica tinha a ver com a natureza das verdades universais e a doutrina do Funcionalismo (resumidamente, que a forma deveria seguir essa natureza sem qualquer desvio). Pier Luigi Nervi revelou as premissas platónicas desta abordagem num artigo intitulado «Is Architecture Moving Towards Unchanging Forms?» (a resposta era, basicamente, «sim»), que tinha a sguinte injunção:

> Abordar as misteriosas leis da natureza com aspirações modestas e tentar interpretá-las e moldá-las obedecendo-lhes, é o único método capaz de pôr a sua majestosa eternidade ao serviço dos nossos limitados e contingentes objectivos.[45]

Visualmente, a sua arquitectura era suficientemente convincente para persuadir muita gente de que uma abordagem modesta da função e das «leis da natureza» (no seu caso, estrutura e logística) resultaria inevitavelmente numa «eternidade majestosa» ou, pelo menos, em algo de belo [38]. No entanto, há alguns exemplos em que o reverso se deu, precisamente quando a sua obediência cega ao programa conduziu a uma monotonia pomposa, não muito diferente da tradição auto-consciente. Evidentemente, teremos de acentuar que parece haver uma correlação clara entre esta última tradição e a tradição lógica. Onde há governos centrais fortes, verifica-se sempre a tendência para construir vastas mega-estruturas, estádios e auto-estradas, como aconteceu nos anos trinta e sessenta. De facto, Nervi construiu algumas das suas mais belas estruturas, como os hangares de aeroportos e os estádios, sob o regime fascista no final da década de trinta.

Um último grupo de atitudes e valores adentro da tradição lógica tem a ver com a questão de resolver problemas complexos com métodos sistemáticos de desenho e com a referência a «exigências de execução» em vez de uma concentração no objecto acabado. A Escola Paramétrica de Desenho, que se desenvolveu a meio da década de sessenta, tornando-se um importante movimento em todo o mundo, será abordada no Capítulo 8. Esta escola dava

---

[44] Ibid, p. 63.

[45] Pier Luigi Nervi, «Is Architecture Moving Towards Unchanging Forms?», in *Structure in Art and Science*, ed. Gyorgy Kepes, George Braziller, Nova Iorque, 1965, p. 101.

Pier Luigi Nervi: Palácio do Desporto,
na, 1958-9. Pilares suportando o tecto e
e central são afilados em três dimensões,
uindo as complexas forças estruturais.
npare-se com [31].

sobretudo relevo à análise, integração e harmonização de todos os elementos, as quais poderiam ser denominadas os parâmetros da construção. O que significa, nos mais sofisticados modelos de Christopher Alexander, tudo o que pudesse ser considerado como tendo alguma influência ou importância — mesmo coisas como relações conjugais e relações de parentesco.

Uma escola que assentou fortemente neste tipo de desenho sistemático foi a «Nova Bauhaus», a *Hochschule für Gestaltung,* que abriu em 1955, em Ulm (Alemanha), e que existiu até que os fundos governamentais lhe foram retirados, em 1968. Dirigida por desenhadores como Max Bill e Tomás Maldonado, esta escola produziu um *estilo* muito especial de desenho paramétrico: os resultados foram sempre claramente suaves, moderados até à discrição acentuando fortemente o pormenor, friamente anti-sépticos. As metáforas visuais que mais se adequavam ao desenho paramétrico seriam as do computador e do hospital, com os seus sinais distintivos de precisão e neutralidade. A ênfase posta pela escola de Ulm numa abordagem rigorosa da ciência e da tecnologia, bem como uma tendência política de esquerda, foram factores que levaram o governo conservador do estado de Baden-Württemberg a suprimi-la. A teoria radical do desenho, que estava a desenvolver-se por essa época, baseada na análise de computador e na semiologia (a teoria dos signos), ficou, infelizmente, fragmentada com a dispersão dos professores.

Uma outra vertente da Escola Paramétrica, chefiada pelo desenhador de sistemas Ezra Ehrenkrantz, concentrou-se em requisitos mais prosaicos, como o desenho de quatro componentes principais para um sistema de construção de uma escola [39]. Basicamente, estes componentes tinham apenas a ver com a disposição geral, deixando o arquitecto ou o construtor à vontade para terminar o edifício da maneira que lhe aprouvesse. Conhecido pela abreviatura SCSD (Schools Construction System Development), este sistema obteve muito êxito na Califórnia e influência em todo o mundo. Na Califórnia, pelo menos treze escolas tinham sido construídas a partir dele em 1966, com economias substanciais, e milhares de empresários tinham-se apropriado dos sub-sistemas para os seus próprios objectivos específicos. Dessa forma, um dos ideais políticos da tradição lógica concretizou-se: os serviços técnicos oferecidos por

39. Ezra Ehrenkrantz: S.C.S.D., 1964. Um sistema de quatro elementos: tecto estrutural, ar condicionado, iluminação e tabiques de separação. Estes quatro sistemas representam cerca de metade do custo total de uma escola

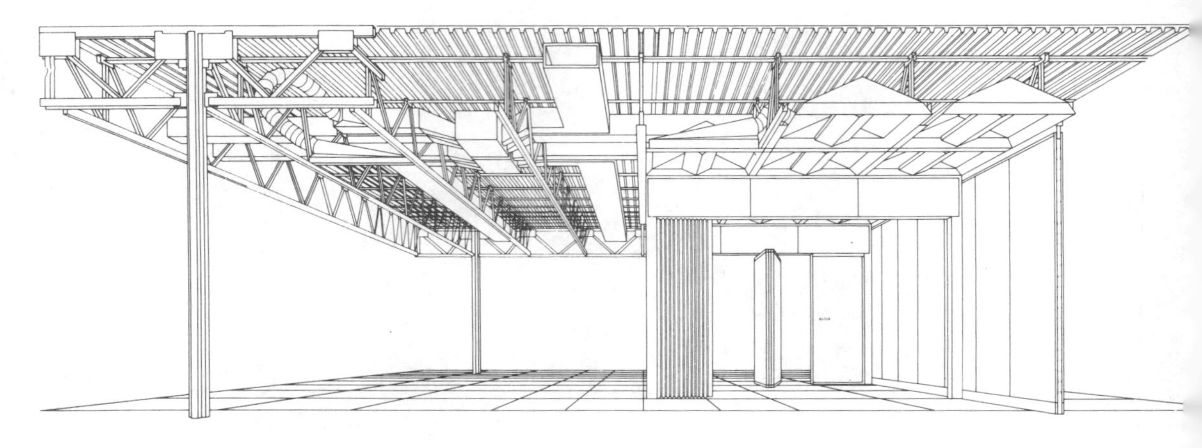

uma equipa de engenheiros resultaram num produto que aumentou a eficiência e que é socialmente produtivo. Não é de espantar que Ezra Ehrenkrantz tenha feito os estudos para as Hertfordshire Schools, em Inglaterra, onde uma ideia-mestra se transformou numa ortodoxia importante: a abordagem não consciente e restrita do projecto.

A TRADIÇÃO NÃO CONSCIENTE

Em 1946, Stirrat Johnson-Marshall e a sua equipa de desenhadores produziram o protótipo para o sistema de produção em massa das Hertfordshire Schools. Dois anos e vinte e nove escolas depois, Johnson-Marshall e a sua equipa eram escolhidos pelo Ministério da Educação para centralizarem as pesquisas e formularem a política oficial.

> O que é necessário [afirmavam] é uma equipa de especialistas, com o arquitecto responsável por manter um equilíbrio entre todos os aspectos, garantindo que a contribuição de cada especialista se harmonize adequadamente no todo... Esta abordagem e esta prática conduzir-nos-ão a... uma nova arquitectura que constitui uma expressão simples e descomprometida das exigências dos tempos actuais.[46]

Este acento posto numa «expressão simples e descomprometida» que nasceria naturalmente do trabalho de equipa, traduzia-se por uma tentativa perfeitamente consciente e comprometida para inventar um novo sistema que seria tão restrito, anónimo e dignificado como a arquitectura georgiana.

[46] Ver Anthony Jackson, *The Politics of Architecture, A History of Modern Architecture in Britain,* Architectural Press, Londres, 1970, p. 172.

O outro modelo era o estilo comum aos edifícios industriais do século XIX — a «tradição funcional», como lhe chamou J. M. Richards. Ambas as linguagens históricas — a georgiana e a funcional — foram utilizadas como exemplos pela sua relevância para os vastos programas de construção e alojamento em massa que a Segurança Social inglesa lançou em 1946. A situação era idêntica noutros países. Na Suécia, novas cidades como Vallingby foram construídas num estilo moderno, adequado à realização de projectos vastos. Os russos lançaram um programa de produção em massa de alojamentos em larga

Habitações russas pré-fabricadas, 1965.
ades pesadas, inflexíveis, autónomas,
m ser montadas como tijolos por uma

escala, os quais podiam ser montados em fábrica, levados para o local previsto e colocados por um guindaste móvel[40]. Aplicaram também a tecnologia aeronáutica ao problema da habitação, propondo unidades que tinham grande resistência e tamanho mas, infelizmente, poucas possibilidades de acompanhar as mudanças na vida familiar e na tecnologia. No entanto, como um arquitecto afirmava, a propósito das suas vantagens:

Os construtores de Moscovo precisarão de quinze anos de vigorosos esforços para pôr ponto final no problema da habitação... mais dois milhões de apartamentos em 1980. Então, todas as famílias de Moscovo terão um quarto para cada um dos seus membros, mais uma sala comum... Haverá, em média, cerca de vinte metros quadrados de área útil por cada habitante de um apartamento.[47]

Esta média, se comparada com os seis metros quadrados por habitante nos anos vinte, dá uma ideia clara dos progressos realizados. E no entanto, vistos como um todo, estes desenvolvimentos da tradição não consciente tinham dois grandes erros: os programas Assistência Social eram sempre inadequados em tamanho e inflexíveis, para não dizer inumanos, na prática. Na melhor das hipóteses, podiam produzir cidades novas como Cumbernauld [211] e o sistema CLASP de construção de escolas [41], enquanto, na pior das hipóteses, eram monótonos, paternalísticos e «fechados».

Duas correntes dentro desta tradição opunham-se a tais métodos e atitudes dos programas sociais. Uma, que pode ser denominada anarquismo libertário, foi já brevemente mencionada nas afirmações dos situacionistas e de Hundertwasser:

Só quando arquitecto, pedreiro e ocupante são uma unidade, isto é, uma e a mesma pessoa, é que podemos falar de arquitectura. O resto não é arquitectura, mas sim a encarnação física de um acto criminoso.[48]

41. *Matthew, Johnson-Marshall: Univer dade de York, 1965.* O sistema CLASP adoptado porque proporcionava uma const ção rápida e barata. O resultado tem as qu dades georgianas pretendidas em 1946.

[47] Evgeny Ruzhnikov, «Housing Construction in Moscow», Novosti Press Agency, 30 de Maio de 1965.

[48] U. Conrads, *Programmes and Manifestoes on 20th Century Architecture*, p. 159.

A outra corrente é a que depende do poder de consumo, em que a iniciativa de projectar é descentralizar e qualquer um (teoricamente) tem a oportunidade de comprar os sub-sistemas que quiser (e puder) no mercado. Um exemplo desta corrente é a indústria do «faça você mesmo» que, após 1950, cresceu de tal forma que existem já mais de 20 mil lojas na Grã-Bretanha, e nos Estados Unidos constitui um negócio que envolve vários biliões de dólares. De início, esta indústria começou por prestar assistência e fornecer materiais a trabalho relativamente não qualificado no interior da casa — pintura, decoração, instalações eléctricas —, depois do que se virou para todas as áreas da construção, incluindo as mais complicadas. Em 1970, era responsável pela maior parte do trabalho interno em casa e era servida por revistas «Faça você mesmo», exposições anuais, lojas *drive-in,* centros de informação e catalogação e um gigantesco negócio por correspondência.

A relevância de elementos como a indústria do «faça você mesmo» para a questão do alojamento de massas, está em que eles se revelaram como uma alternativa possível ao paternalismo inflexível dos sistemas centralizados. Em vez de uma rede monótona de habitações massificadas, cada pessoa pode dispor da mais significativa e expressiva mistura de Las Vegas, Route One ou Main Street. Em vez de os elementos personalizados serem fornecidos de cima, o indivíduo, que é o único capaz de tomar decisões locais a nível formal, pode fazer a escolha a partir de baixo. Pelo menos, esta era a principal ideia de Nikolaas Habraken, o arquitecto holandês que desenvolveu uma teoria da habitação muito influente no princípio dos anos sessenta. A principal contribuição de Habraken foi muito simples e perfeitamente óbvia, o que não diminui a sua importância. Insistiu constantemente na distinção básica entre aquilo a que chamava «os suportes estruturais e as unidades destacáveis», ou seja, aquilo que é público, relativamente inflexível, a longo prazo e tudo o que é privado, maleável, a curto prazo. Dado que a maior parte do alojamento em blocos de apartamentsos recalca esta distinção, há um natural antagonismo entre os dois sectores a esse nível. Os suportes não são construídos e o espaço privado não pode ser alterado ou moldado pelo indivíduo. Colocando a responsabilidade pelos suportes nas mãos dos municípios e arquitectos e deixando as unidades destacáveis para o indivíduo na situação de consumidor, Habraken propôs pelo menos uma saída para o impasse da habitação.

Um outro caminho próximo foi proposto por Ezra Ehrenkrantz e as suas diversas equipas de projectistas. Significativamente, Ehrenkrantz, depois do seu êxito inicial com o SCSD, passou do desenho de componentes para uma mera indicação de quais os sistemas existentes *compatíveis.* Esta evolução constituíu um resultado natural da sociedade de consumo: ou seja, Ehrenkrantz passou de desenhador a «catalogador coordenador». As suas duas equipas na Grã-Bretanha e nos Estados-Unidos limitar-se-iam a mostrar, numa tábua com múltiplas chamadas, que sistemas de iluminação eram compatíveis com determinadas estruturas, por exemplo, e assim por diante. A partir daí, qualquer pessoa poderia ter um sistema «aberto» e não «fechado», ou, usando uma outra palavra-chave do final da década de sessenta, um *Kit-of--parts* que podia gerar um número quase infinito de edifícios únicos. Ehrenkrantz e a sua e quipa desenvolveram também, para a «Operation Breakthrough» do governo americano, um sistema de estrutura de fibra baseado nas novas tecnologias do plástico, que era ele próprio «um *kit* de partes, mais

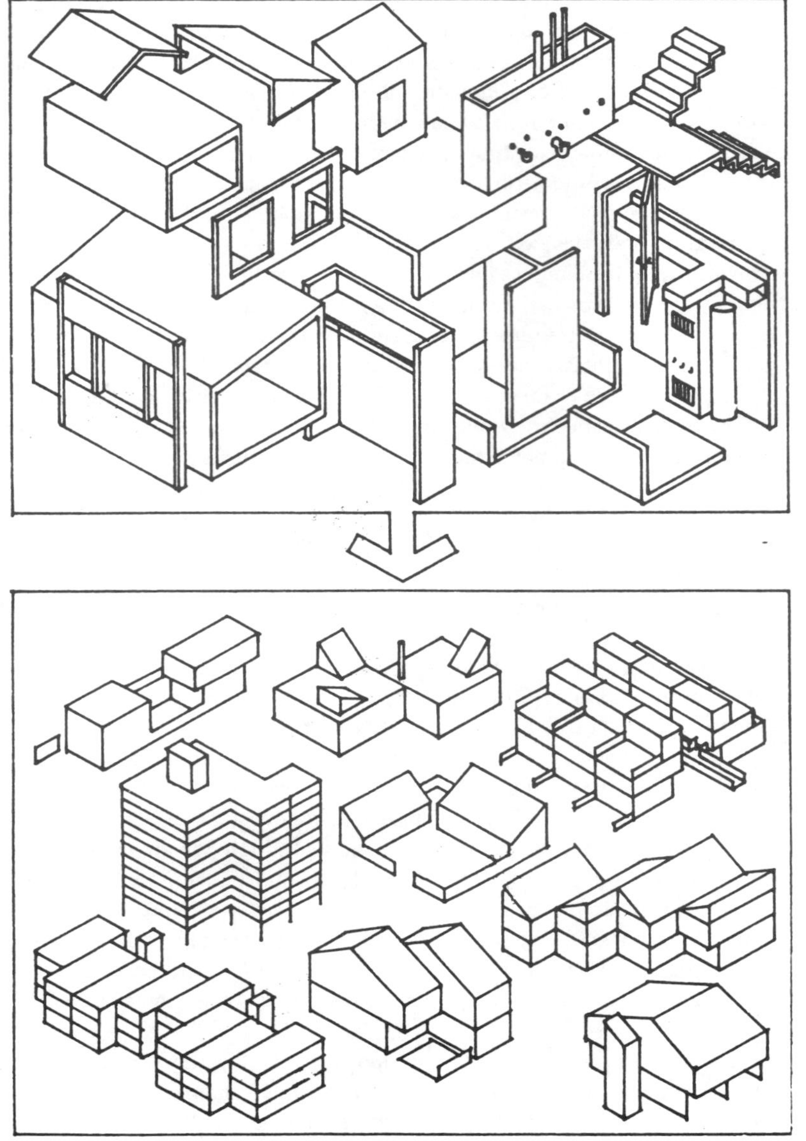

42. *Ezra Ehrenkrantz e BSD: Fibershell K -of-Parts, 1970,* gera diferenes tipos de cas Porque todos os elementos são metidos con peças singulares no local, não há junturas en as partes.

regras, e um processo pelo qual as partes podem ser reunidas» [42]. Pelo menos a nível conceptual, não estamos longe do ponto em que cada um poderá desenhar o seu próprio abrigo, único e inconfundível, ou a sua unidade destacável dentro de uma estrutura de apoio mais vasta.

A TRADIÇÃO ACTIVISTA

Apesar de algumas das outras tradições — a intuitiva e a idealista — reconheceram que o problema do ambiente deriva, em grande parte, da natureza da sociedade, e procurarem transformar essa sociedade, apenas os activistas se concentram nos processos sociais e nos meios de mudança. O problema da habitação? Como Engels concluíu inequivocamente no século XIX, não há problema nenhum da habitação se as casas existentes forem divididas por todas as pessoas. Como é evidente, isso implica, na prática, uma revolução social, a expropriação dos proprietários actuais e a ocupação das suas casas pelos trabalhadores sem alojamento ou pelas pessoas que vivam em condições de excessiva densidade habitacional. Mas:

> Há apenas um meio para acabar com esta crise da habitação: é, muito simplesmente, abolir a exploração e a opressão dos trabalhadsores pela classe dirigente... Resolver a questão da habitação não resolverá simultaneamente a questão social, mas resolver a questão social, ou seja, abolir o modo de produção capitalista, tornará possível a resolução do problema da habitação.[49]

Tais medidas de expropriação e redistribuição foram postas em prática pelos bolchevistas depois da Revolução de Outubro de 1917, mas, no resto do mundo onde não se verificaram revoluções, a lógica muito directa de Engels revelou-se, na prática, brutal: porque o que ele propunha em *A Questão da Habitação* (1872) era que as novas habitações para o proletariado fossem rejeitadas, dado que isso melhoraria as condições dos pobres e, consequentemente, abrandaria o seu espírito revolucionário. Esta lógica do tudo-ou-nada, que entende o reformismo como contra-revolucionário, tende a ser a atitude prevalecente da tradição activista, atitude que, ao mesmo tempo, constitui a sua força moral e a sua fraqueza pragmática.

No que toca à sua história, esta tradição teve o seu grande período no início dos anos vinte, com o construtivismo comunista, antes de este ser liquidado pela reacção estalinista, de dentro, e pelo reformismo conservador e liberal, de fora. A tradição activista só regressou à vida trinta anos depois, com o renascimento da Nova Esquerda, os activistas estudantis, as comunidades alternativas e outros grupos revolucionários, fragmentados.

Logo a seguir à Revolução Russa de 1917, os movimentos artísticos e arquitecturais que então existiam, como o cubo-futurismo, aliaram-se ao movimento social numa única, embora instável, vanguarda. O poeta futurista-construtivista Vladimir Mayakovsky reivindicava uma arte da rua, socialmente activa:

> Não precisamos de um mausoléu morto da arte, onde obras sem vida são veneradas, mas sim de uma fábrica viva do espírito humano — nas ruas, nos comboios, nas fábricas, nas oficinas e nos lares dos trabalhadores.[50]

Longe do museu, nas ruas e nas fábricas, era também a exigência de uma folha então publicada, *A Arte da Comuna,* de 1918:

> O proletariado criará novas casas, novas ruas, novos objectos da vida quotidiana... A arte do proletariado não é um lugar sagrado onde as coisas são olhadas sem atenção, mas sim trabalho, uma fábrica que produz novos objectos artísticos.[51]

---

[49] Friedrich Engels, *Zur Wohnungsfrage,* Lípsia, 1887. Citado por Anatole Kopp, *Town and Revolution, Soviet Architecture and City Planning 1917-35,* Thames & Hudson, Londres, 1970, p. 33.

[50] Camilla Gray, *The Great Experiment: RUssian Art 1863-1922.* Thames & Hudson, Londres, 1962, p. 216.

[51] Ibid.

De facto, muita da superfície disponível das ruas, dos comboios e dos barcos, ficou coberta com uma mistura de arte cubo-futurista com palavras de ordem escritas. Esta combinação produziu o construtivismo e o seu primeiro «monumento» no Inverno de 1919, precisamente o Monumento à Terceira Internacional, de Vladimir Tatlin. Feita de uma estrutura em treliça, reminiscência da Torre Eiffel, e de quatro gigantescas formas primárias que deveriam girar à volta dos seus eixos, esta torre tornou-se o símbolo do constru-

43. *Vladimir Tatlin: Monumento à Terce Internacional, 1919-20.* Uma «construção» uma acopulagem de vários subsistemas: du hélices engachadas e quatro sólidos platónic que suportam anfiteatros e centros executiv e de *agit-prop*. As hélices na diagonal simbo zam a dialéctica marxista que se desenvo «em espirais... em saltos e ressaltos, catást fes, revoluções».

tivismo, tanto para os seus apaniguados, como para os detractores. Entre estes últimos, encontravam-se Lenine e Trotsky. Este atacou o monumento por ser inadequado do ponto de vista funcional — «cremos que não é nece sário que comícios e reuniões decorram num cilindro e ainda menos que t cilindro rode».[52] Lenine, embora não atacando especificamente Tatlin, denunciou todos os movimentos de vanguarda, o que incluía obviamente o construtivismo.

> Não posso considerar as obras do expressionismo, futurismo, cubismo e outros ismos como as mais elevadas expressões do génio artístico. Não as compreendo. Não me dão qualquer prazer.[53]

O que proporcionava prazer a Lenine, como a Marx e depois aos estalinistas, era o realismo social de Courbet, na pintura, Balzac, na literatura, e o classicismo dos Gregos, na arquitectura. Talvez outra razão para Lenine detestar todos os «ismos» fosse o facto de, quando ele estava em Zurique, em 1915, a planear a Revolução Russa, mesmo do outro lado da rua, no Café Voltaire, estavam os Dadaístas planeando a revolução artística que deixaria a arte literalmente morta. Quando as notícias sobre o monumento de Tatlin chegaram à Alemanha, os Dadaístas transformaram-no na peça central da sua exposição, em Junho de 1920: «A arte morreu, viva a nova arte mecânica de Tatlin». Lenine não gostava das excentricidades dos Dadaístas, nem da posição anti-arte (na realidade, anti-arte burguesa) dos construtivistas. O arquitecto e polemista dotado Alexei Gan, um dos principais expoentes desta corrente, propôs o fim da arte de salão.

> A organização social e política ditada pela nova estrutura económica faz nascer novas formas e novos meios de expressão. A produção intelectual e material expressar-se-á através da ascensão de uma cultura do trabalho e do intelecto. A primeira palavra de ordem do Construtivismo é «Abaixo a actividade especulativa no trabalho artístico! Declaramos guerra incondicional à arte».[54]

Trabalho, construção e propaganda *versus* arte burguesa e especulativa, arte que é propriedade privada e é vista em museus mortos — essas eram as antíteses. Alguns dos construtivistas, como Gabo, Pevsner e Lissitsky, foram apanhados no meio destas antíteses e por isso deixaram a Rússia, em 1921, rumando ao Ocidente.

Os principais passos na evolução posterior do Construtivismo foram dados por dois projectos arquitectónicos dos irmãos Vesnin — o edifício Pravda, de 1924, e o Palácio do Trabalho, de 1923 [44]. O projecto do Palácio do Trabalho marcou realmente a consolidação do estilo construtivista. Encontramos nele todos os contrastes gritantes que tinham caracterizado os anteriores trabalhos dessa corrente: os *slogans* de rua, os cartazes enormes anunciando um comício para as 9.30 no auditório para oito mil espectadores, a inacreditável utilização de cabos de tensão e antenas de rádio, como se fossem teias de aranha feitas de fios de aço e foguetões de propulsão líquida — tudo isto contrastando com uma estrutura de cimento fortemente disciplinada e vigas-mestras de aço. O programa imaginado para este Palácio que celebrava o trabalho, era também fantástico: dois auditórios que podiam ser combinados num só para 15 mil espectadores; escritórios da administração, a estação de rádio para agitação e propaganda, um restaurante para seis mil jantares a servir simultaneamente [sic], um Museu das Ciências Sociais, um

---

[52] Leon Trotsky, *Literature and Revolution,* 1923.

[53] Klara Zetkin, Reminiscences of Lenin, Nova Iorque, 1934, citado por D. D. Egbert, *Social Radicalism and the Arts,* p. 57.

[54] C. Gray, op. cit., p. 286.

21

4. *Alexander, Leonid e Victor Vesnin: Palácio do Trabalho, 1923.* Uma estrutura em betão reforçado, que faz lembrar o trabalho de Perret em França e um projecto de Gropius, mostra a consciência internacional dos Construtivistas nessa época. O uso da propaganda, de uma supertecnologia rádio e de colunas em treliça em confrontação dinâmica, é um produto original dos Construtivistas.

Museu do Trabalho, uma biblioteca, um observatório meteorológico e, pasme-se, um laboratório astrofísico — provavelmente para os astrónomos comunistas verificarem se a dialéctica terrena acompanhava as revoluções cósmicas. Era esta imensa imaginação social que caracterizava o melhor trabalho dos construtivistas. Aproveitavam todas as oportunidades para criarem novas formas de experiência social que, pensava-se, transformariam activamente a vida. Entre estas formas, destacavam-se as novas experiências fílmicas e teatrais, a casa comunal, a cidade desurbanizada e a associação de trabalhadores. Como era de supor, a associação de trabalhadores, que constituía um rebento do Palácio do Trabalho, era vista como o sucessor do palácio renascentista e da igreja burguesa — uma «fábrica do poder social» na qual as principais actividades eram organizadas na intenção de promover o homem multifacetado e integralmente desenvolvido da sociedade comunista.

Uma outra nova forma criada foi a casa comunal, que continha também um largo espectro de funções. O grupo construtivista, conhecido pela designação OSA, descrevia, no seu manifesto de 1928, as intenções de transformação social que estavam por detrás deste tipo de alojamento:

> Opomo-nos a tipos pré-revolucionários de construção como os especulativos conjuntos de apartamentos, a residência privada, o «clube dos nobres», etc., todos os produtos das circunstâncias sociais, técnicas e económicas pré-revolucionárias, mas servindo ainda de modelo para edifícios que estão a ser construídos actualmente na U.R.S.S.: [em vez disso, propomos] novos tipos de alojamento comunal, novos tipos de clubes e associações, palácios do trabalho, novas fábricas, etc., os quais, de facto, devem ser os condutores e condensadores da cultura socialista. [55]

«Condutores e condensadores da cultura socialista», «uma fábrica do poder social» — a metáfora do condensador eléctrico era usada propositadamente para sugerir que aquelas formas novas transformariam o antigo indivíduo centrado em si mesmo, próprio da cultura burguesa, num cidadão responsável e altruísta. A mulher também seria libertada, pois as tarefas diárias que a escravizavam — lavar, limpar, cozinhar, tratar das crianças — ficariam a cargo de estruturas colectivas [45]. Infelizmente, não foram construídas casas comunais deste tipo em número suficiente e as poucas que o foram provocaram uma reacção desastrosa. Dado que uma família extensa podia mudar-se para uma casa burguesa expropriada, onde teria mais espaço, em vez de viver na área restrita que lhe era reservada na casa comunal, o problema depressa se transformou numa «praga social» — para usar a metáfora burguesa de condenação.

De facto, registou-se um curioso paralelismo, nessa época, no que toca às reacções russas e ocidentais à nova arquitectura e ao seu utopismo social: tanto uns como outros trataram de rejeitar a funcionalidade e a vida comunal, argumentando que eram inumanas e demasiado materialistas. Em parte, esta reacção era provocada pelo inequívoco materialismo de arquitectos marxistas como Hannes Meyer, que condenou sem apelo nem agravo todos os tipos de sensualidade, por veicularem um formalismo inadequado ao socialismo científico. Hannes Meyer dirigiu a Bauhaus durante dois anos, de 1928 a 1930, e era um especialista em *slogans* de uma inflexibilidade notória, do género.

---

[55] Anatole Koppe, op. cit., p. 94.

45a,b. *Moses Ginzburg e I. Milinis: C*
Comunal de Narkomfim, Moscovo, 192
Como Le Corbusier, com quem mantinha
respondência, Ginzberg desenhou uma unid
que incluía serviços colectivos como uma c
nha, ginásio, biblioteca, creche, jardim no
raço, cantina e equipamentos de aquecime
A unidade *standard* inclui uma sala de e
duplamente elevada como na Unité de Le C
busier [3].

> Todas as coisas neste mundo são um produto da fórmula: função vezes economia.
> Portanto, nenhuma dessas coisas é uma obra de arte.
> Toda a arte é composição e, por isso, imprópria para um fim particular.
> Toda a vida é função e, portanto, não-artística.
> A ideia da «composição de uma doca» até faz rir um gato.[56]

Estas máximas materialistas não fizeram rir os conservadores de Dessau (que puseram Meyer na rua) e provocaram até uma invectiva particularmente irónica dos liberais. Gropius diria mais tarde:

> [Hannes Meyer] era um pequeno-burguês radical. A sua filosofia culminava com a asserção de que «a vida é oxigénio mais açucar mais amido mais proteína», a que Mies retorquia: «Experimenta misturar e agitar isso tudo, vais ver que cheira mal».[37]

---

[56] Ver Claude Schnaidt, *Hannes Meyer, Buildings, Projects and Writings,* Alex Tiranti, Londres, 1965, p. 95.

[57] Ibid., p. 123.

O que cheirava mal, em particular, eram as polémicas de Meyer (e da revista suiça de arquitectura *ABC*), que propunham um determinismo mecanicista, isento de influências ideológicas e espirituais. Um engenhoso e exacerbado manifesto de 1928 tinha o título *ABC Exige a Ditadura da Máquina.* No entanto, enquanto quase todas as vozes se mostravam evasivas e demasiado bem-educadas em relação a certos aspectos da arquitectura contemporânea, Meyer tentava ser realista (ainda que sectário):

> O arquitecto leninista não é um lacaio-esteta e, ao contrário do seu colega ocidental, não é advogado nem guarda dos interesses da classe dirigente capitalista... Para ele, a arquitectura não é um estímulo estético, mas sim uma arma carregada que intervém na luta de classes.

Ou como diria, mais tarde, perante estudantes mexicanos, em 1938:

> Não se esqueçam: a arquitectura é uma arma que, nas sociedades humanas, tem sido sempre utilizada pela classe dirigente.[58]

Apesar de incorrer numa falsa antítese entre estética e envolvimento social, Meyer aponta para uma verdade impopular acerca de quem controla de facto a arquitectura. Como se sabe, esta verdade encontrou particular expressão na Rússia, onde a classe dirigente dos capitalistas de estado esmagaram o Construtivismo em 1932, favorecendo o Realismo Socialista (o que obrigou

---

[58] Ibid., pp. 31 e 57.

Meyer a partir uma vez mais, desta feita para Ocidente). Os argumentos teóricos que os estalinistas usaram para eliminar o Construtivismo assemelhavam-se basicamente aos que utilizaram para as purgas políticas. Em vez dos «desvios de direita» de Bukharin, apontavam o pecado do formalismo de Tatlin e outros; em vez dos «desvios de esquerda» de Trotsky, condenavam o pecado da funcionalidade e da mecanicidade de Ginzburg. Como seria de esperar, o estalinismo era a única verdade, o centro rigoroso, sem qualquer desvio, embora, de facto, recorresse a todo o tipo de argumentos abusivos e contraditórios, desde que fosse conveniente fazê-lo. Estaline: «Sempre dissemos que os «esquerdistas» eram também «direitistas», só que escondem o seu desvio de direita com frases de esquerda». Por outras palavras, «caras, ganho eu, coroas, perdes tu». A vitória final do Realismo Socialista foi forjada no concurso para a construção do Palácio dos Sovietes, em 1932, no qual os projectos construtivistas, bem como o de Le Corbusier, foram rejeitados em favor de uma solução «clássica» e acusados de constituirem mais uma manobra da conspiração internacional burguesa do formalismo, individualismo, colectivismo, funcionalidade, enfim, todos os desvios possíveis e contraditórios que os estalinistas usavam quando lhes convinha.

Trinta anos passados, a tradição activista começou a recuperar. A um nível político, havia grupos fragmentados que já referi, e que conseguiam impor algumas mudanças. Por exemplo, as revoltas estudantis de Maio de 68, em França, levaram à introdução de reformas mínimas no ensino da Arquirtectura, como a descentralização da *École des Beaux Arts,* e em Inglaterra, registaram-se uns laivos de uma maior participação estudantil e auto-gestão depois das ocupações das Escolas de Arte de Hornsey e Guildford, em 1968. No entanto, para além de algumas ideias novas a nível de projectos, que serão discutidas no capítulo 8, as únicas criações notáveis e com êxito da tradição activista tiveram a ver com os bairros de lata e as comunidades alternativas ou marginais.

O fenómeno dos bairros de lata começou logo a seguir à Segunda Guerra Mundial, em larga escala, em quase todos os países industrializados. Não era apenas o regresso dos soldados que causava esse fenómeno, mas sobretudo a rápida urbanização que atraía muita gente da província para a cidade. À volta das principais cidades da América do Sul, incluíndo Brasília, esses migrantes construíam outras cidades *ad-hoc.* Em França, multiplicavam-se os *bidonvilles* (de *bidons,*) ou latões de gasolina, martelados até ficarem chatos e poderem assim ser utilizados como material de construção). E tal como os da América do Sul, também os bairros de lata franceses surgiam perto de novos empreendimentos urbanos, ironicamente, dado que a maior parte dos seus habitantes eram operários da construção, extremamente mal pagos.

Os bairros da lata variam de país para país, porque o seu aparecimento depende sempre de se encontrar um subterfúgio qualquer na lei de cada país, ou de um costume específico ou de uma atitude cultural particular. Na Grécia, os bairros de lata desenvolveram-se rapidamente à volta de Atenas, em propriedades que são repartidas por especuladores unicamente à noite ou em feriados religiosos. Nos Estados-Unidos, onde a polícia tem muito mais força e é muito mais eficiente, não existem bairros de lata ilegais. Um exemplo — pouco frequente — de ilegalidade foi dado pela Tent City, em Boston, que se tinha instalado num parque de estacionamento, mas durou apenas quatro dias. O exemplo americano mais usual é o bairro móvel, como o Hog Farm,

)rop City, Arizona, 1966. Habitações geo-
:as feitas de carcaças de automóveis e
)s produtos de consumo. a comuna semi-
ıria tornou-se para muitos jovens uma
riência de fim-de-semana habitual ou
) uma localização mais permanente.

que vivia de espectáculos realizados para diversas comunidades mais tolerantes, ou ainda as comunidades alternativas, que pagavam pela utilização da terra e compravam sucata [46]. Na Grã-Bretanha, estas questões de alojamento eclodiram mais tarde, em 1969, seguindo um rumo muito peculiar. Os principais ingredientes envolvidos no caso britânico foram uma lei medieval que remontava às Cruzadas, repórteres à procura de uma boa história, e um Ministério da Habitação relativamente simpático que tinha horror ao escândalo. Basicamente, as pessoas sem casa tratavam de se instalar em prédios desocupados cuja demolição estava já prevista. Quando a polícia aparecia para as desalojar, os *squatters* brandiam a lei dos cruzados, que interditava a entrada à força em qualquer edifício... e usavam-na contra a polícia! Naturalmente, os tribunais não ficavam inteiramente convencidos com este alargamento *ad hoc* de um estatuto, mas ficaram-no os jornais e, por um momento, o Ministério, que decidiu pressionar as entidades locais a fim de não desalojarem os ocupantes. Em 1970, cerca de cem famílias tinham-se já instalado nessas condições e o movimento de ocupação de casas devolutas estava decidido a tornar-se legal e de massas.

No entanto, o caso do Perú revelou-se como o mais bizarro e o que mais êxito teve. Cerca de 1/15 da população, ou seja, 700 mil habitantes, vivem em bairros de lata, ou *barriadas,* como lhes chamam. A forma como nasce uma *barriada* é extremamente instrutiva.[59] Durante a noite, uma guarda avan-

---

[59] William Mangin, «Squatter Settlements», *Scientific American,* Outubro de 1967, e John Turner, «The Squatter Settlement», *Architectural Design,* Agosto de 1968.

47. *Barriada, arredores de Lima, Peru,* na primeira fase, formada por barracas de est As duas fases posteriores resultaram em es turas de habitação mais permanentes e n infra-estrutura de serviços mínima.

çada de «projectistas» desloca-se no local previsto e impõe os limites para as ruas e para os lotes. Manhã cedo, cerca de mil pessoas chegam em camiões, autocarros e táxis, acompanhados por advogados que escolheram locais adequados, e uma mulher, conhecida como «a Secretária da Defesa», que é uma boa dactilógrafa, alé de ter a capacidade de amenizar o contra-ataque da polícia (que, por sua vez, só entra em cena por volta das dez da manhã). À hora do almoço, depois de a polícia ter feito o essencial para não alterar nada, há já uma pequena cidade de barracas, com as provisões necessárias para um futuro crescimento e zonas para igrejas, clínicas e outras estruturas [47]. Logo a seguir, começa um processo em duas fases, durante o qual são construídos domicílios mais resistentes e é introduzida uma forma democrática de governo — num país onde a democracia local desapareceu há sessenta anos. Para além desta vantagem política, a *barriada* proporciona também a expressão de um espírito comunitário muito forte, assente na ajuda mútua e na iniciativa popular. Quando alguém constrói e destrói a sua própria casa, de acordo com as suas necessidades e desejos, e quando a iniciativa popular leva à criação de serviços comunais, verifica-se um nítido sentimento de fraternidade, como o que defendia a doutrina mutualista. Como era de esperar, as *barriadas* tornaram-se tão populares que chegaram às revistas de arquitectura e importantes arquitectos europeus, como Aldo van Eyck e James Stirling, foram contactados para projectarem bairros do género, acabando o governo peruano por desistir de os reprimir, rebaptizando-os mesmo com o nome de «jovens cidades».

Outros eventos dentro da tradição activista corroboraram as vantagens da acção espontânea e directa como um catalisador da participação. Factos como as «cidades instantâneas» montadas pelos festivais de *rock,* puseram em relevo o potencial que existe na sociedade a nível de auto-organização — pelo menos durante um longo fim-de-semana, como aconteceu no festival de Woodstock, onde meio milhão de pessoas viveram durante quatro dias. Um exemplo de um outro «festival», só que integrado no domínio público, político, é-nos dado pelos acontecimentos de Maio, em França. O acento foi aí posto de novo na auto-organização *ad hoc* para objectivos específicos, como a alimentação da população parisiense quando os abastecimentos faltavam. Paris estava dividida em 460 Comités de Acção, que eram coordenados como uma entidade federal, mas os revolucionários, como Daniel Cohn-Bendit, recusavam-se a permitir que esta coordenação degenerasse no controlo político a partir de cima, bem como rejeitavam quaisquer influências da teoria revolucionária anterior — e sobretudo a ênfase que os marxistas-leninistas davam ao partido de *elite,* à vanguarda. A ênfase ia para a organização espontânea.

> A organização dos Comités de Acção locais não precedeu os acontecimentos, mas seguiu-os a par e passo. Novas formas foram-se desenvolvendo à medida que avançávamos e que achávamos as velhas formas inadequadas e paralisadoras... [Os Comités de Acção] nasceram para resolver problemas comuns concretos e para partilhar a vida na batalha, prestando assistência aos grevistas e ajudando onde a ajuda era mais precisa. [60]

Em termos de expressão arquitectónica e ambiental, os acontecimentos de Maio produziram o tipo de arte de rua e slogans de parede que tinham sido vistos em 1917, excepto que eram menos idealistas e mais bem humorados: «É proibido proibir; TOUT EST POSSIBLE: A Imaginação ao Poder; Quanto mais faço a revolução, mais me apetece fazer amor, quanto mais faço amor, mais me apetece fazer a revolução», etc. A «arquitectura» de guerra era feita com pedras de calçada, sinais de trânsito, latas de lixo e automóveis, os quais, por momentos, eram «libertados» do seu estatuto de primeira mão e transformados em «carros usados». A relação destas barricadas *ad-hoc* com os montes de lixo da sociedade de consumo não deixava de comportar uma ironia evidente.

A um nível arquitectural mais convencional, e perfeitamente inserido nas doutrinas políticas do marxismo, o *Grupo Utopia* francês produziu uma série de colagens satíricas, que atacavam as ideologias arquitecturais reinantes do liberalismo e do futurismo e ofereciam uma arquitectura transitória e móvel, totalmente construída com produtos pneumáticos, insufláveis — paredes, soalhos, divisórias, mesmo o equipamento mecânico, tudo era insuflável [48]. Por causa do seu custo, maleabilidade e rápida montagem, esta arquitectura pneumática adequava-se naturalmente à política de esquerda do *Utopia.* Tal

---

[60] Gabriel e Daniel Cohn-Bendit, *Obsolete Communism, the Left-Wing Alternative,* Penguin Books, Harmondsworth, 1969, p. 79.

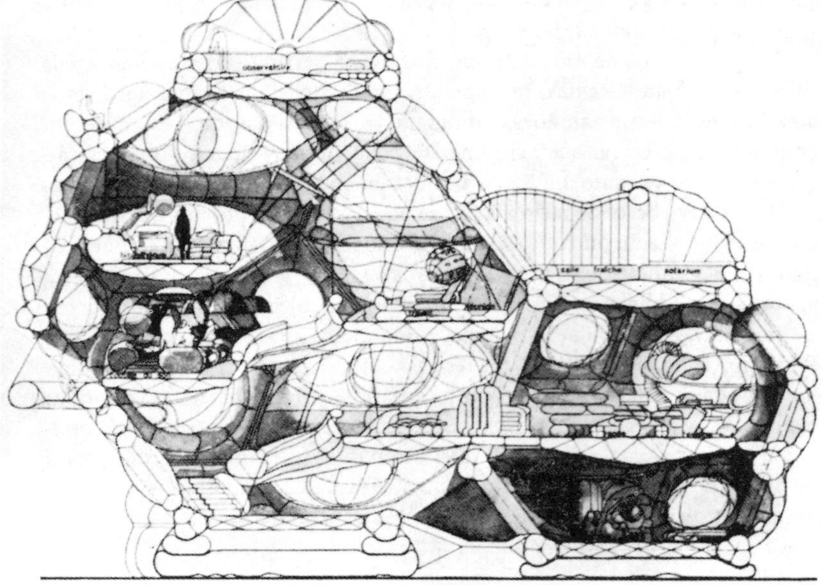

48. *J.P. Jungman: Dyoden, 1968.* Arquitectura totalmente inflável, parece-se, com os seus anéis e bolbos de borracha, com as formas do homem da *Michelin.* Uma estrutura parecida foi construída pelos japoneses na Expo 70.

como a roupa, a arquitectura pneumática podia ser usada e arrumada muito rapidamente. Tal como o corpo humano, era maleável, quente, mole e agradável ao tacto. E quase se podia dizer que saía ao preço da chuva. Estes valores reflectiam, a um nível simbólico, a nova ideologia da tradição activista, no seu abandono das teorias da revolução do século XIX, tal como o fizeram Woodstock e os acontecimentos de Maio de 68.

Seria simplificar em excesso reduzir a política de cada uma destas seis tradições a certos denominadores comuns: o anarquismo não se reduz ao fascismo, apesar de Mussolini e Marinetti terem passado de um para o outro. No entanto, há algumas posições partilhadas que ultrapassam o âmbito de cada tradição e têm implicações positivas. Por exemplo, a ideia de liberdade e autonomia artística é partilhada pelas tradições auto-consciente, idealista e intuitiva, ao passo que a ideia de igualdade social é comum às tradições activista, não consciente, lógica e idealista. Liberdade e igualdade — um dualismo que tende a ser ideologicamente instável e difícil de atingir na prática, mas que, uma vez atingido, se força a si mesmo, dado que a liberdade política protege o socialismo e a igualdade permite a emergência de uma democracia integral. Além disso, estas qualidades complementares são, num certo sentido, fundamentais, porque é difícil conceber maior justiça do que oportunidades sociais iguais combinadas com a liberdade política. A maior parte dos movimentos modernos em arquitectura têm a ver com estas duas ideologias interrelacionadas e definem as suas posições precisamente em relação a elas. Ainda que os principais protagonistas — Mies, Gropius, Wright, Le Corbusier e Aalto — tenham tido um entendimento ténue destas ideologias, especialmente no final das suas carreiras; consideraremos agora os efeitos dessa deficiência, quando ocorreu.

2. O PROBLEMA DE MIES

Menos é mais	*(MIES)*
Menos é chato	*(ROBERT VENTURI)*

O problema de Mies van der Rohe, tanto para os críticos como para os habitantes da sua arquitectura, é que ele exige uma adesão absoluta à visão platónica do mundo para que se possam apreciar os seus edifícios. Sem esta adesão, os erros técnicos e funcionais que Mies cria são tão danosos que não será possível aceitar a forma platónica como sendo «perfeita», »ideal» ou mesmo «plausível». Nem sequer a conseguiremos achar meramente bela e às vezes parece-nos mesmo trivial. Há alguns casos — como o Pavilhão de Barcelona e a Casa Farnsworth — onde isso não se verifica, onde os seus pressupostos platónicos da pura forma e da tecnologia transcendental são plausíveis e mesmo apropriadas, porque o objectivo e a paisagem circundante fornecem o contexto para uma solução «ideal». Porém, noutros casos — a capela no Illinois Institute of Techonology ou os blocos de apartamentsos de Lafayette Park — a pureza da forma conduz a uma arquitectura inarticulada, onde um elemento extrínseco, uma ventilação da casa de banho, por exemplo, provoca um monumental anticlímax [49]. Não há lugar para o mínimo erro neste universo absoluto, porque a extrema simplicidade nos torna hipersensíveis a cada centímetro de estrutura e porque a forma platónica, com a sua pretensão transcendental, exige uma perfeição sem senão.

OS PONTOS DE VISTA DA CRÍTICA

Lewis Mumford fala por muitos críticos, quando se refere a estes fracassos sublimes em «O Julgamento da 'Arquitectura Moderna'»:

> Mies van der Rohe usou as facilidades oferecidas pelo aço e pelo vidro para criar elegantes monumentos vazios. Monumentos com o estilo seco e frio das formas mecânicas, mas sem conteúdo. O seu próprio gosto casto deu a essas estruturas de vidro ôcas uma forma de uma pureza cristalina; mas elas existiam apenas no mundo platónico da sua imaginação e não tinham qualquer relação com o local, clima, isolamento,

função ou actividade interna; como é bom de ver, viravam as costas a estas realidades, da mesma forma que as rígidas cadeiras das suas salas de estar contrariavam abertamente a intimidade e a informalidade necessárias em qualquer conversa. Era a apoteose do espírito conpulsivo e burocrático. O seu vazio era mais expressivo do que os admiradores de van der Rohe alguma vez pensaram.[1]

49. *Mies van der Rohe: Lafayette P*
Detroit, 1955-63. Aberturas de casas de ba
antenas de televisão, etc., perturbam as pr
sões de uma «forma perfeita».

Esta parece ser uma crítica um tanto destrutiva, dado que a maior parte das acusações são verdadeiras a um nível *literal:* a sua arquitectura apenas se relaciona imperfeitamente com o local, clima, etc. Mas os admiradores de Mies contrapõem que a arquitectura deste, tal como a poesia, não é para ser entendida a um nível literal. Fazê-lo seria o mesmo que ler no *Hamlet* apenas as suas afirmações literais acerca da «vida» ou das «mulheres».

O problema que Mies levanta de uma forma particularmente aguda é «Que importância devemos dar a significados literais numa arquitectura de analogia, em que a pura forma representa outros valores?». A resposta da maior parte dos críticos seria decerto «absolutamente nenhuma». Assim, Mies foi aceite como «um dos maiores arquitectos do século XX cuja arquitectura expressava o espírito do século» (como referiram as necrologias dos jornais americanos), porque nele a grande «integridade da forma» (como disse Giedion) explorou a «essência da tecnologia moderna» (como quase toda a gente diz). Porém, uma vez mais, estas afirmações têm de ser entendidas ao nível da analogia, porque são literalmente falsas: ou seja, a essência da tecnologia

---

[1] Ver Lewis Mumford, *The Highway and the City,* Secker & Warburg, Londres, 1964, p. 156.

Mies van der Rohe: Edifício Seagram, ›a Iorque, 1958, esquina externa. A ada-cortina de vigas em I regularmente çadas é ampliada em relação às linhas da na, registando-se uma articulação enrique- de ângulos na esquina.

moderna expressou-se demasiado sob o princípio ineficiente da construção de ombreiras e lintéis que Mies amiúde usou; só que a forma não pode ter integridade se não for relacionada com a função ou a técnica; e o espírito do século é tão motivado pelo idealismo democrático como pelo seu elitismo platónico. Porém, tais objecções são encobertas pela maior parte dos críticos e dos admiradores de Mies.

Assim, Siegfried Giedion compara o espírito da arquitectura de Mies com os interiores calmos, cristalinos, de Hooch, um pintor holandês do século XVII, que obteve a mesma qualidade óbvia de um recorte luminoso e distinto; a mesma apresentação da forma abstracta e de uma ordem serena roçando a quietude. A razão pela qual Giedion encontra aqui uma «integridade da forma» é porque Mies «submeteu as formas à mais completa depuração», pondo em relevo as qualidades essenciais de cada material e construindo modelos ampliados de pormenores da obra, até terem sido removidos integralmente todos os elementos visuais estranhos.[2] De facto, outros críticos como Wil-

---

[2] Ver Siegfried Giedion, *Space, Time and Architecture,* Harvard, Cambridge, Mass., 1967, 5.ª edição, p. 617. Temos de distinguir aqui entre «integridade da forma» e «integridade da consistência»; obviamente Mies tem esta última integridade, dado que nunca deixa de explorar ao máximo alguns princípios apriorísticos. Contudo, estes princípios são, por si sós, demasiado limitados para resultarem na «integridade da forma», porque evitam a função e uma tecnologia em mutação.

liam Jordy estão também convencidos do perfeccionismo visual de Mies e falam do brilhantismo da solução para o ângulo de esquina [50] ou do refinamento da parede-cortina que se verificaria de um projecto para outro.[3] Há todo um mundo de significações análogas que podemos encontrar num pormenor de Mies, e críticos e arquitectos estão preparados para habitar esse

51. *Mies van der Rohe: Lafayette Tower, Court Houses, Detroit, 1955-63.* A fachada-cortina é aplicada indiscriminadamente a habitações, escritórios e edifícios institucionais, o que resulta numa trivialização das funções

[3] Quanto à defesa de William Jody, ver *Zodiac 8,* Milão, 1960.

mundo como se ele fosse uma unidade: mas não tanto como Peter e Alison Smithinson. Falam estes críticos da «imortalidade de Mies», que derivaria da «pele neutralizante e da estrutura de espaço aberto» do desenho urbano.[4] Louvam o seu uso essencialista dos materiais, a «objectualidade do tijolo» e vão mesmo ao ponto de dizer que Lafayette Park é «certamente o bairro

2. *Mies van der Rohe: Galeria do Século Vinte, Berlim, 1962-8.* A forma absoluta de uma grelha dupla assente em colunas exteriores foi usada em muitos projectos diferentes, em cada caso as funções mais importantes, qui a colecção de arte permanente, foram scondidas nas caves.

habitacional mais civilizado deste século» [51]. O problema com este tipo de asserção é que se esquece de referir que à medida que uma civilização se torna mais aberta, faz mais discriminações semânticas entre os tipos de construção, uma discriminação que «a pele neutralizante» de Mies faz tudo para encobrir. Nem mesmo o especialista habituado ao idioma miesiano conseguirá identificar o edifício religioso do IIT, o que levou a que se acrescentasse a inscrição «Capela», para que não houvesse dúvidas; ou a mesma forma «perfeita» de uma grelha horizontal dupla que foi usada indiscriminadamente para um projecto de escritórios em Cuba e depois para dois museus diferentes [52]. A justificação para esta repetição foi que «se pode fazer tudo o que se quer neste edifício», porque a forma e o espaço eram «universais». Porém, uma vez mais, as declarações de invenção revelavam-se de novo com falsidades literais, porque, de facto, o espaço era tudo menos universal e, tal como no Crown Hall do IIT, importantes funções foram abafadas e comprimidas nas

[4] Ver Alison e Peter Smithson, *Architecture Design, 7,* 1969, p. 363. Outras duas citações vêm das pp. 363, 365.

caves. No que toca à questão da discriminação semântica, afirmam os Smithsons que ela é reconhecida e resolvida nos edifícios de Mies:

> Para qualquer pessoa impregnada da nossa cultura, um edifício de Mies pode ser facilmente identificado e enquadrado, e certamente datado passados três anos, devido a uma série de sinais relacionados com a evolução das técnicas de construção e o refinamento da ideia formal.[5]

No entanto, se examinarmos a evolução do seu uso da parede-cortina desde 1951, esta afirmação parece ser, uma vez, literalmente falsa, dado que os edifícios de Mies não mudam significativamente por causa das transformações tecnológicas. Por outro lado, a verdade que esta afirmação possa conter é, do ponto de vista semântico, redutora, porque os refinamentos de que fala são detectáveis apenas pelo historiador de arte ou pelo arquitecto *já muito familiarizado* com todas as obras de Mies. Ou seja, afinal «qualquer pessoa impregnada da nossa cultura» não conseguirá datar estes edifícios: só um especialista o conseguirá fazer.

Os historiadores da Arquitectura continuam a achar os refinamentos esotéricos de um interesse básico e a considerá-los como um substituto para os problemas sociais e semânticos, como se pode concluir de uma crítica de William Jordy, a propósito do Edifício Seagram:

> Com todas as circunstâncias favorecendo um desfecho sem importância quando Mies utilizou a parede-cortina para o Edifício Seagram, a verdade é que o arquitecto acabou por refutar todas as expectativas razoáveis. Nessa refutação — com aquele que, visualmente é o primeiro arranha-céus significativo completamente envolvido por uma parede de vidro — reside o significado do Seagram [53].[6]

A redução do «significado» a questões formais como a tradição «significativa» dos arranha-céus não é caso raro nos críticos que admiram Mies. Contudo, neste caso, a redução esconde outras questões, nomeadamente o facto de, em grande parte, o conteúdo social ter sido ignorado, tanto a nível de expressão como de flexibilidade. Os utentes deste edifício, tal como muitos outros numa grande cidade, não podem alterar o espaço interno por causa da sua precisão a toda a prova, a menos que se disponham a pagar elevados

---

[5] Ibid., p. 366.

[6] Ver William Jordy, «Seagram Assessed», *Architectural Review,* Dezembro de 1958

. *Mies van der Rohe: Edifício Seagram,* *Iorque, 1958.* Fachada de secções de ze com vidro colorido a condizer cria uma ão «pesada» para o arranha-céus de vidro. minação e as venezianas são automatica- e controladas de modo a proporcionarem feito visual uniforme que não leva em as necessidades dos utentes.

custos.[7] Contudo, custos elevados são apenas um dos muitos «problemas» criados pelo facto de Mies reduzir o «mais» ao «menos», no intuito de atingir o seu essencialismo platónico.

Reparemos, mesmo nos próprios termos de refinamento visual miesiano, até que ponto o arquitecto falhou, ao procurar uma solução visual «perfeita» para as questões geométricas levantadas pela esquina interna do Edifício Seagram [54]. Se, em termos formais, as esquinas exteriores do edifício são notáveis e convincentes, as internas são indecisas e grosseiras: é como se um talhante tivesse cortado fatias no ponto de encontro das duas paredes-cortinas e se tivesse limitado, depois, a juntar o que ficara. Mies parece tentar fugir de forma atabalhoada precisamente a um problema que teria suscitado o engenho e a paixão dos arquitectos do passado, dos arquitectos clássicos. Os arquitectos do *Partenon* e dos *Palazzi* italianos do Renascimento mostravam-se obcecados com o «problema da esquina» e pensaram em inúmeros refinamentos visuais para o resolver, embora não houvesse, muito simplesmente, nenhuma solução «perfeita» possível para tal caso. Nas esquinas do Seagram, o «problema» está em que se as colunas interiores e as barras verticais entre as janelas se encontram regularmente espaçadas, não há qualquer possibilidade de alterar uma esquina interna sem alterar uma dessas duas regularidades. Neste caso, o próprio ritmo das janelas é perturbado pela meia-janela que sobra, um resultado que não causaria problemas numa arquitectura mais

54. *Mies van der Rohe: Edifício Seagr esquina interior.* Um aspecto interessante re tante da adopção da «forma platónica» conflito entre dois sistemas absolutos. Se o tema estrutural é perfeitamente regular no i rior, então o sistema janela-trave tem de brar o seu ritmo no exterior se se introduz esquina interior, como aqui. Embora isto p parecer uma inconsistência trivial, a verda que aponta para a contradição que caract aqueles que afirmam ter descoberto uma or no universo.

[7] Ver Thomas Creighton, «Seagram House Re-assessed», *Progressive Architecture,* Junho de 1959.

rica ou numa arquitectura baseada numa estética grosseira, mas que se aproxima do desastre numa arquitectura que se quer integrada na tradição clássica da perfeição. Se não conhecessemos, de outras obras, até que ponto Mies acredita no universo platónico, uma tal ausência de rigor poderia levantar fortes dúvidas sobre a seriedade dessa crença. Contudo, perante os inúmeros exemplos em que Mies explorou com profunda convicção as suas premissas formais, teremos de considerar este caso como um mero lapso momentâneo, e há pelo menos um exemplo, a Casa Farnsworth, em que esta convicção resultou numa obra que resistirá tanto à análise técnica como à análise funcional.

A CASA FARNSWORTH

A Casa Farnsworth, tal como muita da obra final de Mies, é simplesmente feita de dois planos horizontais suspensos acima do nível do solo. Contudo, ao contrário da sua restante obra final, não existe nela uma grande distorção funcional causada pela decisão apriorística de criar dois planos absolutos de referência com um espaço aberto «universal» entre eles. A razão está em Casa Farnsworth é uma habitação de fim-de-semana para uma única pessoa, localizada na floresta e longe de qualquer meio-ambiente perturbador

Mies van der Rohe: Farnsworth House, River, Illinois, 1945-50. Duas placas bran- horizontais, suspensas nos campos por s em I. As áreas envidraçadas mudam de com a folhagem da estação, um reconhe- nto recíproco da natureza e da cultura.

[55]. Assim, as vastas áreas envidraçadas são possíveis e a solução «ideal», obtida através de um símbolo refinado da tecnoclogia, é plausível, por causa do contraste com uma riqueza natural. Os dois planos, puros e brancos, de aço pintado, contrastam com o fundo verde, vermelho ou castanho, conforme a estação; este tema é aliás reforçado por outros planos brancos de diferentes dimensões — o estrado e os degraus [56]. De facto, estes planos são realmente suspensos no espaço por aquilo que *parece* aguentá-los: na maior parte da arquitectura de Mies, os suportes em I são «símbolos» da estrutura ou «tornam vísivel» a estrutura, mais do que os suportes propriamente ditos. Com efeito, esses suportes ou vigas em I são simultaneamente tanto suportes estruturais como divisores visuais, tal como a área envidraçada é, ao

56. *Mies van der Rohe: Farnsworth Ho[use], entrada.* Os motivos clássicos do pódio [e da] plataforma de transição evitam o pomposo [por] causa da escala doméstica e da simplicid[ade]

mesmo tempo, janela, parede e plano reflectivo. Daí o prazer de descobrir uma ambiguidade ou uma multivalência, ao procurarmos significados; podemos intuir esta complexidade de factores, mais do explicá-la com uma única resposta. Talvez o mistério que, muitas vezes, se sente rodear uma obra de Mies, seja, pelo menos aqui, causado pelo facto de nenhuma lista de factores determinantes ser adequada a um entendimento multifacetado, porque todos esses factores são apreendidos simultaneamente como um todo compacto. De qualquer forma, apesar do facto de o dr. Farnsworth ter achado esta casa demasiado cara para nela viver e acabado por processar Mies (a verdade é que perdeu a causa), a obra permanece como uma expressão coerente de uma tecnologia transcendental que não é imediatamente destruída por erros técnicos e funcionais. As alusões que faz ao mundo platónico e aos seus valores eternos não são rapidamente ridicularizadas por deficiências óbvias.

FARSA E CRENÇA NA ESSÊNCIA

Por isso, no melhor da obra de Mies, vemo-nos confrontados com a questão da crença, porque consoante as nossas próprias crenças relativamente à existência de um mundo transcendental, assim entenderemos o seu trabalho como um símbolo adequado desse mundo, ou, pelo contrário, como uma farsa particularmente extravagante. Por exemplo, os filósofos nominalistas e os pragmatistas, que acreditam que os universais, de facto, não existem, achariam os trabalhos de Mies, na sua maior parte, apenas humorísticos, porque dispendem tanto esforço afinal para projectarem uma realidade que não existe.

Para clarificarmos as premissas em que a arquitectura de Mies assenta, teremos de recorrer à sua biografia e a algumas das suas afirmações mais reveladoras. Mies van der Rohe nasceu em Aachen, Alemanha, o centro do Império Romano Cristão sob Carlos Magno e, por isso, o local onde a ordem temporal e a ordem eterna, o «Imperium» e o «Sacerdotum», se unificaram. À semelhança desta unificação (mesmo que mil anos depois) foi a sua educação neo-tomista na Escola Católica de Aachen, pois é muito provável que tenha recebido aí a ideia da clareza intelectual e a identificação da beleza com a verdade. A beleza revela a verdade ou torna a verdade «manifesta». Mies não só se refere a formulação de S. Tomás de Auino explicitamente, como também parece defender a doutrina escolástica segundo a qual todos os fenómenos aparentes deste mundo são, na realidade, meros símbolos de uma realidade mais vasta subjacente. Para entendermos a extraordinária importância desta crença platónica nos universais para a obra de Mies, recordemos que Platão colocava à porta da sua Academia um letreiro que Mies poderia ter colocado em todas as suas portas: «Ninguém que ignore a Geometria pode entrar nesta casa» — porque, como está implíto, apenas a Geometria se abeira dos universais essenciais subjacentes às aparências multiformes e transitórias.

Por outro lado, para Mies, tal como para Hegel, estes universais básicos revelavam-se no tempo de acordo com o «espírito da época» e, para Mies, este espírito significava: «a ordem económica em que vivemos, as descobertas da ciência e da tecnologia, a questão da sociedade de massas... e a construção».[8] Finalmente, era função do arquitecto, tal como do cientista e do teólogo, simplificar, clarificar e ordenar estes universais, em qualquer época: «Desejamos uma ordem que dê a todas as coisas o seu lugar certo e desejamos que todas as coisas tenham o que é certo para elas, de acordo com a sua própria natureza».[9]

Estas duas citações mostram com que facilidade Mies pode saltar de uma crença no *Zeitgeist* para argumentsos conservadores a favor de uma Sociedade Fechada — ou uma sociedade em que tudo tem o seu «lugar certo», de acordo com a sua natureza. Referimos já de que forma o seu apoliticismo, roçando o fatalismo, levou Mies a aceitar o Nazismo. Como Karl Popper afirmou, uma crença nas essências é uma das convicções básicas dos que apoiam uma Sociedade Fechada.[10] Apesar de tais afirmações serem, na melhor das hipóteses, inconsequentes, dado que, por exemplo, o próprio Karl Popper acredita que para lá das aparências existem verdades absolutas e, além disso, que qualquer visão do conhecimento humano que não aceite essa premissa está condenada a malogro certo. Aceitando os argumentos de Popper,

---

[8] Ver Werner Blaser, *Mies van der Rohe,* Thames & Hudson, Londres, 1965, p. 11.

[9] Citado de Giedion, op. cit., p. 616.

[10] Ver nesta obra pp. 000 e, para uma discussão de Popper e da Sociedade Aberta, ver, também nesta obra, pp. 000.

somos conduzidos a uma posição restritiva, e não a uma rejeição total, face à arquitectura de Mies e à atitude que ela define. Em primeiro lugar, e ao contrário de Mies, teríamos de acentuar o facto de que os universais nunca são conhecidos com uma total certeza e que, em segundo lugar, apenas nos abeiramos deles através de uma crítica constante e infantigável: ou seja, os universais não são de forma nenhuma revelados pela dialéctica do *Zeitgeist*. Por isso, as constantes afirmações de Mies segundo as quais teria descoberto essas verdades ou fixado o seu «lugar certo» para sempre, seriam rejeitadas como ridículas ou altamente perigosas. Finalmente, a ideia de que estas verdades são, afinal, paralelepípedos vazios, baseados no princípio da construção de vergas de portas e janelas, e inserindo em si um espaço em branco «universal», é tão obviamente redutora que se torna risível [57]. As essências universais podem muito bem subjazer a todas as aparências, ao contrário do que crêem os nominalistas, mas a ideia de que são rectângulos geométricos, ou mesmo geométricas, é no mínimo cómica. De facto, se submetermos a arquitectura de Mies a uma análise mais desenvolvida, concluímos que o seu mundo, tal como a da farsa, se baseia numa redução radical das coisas a um pequeno número de fórmulas simples e leis rígidas, que significariam uma realidade mais rica. Podemos habitar este mundo abreviado, em que «menos» substitui «mais» e uma columa perfeita em forma de cruz significa beleza, verdade, Deus e fraternidade [58], da mesma forma que podemos rir quando um bailarino escorrega numa casca de banana. Ou seja, podemos fruir destes dois tipos de farsa se, e só se, conhecermos e preenchermos a área de valores para que apontam: ou seja, o mundo das essências, no caso

57. *Mies van der Rohe: Crown Hall, IIT, C cago, 1962.* Belas escadas flutuantes e terra abrigam um espaço aberto «universal» ens duíchado entre duas placas. Contudo, o esp é demasiado barulhento e público para qu estudantes de arquitectura nele possam tra lhar; os desenhadores são enviados para caves e as placas são suportadas por pil convencionais e não suspensas como par Quando uma forma tão bela como est revela univalente e não funcional, pode desfrutá-la como uma farsa — um belo r de fadas. A exploração deste ponto leva Movimento Camp na Arquitectura.

de Mies, e o Mundo organicamente controlado no caso do bailarino. Se, no entanto, confundirmos a restrita área da farsa com o mundo real, como críticos e arquitectos fizeram, somos empurrados para a Sociedade Fechada e para o tipo de formalismo evidente na arquitectura Camp americana. Esta afirmação de Paul Rudolph resume bem as consequências directas de se levar Mies demasiado a sério, seguindo o seu próprio quadro de pensamento:

> Mies, por exemplo, faz belos edifícios unicamente porque ignora muitos aspectos de um edifício. Se resolvesse mais problemas os seus edifícios teriam muito menos força. Este paradoxo é ampliado pelos vários compromissos com a funcionalidade.[11]

Por outras palavras, se levarmos Mies demasiado a sério, começamos realmente a acreditar que a farsa é mais importante e rica do que a tragédia ou que uma arquitectura univalente e tosca é melhor do que uma arquitectura rica e inclusiva.

ies van der Rohe: Pavilhão de Barce- 1929, coluna cruciforme. Um cuidado o — uma analogia com a infinidade.

[11] Citado com mais pormenor mais adiante na discussão sobre a arquitectura Camp, onde as consequências são exploradas de modo mais desenvolvido, pp. 000.

3. GROPIUS, WRIGHT E A QUEDA NO FORMALISMO

SWARTS: Essa gente acaba sempre feita em pó.
SNOW: Perdão, mas nem todos acabam assim. Que me diz daqueles que deixam os seus ossos na charneca de Epsom?

(T. S. ELIOT, *Sweeney Agonistes)*

Se a parte final da obra de Mies contribuiu para aquilo a que chamaram, nos anos cinquenta, «a crise da arquitectura moderna» — as diversas vias da tradição idealista no sentido do formalismo — então a obra de Walter Gropius e Frank Lloyd Wright foi uma importante causa dessa «crise». O formalismo destes dois arquitectos influenciou e perturbou mais do que o de Mies, tanto mais que os seus primeiros edifícios e declarações foram dirigidos contra o estilo como um fim em si mesmo e contra o divórcio entre forma e função. Por exemplo, em múltiplas afirmações, Wright propôs uma «arquitectura orgânica» em oposição aos métodos académicos prevalecentes:

> Além do mais, [a arquitectura orgânica] é uma arte de construir em que a estética e a construção não só se coadunam, como ainda se fortalecem mutuamente. [1910]

E Gropius, fazendo reviver as ideias futuristas, tal como as funcionalistas, propôs o conceito de arquitectura orgânica, como uma abordagem integrada, oposta à das academias:

> Queremos uma arquitectura clara e orgânica, cuja lógica interna será radiante e nua, despojada de falsas fachadas e truques; queremos uma arquitectura adaptada ao nosso mundo das máquinas, rádios e rápidos automóveis, uma arquitectura cuja função seja claramente reconhecível na sua relação com a forma. [1923]

No entanto, apesar destas declarações de intenção iniciais, inequívocas, pelos anos cinquenta tanto Wright como Gropius desenhavam imagens não-orgânicas, em que a «estética e a construção» não se coadunavam e em que a «função» era claramente irreconhecível. É uma das estranhas ironias da história o facto de estes pioneiros realizarem os seus projectos mais inorgânicos para Bagdade, no Iraque [59, 60]. Porém, é talvez compreensível que esta «terra das noites árabes e berço da civilização» tenha suscitado o seu mais extremado formalismo, dado que a situação exigia obviamente alguma forma de consideração histórica. No entanto, estes dois projectos levianos não eram apenas lapsos momentâneos; pelo contrário, eram típicos da parte final da obra de ambos. Embora este abandono das suas intenções primitivas tenha sido detectado e mesmo aplaudido em certos círculos, a verdade é que não conduziu a uma reavaliação geral do lugar de ambos os movimentos modernos. Pelo contrário, os críticos mantiveram silêncio e mostraram-se fiéis à visão habitual de Gropius como a personificação da integridade e de Wright como a representação do génio criativo. Até um certo ponto, este silêncio deve ser atribuído à qualidade variável da sua obra final e, pelo menos no caso de Gropius, à inacessibilidade de dados históricos. Porque, conclui-se agora, a partir de fontes que só há pouco tempo foram descobertas, a síntese de Gropius de «Art and Technology: a New Unity» (1923) e todo o método de desenho da Bauhaus devem muito mais do que se pensava a Theo Van Doesburg. El Lissitsky e Le Corbusier. Como é evidente, da reavaliação que daí advem, conclui-se que muita da contribuição de Gropius para a arquitectura foi resultado mais da pressão externa do que de uma força interior consciente.

59. *Walter Gropius com TAC: Universida de Bagdad,* área central e auditório, 1958. imagem é pseudo-árabe e o planeamento co titui uma expansão ditada pelo acaso. Ar muçulmanos nada suportam e escondem u parede inexpressiva. O minarete é um *pasti* desajeitado da forma tradicional.

'rank Lloyd Wright: Grady Gammage orial Auditorium, Tempe, Arizona, 1959- Muito parecido com o desenho de Wright a Ópera de Bagdad, que deveria ter legen- as Noites Árabes entre os «crescentes em a». Apesar de estes crescentes terem sido idos, o edifício acabou rodeado de carros) das «arvores de Fruto» projectadas. se também [68].

AS CONFUSAS INTENÇÕES DE GROPIUS

Normalmente, considera-se Gropius como um funcionalista, senão mesmo o maior expoente da corrente funcionalista nos anos 20. No entanto, Gropius negou constantemente esta caracterização do seu trabalho depois de 1930 e antes da síntese de 1923. De facto, numa contribuição pouco conhecida para um manifesto expressionista, em 1919, Gropius atacava a visão funcionalista como a maldição, e não o espírito da época:

> Quem, nesta época amaldiçoada pela funcionalidade, compreenderá ainda o carácter totalmente envolvente e reconfortante da arquitectura... A estupidez cinzenta, vazia e obtusa em que vivemos e trabalhamos, mostrará de forma humilhante à posteridade o caos espiritual em que a nossa geração caíu... As ideias perecem logo que se fazem concessões... regresso aos ofícios... construir em fantasia sem levar em conta as dificuldades técnicas. Ter o dom da imaginação é mais importante do que toda a tecnologia, que se adapta sempre ao poder criativo do homem. [1]

---

[1] Conrads e Sperlich, *Fantastic Architecture,* Londres, 1963, p. 137.

61. *Walter Gropius: Monumento aos Mor de Março, Weimar, Alemanha, 1921-2.* Co a Casa Sommerfeld de 1921, este foi um poucos trabalhos expressionistas que Grop conseguiu ver construído.

Por essa altura e nos quatro anos seguintes, Gropius era membro do grupo de arquitectos expressionistas, que trocavam cartas entre si — «a correspondência utopista» —, pediam um regresso à integração medieval da equipa construtora e ofereciam monumentos de vidro extremamente irregulares e facetados, exultando luz, ou «catedrais do futuro». O próprio Gropius era conhecido neste grupo como «Massa» ou «Medida», o que era um pseudónimo portentoso para ele, tanto mais que, passados quatro anos, mudava completamente de campo, pedindo uma «arquitectura funcional» e proclamando, numa conferência, «arte e tecnologia: uma nova unidade». Como é que um homem que tinha considerado o espírito funcional uma maldição e defendido «que se construísse em fantasia, sem levar em conta as dificuldades técnicas» [61], podia, algum tempo depois, impor função e tecnologia como determinantes de primeira ordem? De facto, como foi possível que todos os arquitectos expressionistas, aqueles que eram muito simplesmente conhecidos como os arquitectos modernos[2], tivessem comprometido as suas ideias em quatro anos (fazendo-as, de acordo com Gropius, «perecer»)? As explicações muitas vezes dadas de que o expressionismo era difícil de construir ou de que a inflação mudara o clima de opinião no sentido de uma maior sobriedade, não parecem, nem uma nem outra, viáveis. Uma explicação mais convincente, porque tem mais a ver com o envolvimento destes arquitectos, é que o expressionismo se associou a um utopismo extremo que, por sua vez, foi desacreditado pela violência e pela efusão de sangue. Ou talvez esta vira-

[2] É interessante ver como um observador alemão em Inglaterra, nessa época, entendia a «Arquitectura Moderna»; a série de artigos na *Architectural Review,* escritos a partir de 1922-23, discute Gropius, Mendelsohn, B. Taut, Poelzig e os Expressionistas Holandeses.

gem radical se tenha verificado porque os arquitectos estavam convencidos de que o novo estilo, ou Nova Unidade, era igualmente expressivo e de que não estavam a fazer qualquer concessão. [3]

De qualquer modo, parece que a reviravolta se deu sem qualquer luta notória ou sequer algum reconhecimento explícito. O único sinal ostensivo de que tinha ocorrido uma crise foi o facto de o pintor místico e expressionista Itten ter sido forçado a abandonar a direcção do curso básico na Bauhaus, em 1923, substituindo-o o construtivista Moholy-Nagy. Cerca de quarenta anos depois, quando Gropius foi abordado acerca do seu período utópico-expressionista, deu uma resposta que, de facto, exprimia mais sobre as suas intenções do que teria decerto desejado, porque punha a nu o seu pragmatismo básico e a sua vontade de um compromisso com a opinião prevalecente ou Zeitgeist:

> Um apelo realístico a um trabalho realístico nessa altura (1918-1921) teria falhado o seu objectivo — oferecer a jovens, prenhes de novas ideias, uma vasta base para a clarificação e a experimentação dessas ideias. O êxito do manifesto [Manifesto Bauhaus, 1919] fala por si... [4]

Se o êxito pode justificar uma posição assumida em 1919, então que dizer do pouco êxito de Gropius ao tentar justificar a arquitectura moderna junto dos Nazis, em 1934, dizendo-lhes que ela era «germânica»? Parece que, sempre que se via confrontado com uma escolha entre princípios abstractos e pragmatismo, Gropius optava invariavelmente pela segunda das duas alternativas: em 1923, com a sua «Nova Unidade», em 1934 com o apelo a Goebbels, e mais tarde, nos anos sessenta, com o Edifício Pan Am, a Universidade e o Templo de Ohab Shalom em Bagdade. A razão por que podia aceitar estas concessões é porque acreditava, acima de tudo, no trabalho de equipa, na colaboração e na *relatividade* da verdade:

> A ciência descobriu que todos os valores humanos são relativos e se encontram num fluxo constante. Não existe nada a que se possa chamar finalidade ou verdade eterna, de acordo com a ciência. A transformação é a essência da vida. [5]

Noutra passagem, Gropius reiterava que atribuía mais valor à «estrutura social global» do que «a princípios abstractos sobre o que é certo ou errado» — de novo, a definição de verdade em termos pragmáticos, em relação com o êxito social. Por isso, pelo menos no caso de Gropius, vemos as razões para a súbita mudança para o racionalismo que ocorreu entre 1922 e 1923: ela deu-se sempre porque o *Zeitgeist* apontava nessa direcção e era conveniente para Gropius seguir o movimento.

O que realmente aconteceu na Bauhaus, nos meses cruciais de Janeiro a Junho de 1922, quando esta viragem se deu, é ainda obscuro, por causa da falta de documentação e pelo facto de não ser muito clara a datagem das obras. Por exemplo, o projecto-chave de Gropius para a produção em massa

---

[3] Esta ideia plausível foi-me sugerida por Reyner Banham; fossem quais fossem as causas, porém, o que é extraordinário é que nenhum participante ou historiador tentou explicá-las e que a revolução se tenha dado sem qualquer pressentimento. As razões positivas para a mudança são abordadas mais adiante.

[4] Ver Walter Gropius, *Ulm Magazine,* 10/11, 1964.

[5] Ver Walter Gropius, *The Scope of Total Architecture,* Collier Books, Nova Iorque, 1962, p. 39.

[6] Ibid., p. 13.

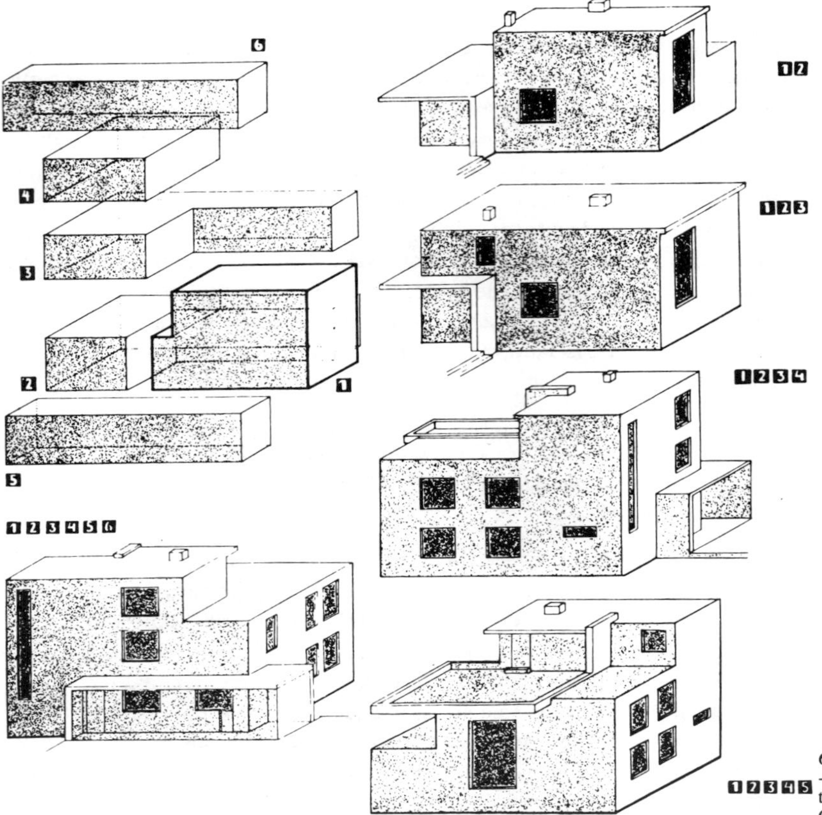

62. *Walter Gropius com Adolf Meyer, -3?:* Alojamentos produzidos em massa, a tir de «blocos de tijolos em larga escala» Concurso do Chicago Tribune, Outon 1922, assinalam a aceitação da viragem p funcionalismo e *De Stijl*.

de habitações [62] é datado, pelos historiadores, algures entre 1921 e 1924, o que em nada esclarece as questões das influências. Uma outra dificuldade é causada pelo facto de tantos movimentos diferentes clamarem pelo primeiro lugar que se torna praticamente impossível obter uma visão equilibrada do que aconteceu e de quais foram as causas. No vastíssimo quadro de influências, poderíamos mencionar a definição dada-anarquista de Lenine do que era a essência da revolução russa: «Electrificação mais os Sovietes» (1917), e o paralelismo desta definição no construtivismo de Lissitsky, Tatlin e Gabo. É óbvio que a Tribuna de Lenine, de Lissitsky (1920 [63], tem todos os elementos da síntese final da Bauhaus, incluindo as formas supermatistas, a nova tipografia, a «objectividade» da engenharia e a fotomontagem do próprio revolucionário. Não há dúvida de que o construtivismo russo teve uma grande influência em 1922, tanto mais que quase todos os estudantes da Bauhaus foram ver a sua exposição em Berlim, nesse ano, mas parece que as revistas *De Stijl* e *Esprit Nouveau* tiveram um impacte ainda maior numa data anterior. Também uma influência inegavelmente importante (mas que tem ainda de ser explorada[7]) foi a dos dadaístas berlinenses, com as suas constantes

[7] Reyner Banham, Kenneth Frampton e Camilla Gray contribuíram de forma importante para uma reavaliação da influência dos Construtivistas e de Van Doesburg, mas ninguém explorou ainda a contribuição dadaísta para a Estética da Máquina e a Anti-Arte (no contexto arquitectónico, entenda-se). A obra de Hans Richter *Dada, Art and Anti-Art,* Thames & Hudson, Londres, 1965, fornece muito do material que falta sobre Picabia e os Dadaístas de Berlim, etc.

El Lissitsky: Tribuna de Lenine, 1920.
n o Supermatismo de Malevitch, o Rea-
io de Gabo e o *Monumento à Terceira*
rnacional de Tatlin, 1920, a influência de
itzky foi fortemente subestimada pelos his-
adores da arquitectura moderna.

exposições Anti-Arte e a defesa da nova arte mecanizada: «A arte morreu, viva a nova arte mecanizada de Tatlin». Esta contradição interna não só é importante para a síntese de Gropius em 1923, como ainda conduz às posições anti-arte de Van Doesburg e Hannes Meyer, em 1926. De qualquer modo, as causas mais directas para a viragem devem-se às polémicas alimentadas por Van Doesburg na própria Bauhaus. Escreve ele numa carta com a data de 7 de Janeiro de 1921:

Em Weimar, subverti radicalmente tudo. Esta é a famosa academia que agora tem os professores mais modernos! Falei com os alunos todos os dias e espalhei o veneno do novo espírito por todo o lado. *De Stijl* será em breve publicada de novo e numa linha mais radical. Tenho montanhas de força e sei que as nossas noções vencerão tudo e todos.[8]

Van Doesburg atacou furiosamente todos os exemplos de «expressionismo mórbido» que encontrou por todo o lado na Bauhaus e lançou-se depois num ataque pessoal a Gropius por idealismo sincrético — a tentativa para envolver todos os valores numa síntese prematura:

Um dos que mais prontos se revelam nos ataques é Van Doesburg... ele rejeita o trabalho manual [o ponto fulcral da Bauhaus] a favor dos processos modernos, da máquina. [Carta de Oskar Schlemmer, Março de 1922].[9]

De acordo com Bruno Zevi, cuja fonte foi a Sr.ª Van Doesburg, envolvida na polémica, Gropius colocou nessa altura um aviso à porta de Bauhaus, ameaçando com a expulsão qualquer estudante que assistisse às conferências de Theo Van Doesburg.[10] Segundo ela, os dois partidos chegaram a posições tão extremadas que vários dos partidários de Gropius apedrejaram as janelas do estúdio do Van Doesburg e alguns «assassinos» chegaram mesmo a ameaçá-los de morte — por isso deixaram Weimar, seguindo para Paris. Assim, mesmo tendo em conta o carácter fortemente subjectivo destes documentos, a verdade é que eles parecem também apontar Van Doesburg como a principal razão para que a Bauhaus abandonasse o expressionismo, as artes manuais e o misticismo. Outros factores, para além dos já mencionados, foram o Congresso de Dusseldorf dos Artistas Progressistas em Maio de 1922, um encontro do Grupo G e a Internacional Construtivista-Dadaísta que reuniu em Weimar, em Setembro de 1922, e foi dirigida por Van Doesburg e Lissitsky. Finalmente, tão influentes como tudo isto junto[11], parecem ter sido os escritos de Le Corbusier-Saugnier. Uma outra carta de Oskar Schlemmer, datada de Junho de 1922, corrobora isso mesmo:

Podemos e devemos lutar apenas pelo que há de mais real, pela realização das ideias. Precisamos de «máquinas para habitarmos» em vez de catedrais — deixemo-nos pois de Idades Média e de conceitos de perícia artesanal, a qual, durante a Idade Média, significava meramente um treino e um meio para finalizar uma obra. Em vez da ornamentação que necessariamente se perde num artesanato não objectivo ou estético, guiado por conceitos da Idade Média — objectos objectivos que sirvam objectivos específicos.[12]

Não poderemos encontrar uma rejeição mais brutal do que esta dos anteriores manifestos de Gropius, e a oposição que Schlemmer faz entre «as

---

[8] Ver H. L. C. Jaffe, *De Stijl,* Amsterdão, 1956, p. 20.

[9] Fonte desconhecida.

[10] Ver Bruno Zevi, *Poetica dell'Arquitettura Neo-Plastica,* Tamburini, Milão, 1953.

[11] Os escritos de Le Corbusier e Ozenfant não só circulavam em toda a Bauhaus já em 1922, como ainda vinham sendo continuamente comentados em *De Stijl* desde Fevereiro de 1921. Os dois edifícios de Gropius de 1911 e 1914 são frequentemente citados como prova de que ele tinha chegado às mesmas conclusões onze anos antes, mas aqui interessam-nos as *causas directas da viragem expressionista,* não os antecedentes. O primeiro sinal datável de uma mudança em Gropius, que consigo encontrar, é Fevereiro de 1922. Ver *50 Years Bauhaus,* catálogo, Londres, 1968, p. 145, mas obviamente a mudança só se tornou visível em Junho, como a carta de Schlemmer esclarece.

[12] *50 Years Bauhaus,* op. cit., p. 20. A última frase constitui uma reminiscência do conceito de *Proun* (objectos de objectividade) de Lissitzky, formulado em *De Stijl,* Maio de 1922.

máquinas para habitarmos» de Le Corbusier e as «catedrais do futuro» de Gropius, aponta para uma possível explicação da derrocada dos Expressionistas. Pode muito bem ter parecido, nessa altura, que o novo Estilo era mais expressivo e estava mais relacionado com a produção mecanizada de que o Expressionismo, pelo que a viragem podia dar-se sem uma perda de envolvimento ou sem concessões. Muito simplesmente, era como se a identificação entre linhas rectas e abstracção com produção mecanizada feita por *De Stijl,* pelo que «a nova síntese entre arte e tecnologia» era excitante, tanto racional como formalmente. No entanto, quase logo de seguida, registaram-se objecções a esta «nova unidade», considerada como um falso compromisso. Itten e Feininger subscreveram a declaração do pintor Muche, defendendo a posição dos artistas:

> Arte e tecnologia não são uma nova unidade, pelo contrário, revelam-se essencialmente diferentes no seu valor criativo.[13]

E do ponto de vista da tecnologia, Buckminster Fuller e Hannes Meyer disseram praticamente o mesmo. De facto, parece (apesar de Gropius apresentar outras razões[14]) que os estudantes da Bauhaus rejeitaram esta «nova unidade» em 1928 e que Gropius, Moholy-Nagy, Bayer, Breuer, Schawinsky (e mais tarde Schlemmer e Klee) foram obrigados a deixar a escola porque os estudantes queriam mais «orientação pedagógica» (neste caso, o racionalismo científico de Meyer) em vez do «formalismo» (ou o sincretismo dos que deixariam a escola).

Esta síntese da arte, a ser possível e justificada no caso de Gropius, variou muito consoante as obras; em alguns exemplos, como a Bauhaus de Dessau ou a Casa Chamberlain de 1939 [64], deu-se uma fusão muito forte e multivalente, ao passo que, noutros casos, como o Auditório da Universidade de Bagdade [59], o casamento terminou num compromisso mútuo, que se traduziu por uma «arte» inconvincente e uma «tecnologia» medíocre. Talvez o compromisso mais extremo de Gropius, nos seus constantes esforços pragmáticos para atenuar diferenças e sintetizar tendências opostas, tenha sido o seu apelo aos Nazis, a Goebbels, em Junho de 1934, para que aceitassem a arquitectura moderna porque, acima de tudo, era «germânico» e pragmático para os Nazis aceitarem-na:

> Pode a Alemanha *permitir-se* deitar fora a nova arquitectura e os seus chefes espirituais, quando não há nada para os substituir...? Mas acima de tudo eu próprio vejo este *novo estilo* como a via através da qual o nosso país poderá finalmente obter uma *união válida* das duas grandes heranças espirituais das tradições *clássica* e *gótica* — Schinkel procurou esta união, mas em vão. Irá a Alemanha negar-se esta grande *oportunidade?*[15] [itálicos acrescentados]

«Novo estilo-clássico-gótico-Schingel-união válida-oportunidade»? Tal como era conveniente «oferecer aos jovens» um manifesto expressionista em

---

[13] Ibid., p. 36.

[14] As razões afirmadas por Gropius para deixar a Bauhaus, em 1928, foram o regresso à prática privada e evitar a pressão dos Nazis sobre a Bauhaus, de que ele seria a causa; esta última razão não parece plausível, dado que Gropius apontou H. Meyer, próximo dos comunistas, como seu sucessor.

[15] Ver Barbara Miller Lane, *Architecture and Politics in Germany 1918-1945,* Harvard, Cambridge, Mass., 1968, p. 181.

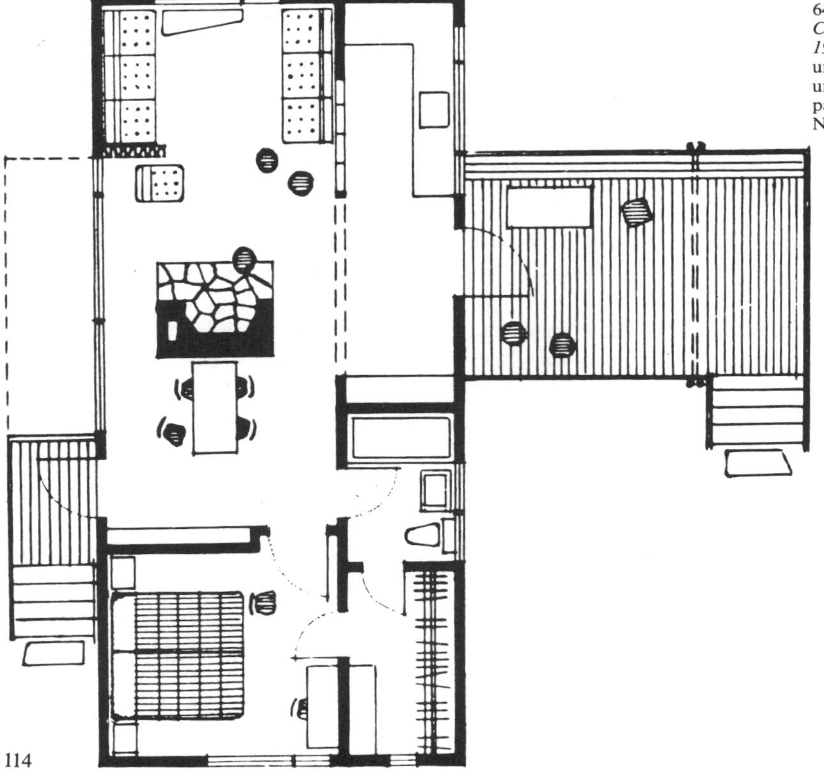

64a,b. *Walter Gropius com Marcel Br*
Casa Chamberlain, Weyland, Massachu
1939. Tábuas de revestimento verticais co
um volume rectangular, de planeamento
uma solução que viria a constituir um m
para pequenas fazendas em grande par
Nova Inglaterra.

5. *Walter Gropius com TAC: Edifício Pan Am, Nova Iorque, 1958.* Torre de cinquenta nove andares com blocos de janela-trave rontos a encaixar, falsas colunas e forma ctogonal achatada.

1919 ou uma «nova unidade» em 1923, agora era pragmático clamar que o «novo estilo» expressava a «germanidade». Mais tarde, quando já se encontrava na América, Gropius negou constantemente que alguma vez tivesse havido um «novo estilo»:

> Um «Estilo Bauhaus» teria sido uma confissão de malogro e um retorno a essa inércia desvitalizadora, a esse academismo estagnado para cujo combate apelei.[16]

Com uma abordagem tão oportunista, que contradiz qualquer intenção de uma adequação ao *Zeitgeist,* o resultado em termos de construção tenderá para uma arquitectura de compromisso e, no fundo, apenas serve para mostrar que, de facto, foi esse o resultado. Há muitos projectos deste tipo, desde o plano de habitação em larga escala Rudow-Buckow até ao pequeno Playboy Club, mas mencionarei apenas três que são representativos.

Em primeiro lugar, o Edifício Pan Am [65], um vasto volume repartido numa forma octogonal para atenuar o tamanho aparente, era como o Projecto de Argel de Le Corbusier de 1938, excepto que faltava no seu seio toda a importante articulação do conteúdo social. Gropius justificou esta massa inarticulada com as pressões sociais na construção nova-iorquina que, disse, era impossível evitar, sob pena de se cair num escapismo tipo torre de

[16] Ver *The Scope of Total Architecture,* p. 21.

66. *Walter Gropius com TAC: Templo Oheb Shalom, Baltimore, Maryland, 19*
Embora um tanto coarctada, esta arquitect não anda muito longe da dos arquitectos *pr donna* que Gropius viria a atacar nos seus ú mos anos de vida.

marfim. Resumidamente, a sua defesa face às diversas críticas[17], consistia no velho argumento de que é mais honesto e difícil comprometer-nos com o mundo real e duro, do que sentarmo-nos numa cadeira e criticarmos, na máxima segurança, acusando os outros de malogro — um reconhecimento tácito de que, de facto, tinha feito concessões e também falhado.

[17] A controvérsia Pan Am foi bastante desenvolvida nas revistas de arquitectura. Ver em especial *Progressive Architecture,* Abril de 1963, *Architects' Yearbook 10* e, para o confronto entre Bruno Zevi e Gropius, *L'Architettura,* Abril de 1964. A controvérsia foi desencadeada principalmente pelo facto de que 25 mil trabalhadores, mais muitas vezes esse número de visitantes, congestionariam ainda mais uma das mais congestionadas zonas do mundo. Isto, de facto, não se verificou e Gropius parecia estar certo ao defender que um centro de negócios vertical era uma coisa necessária e boa. Porém, a controvérsia foi depois agravada pelo facto de alguns críticos acharem que o edifício cortava de alguma forma a vista da Park Avenue, ao passo que Gropius pensava que ele unificava as muito variadas alturas dos edifícios. Os críticos sugeriram então que o espaço de espera era uma amálgama rude de demasiados materiais brilhantes e Gropius acentuou como tinha integrado objectos de arte no seu edifício. Os críticos perguntaram-lhe então por que é que tinha acentuado tão pouco o octógono, já que o que ficou não diminuíu a massa do edifício, e Gropius respondeu que a sua razão básica não era tão mundana. «A maior extensão da torre na sua parte média resulta logicamente do...» elevador; e o bloqueamento da vista sobre a Park Avenue resulta logicamente das instalações do ar condicionado (orientação). A fachada-janela que Gropius tinha desenhado para dar escala e plasticidade ao largo volume foi também criticada como destituída de sentido porque era imperceptível de longe — de onde devia precisamente ser vista.

O segundo edifício, de novo caracterizado por uma auto-crítica negligente, é o Templo de Oheb Shalom [66], que surgiu acompanhado pela seguinte reprovação:

> Nós, contudo, ficámos desequilibrados com contribuições pessoais de uma natureza mais ou menos atraente e sensual que não conseguiram encontrar o relevo necessário num pano de fundo arquitectural dignificado e estrito, de um carácter sumamente impessoal e colectivo... No nosso tempo, os arquitectos deixaram essas áreas «cinzentas» em grande parte aos contrutores comerciais, ou então introduziram uma variedade tão grande de formas e técnicas numa só área de construção, que as suas diferentes estruturas nunca alcançaram um ritmo comum e uma relação íntima. A ânsia moderna de glorificação pessoal desvirtuou e confundiu os nossos objectivos.[18]

No final da sua vida, Gropius atacou repetidas vezes o «arquitecto egocêntrico, género *prima donna,* que impõe os seus caprichos pessoais a um cliente intimidado»[19], sem nunca especificar exactamente o que queria dizer com isso. Se tentarmos descobrir os alvos destas frequentes explosões de ira, verificaremos que, afinal, eles foram, em grande parte, seus estudantes em Harvard — Philip Johnson, Paul Rudolph, I. M. Pei, Ulrich Franzen, Victor Lundy e os principais expoentes do formalismo americano. Talvez constitua um ponto a favor desse formalismo a tentativa para simultaneamente o praticar *e* aviltar: no entanto, para Gropius, uma tal tentativa apenas servia para provocar confusão.

Uma tal confusão é visível no terceiro projecto a discutir aqui, o Complexo da Universidade de Bagdade. A imagem é notavelmente parecida com as produzidas pelos arquitectos *prima donna* quando se aventuram para longe da sua própria cultura e tentam misturar as suas convenções com as do passado. Neste caso, o resultado aproxima-se de um Alhambra colegial e classe média, onde os ornamentos e os símbolos do poder muçulmanos são tratados com um abandono tão desajeitado que mais parecem vestígios de reflexões tardias, tímidas e ocultas. A tentativa incompleta de entendimento destes símbolos tradicionais traduz-se em transigência e num arremedo, como se pode ver pelo tratamento dado à Mesquita [67]. Tradicionalmente, a mesquita situava-se no centro da vida comunitária, dando para uma praça, o bazar, onde decorriam actividades comerciais e outras, e ligadas talvez a uma biblioteca, dirigida por um sábio, mas não era *de modo nenhum* um símbolo isolado. Usando o bojo como forma, ou melhor cortando esta forma como uma casca de laranja, abrindo-a lateralmente e colocando-a nos subúrbios, Gropius negou a tradicional forma de culto, que se centra na cidade, e é uma forma contida e não aberta para o exterior. E, dada a premissa inicial de que deveriam ser usadas formas convencionais, dificilmente se poderá encontrar uma justificação para esta distorção do uso tradicional.

Depois desta descrição de todas as aberrações de Gropius, que retrato poderemos traçar da sua obra? Do lado positivo, e nos aspectos que contribuíram para a sua reputação, há alguns bons edifícios como o Fagus Wosrks ou o Bauhaus e pelo menos dois projectos excelentes — o Chicago Tribune

---

[18] Ver *Architectural Record,* Junho de 1964, p. 140.

[19] Ver *The Scope of Total Architecture,* p. 85.

[20] O Formalismo como um género restrito como a farsa, é discutido no capítulo sobre Mies; o Formalismo como seriedade fracassada é discutido em «Camp-Non Camp». Capítulo 6.

67. *Walter Gropius: Mesquita de Bagdad* forma em bombeado, a lua em quarto cresc e o minarete mostram-se perfeitamente ate das, mas a imagem é tão consistentem absurda que acaba por assumir uma certa gridade perversa, como na arquitectura Ca

Tower e Total Theatre. Mas talvez a sua contribuição realmente original e duradoura fosse o ter contratado alguns dos espíritos mais significativos da Europa dos anos vinte, o tê-los mantido num lugar certo, o ter-lhes permitido fazerem mais ou menos o que queriam. A Bauhaus, enquanto instituição criativa e educacional, foi algo que não encontrou paralelo, e muito do crédito tem de ir para Gropius, pois ele encorajou, de uma forma perfeitamente consciente, o desenvolvimento individual, a variedade e a divergência — «daí a batalha intelectual, aberta ou sub-reptícia, ter sido aí, de uma forma talvez nunca igualada, numa agitação constante, obrigando o indivíduo, quase diariamente, a tomar uma posição relativamente a problemas profundos»[21] — como Schlemmer, uma vez mais, tão bem resume.

Do lado negativo, há muito simplesmente o abandono do princípio a favor do pragmatismo e a vontade de sacrificar todos os valores em favor da totalidade social — ou daquilo a que Gropius várias vezes chamou a comunidade global ou a sociedade integrada. Ao nível da motivação mais profunda, isso tem provavelmente raízes na sua imagem da comunidade integrada, o município medieval, construindo o seu monumento colectivo em glória de uma divindade impessoal. Gropius, tal como tantos da sua geração, ambi-

[21] Ver *50 Years Bauhaus,* op. cit., p. 9.

cionou essa integração e reconciliação cultural, e, pelo menos a alguns níveis, conseguiu-a na Bauhaus durante breves anos. No entanto, não era suficientemente crítico para distinguir esta comunidade unificada de indivíduos diversos de outras formas de colaboração e, com a sua adesão a um pragmatismo relativista, acabou por perder a clareza consistente e a imaginação de que era capaz.

WRIGHT E O MITO DO GRANDE HOMEM

Frank Lloyd Wright também concebeu de início a sua arquitectura com uma atitude polémica visando a integração cultural, dado que ela sintetizaria todos os objectos e elementos do meio-ambiente numa unidade orgânica:

> Entidade orgânica, este edifício moderno, ao contrário da anterior concatenação insensata de partes. Seguramente, encontramos nele o ideal mais elevado de unidade como um desenvolvimento mais íntimo da expressão da vida de cada um de nós no seu próprio meio-ambiente. Uma coisa em vez de muitas coisas... Na arquitectura orgânica, portanto, é quase impossível considerar o edifício como uma coisa, o seu mobiliário como outra e o seu espaço e meio-ambiente como outra ainda. (1910) [68]

Porém, tentar compreender o que Wright queria dizer exactamente com «orgânico» é tão difícil como tentar compreender todo o seu variado trabalho com um só pensamento — há uma triste disparidade entre a sua incansável fecundidade e as limitações do cérebro humano, que só pode entender uma ou poucas coisas simultaneamente. A superabundância de Wright, tal como a de Picasso, é mais natural do que humana, e como uma extravagante paisagem dos Alpes, ele podia saltar a todo o momento de um pináculo de

Frank Lloyd Wright: Grady Gammage ...norial Auditorium, Tempe, Arizona, 1959- Motivos aplicados, decorativos, de uma ...reza historicista, o tipo de arquitectura ...gânica que Wright nos seus primeiros tem... ...atacava.

magnificência para outro, numa efusão constante de beleza, tão profusa que roça o esbanjamento.

Por exemplo, ao tentar definir a sua palavra-chave, «orgânico», nas Conferências de Princeton (1930), Wright apresentou definição após definição — num total de cinquenta e uma — até o conceito lhe parecer perfeitamente entendido. Contudo, subjacente a esta profusão, a este *embarras de richesse,* havia um número limitado de ideias interrelacionadas que aqui reduziremos a uma só, a fim de tornarmos mais nítida a mudança ocorrida no trabalho de Wright.

Esta ideia, a geometria orgânica, será mais analisada do que as mudanças subjacentes no carácter de Wright, em grande parte porque estas últimas já foram cuidadosamente abordadas por Norris Kelly Smith.[22]

Como tem sido frequentemente acentuado, em criança, Wright brincava constantemente com blocos desmontáveis, geométricos, os blocos Froebel. Uma das propriedades destes blocos, para esta discussão a sua propriedade essencial, é a sua *unidade indiferenciada:* são, ao mesmo tempo, volume, cor, modelo, perfil, construção e estrutura [69]. Por exemplo, não há qualquer diferença entre empilhá-los uns em cima dos outros, o que é a construção, ou pô-los de pé, o que é a estrutura; é tudo feito de uma só vez. Tal propriedade, intelectualmente tão satisfatória, deve ter causado uma impressão profunda e duradoura em Wright, dado que quando reutilizou este mesmo princípio nas suas obras, transformou-o no dogma fundamental da sua arquitectura orgânica e na principal arma contra todos os outros estilos, incluindo o académico e o classicismo. No entanto, como tem sido frequentemente acentuado, o próprio classicismo baseia-se nas formas primárias e na sobreposição de formas abstractas. De que modo era a arquitectura orgânica de Wright diferente disso?

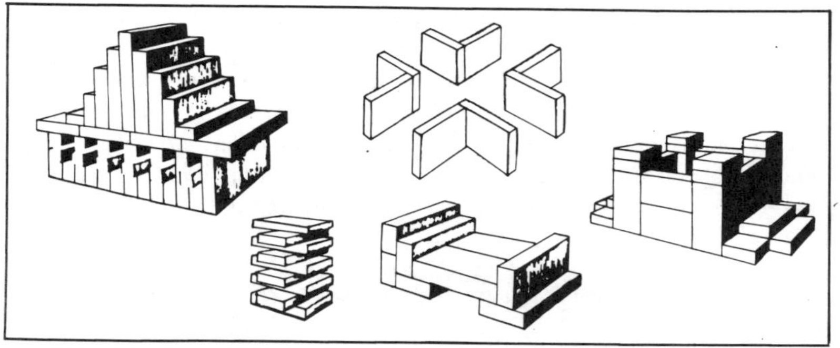

69. *Frank Lloyd Wright: Construções Fro*[...] desenhado por Grant Mason.

Em primeiro lugar, como ele disse, o seu ornamento geométrico era «*da* superfície e não acrescentado *à* superfície», ou seja, usualmente resultava directamente da construção, em vez de ser aplicado depois como um sinal convencional. Em segundo lugar, o seu método era mais «democrático» do que o estilo clássico ou internacional, porque aberto a todos os fins e não fechado («como uma caixa sobre andas») e feito de muitas geometrias («mais adequadas — de qualquer ponto de vista — ao humano do que o ângulo recto»). Em terceiro lugar, Wright insistiu que a arquitectura orgânica nas-

[22] Ver Norris Kelly Smith, *Frank Lloyd Wright, A Study in Architectural Content,* Prentice Hall, New Jersey, 1966, p. 30 ff.

cia naturalmente da situação individual e assim o seu «estilo» peculiar expressava um «carácter» pessoal e não a convenção impessoal, sem vida, adoptada sem reflexão. E por fim, tal como na arquitectura orgânica de Sullivan, não escondia, restringia ou refreava o objectivo do edifício, mas desenvolvia-o de forma a expressar ou tornar manifesto esse objectivo.

Não é de espantar que todas estas lições dos blocos Froebel surjam resumidas numa série de oposições aos estilos clássicos e aos tipos de vida urbanos prevalecentes: livre e aberto e não imposto e fechado; um instrumento maleável e não um colete de forças ditatorial. A condição tragicamente absurda que Wright, como um romântico, viu muito claramente, era que os meios para um fim, como o estilo, a máquina e a lei, que deveriam servir os homens, se tinham invariavelmente transformado em fins autónomos que coagiam e limitavam os homens, se tinham invariavelmente transformado em fins autónomos que coagiam e limitavam os homens. Apenas a arquitectura orgânica ou o bloco Froebel, indiferenciadamente meios e fins ao mesmo tempo, ofereceriam uma resposta adequada. Mas ofereceriam mesmo? Suponhamos que, como qualquer outro estilo ou sistema mecânico, tinha as suas próprias contradições à espera de emergirem no momento em que fosse adoptado acriticamente como uma panaceia, tornando-se apenas em mais um exemplo absurdo, de um meio transformado num fim. Como agora é óbvio, a arquitectura orgânica de Wright, como qualquer sistema, continha este potencial contraditório e podemos ver como tal potencial emergiu lentamente à medida que Wright se foi interessando mais por perpetuar a sua carreira pública do que por estudar os intratáveis problemas da função e da técnica.

. Frank Lloyd Wright: Igreja da Unidade, k PArk, Illinois, 1966. Acessórios de ilumi-ão e galeria. A geometria ortogonal também ciona bem na iluminação e na estrutura tão reforçado, grelha dupla que faz passar indirecta através do tecto).

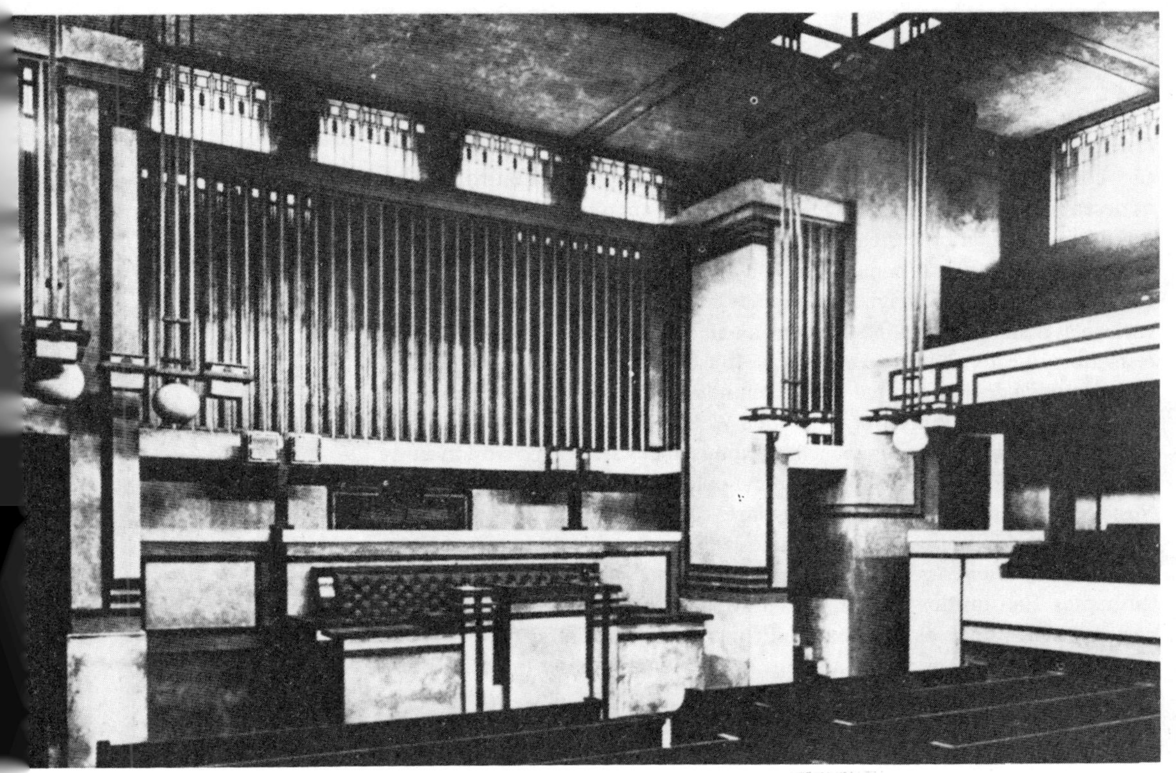

71. *Frank Lloyd Wright: Midway Garde Chicago, 1914-18.* Já nesta altura a geome se tinha transformado num colete de for Estas formas constituem uma reminiscênci *Jugendstil* vienense.

Já nas primeiras obras se verifica uma insinuação deste conflito futuro. Por um lado, há a relação bem sucedida da geometria primária com a função, como acontece com o interior da Unity Church [70], por outro lado há os desenhos para mobiliário, escultura e estátuas em que as formas rítmicas repetidas se tornam procusteanas e forçam contornos e sentidos ao seu molde intrínseco. Embora a ornamentação e a alusão histórica fossem uma preocupação constante de Wright ao longo de toda a sua vida, a meio dos anos vinte, elas assumiam uma independência que, organicamente, as separava do resto do projecto [72]. A «Hollyhock House» («Casa Da Malva-Rosa») é representativa desse recuo, tanto pelo seu nome extravagante como pela geometria demasiado subjugadora, mas que Wright era ainda capaz de relacionar metáfora e geometria numa melhor expressão dos seus objectivos, mostra-o «Fallen Leaf» e os projectos para uma colónia de férias em Lake Tahoe. Nestes projectos, as geometrias triangulares confirmam a estrutura, e as imagens explicítas de *teepee,* tendas de índios e proas de navio, claramente aprofundam o significado geral (de facto, um destes projectos era para uma casa flutuante). Em fins dos anos 20, Wright tinha atingido o auge do seu poder para reconciliar diversos significados sob uma geometria unificadora — como se vê na St Marks Tower que, a vários níveis, continua a ser o mais expressivo arranha-céus, do século XX. Apesar de nunca construída, a torre conduziu mais tarde a um desenho similar, a Price Tower, em 1955 [73-5]. O que aqui nos interessa particularmente é que Wright *usa geometrias múltiplas,*

'rank Lloyd Wright: Hollyhock House, Angeles, 1916-20. A decoração com as-rosas é «*na* superfície e não *da* super-», enquanto o volume em forma de tumba Maias empurrou bem para dentro a fun-doméstica: a sala de música e a biblioteca lois lados da sala de estar ficam excessi-nte na sombra devido à falta de janelas.

em vez de limitar tudo a uma única geometria, criando por isso um contraponto rítmico extremamente excitante, bem como um edifício funcional. É como se finalmente tivesse encontrado uma expressão esmagadora do princípio orgânico, porque por todo o lado a geometria múltipla sugere e apoia todos os outros significados... excepto, infelizmente, dois: os tímpanos dos arcos de cobre gravado e o mobiliário, surpreendentemente horrível [76]. Por que é que Wright não optou por geometrias mais complexas ou por curvas múltiplas quando se viu confrontado com problemas tão delicados como o corpo humano? Talvez porque tanto na teoria clássica, como na romântica, a ideia de um «todo unificado» tenha significado sempre um ou muito poucos tipos de forma, uma geometria única, e não uma propriedade mais geral de multivalência ou interrelacionamento. De qualquer forma, embora tendo estas faltas menores, a Price Tower continua a ser uma solução dinâmica para o edifício vertical — o impulso para o topo é intensificado por asas verticais, betão e cobre. Embora Wright tenha encontrado outros usos apropriados para a sua exploração da geometria triangular, como Taliesin West, 1938, e a Unitarian Church, 1949, nunca ela se revelou mais adequada do que num arranha-céus — como o significado original desta palavra sugere.

Nos anos quarenta, Wright começou a trabalhar em novos modelos geométricos, como o círculo e o hexágono, com muito menos êxito, porém. Antes de discutirmos isso, mencionemos um aspecto subestimado da sua obra: a casa de baixo custo. De um modo geral crê-se, não sem razão, que Wright

73,74. *Frank Lloyd Wright: Price Tower, tlesville, Okahoma, 1953-5.* Contraponto zontal e vertical; o auge das tentativa Wright para fundir diferentes geometrias gulares (30/60°) com o rectângulo; um d volvimento que começa a meio dos anos

construíu habitualmente para as classes mais ricas dos Estados-Unidos. Para usar os termos retóricos dos marxistas do Grupo Utopia de Paris. «Vous avez construit pour une classe particulière, 'Mister Wright'?». A resposta retórica deste teria sido: «Sim. Não que eu não tivesse tentado produzir casas de baixo custo. O problema é que a minha tentativa nunca foi realmente aceite».[23] As únicas casas de preço moderado aceites foram as «Usonian Houses»

[23] Eis algumas destas: «Ready-Cut Houses» de 1913, «All-Steel Houses» de 1937, «House for a Family of $5000-6000», 1938, «Suntop Houses», 1939, e «Cooperative Homesteads», 1942.

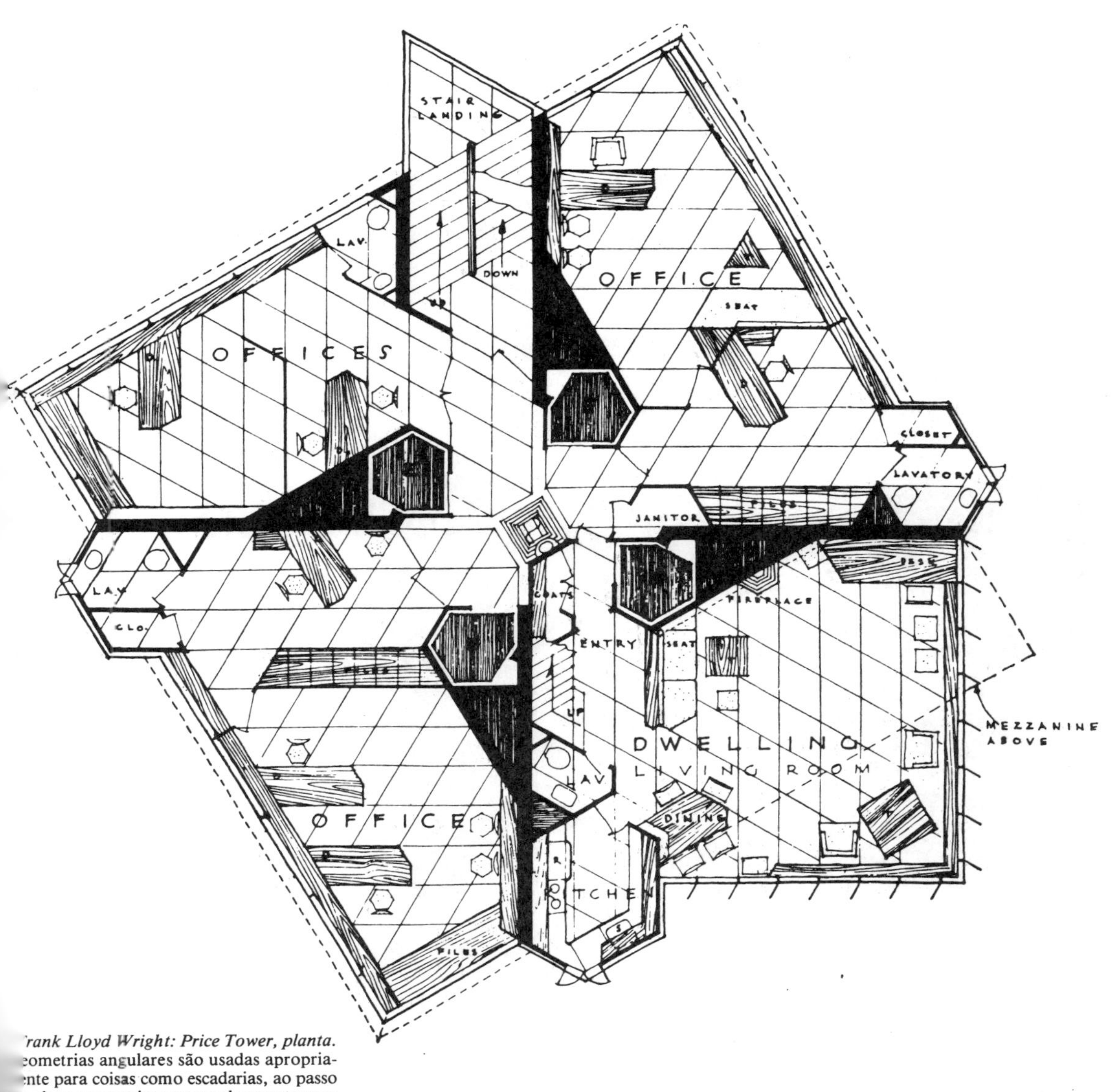

'rank Lloyd Wright: Price Tower, planta.
:ometrias angulares são usadas apropria-
:nte para coisas como escadarias, ao passo
ıs duas geometrias rectangulares entrosam
formar um espaço de estar e de escritório
ımente elevado. Cada piso é imposto em
léver a partir do poste central.

dos anos trinta e quarenta. Na sua maior parte, foram construídas na geometria que mais lhe agradava trabalhar, a rectilínea [77]. Basicamente, começava com um módulo de construção e depois repetia-o em muitas e diferentes formas rítmicas, a fim de estabelecer uma harmonia global de um espaço fluente, planos de parede estruturais e áreas funcionalmente separadas. Nas Usonian Houses, a parte mais importante, o coração, era tanto a intersecção das duas alas funcionais (quarto de dormir, sala de estar) como o ponto de maior actividade visual (em termos de luz e planos em intersecção). Daí parecer não haver qualquer contradição entre a geometria e as exigências da habitação, mas isso não é porque o rectângulo se adeque melhor à construção, ou pior, como Wright afirmou, mas porque foi cuidadosamente utilizado de forma a satisfazerem-se as várias exigências habitacionais.

O mesmo se pode dizer do círculo, que Wright começou a usar, de forma persistente, durante os anos quarenta. Exemplos perfeitamente bem sucedidos disso são os Edifícios Johnson Wax, 1936-9, e a Second Jacobs House, 1948, os exemplos parcialmente bem sucedidos incluem o Museu Guggenheim, 1957-9, ao passo que os exemplos claramente mal sucedidos incluem o Huntington Hartford Play Resort, 1947, a Baghdad Opera House, 1957, e o Marin Civic Center, 1959. Como se pode concluir destas datas, o círculo foi a última geometria a interessar Wright, apesar de a ter abordado de facto muito cedo, em 1925.

Que Wright era capaz de usar o círculo para fins estruturais, prova-o o Edifício Johnson Wax, onde as colunas afiladas para baixo eram suportadas lateralmente e «presas» em baixo [78]. Estas «colunas dendriformes» ou «colunas cogumelos», como foram chamadas, serviam para dividir o vasto

77. *Frank Lloyd Wright: Casa Us Típica. Okemos, Michigan, 1939.* A ge rectilínea do módulo de construção cria que é apoiado pela silhueta e volume

78. *Frank Lloyd Wright: Johnson W ding, Racine, Wisconsin, 1838.* Colu vinte e dois pés de altura pregados em «sapatos» metálicos e alargando à me sobem, suportando um tecto de Tub pyrex brilhantes.

76. *Frank Lloyd Wright: mobiliário ar na Price tower.* A rejeição da curva do humano por Wright só encontrou igual desdém por todos os artefactos prontos da civilização industrial. Mas teve a cand admitir que o seu próprio mobiliário o «triste e melancólico» quando nele se se

espaço e fornecer um contraste à luz brilhante que se escoava através da clarabóia em cima. Sem elas, o espaço seria ao mesmo tempo demasiado monótono e demasiado brilhante. Quanto à torre, que foi completada mais tarde, em 1950, usa também geometrias circulares de uma forma racional, desta feita em cantiléver a partir de um tronco central, para criar dentro espaços destinados a laboratórios [80]. Estas áreas, de novo mais interessantes do que os habituais espaços abertos e planos, são parcialmente reveladas e escondidas ao exterior, estabelecendo uma divertida ambiguidade que é ampliada pela forma cilíndrica achatada, que engrossa, em vez de afilar, perto do topo. Ao justificar esta construção, atacada pelo seu custo elevado, Wright deu expressão aquilo à que se chamava a sua «honesta arrogância, em oposição à falsa humildade» — uma arrogância que, de certo modo, era mitigada pelo facto de ser perfeitamente assumida e objecto de ironia:

Resmas de papel com desenhos. Todos eles eram necessários para obter uma flor em vez de uma erva daninha deste nosso agressivo sistema industrial... Assim, no fim de tudo, aqui está a «flor» para mostrar o que um esforço coordenado e concentrado (se subordinado à Arquitectura enquanto Grande Arte) pode significar, mesmo numa

79. *Frank Lloyd Wright: Johnson Wax ding. tubagens de pyrex* numa geometr cular apoiam o tema das colunas e cant forma aerodinâmica assumida pelo tijo

Frank Lloyd Wright: Johnson Wax Building, Torre do Laboratório, 1950. Wright gostava que as suas torres pairassem sobre quem via, por isso afilava-as para baixo; além do que eram feitas com pisos em cantiléver a partir de um tronco central — segundo o princípio da árvore. Ver [75].

civilização como nossa. A sagacidade de Herbert F. Johnson deu ao mundo este exemplo de uma criação de um arquitecto num campo até então não invadido (não hesitemos em usar a expressão) pela Grande Arte da Arquitectura.[24]

Este género de tirada, roçando o bombástico sem ironia, permite a Wright precisamente passar a sua mensagem característica: em primeiro lugar, referindo a grande força de vontade de que sempre precisou para vencer «este agressivo sistema industrial»; em segundo lugar, mostrando a ligação com a grandiosa tradição dos construtores de pirâmides; e em terceiro lugar mostrando a sua indestrutível esperança e dependência no patrocínio de um milionário industrial iluminado. A maior parte das suas grandes encomendas provieram desses «indivíduos austeros» que, como ele, tinham fé na democracia do sistema de livre iniciativa e que se tinham distinguido do resto da sociedade. Todos eles eram, a diversos níveis, rebeldes e plutocratas que, como Wright, se sentiam obcecados pela realização de um grande gesto, um gesto acima da média, acima do rebanho, da «oclocracia» (para usar um termo caro a Wright).

---

[24] Ver *Architectural Forum,* Janeiro de 1951.

Outra encomenda que segue este modelo e também se baseia na geometria circular é o Museu Solomon R. Guggenheim em Nova Iorque [81a]. Originalmente, a ideia de uma rampa circular tinha sido pensada em 1925 para um planetário *drive-in,* mas aqui desaparece a sua função automóvel original e é usada por apreciadores de arte que nela circulam. Muitas das críticas funcionalistas têm sido aplicadas a Wright por este formalismo *a priori:* as rampas impelem aquele que olha continuamente para baixo, a luz natural, se usada, cegaria qualquer um, e o declive exterior das paredes curvas constrange e interfere com as telas, verticais e planas. Contudo, mesmo que admitindo estas faltas, temos de aceitar que a obra resulta a dois níveis muito importantes. Primeiro, é um dos mais deliciosos espaços de Nova Iorque para ver pessoas movimentando-se e congregando-se em diferentes grupos. Mesmo a escultura e a pintura participam neste jogo cénico porque podem ser vistas de longe e contra um fundo totalmente branco [81b]. Em segundo lugar, por causa do seu contraste formal e espacial com o resto da cidade, o museu ganha uma importância urbana normalmente reservada ao Município ou ao templo — o que não é inadequado para a vida dos nova-iorquinos culturalmente ambiciosos. Se rejeitarmos que um museu deveria ocupar esse lugar simbólico, então rejeitaremos a sociedade para que tal facto aponta — rejeições que, evidentemente, são possíveis, mas que não determinam a adequação consistente entre a forma e o seu significado.

81. *a,b. Frank Lloyd Wright, Museu Gu nheim, Nova Iorque, 1943-59.* Curvas gro cas e primitivas emergem na Quinta Aven indo buscar os motivos dos *Cadillacs* e cont tando com as paredes rectilíneas e irritante imagem de um frasco de comprimidos de b com ranhuras de espingarda mostra-se fo tamente apropriada ao lugar que a arte oc nas vidas dos nova-iorquinos. No interio espectáculo das pessoas e das pinturas co este pano de fundo transforma a exposiçã arte numa reminiscência de algum antigo ri

Os últimos projectos em que Wright perde o controlo da sua geometria, permitindo-lhe que contradiga função, material, construção, estrutura, liberdade, etc. etc. — em suma, as cinquenta e uma definições de arquitectura orgânica —, baseiam-se normalmente no círculo. Daí que nos sintamos tentados em concordar com o adágio habitual de que é inerentemente mais difícil desenhar com curvas do que com rectas. Um círculo tem apenas um centro e uma única dimensão, radial, e por isso não se adapta tão bem como o rectângulo a condições mutáveis.[25] Embora esta explicação pareça precisar de modificações, dado que se nos dermos ao esforço de combinar pacientemente módulos curvilíneos, acabamos por ver que são tão maleáveis como a linha recta: o número infinito de exemplos de formas naturais confirmam isso mesmo. De facto, a explicação para o uso inepto do círculo por parte de Wright tem que ser procurada a outros níveis — na sua idade avançada e na credulidade face à sua própria retórica e à sua pessoa pública.

Em fins dos anos cinquenta, estava já Wright não muito longe dos noventa anos, o arquitecto rodeou-se de colaboradores para os quais o mais vulgar movimento do seu lápis equivalia à divina expressão do génio. Foram então escritos vários livros sobre a magnificente integridade do seu carácter, desde

[25] A relação inerente entre certas geometrias e certas funções é discutida no capítulo sobre Urbanismo, pp.))).

The Fountain-head, de Ayn Rand, a *My Father Who Is On Earth* [sic], do seu filho John Lloyd Wright, passando por *The Shining Brow,* de Olgivanna Wright. No seu *atelier* nunca se ouvia uma crítica, um retrato gigantesco do «Mestre» estava pendurado à entrada e alguns projectos foram mesmo concebidos a partir dos sonhos da Sr.ª Wright.[26] A ironia disto tudo é que Wright, que tinha aguentado e mesmo florescido face a inúmeros ataques hostis, não foi mais forte que a barragem de adulação ultra-empática e sucumbiu a uma arrogância que a auto-ironia já não mitigava. O homem que tinha

82a,b. *Frank Lloyd Wright: Marin Co Civic Center, San Rafael, Califórnia, 195* O único aqueduto no mundo em que os a de compressão são de facto mantidos em são. Duas longas espinhas veiculando fun cívicas giram em torno da biblioteca circ o que significa uma inversão da ênfase u simbólica.

passado a maior parte da sua vida a atacar a imposição pomposa do estilo como uma «megalomania», acabou por tornar-se, afinal, um megalómano — pelo menos em alguns dos seus projectos.[27] Em vez de os analisarmos a todos, vamos referir apenas um desses projectos, particularmente representativo.

O Marin County Civic Center é típico dos piores projectos circulares a vários níveis. Primeiro, tal como sucedia com Mies, um único elemento geométrico unificador, o círculo neste caso, abafou a maior parte dos outros significados. Em termos de estrutura, transformou o que parece ser um conjunto de arcos de compressão, as formas repetidas de um aqueduto romano, em placas em cantiléver que, de facto, estão suspensas em tensão [82a]. Em

---

[26] Ver Iovanna Lloyde Wright, *Architecture, Man in Possession of his Earth,* Nova Iorque, 1962, p. 40.

[27] Um reconhecimento verbal mostrando que ele manteve um certo cepticismo mesmo então, citado por Walter Segal em *The Architects' Journal,* 11 de Junho de 1969, p. 1548: «E fui apanhado em flagrante pela minha própria sentimentalidade, que me passou a acompanhar para sempre e que me fazia perder não só a face como a paciência e [encontrar] alguém ou alguma coisa que merecia crítica». Ou, «naturalmente (lembro-me bem) tornei-me cada vez menos tolerante e, creio, intolerável. Arrogante, acho eu, será a palavra mais adequada».

termos da «natureza dos materiais», o projecto pedia um recorte mais regular e pronunciado, mais próximo do aço que do betão. Em termos de relação com a paisagem natural, fez com que o volume se instalasse sem transição «*na* terra e não *a partir da* terra». E finalmente em termos de imagem, produziu uma forma que pode ser tudo menos democrática e aberta, apontando mais para uma autocracia escapista e burocrática, que permite que o povo a combata na cidade, enquanto planta o seu minarete-cabana de índio-totem-tudo-em-cobre, algures a salvo nos arredores [82b].

Para resumirmos as últimas aberrações destes dois pioneiros, podemos pôr em relevo as consequências de tal trabalho. A partir do momento em que Gropius e Wright orientaram a sua obra no sentido do formalismo e os críticos aceitaram ou aplaudiram essa orientação, estava dado o sinal para a próxima geração de arquitectos se lançar na imposição de geometrias grandiosas — um sinal que seguiram com entusiamo. Embora não haja nada de intrinsecamente errado no formalismo, tal como não há na farsa ou na poesia incipiente, o problema é que ele se torna inaceitável se quisermos uma arquitectura mais profunda e mais «orgânica», onde todos os níveis de significação se encontrem interrelacionados. O facto de ser isto exactamente o que tanto Gropius como Wright queriam, significa que, na sua juventude, ambos teriam condenado a obra que fizeram na velhice, caso pudessem vê-la. Talvez seja essa a sorte da maior parte dos pioneiros que vivem o suficiente para verem as suas polémicas de juventude institucionalizadas e transformadas em lugar comum. Acabam por acreditar na sua retórica derradeira e por contradizer as suas primeiras intenções. Porém, nem sempre isso acontece com todos os pioneiros, como podemos ver pelos casos de Le Corbusier e Alvar Aalto, dois arquitectos que desenvolveram as suas intenções até um ponto muito distante das suas primeiras posições, mas de uma forma que nunca implicou qualquer contradição fundamental.

4. CHARLES JEANNERET—LE CORBUSIER

Desenho feito por Le Corbusier quando ava a travar uma luta difícil com as autoriles e a apresentar as «alegrias essenciais» da ité d'Habitation. «Na sua existência uanto deus desmembrado. Dionysos mosa dupla natureza de um demónio cruel e selem e de um chefe brando e amistoso» etzsche. O Nascimento da Tragédia).

Há uma dificuldade fundamental, com que todos os críticos parecem deparar, quando se tenta interpretar e, a partir daí, julgar, a obra de Le Corbusier. Não se sabe exactamente que modelos aplicar — se o racionalista, se o poético, se ambos ou nenhum deles —, porque qualquer deles serve até um certo ponto, a partir do qual se revela inadequado ou pobre. O exemplo mais recente deste pântano crítico é *Who Was Le Corbusier?*[1] de Maurice Besset, um livro que irrompe logo com a grande questão no título e que, na introdução, abandona explicitamente qualquer esperança de encontrar uma resposta — uma atitude que, se não é consistente e ambiciosa, pelo menos revela, na humildade, uma sagacidade certa.

O próprio Le Corbusier forneceu muitas chaves para a interpretação da sua própria obra — tal como as constantes justificações funcionais que a acompanharam sempre —, mas o problema com as suas afirmações é que, se as levarmos demasiado à letra, acabam por se revelar como racionaliza-

[1] Ver Maurice Besset, *Who Was Le Corbusier?*, Éditions d'Art Albert Skira, Genebra, 1968, pp. 8 e 196. Incapaz de oferecer uma interpretação, Besset, muito correctamente, renuncia a um julgamento.

ções *parciais*. Por exemplo, em muitos dos seus escritos, Le Corbusier afirma ser tanto um racionalista como um cientista, apesar de muitas das suas posições serem defendidas dogmática e acriticamente. Ou, inversamente, muita gente o considerou como o melhor e o mais bem sucedido arquitecto da primeira metade do século XX, ao passo que ele próprio, como vamos ter oportunidade de ver, considerava a sua vida e a sua obra na prática um malogro. As contradições abundam e, como o leitor já deve ter reparado, a sua mera existência é considerada aqui de primordial importância. Pondo a questão em termos simples, a interpretação básica vê Le Corbusier partindo de uma posição dual, representada pelo retrato do Dr. Jekyll-Mr. Hyde [83], ou seja, a sua identidade dupla (em parte o camponês Jeanneret, em parte o urbano Le Corbusier), a sua construção irónica (parte geométrica, parte biomórfica), a sua trágica *persona* (parte demoníaca, parte humana). Este último conflito, talvez o fundamental, é certamente o mais importante, porque levou Le Corbusier a um antagonismo básico com a sociedade, que escapa a qualquer esperança de reconciliação. Por exemplo, mesmo que, por um qualquer fantástico esforço, a sociedade tivesse aceite todos os seus valores apriorísticos, desde «as três alegrias essenciais» ao «silêncio homérico, absoluto», Le Corbusier depressa teria inventado novos valores para arremessar ao mundo, visto que, subjacente a todos eles, estava o princípio mais básico de que, parafraseando Hamlet, «o mundo está sempre em desconserto, mesmo que reparado de tempos a tempos». Que uma tal visão trágica fundamental subjaz a tudo o mais, provam-no dois factos: ela precede os duros conflitos de Le Corbusier com a sociedade (começa com uma posição de antagonismo e batalha *antes* de o arquitecto ser rejeitado em 1922), e sobrevive após os seus êxitos parciais nos anos sessenta. Além disso, sempre que há um ataque mais feroz ao seu trabalho ou carácter, anota-o imediatamente no próprio projecto visado, a fim de mais tarde o retribuir [86]. Um homem mais razoável ou diplomata tentaria enterrar e esquecer os conflitos, porque eles poriam em perigo as suas futuras encomendas. Porém, Charles Jeanneret, com um labor obsessivo, enumera cada insulto que lhe lançam — «lunático, megalómano, criminoso», etc. — como se quisesse pôr a nu todos os conflitos e toda a maldade do mundo e, em última análise, como se quisesse encenar o martírio de Saint Corbusier.

Embora esta última afirmação possa parecer um tanto exagerada ou mesmo ridícula, a verdade é que Jeanneret sempre entendeu a sua vida em termos de conflito aberto. Por exemplo, apenas com vinte e dois anos de idade, escreveu o seguinte ao seu professor, L'Eplattenier:

> Quero lutar com a própria verdade. Decerto que tal luta me atormentará. Mas a verdade é que não ando à procura de sossego, nem do reconhecimento do mundo. Viverei de um modo sincero, feliz por suportar o excesso... Talvez a realidade amanheça cruel um dia, num futuro próximo... Estes oito meses disseram-me muito claramente: «Lógica, verdade, honestidade, queima o que amaste e adora o que queimaste»... A arte de amanhã é uma arte baseada na meditação. Para a frente com o conceito!... É na solidão que nos podemos confrontar com o nosso próprio ego.[2]

Esta confissão, que é um programa, contém muito dos elementos da tragédia clássica ocidental, desde a entrega absoluta a um ideal («lógica, ver-

[2] Citado de *Aujourd'hui, Art et Architecture*, n.º 51, Novembro de 1965.

dade, honestidade») à definição de um conflito interior («na solidão»). Se partirmos do princípio de que Le Corbusier se viu a si mesmo nestes termos, então seria inadequado, para não dizer muito perigoso, julgá-lo noutros termos, como os críticos o têm feito. O problema é que quando Le Corbusier é interpretado unicamente como um urbanista racional ou um profeta da idade da máquina, as suas acções surgem mais estranhas e incompreensíveis do que realmente são; ao passo que se aceitarmos a máscara trágica como um elemento essencial, então vários dos paradoxos interpretativos esfumam-se.

RAZÃO E DUALISMO

No primeiro número da revista *L'Esprit Nouveau,* de Outubro de 1920, Le Corbusier e Saugnier clamavam que os seus desenhos e escritos se baseavam na ciência e nas leis «universais»:

> O espírito que domina esta revista é aquele que anima a investigação científica. Somos uns quantos desenhadores que acreditam que a arte tem leis, tal como a física e a fisiologia.

Embora tivessem começado com a intenção de *procurar* estas leis através da experimentação e da observação, e não através da dedução a partir de princípios metafísicos, já no quarto número de *L'Esprit Nouveau* atacavam o empirismo, considerando-o «infinitamente impuro», além de concluírem que já tinham descoberto de vez as suas «leis universais», «inalteráveis». Leis que podem ser resumidas como uma teoria da expressão da ressonância natural[3], dado que defendem que certas formas expressam naturalmente significados ou sensações determinados e constantes. De acordo com Jeanneret e Ozenfant (os verdadeiros nomes de Le Corbusier e Saugnier), há basicamente apenas dois tipos de sensação:

> 1. Sensações primárias determinadas em todos os seres humanos pela mera apresentação de formas e cores primárias [84] e
> 2. Há sensações secundárias, que variam com o indivíduo porque dependem do seu capital cultural ou hereditário... [Além disso] as sensações primárias constituem as bases da linguagem plástica; estas são as *palavras fixas* da linguagem plástica; trata-se de uma linguagem fixa, formal, explícita, que determina reacções subjectivas de um tipo individual, as quais permitem a construção, a partir dessas fundações simples, de uma obra sensitiva, rica em emoções. Não parece necessário discorrer longamente sobre a verdade elementar de que qualquer coisa de valor universal vale mais do que qualquer coisa com um valor meramente individual.[4]

Porém, com esta última afirmação, os autores viram costas à sua anterior adesão à ciência e à experimentação e entram em terrenos dos mais contestáveis. Se se defende a «universalidade», como os artistas *Pop* viriam a fazer mais tarde[5], então é provável que as «sensações secundárias» dos Puristas sejam, de facto, mais universais do que as suas sensações primárias. Um

---

[3] Tratado mais pormenorizadamente na abordagem da obra de Alvar Alto, pp. 000.
[4] Citado por *Modern Artists on Art,* ed. Robert L. Herbert, Prentice Hall, New Jersey, 1964, pp. 61-2. *Le Purisme* surgiu de facto no quarto número da revista, Janeiro (?) de 1921.
[5] Este ponto é discutido pela sua relevância para a *Pop Art* no capítulo 7, pp. 000.

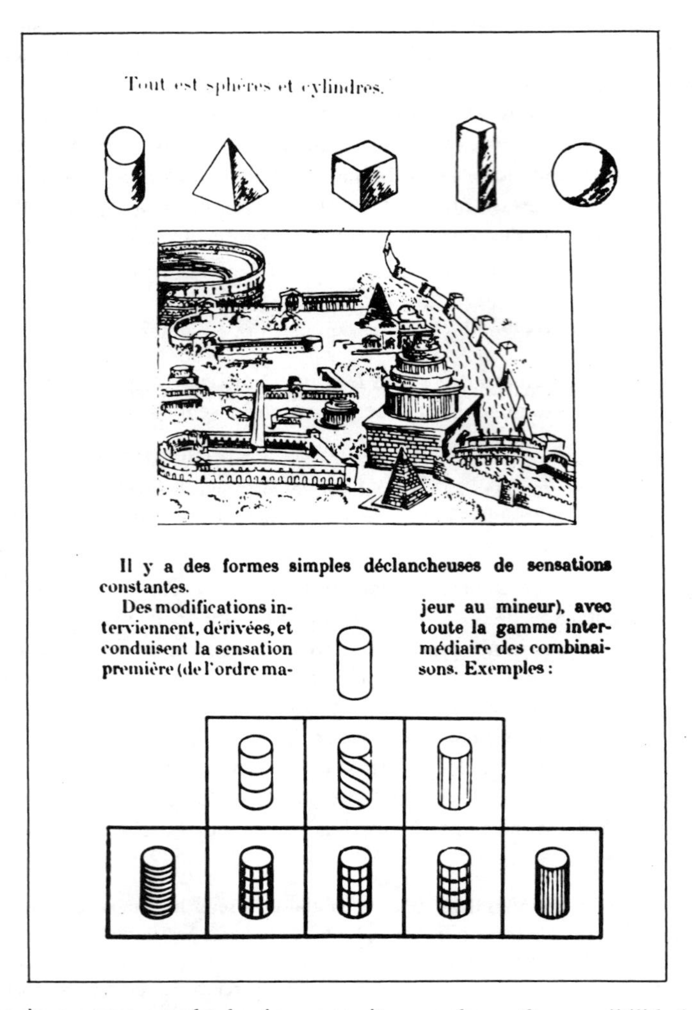

84. *Le Corbusier: Ilustração do Purism L'Esprit Nouveau.* Formas simples «liber sensações primárias constantes que são r ficadas pela cultura e pela história do i duo, ou sensações secundárias.

anúncio ou uma estrela de cinema muito populares têm possibilidades de desencadear «sensações idênticas» na mente de cada um, do que a «bola de bilhar» dos Puristas, com a sua geometria primária. Além disso, o passo seguinte que os autores dão, na sua tentativa para estabelecer uma «linguagem universal» — afirmando que a evolução mecânica e natural conduz inevitavelmente a estas formas puras — não tem, ao contrário do que defendem, qualquer justificação científica.

No entanto, para o que pretendemos, o mais importante é que, num certo período, Le Corbusier e Saugnier, para não dizer a maior parte dos arquitectos modernos, *pensaram* que estavam a ser tanto racionais como científicos, ao adoptarem uma linguagem purista. Este apelo à razão, função, evolução ou todas as coisas que Le Corbusier resumiu, chamando-lhes «as leis implacáveis», deu à sua obra uma seriedade e um imperativo moral que, de outra forma, lhe teriam faltado — o que seria o mesmo que produzir «meramente consoante o gosto, a moda», etc., em suma, precisamente o tipo de produção que eles atacavam. Dificilmente conseguiremos encontrar um projecto (eu não encontro nenhum) em toda a obra de Le Corbusier, que não tenha alguma justificação racional e funcional. Por isso, se lermos a *Oeuvre Complète* acriticamente, como muitos críticos leram, podemos chegar à conclusão de que Le Corbusier era um funcionalista e um cientista — pronto a largar uma hipótese logo que se provasse estar errada.

Que não era esse o caso, é detectável nos escritos de Le Corbusier: todos eles são dualísticos num sentido muito importante.[6] É como se, a um nível intuitivo, ele compreendesse o velho problema moral de que não podemos logicamente saltar de um «é» ou «em breve será» para um «deve ser». Mas, ao nível real, com o qual se sentia envolvido de uma forma consciente, compreendeu muito bem que não é forçoso que a evolução natural ou mecânica seja necessariamente «boa», «bela», ou mesmo, em determinadas instâncias, «progressista». Daí a necessidade lógica e, em termos monísticos, irracional, da escolha humana, bem como da selecção natural. Na verdade, este aspecto da escolha humana foi sempre introduzido sub-repticiamente nos escritos de Le Corbusier, de diversas formas: em *Vers une architecture* (1923)[7], a escolha transforma-se em coisas como «a pura criação da mente», «linhas reguladoras» e «a apresentação superior, correcta e magnificente de massas reveladas como um todo». Em *Urbanisme* (1926), a escolha é «nós preferimos Bach a Wagner... O Coliseu resiste, a engenharia enferruja» — ou nós preferimos engenharia mais imaginação plástica a engenharia apenas. Em *La Ville Radieuse* (1934), no frontispício, encontramos a mesma noção dualística de tecnologia universal mais escolha cultural.

> Os projectos não são política.
> Os projectos são os monumentos racionais e líricos
> erigidos no meio das contingências.
> As contingências são o meio-ambiente, as regiões,
> raças, culturas, topografias e clima.
> Para além disto, temos os recursos fornecidos pela
> tecnologia moderna. Estes são universais.
> As contingências devem ser entendidas unicamente
> à medida do «homem» e da sua harmonia, da nossa harmonia.
> Para nós, uma biologia, uma psicologia.

Assim, uma vez mais, aquilo que ele *pensa* ser universal e implacável, como a tecnologia e as «sensações primárias», deve ser equilibrado com o que é

---

[6] Karl Popper defendeu que os sistemas monístico e pluralístico da filosofia se têm mostrado incapazes de suportar o ataque de uma posição dualista por causa da sua força inerente; defende então um sistema trivalente como melhor do que as três alternativas; ver *Encounter,* Fevereiro de 1969, p. 63, para uma referência a esta posição.

[7] A difícil e provavelmente impossível questão a responder é «quem escreveu quanto e o quê de *Vers?*». Parece que Jeanneret e Ozenfant colaboraram igualmente em *Le Purisme* e os seus pseudónimos. Le Corbusier-Saugnier, aparecem *em todos* os artigos que viriam mais tarde a constituir *Vers.* Mais tarde. Ozenfant sentiu-se particularmente ofendido por ter sido excluído da co-autoria de *Vers,* que continuava a afirmar ter escrito parcialmente *(Foundations of Modern Art,* Dover Publications, Nova Iorque, 1952, p.`328). A julgar pelos seus outros escritos, podemos imaginar que ele exerceu uma influência considerável em Le Corbusier para o convencer das «constantes» puristas e da «estética do engenheiro», ou seja, os principais sub-argumentos de *Vers.* Mas então por que terá ele escrito sozinho sobre *Vers* em *L'esprit nouveau 19* e sem usar o seu próprio pseudónimo, Saugnier? Por outro lado, por que terá Van Doesburg pensado que Le Corbusier-Saugnier era unicamente pseudónimo de Ozenfant? (*De Stijl,* Setembro de 1921). Uma grande tarefa de revisão histórica parece aguardar quem tentar decifrar todo este caso.

subjectivo e emocional, como a escolha ou as «sensações secundárias». Finalmente, em *The Poem to the Right Angle* (1955), rebate uma antiga afirmação segundo a qual o ângulo recto era universal, uma constante platónica da mente racional, e defende agora que se trata de uma questão de escolha subjectiva.

Com um Carvão/Traçámos/O ângulo recto/
O Signo/Que é resposta e guia/O Acto/
A Resposta/A Escolha/Signo simples e despojado/
Mas apreensível/Os sábios discutem a sua relatividade e rigor/
Mas da consciência/Na realidade é um signo/
É a resposta e o guia/O Acto/A minha resposta/
A minha escolha.

Resumindo estas posições dualísticas, temos uma *contradição* directa face a questões essenciais como o que realmente constitui um «universal» e, em contrapartida, uma *consistência* definida face à oposição geral entre objectivo e subjectivo, tecnologia implacável e escolha individual. Que é que este dualismo permitiu a Le Corbusier?

Em primeiro lugar, a um nível táctico, o apelo à objectividade permitiu-lhe ganhar crédito numa época o mais crédula possível em relação a tudo o que fosse científico. Em segundo lugar, a posição dualística permitiu a Le Corbusier minar as posições extremas e unitárias, fosse de que lado fosse ; podia criticar os académicos por caírem numa estabilidade irrelevante que não se adequava à tecnologia moderna e, ao mesmo tempo, podia censurar os funcionalistas por aceitarem a tecnologia sem qualquer reserva. Ao assumir esta última posição, atraíu as críticas de funcionalistas como Hannes Meyer, dos membros alemães do CIAM e mesmo dos marxistas franceses que, para sua muito grande surpresa, consideraram o seu formalismo como «a expressão da burguesia e do capitalismo»...!! Respondeu a estes ataques de esquerda com o seu dualismo característico, numa carta aberta ao funcionalista checo Teige. [8] Como é bom de ver, a sua argumentação assentava em duas abordagens.

Em primeiro lugar, chamou a atenção para o elemento irracional de escolha ou preferência estética, mesmo na posição dos seus detractores. Acentuou que a palavra de ordem dos funcionalistas «utilidade é beleza», ou mesmo «utilidade é tudo», assentava numa base tão arbitrária como impossível de provar, bem como a sua própria preferência pela composição e por linhas reguladoras.

Se me sinto um tanto ou quanto enredado nas proporções, acho que esses (apóstolos da utilidade) estão um tanto ou quanto enredados na máquina. A outros níveis, a sua atitude é muito útil.

O seu segundo argumento importante traduz-se uma vez mais pela afirmação da sua posição bipolar, relatando uma disputa com Alfred Roth, um expoente de «utilidade é beleza» que trabalhava com Le Corbusier. Roth, ao que parece, estava a encher um cesto de arame para papéis com um monte de esboços velhos: era um cesto de uma forma simples, geodésica. A certa

---

[8] Em 1929, com *Défense de l'Architecture,* reimpresso em *L'Architecture d'Aujourd'hui,* 1933, e *Précisions.* As citações são do primeiro artigo, tradução minha, pp. 61, 44.

altura, estava o cesto a abarrotar, Roth saltou para cima dos papéis para os calcar, até que, de súbito, o cesto se transformou numa forma mais larga, mas caótica, sob o peso do arquitecto (o que Le Corbusier ilustra com um desenho).

Toda a gente ria à gargalhada. «É horrível», disse Roth. «Desculpe — retorqui eu — mas esse cesto agora contém um volume muito maior do que antes; é mais útil agora, portanto é mais belo. Seja coerente com os seus princípios!».
Este exemplo não é divertido apenas por causa das circunstâncias que tão afortunadamente o propiciaram. Subitamente, tinha restabelecido um equilíbrio equitativo, acrescentando: «a função da beleza é independente da função da utilidade; são duas coisas distintas. Aquilo que não agrada ao espírito é desperdício; porque o desperdício é estúpido; é por isso que a utilidade nos agrada. Mas utilidade não é beleza».

De um ponto de vista abstracto, teórico, não importava exactamente o que Le Corbusier opunha ao critério de utilidade; na medida em que havia *qualquer coisa* mais, então o relativo valor da utilidade podia ser afirmado. Sem esta qualquer coisa mais, teríamos de aceitar o princípio monístico, que muitos propuseram, de se seguir a utilidade ou a tecnologia, onde quer que elas levassem.[9] E isto, do ponto de vista humano, seria absurdo, porque implicaria que os homens existem para que haja progresso tecnológico. E, no entanto, a proposta oposta, de carácter humanista, de que «o homem é a medida de todas as coisas», é, de um ponto de vista evolucionista, igualmente dúbia e mera presunção. Adoptando a sua posição dualista, Le Corbusier conseguiu escapar à futilidade de qualquer dos extremos, mas isso atraíu naturalmente ataques dos dois lados e conduziu-o enfim à posição trágica de tentar conciliar coisas que, de ordinário, permanecem opostas: beleza e utilidade, sensações secundárias e primárias, escolha pessoal e ciência impessoal.

A MÁSCARA TRÁGICA

Para além deste dualismo, havia na personalidade de Le Corbusier um traço particular que o conduziu a um conflito permanente com a sociedade e, por fim, ao «papel» assumido de figura «trágica». O que se traduzia por um apego extremado a certos ideais que tentava espalhar num mundo hostil. É nos projectos para a *Ville Radieuse* que isso é mais visível. O que neles encontramos constitui uma aplicação da *peculiar razão francesa* às leis da natureza e ao funcionamento das cidades. É *peculiar* porque só abarca certos tipos de leis e não outros: «*le soleil, espace et verdure*» (o sol, o espaço e a vegetação) eram consideradsos constantes universais deduzidas de um estudo das cidades e das necessidades dos homens, ao passo que a rua, a comunidade e o domínio político — coisas que, todas elas, reconhecemos agora

[9] Direcção defendida por Reyner Banham no final de *Theory and Design* (op. cit.). Ao contrário do que Banham afirma aqui, os teóricos da Primeira Idade da Máquina estavam basicamente interessados em opor todo o tipo de valores humanos ao processo de desenvolvimento tecnológico. Não se tratava apenas de «normas e tipos», mas de coisas como o utopismo social dos Construtivistas e as formas abstractas de *De Stijl*. Não creio que tenha havido um único movimento deste período que estivesse *unicamente* empenhado em seguir os processos tecnológicos, apesar de todos eles poderem ter dado essa impressão de tempos a tempos.

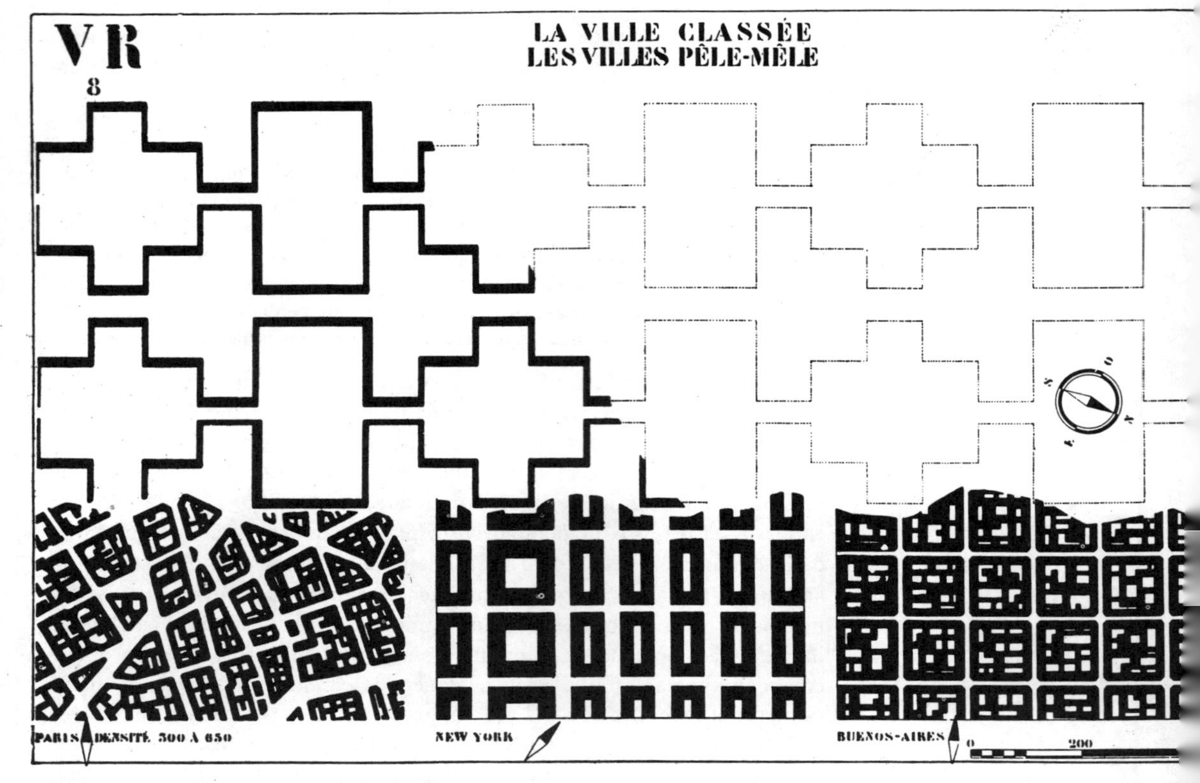

85. *Le Corbusier: Ville Radieuse, 1930-*
Quatro diagramas para a mesma escala r
lam a diferença a nível do congestionamen
o facto de que só o de cima contém as «três
grias essenciais»: sol, espaço e verde.

como igualmente objectivas e necessárias — eram excluídos. Assim, a razão é posta ao serviço da escolha pessoal ou mesmo do dogma. Além disso, este raciocínio é peculiarmente *francês* porque se baseia num argumento cartesiano a partir de verdades *a priori*. Estas seriam estabelecidas a partir do método definido pelo teórico da arquitectura do século XVIII, Abbé Laugier: «Se a questão é bem posta, a solução será achada». Daí, quando Le Corbusier se viu confrontado com o que considerava ser a Civilização da Máquina completamente inarmónica, foi levado ao seguinte tipo de retórica francesa e de solução:

> Uma convicção: é necessário começar pelo zero; é necessário definir a questão.
> a questão: uma Civilização da Máquina inarmónica.
> A solução: a Ville Radieuse.

O exemplo mais conciso desta retórica da razão e também dos valores *a priori* em que ela se baseia, encontra-se no prefácio à sua *Ville Radieuse* (1964) com um final cheio de ironia:

> Comentário à reimpressão da Ville Radieuse: é necessário situar esta obra no tempo. Fornece num bloco um organismo (a Ville Radieuse) capaz de abrigar as obras do homem numa sociedade agora mecanizada. Qualificando-a como a chave para uma revolução social e económica, então tal revolução terá de ter a força de uma corrente imparável. Este livro, escrito em 1933-34, anuncia o advento dos três grupos seguintes:
> (1) aquele que satisfaz a exploração agrícola (a unidade agrícola).
> (2) aquele que garante a função de uma cidade linear-industrial.
> (3) aquele que realiza as tarefas que incumbem a uma rede citadina concêntrica.

Tudo isto colocado sob o magistral escudo das condições da natureza:

sol

espaço

vegetação

E a missão devotada ao serviço do homem;

HABITAR

TRABALHAR

CULTIVAR O CORPO E O ESPÍRITO

CIRCULAR

(nesta ordem e nesta hierarquia)

Esta paixão pela classificação chegou ao ponto de cair na discriminação do tipo de vegetação, ramos e folhas, por exemplo, «seis tipos diferentes de sombras para a Índia». Porém, antes de rejeitarmos a lista como demasiado restrita para qualquer cidade viva, devemos assinalar que a classificação, enquanto método, está sempre subjacente a qualquer projecto como o esquema justificativo: deu seriedade funcional a todo o seu trabalho. E foi esta adesão a algo de objectivo, algo que podia ser verificado por todos os homens, que permitiu a Le Corbusier uma entrega extrema aos seus ideais.

Le Corbusier: Plan Voisin, Paris, 1925. anha-céus cruciformes e «habitações den- 'as». Por uma tal reconstrução de Paris, foi sado de «uma megalomania pior do que a .edoux, um vandalismo único na história, edonha uniformidade e monotonia destes nha-céus... revelou-se espiritual e material- te injurioso, um desprezo pelas tradições óricas e artísticas». Um insulto típico que Corbusier juntou a um dos seus esquemas Paris de forma a apresentar a hostilidade o um elemento objectivo.

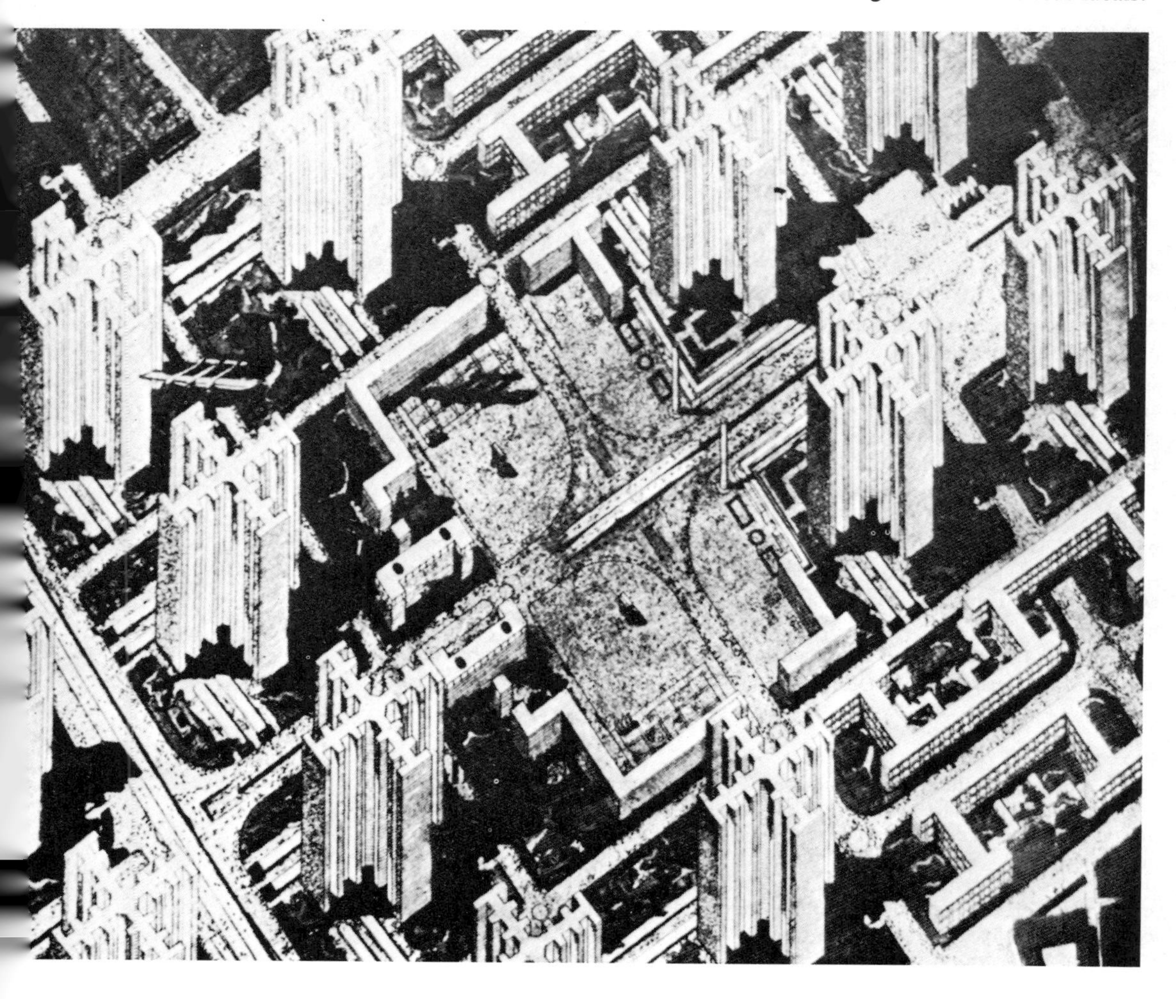

No entanto, de facto, as funções eram demasiado limitadas ou, simplesmente de um ponto de vista urbano, demasiado irrelevantes [10]. Por exemplo, onde estão as instituições e todos os elementos políticos que constituem o domínio público? Claramente, integram-se numa outra categoria que não se encontra na lista de Le Corbusier.

De qualquer forma, o que há de realmente fantástico e demoníaco no urbanismo de Le Corbusier é a sua futilidade pragmática. Mesmo descontando metade das afirmações do arquitecto com exageros ou meros excessos franceses típicos, a verdade é que deve ter sido ele quem produziu o maior número de projectos não solicitados e não pagos antecipadamente na história da Arquitectura. Para muitos projectos, terá feito até 150 desenhos e *assegura* ter produzido projectos para Paris de 1912 a 1960 ininterruptamente! Muitos destes projectos apresentam uma grande riqueza de pormenores e explicações. São completamente gratuitos e, num plano pragmático, profundamente insanos. Quem, senão um louco, continuaria, ano após ano, a produzir esquemas urbanos que eram ridicularizados, vilipendiados e que dificilmente teriam qualquer hipótese de ser postos em prática? Como Le Corbusier disse, referindo-se a si mesmo como uma lógica amarga:

> *O planeamento urbano exprime a vida de uma era. A arquitectura revela o seu espírito.* Alguns homens têm ideias originais e levam um pontapé no traseiro pelos seus esforços. [11]

Este aspecto de esbanjamento, de desperdício espiritual, foi apresentado por Le Corbusier sob a forma de uma invectiva desagradável, inqualificável, gritada em *staccato* a um mundo estúpido e comezinho.

> Lemaresquier acentua: «Este projecto [concorrente ao primeiro prémio da Liga das Nações, 1927] não foi feito a tinta nanquim. Infringe as normas. Insisto para que seja rejeitado»... e foi... 7 projectos para Argel rejeitados, não pagos... Planos para Argel, Estocolmo, Moscovo, Buenos Aires, Montevideu, Rio de Janeiro, Paris (sem paragem de 1912 a 1960), Zurique, Antuérpia, Barcelona, Nova Iorque, Bogotá, St Dié, La Rochelle-Pallice, Marselha, pondo-se de parte Chandigarh... 1932-1935 e 1937, anos de miséria e abjecção, cego de loucura pela profissão e por causa dos funcionários governamentais responsáveis. Mas no Outono de 1939, Adolf Hitler ameaçava Paris. O resto é silêncio (ct. Hamlet).
>
> *Unité* 1947. Seguiram-se cinco anos de tempestades, malevolência, tumulto, anos horríveis, feios... Berlim 1957... sensacional incongruência! Deslealdade e idiotia combinadas... Chandigarh, 1951, é uma contribuição ajustada à escala humana — à medida e à dignidade do homem —, devida aos esforços de uns quantos homens de carácter, esgotados, alvo de troca e do desgaste causado pelos choques e fricções das relações humanas.
>
> Em 1956, Le Corbusier era convidado a entrar para o *Institut de France [Académie des Beaux Arts]* em Paris: Obrigado, mas nunca!... o meu nome serviria de ban-

---

[10] A principal crítica a «The Contemporary City» ou igualmente à *Ville Radieuse* tem sido que a sua imagística e função são banais — um monumento estático ao *status quo,* uma rígida distinção de classes que favorece os industrialistas e numa escala inumana que não permite escolha, lugares de encontro, nem espaços abertos vivos. Jane Jacobs critica-a também pela sua ingenuidade económica e pela separação funcional (ver mais adiante, em Capítulo 8, «Desenho Paramétrico»). Todas estas críticas, porém, negligenciam os valores positivos que Le Corbusier oferecia.

[11] Ver *My Work,* Architectural Press, Londres, 1960, p. 147.

deira para avaliar a actual evolução da École des Beaux Arts no sentido de um modernismo superficial». [12]

Aqui estão simultaneamente a vitória e a derrota de Le Corbusier. Triunfando finalmente sobre a Academia e famoso em todo o mundo, continuava a não ver a sua moralidade básica ou as suas verdades universais aceites pela sociedade. Contudo, mesmo que a sua vida fosse fundamentalmente um malogro, havia sempre a qualidade indestrutível de uma energia e de uma alegria que emergiam a qualquer momento. Esta irrepremível exuberância alternaria, em contraponto, com a amargura e o azedume. Num certo sentido, eram sentimentos interligados, dado que as depressões extremas do arquitecto só podiam provir de uma pessoa com uma segurança igualmente extrema — em súbitos e violentos impulsos. Apresentar este conflito nos seus edifícios tornou-se tão importante para ele, na sua obra, aquilo que corresponde a um auto-retrato. Os fotógrafos de Le Corbusier mostram frequentemente um olhar demoníaco, glacial, por detrás de uma parede de lentes grossas e escuras. O rosto é sempre intenso, sem compromissos e, por vezes, profundamente trágico. Assim são também os seus edifícios.

IRONIA NA FORMA E NO CONTEÚDO

Após a Segunda Guerra Mundial, deu-se aquilo que foi interpretado como uma importante mudança na arquitectura de Le Corbusier. Em vez de ser representativa da Idade da Máquina, a obra do arquitecto francês pretendia ser quase primitiva: em vez de recorrer a ângulos e linhas rectas, seria arbitrariamente feita de curvas e formas extravagantes. Lewis Mumford, Nikolaus Pevsner, James Stirling e muitos outros que seguiam atentamente os passos deste pioneiro, chegaram precisamente a essas conclusões. A suposta mudança de direcção constituía como que um aval para novas experiências dos movimentos modernos: os brasileiros viraram-se para uma espécie de barroco moderno [177]; os japoneses desenvolveram o «estilo final» de Le Corbusier, transformando-o numa estética nacional [189]; os Brutalistas em Inglaterra parecem ter baseado todo um movimento no uso de materiais em bruto, «tal e qual os encontramos na natureza» [152]; os «formalistas» americanos partiram do trabalho de Corbusier em Chandigarh para construirem a sua estética monumental [117]; os neo-expressionistas encontraram novas justificações para a sua «arquitectura fantástica» nas exuberantes formas de Ronchamp [33]; e assim por diante. Embora todas estas novas direcções possam, de facto, ter encontrado algum encorajamento no trabalho derradeiro de Le Corbusier, o certo é que estão perfeitamente enganados quando pensam que ocorreu uma importante mudança filosófica. O que, na realidade, aconteceu, foi que as «sensações secundárias» de Le Corbusier tinham vindo à superfície, para contrastarem, ironicamente, com as «formas primárias».

Se realmente houve uma mudança, ela ocorreu em 1928, quando tanto ele como Ozenfant, que nessa altura se separara de Le Corbusier, introduziram formas biomórficas nas suas pinturas. A partir de fins dos anos vinte, a curva amibóide e a analogia orgânica começaram a competir, em todos os

---

[12] Citações retiradas de *My Work* e *Oeuvre Complète.*

87. *As formas de Ronchamp* podem ser en
tradas nesta pintura de Le Corbusier, emb
em muitos casos, tenha outros sentidos ic
gráficos específicos; repare-se na silhuet
Ronchamp e nas curvas contíguas da ent
mesmo acima.

seus projectos, com a estrutura geométrica. Podemos encontrar a mesma oposição irónica na relação entre as exigências ocasionais de um edifício e a sua forma *a priori*. Em todos os casos, Le Corbusier faz desta ironia, ou da apresentação de matrizes opostas, o assunto da sua obra.

Na época da capela de Ronchamp, as curvas secundárias, amibóides, irrompem finalmente e dominam a geometria ortogonal primária, tal como dominam as suas pinturas [87]. Estas pinturas, parte da série Touro dos anos cinquenta, retratam muitas das formas de Ronchamp e mostram, em oposição às composições puristas, muitos objectos dinâmicos integrados numa unidade; e este conteúdo agressivo não é reprimido como acontecia nos anos vinte, mas trazido à superfície, enfrentado e controlado. Enquanto muitos dos arquitectos pretendiam suprimir, através de uma austeridade miesiana, esses aspectos do homem acentuados ou tornados visíveis durante a Guerra, Le Corbusier queria precisamente o contrário; e naquela região, onde muitas igrejas tinham sido destruídas, deu uma irónica expressão à sensualidade, à agressividade e à monumentalidade.

Em Ronchamp, estamos perante «o momento de posse do espaço inefável» que, para Le Corbusier, era o primeiro gesto das coisas vivas e a primeira prova da existência [88]. A curva impetuosa das paredes como que responde e entende a paisagem circundante, «os quatro horizontes», fornece um local para um serviço externo, e de uma forma bastante irónica suprime o venerador no espaço interior. Essencialmente, como acontece com toda a obra de Le Corbusier, a solução específica é e deve ser vista como uma variante

e Corbusier: Ronchamp, França, vista de
. Aquilo a que Le Corbusier chama
ica visual» equivale a abarcar o espaço
o e o domínio de uma forma branca num
de fundo verde.

do sistema genérico, ortogonal — o cubo. Aqui, o volume rectangular foi empurrado para dentro em três lados, distorcido axialmente para sul, como se tivesse havido uma rotação da estrutura rectangular, e libertado para baixo, para o chão, por uma ligeira inclinação, de modo que as paredes e o tecto se abatem sobre o crente e empurram o seu espírito para a direcção normalmente considerada indesejável pela Igreja [89]. De facto, a fé do arquitecto francês na Igreja estabelecida e nos seus dogmas parece muito ténue, como se pudesse sair fortalecida ao ser negada:

> As exigências da religião tiveram pouco efeito no desenho; a forma foi uma resposta para uma psicofisiologia dos sentimentos.

«Alegria e meditação» foram os sentimentos religiosos primários em que pensou; sentimentos que encontraram expressão na simples aglomeração de formas em contraste directo, no jogo de luz e sombra sobre o gesso branco seixoso, e no contraste deste com o betão escuro e brutal. Outro par de contrastes foi obtido com o gesto ambivalente do tecto, de uma jovialidade extrovertida, mas também austero, de modo que tanto o céptico como o piedoso podem participar, lado a lado, da veneração, sem comprometerem as respectivas fés.

Céptico e piedoso podem entrar, lado a lado, entre as torres da porta norte que, vistas sob o ângulo muito reverente, seriam como que duas crianças olhando para o nascer e o pôr do sol, enquanto o pai (ou a mãe), a sul, as observa, mas que, segundo uma perspectiva mais carnal, seria uma penetra-

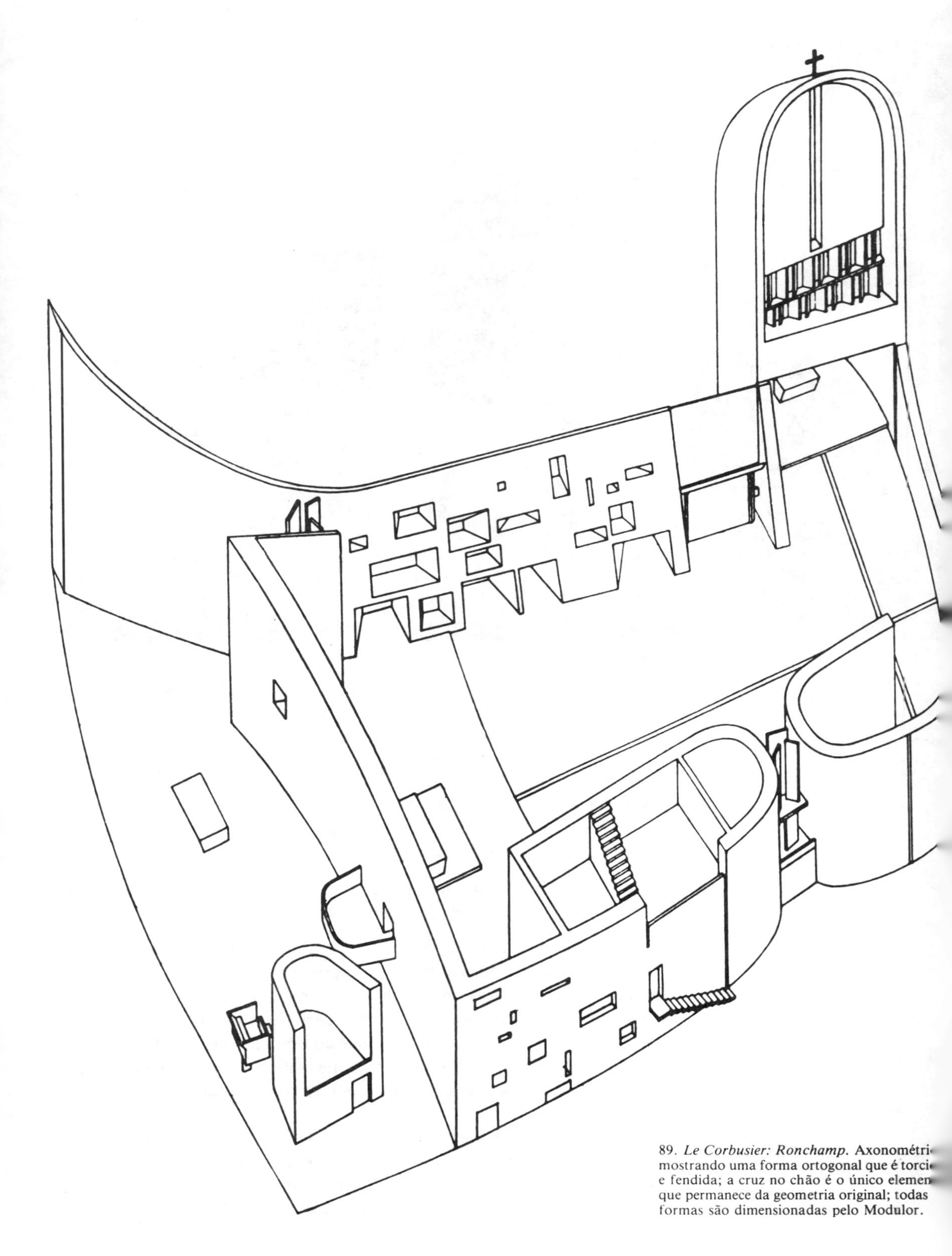

89. *Le Corbusier: Ronchamp.* Axonométri
mostrando uma forma ortogonal que é torci
e fendida; a cruz no chão é o único elemen
que permanece da geometria original; todas
formas são dimensionadas pelo Modulor.

ção impetuosa entre duas curvas musculares [87]. Dentro, a dialéctica continua com a parede sul, que pode ser como que um queijo suiço sensual esburacado por explosões de luz e, ao mesmo tempo, um artifício religioso para dramatizar o Sol e os aforismos pintados por Le Corbusier no vidro. Depois o olhar é conduzido até à cruz pelo declive e pela grelha do chão e pelo marcador direccional da linha central escura [90] — tudo resquícios do sistema ortogonal agora subjugado, tal como o olhar para a cruz é subjugado pela resplandecente janela da Virgem e pelo fluxo do sol da manhã. Por isso, a cruz (intencionalmente reduzida em tamanho) é apenas mais um elemento

e Corbusier: Ronchamp. O chão inclina- ıra a cruz truncada tal como o tecto, mas ıar é atraído para a direita pela luz bri- e.

de uma composição equilibrada, e a capela é então um lugar de veneração onde os veneradores têm de lutar com o diabo sob todas as suas formas mais sensuais, e muitas vezes de pé — dado que só há lugares para cinquenta pessoas.

A razão por que acentuamos esta ironia particularmente consistente não é só porque se trata de uma atitude típica da obra final de Le Corbusier, mas também porque foi alvo de interpretações erradas, que apontavam estranhamente para uma posição irracional e expressionista.

Os críticos americanos, como Mumford, consideraram Ronchamp o começo de um regresso ao passado e à plasticidade, e alguns críticos ingleses, como James Stirling, viram na obra um índice da «crise do racionalismo». Quase todos concordavam que ela pressagiava um novo «irracionalismo» e um novo ponto de partida para Le Corbusier porque a sua disciplina não parecia ser a dos ângulos rectos; e quase todos estavam parcialmente errados. Como Peter Blake acentuou, Le Corbusier estava a escrever o seu documento mais pessoal, *The Poem to the Right Angle,* quando desenhou Ronchamp: e o sistema ortogonal é visível nos primeiros modelos e projectos, tal como a disciplina do Modulor [89]. Além disso, os significados da obra operam de forma coerente, coerência que constitui a única definição não-ideológica de «racionalismo» e, sobretudo, todos os elementos desta construção existem na arquitectura de Le Corbusier dos anos vinte. Tudo o que fez foi pôr a sua arquitectura do avesso: as curvas e os ângulos rectos mudam, por isso, de lugar.

Os críticos só tinham razão para acusar Le Corbusier de irracionalidade num sentido puramente convencional. Nos anos cinquenta, o ângulo recto e a linha recta tinham-se transformado na versão de uma racionalidade honesta, tal como tinha acontecido no passado com a ordem dórica, pelo que qualquer desvio a essa norma era visto como um gesto anti-social, no sentido restrito. Embora Le Corbusier possa não se ter sentido particularmente envolvido a este nível de significação convencional, é possível que pensasse as suas últimas obras como pistas para o «movimento moderno», dado que sentia que esta tradição se tinha tornado tão dogmática e restritiva como a académica. [13]

De qualquer forma, Le Corbusier prosseguiu o seu próprio caminho pessoal e continuou a encenar a ironia, tanto no conteúdo como no conflito de geometrias. No Supremo Tribunal de Chandigarh, Índia [91], em oposição a Ronchamp, o conflito de geometrias é resolvido no exterior pela escolha do ângulo recto. As curvas, as «formas e símbolos secundários, culturais», submetem-se a esta disciplina. Além disso, como nos seus tempos puristas, a principal preocupação do arquitecto foi com tipos de problemas essenciais: o sol, a chuva, os ventos, as forças cósmicas, a paisagem de montanhas a norte, onde foi buscar os objectos-tipos para o Tribunal. Contudo, estes elementos não são suprimidos pela grelha Modulor, parecendo, em contrapartida, irromper do plano curvo numa miscelânea de cores e formas que se confrontam abertamente. E resultam numa paisagem bravia, a qual, tal como em muitos dos seus projectos, não foi submetida a uma possível domesticação.

O edifício da Assembleia Geral em Chandigarh é, a muitos níveis, na obra de Le Corbusier, o ponto mais alto do uso do planeamento aberto e daquilo a que eu chamaria a «composição compacta» [92]. Tal como numa colagem cubista, os elementos geométricos mantêm a sua autonomia, mas são agrupados numa interacção particularmente rica. É como se Le Corbusier tivesse começado pelos diversos tipos de funções, escolhesse depois as formas genéricas para cada um e as misturasse por fim num copo para *cocktails.* Ou talvez a metáfora, e a bebida, correcta, seja o ponche de fruta, dado que os elementos continuam a flutuar, e são facilmente reconhecíveis, depois de feita toda a misturada [93]. Obviamente, este tipo de projecto só pode ser posto em prática quando é possível um plano aberto e muito do espaço consagrado a circulação e congregação, como neste caso. De outra forma, perde-se demasiado espaço e os níveis de ruído são intoleráveis. De qualquer modo, Le Cor-

---

[13] Há muitas referências casuais ao «modernismo superficial», aos traidores da sua geração, etc. Também apoiou o *Team Ten* contra o CIAM.

Le Corbusier: Chandigarh, Índia, ›remo Tribunal, 1956. Uma complexa inte- ção de diferentes geometrias: o *brise-soleil* pequena escala, as salas de tribunal em ala média, a larga entrada vertical e, final- nte, as paredes enviesadas e as curvas para- icas, tudo isto num contraponto muito com- xo. O telhado arqueado em mariposa é al um gigantesco guarda-sol que protege do muito forte e das chuvas de monção.

Le Corbusier: Chandigarh. Secção dos dois pos, mostrando elementos sobrepostos. A ma hiperbólica do corpo maior foi sugerida uma torre industrial de refrigeração; uma na típica de *bricolage,* adequada a este tipo composição.

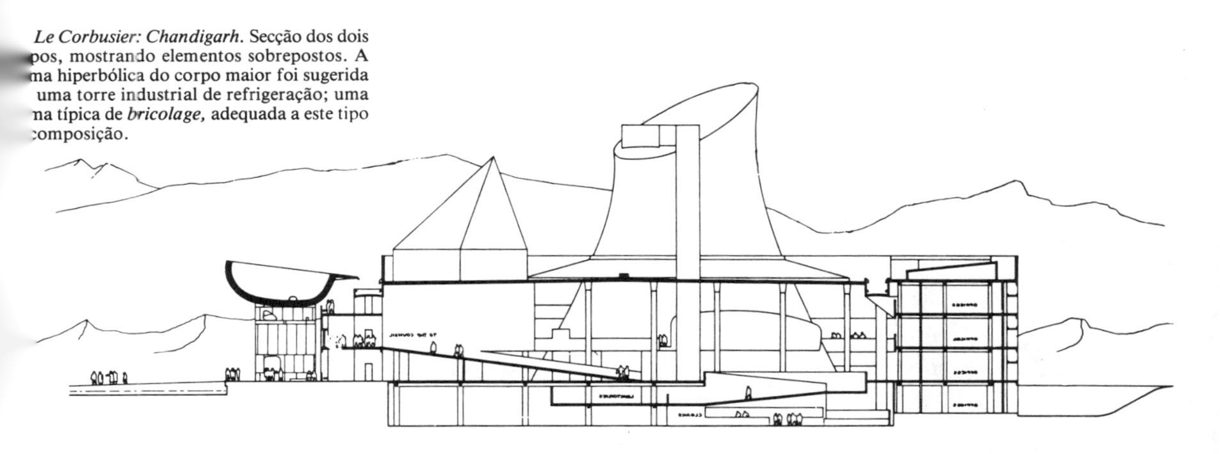

93. *Le Corbusier: Chandigarh, fach*
sudoeste. «Composição compacta» resulta
perfeitamente a um nível semântico, dado
os principais elementos são claramente ide
ficáveis: sala de reuniões sob a torre, sala
conselho sob a pirâmide, escritórios atrás
brise-soleil, e, na frente, o pórtico de entr
autónomo.

94. *Le Corbusier: Chandigarh,* interior
fício da Assembleia. Aqui, «o jogo dom
correcto e magnificente» das formas
piranesiano e tempestuoso do que nas
ras composições puristas, mas a ideia é
mente a mesma.

busier criou aqui o tipo de espaço interior que preocupou os arquitectos desde o Egipto e dos vastos espaços assentes em colunas, em Karnak [94].

Embora este edifício assuma uma escala heróica e todo o principal complexo seja concebido como uma acrópole [95], não é difícil entender os objectivos formais apontados pelo programa. Além disso, a monumentalidade é mitigada pelo uso de «signos» gravados no betão, das obras moldadas na terra e do símbolo da mão aberta [96]. Todos estes elemenstos de significação humana fornecem um contraste irónico ao tom geral, que é heróico, e dão um toque e uma escala pessoais a um centro governamental, o que é muito raro. Onde Le Corbusier se excede na sua postura heróica é nas vastas dimensões do complexo global e no facto de, ao fim de trinta anos, a obra começar a revelar-se inadequada para os objectivos a que se destina. Porém, em vez de criticarmos isto, abordaremos um outro projecto em que o mesmo tipo de actuação excede o arquitecto.

Uma atitude constante que encontramos em toda a arquitectura de Le Corbusier desde o princípio, quando passou seis meses de solidão fazendo esboços da arquitectura europeia (seis semanas na Acrópole «acariciando as pedras»), é a crença na solidão essencial do homem. Para ele, esta crença é melhor expressa pela visão grega do cosmos e pela sua arquitectura, a qual, sendo um artefacto do homem, surge em oposição a um universo hostil — «elementos violentos, soando como uma trompete trágica e nítida». Uma tal imagem esteve sempre presente na sua arquitectura e, embora tenha dado grande força a obras como Ronchamp e Chandigarh, já em projectos mais urbanos, com um maior potencial de actividade e movimento, ela revelou-se

. *Le Corbusier: Chandigarh, planeamento acrópole.* Os quatro principais edifícios blicos são organizados numa série de eixos gonais sobrepostos. Como Le Corbusier se da Acrópole em *Vers:* «O facto de o todo irregular permite uma série de vistas subtis camente dispostas, criam um ritmo intenso. la a composição é maciça, elástica, viva, terelmente incisiva, penetrante e dominadora».

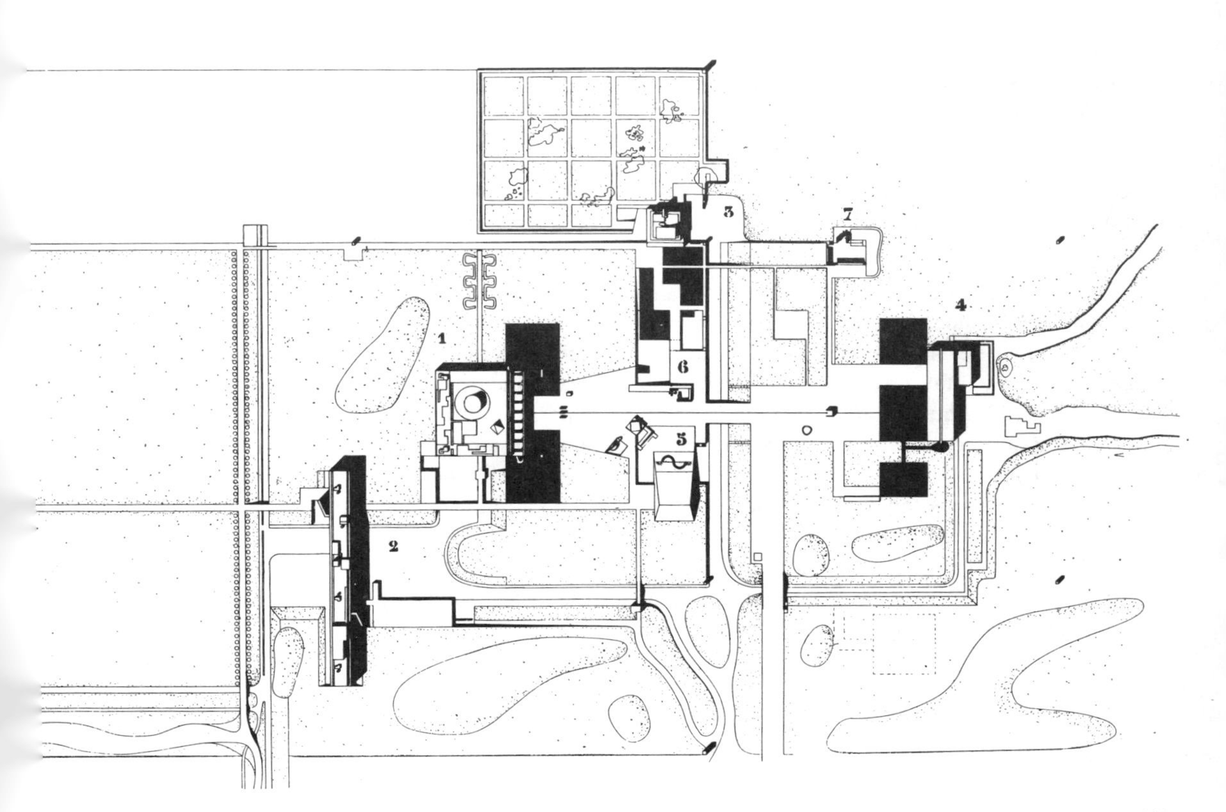

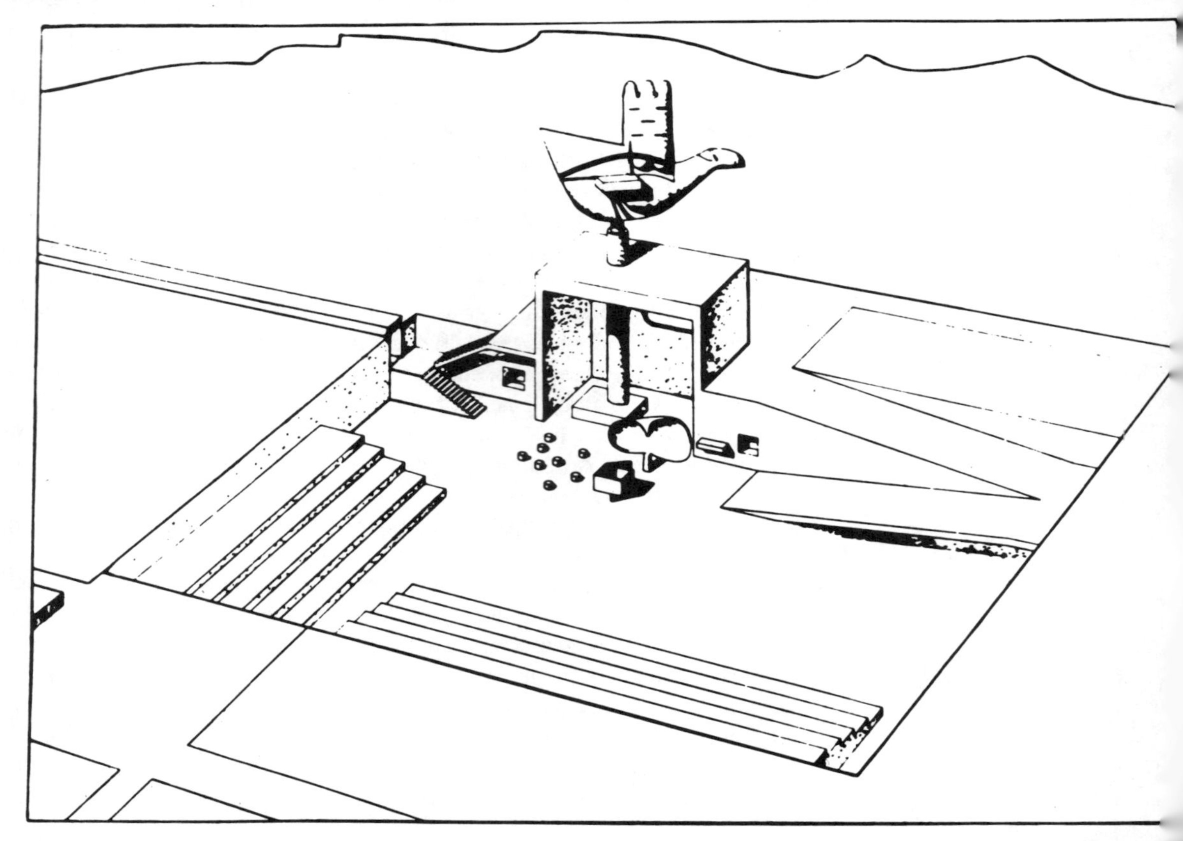

96. *Le Corbusier: Chandigarh, símbol[o da] mão aberta.* Um dos muitos elementos q[ue] Corbusier usou para sugerir o domíni[o do] homem sobre o processo burocrático.

muito insuficiente. Um desses projectos é o Hospital de Veneza [97], onde Corbusier impôs, de uma forma perfeitamente arbitrária, a sua «solidão homérica» (como lhe chamava), como se os doentes não precisassem de outra coisa a não ser o isolamento:

> A forma dos quartos dos doentes representa uma solução inteiramente nova: cada paciente recebe uma célula individual sem janelas para olhar para fora... A luz do dia permanece bem distribuída, tal como a temperatura do quarto, e por isso o paciente pode gozar um calmo isolamento. [14]

Mas o problema é que as pessoas em convalescença também gostam de ver e ouvir actividade, de estar em contacto com o mundo exterior e de reestabelecer uma determinada orientação, e não de ficar fechados numa rede gigantesca, horizontal, de luz difusa e forma austera. É como se Le Corbusier tivesse produzido esta atmosfera quase de morgue, para confrontar os pacientes com o omnidevorador elemento cósmico e não com um possível regresso à vida.

Porém, se a imposição da austeridade do Partenon a um hospital foi um erro, a última obra terminada de Le Corbusier, que regressou também a uma antiga metáfora, o navio transatlântico, mostrou-se mais adequada aos objectivos pretendidos. Os seus desenhos para uma combinação casa/pavilhão de exposições regressam a um tema básico de *Vers Une Architecture:* a casa construída com chapas de aço aparafusadas com o mesmo pormenor «claro e sau-

[14] *Le Corbusier 1910-65.* Édition Girsberger, Zurique, 1967, p. 176.

dável» dos navios. De facto, o imaginário náutico do Centro Le Corbusier [98] é uma constante em todo o edifício: os telhados em forma de guarda-chuva são folhas de metal pintadas no tom cinzento dos couraçados. O «convés superior», em baixo do tecto, tem janelas de periscópio e portas semi-circulares como se fossem escotilhas de navio, e o interior, com as suas colunas de folhas de aço aparafusadas, decorações metálicas e pontes, assemelha-se à casa das máquinas de um vapor oceânico [99]. A entrada para o segundo piso surge no cimo de uma rampa que, excepto a nível do material, que é betão, se assemelha ao soalho de um navio. Finalmente, os painéis esmaltados têm o ar nítido e branco do interior de um navio, ao passo

. Le Corbusier: Hospital de Veneza, 1965. uatro níveis, encimados por clarabóias, são senhados numa grelha simples a que falta ientação; compare-se com o trabalho de adrach Woods que o inspirou [204]. O ciente tem um cubículo individual com luz directa de cima.

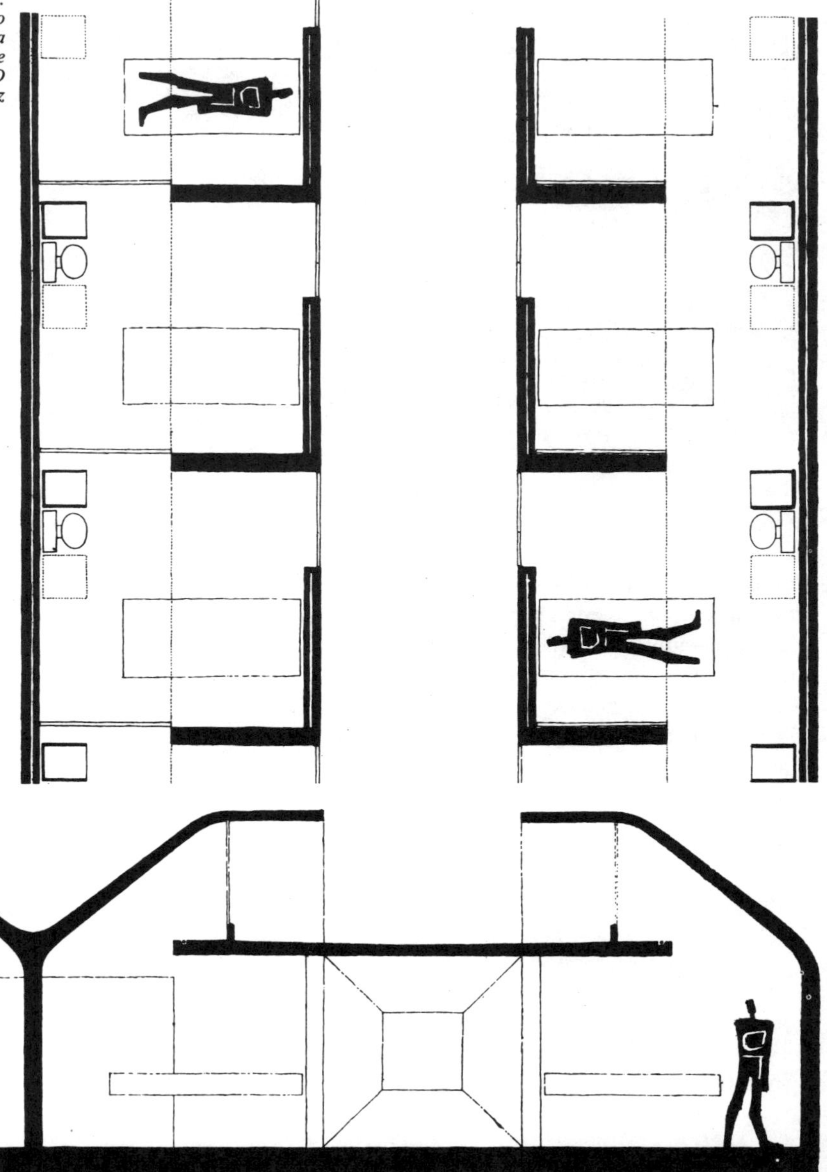

que as suas cores primárias lembram bandeiras semafóricas. Todo este conjunto de imagens náuticas tem o seu contraste primário, no interior, com as funções que têm por pano de fundo a terra, ao passo que, no exterior, estabelece uma justaposição ainda mais irónica com a relva aparada e os carvalhos que espraiam as suas sombras. Ao contrário do Hospital de Veneza, nada parece ter sido sacrificado em proveito da imagem e, ao contrário de, digamos, Gropius e Wright, a integridade do imaginário nada perdeu da sua força e convicção. É claro que, com este regresso à construção em aço, pouco antes da sua morte. Le Corbusier parece ter estado a abrir uma direcção nova e convincente na sua obra, que não refutou a integridade dos seus primeiros tempos.

98. Le Corbusier: Le Corbusier Centre, Z que, Suíça, 1965/8. Dois guarda-chuvas c drangulares apoiados a meio abrigam pavilhões quadrangulares; Le Corbusier ac centou aqui mais uma «separação» ao repertório: o telhado separado do edifíci

. *Le Corbusier: Le Corbusier Centre,* interior com a escadaria central e a chaminé da caldeira de aquecimento. O aço pintado completa imagem da casa das máquinas de um navio. s secções de aço e os painéis movíveis são pres com 20 000 parafusos, o que faz desta trutura uma das mais flexíveis de sempre.

Henry Van de Velde: Werkebund Thea-Colónia, 1914. O impacto de um perfil ulante suportado por uma massa homogée contrastando com o céu claro constitui preocupação constante de Aalto; pare-se com as ilustrações [104] e [109].

5. ALVAR AALTO E OS MEIOS DA COMUNICAÇÃO ARQUITECTÓNICA

> O sorriso da anfitriã é menos um sintoma de alegria do que um sinal convencional de boas-vindas e, ao lermos os romances vitorianos, podemos aperceber-nos de que até o rubor da criada pode conter alguma estilização.
>
> (E. H. GOMBRICH)

A muitos níveis a personalidade e a obra de Aalto são o inverso das de Le Corbusier: descansadas e fluentes e não violentas e tempestuosas, pacientes e não intempestivas. Claro que Aalto pouco disse de notoriamente relevante acerca da sua relação com o mundo moderno, ao passo que Le Corbusier nunca perdeu a oportunidade de fazer uma declaração epigramática. Daí que os raros momentos em que Aalto disse alguma coisa tenham de ser reveladores:

> Esta estrutura em madeira... dedicada a Henry Van de Velde, o grande pioneiro da arquitectura do nosso tempo, o primeiro a encarar a revolução nas técnicas da madeira. [1]

Se repararmos no Werkebund Theatre, vemo-nos de súbito confrontados com uma arquitectura que é particularmente aaltoesca [100]: o perfil incisivamente gravado, suportado visualmente por uma massa homogénea.

Frequentemente, em cada arquitecto, há uma imagem característica, que é resultado da sua técnica de desenho, e que resume toda a sua obra. Com Aalto, a imagem é o lugar onde cada sistema se confronta com outro — os alicerces dão lugar às paredes, as paredes dão lugar ao telhado, o telhado toca o céu. Em qualquer local de encontro, podemos dizer que Aalto se mostra obcecado por apresentar todo o contraste visual e por comunicar esta obsessão ao espectador, de forma a que este se sensibilize face a um aspecto do meio-ambiente que permaneceu largamente subconsciente. Muitas vezes, Aalto singulariza um aspecto, usa-o consistente e dramaticamente e, a partir daí, «recodifica» a nossa experiência visual: depois dele, os perfis ondulan-

[1] Ver *Alvar Aalto,* Éditions Girsberger, Zurique, 1963, p. 73.

tes nunca mais serão os mesmos, tal como fendas nas paredes, nuvens cúmulos e distorções ópticas foram transfiguradas no passado por grandes artistas.[2] É um lugar comum dizer-se que os artistas nos fazem ver o mundo de um modo diferente por nos darem uma nova linguagem convencional da visão e Aalto tem sido particularmente apreciado porque a linguagem arquitectónica que desenvolveu tem uma grande riqueza e recorre a toda a gama de meios expressivos, ao passo que muita da arquitectura recente tem sido simplista e baseada apenas num único modo de comunicação.

Num certo sentido, a profunda subtileza de Aalto é resultado de uma multivalência de significados, em que uma parte da arquitectura entra em relação com outra e assim a modifica. Podemos ver este aspecto da multivalência naquela que constitui talvez a primeira utilização por Aalto do perfil

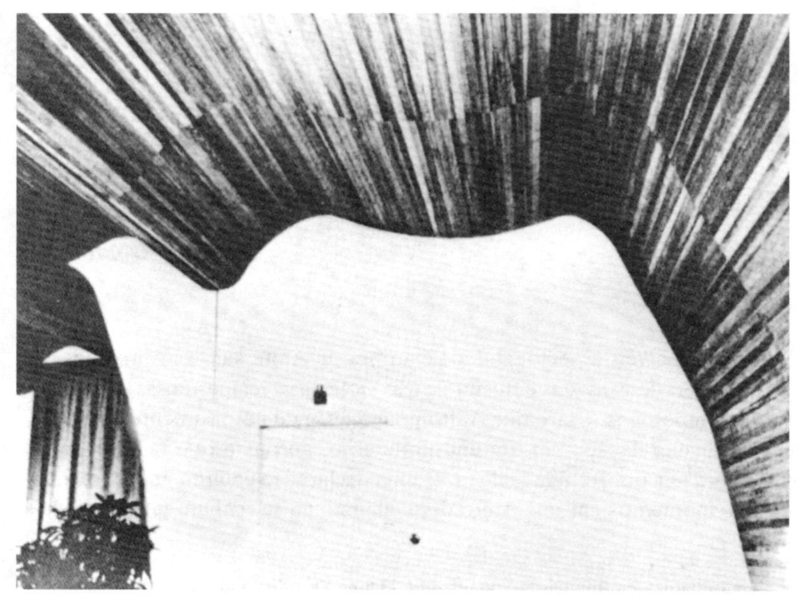

101. *Alvar Aalto: Viipuri, Finlândia, 1927-3* Vista do tecto acústico na sala de conferênci que ondula a todo o comprimento da sala pa tornar todos os pontos audivelmente «vivo

ondulante, que faz contrastar duas superfícies: o auditório Viipuri [101]. Não só os elementos visuais se modificam uns aos outros (a parede branca torna o tecto mais escuro) como também se inter-modificam os elementos funcionais: ou seja, as exigências acústicas que determinaram o princípio ondulante foram reforçadas pela técnica de junção da madeira em ripas paralelas e pela necessidade de um definidor global, espacial. Portanto, a modificação mútua, aqui, depende de uma atitude de reforço, mas pode resultar também a partir de uma atitude de oposição, como no Wolfsburg Culture Centre. Por exemplo, na entrada principal deste edifício, deparamos com um espaço relativamente sombrio e baixo que tem um excesso de texturas e superfícies em conflito [102]. O espaço comprime-se e vibra, as colunas interferem com o movimento directo — mas todas estas forças negativas resultam, através da oposição, em insinuações positivas de circulação. O objectivo do *hall* de

[2] Para uma discussão geral deste ponto, ver E. H. Gombrich, «Visual Discovery Through Art», in *Psychology and the Visual Arts,* ed. James Hogg, Penguin books, 1969, p. 232.

entrada é actuar como um local de boas-vindas e vestiário, mas também permitir às pessoas que se movimentem, e isto pode ser feito, nomeadamente, pelas linhas vibrantes e pelas colunas interferentes. Por isso, estas forças negativas servem positivamente para empurrar as pessoas para as escadas, para o verdadeiro coração do edifício, o jardim do terraço e os auditórios. Aqui, as mesmas insistentes geometrias, que continuam como que a sussurrar por cima das nossas cabeças, impelem-nos a movimentar-nos para o jardim, para os escritórios ou para os auditórios, onde as formas são mais suaves e calmas.

Os auditórios são, como é evidente, o principal objectivo deste centro cultural, dado que são utilizados para a educação de adultos bem como para espectáculos, mas só ganhariam importância visual porque os escritórios, bastante insípidos, e a sala de jogos, a que é dado pouco relevo, a acentuam,

. *Alvar Aalto: Centro Cultural de Wolfs-g, Wolfsburg, Alemanha, 1959-62.* Entrada ıcipal com a sua sinfonia de geometrias ner-as que mantém as pessoas em movimento.

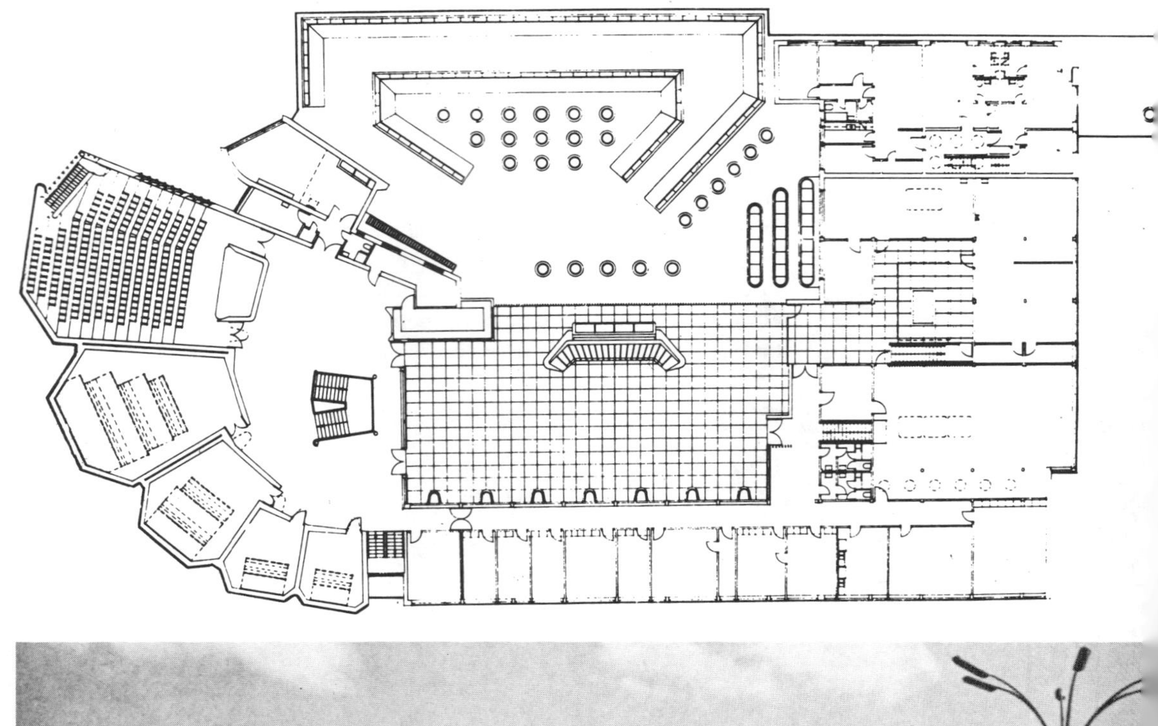

apagando-se no conjunto. Porém, não é exactamente isto que acontece. De facto, como o projecto mostra claramente [103], os auditórios partilham o centro tanto com a sala de jogos como com a biblioteca, e todos se subordinam ao espaço anexo, o jardim do terraço. Assim, cada um deles pode derrubar a disciplina constrangedora (o rectângulo) e afirmar a sua importância. Isto é também visível em elevação, dado que a disciplina do rectângulo

103. *Alvar Aalto: Centro Cultural de* [...] *burg, planta.* À esquerda as salas de co[...] cias desdobram-se a partir do rect[...] básico, à direita encontram-se as salas [...] vívio e as oficinas, ao passo que no cen[...] a biblioteca.
104. Desenho em projecção frontal, mo[...] as salas de conferências acima de um [...] entrada, a escuro.

Alvar Aalto· Centro Cultural de Wolfs-
. Vista aérea mostrando como as salas de
·rências formam um plano inclinado autó-
›.

é de novo vencida de modo a articular o relevo de cada elemento; no entanto, a elevação dos auditórios insere-se numa outra disciplina geométrica, o plano inclinado [105].

Assim, as disciplinas geométricas são continuamente afirmadas unicamente para serem significantemente violadas. Como que para salientar ainda mais a importância dos auditórios, Aalto aumentou o número de colunas e trans-

106a. *Alvar Aalto: Municipalidade de S salo, Säynätsalo, Finlândia, 1950.* Vi sueste, através das árvores, mostrando a elevada, em cantiléver, à direita.
106b. *O auge do movimento diagonal, a cravada no eixo da entrada principal.*

formou o seu ritmo monótono num ritmo sincopado e errático, e, finalmente, para completar a sua supremacia visual, aumentou a extensão da saliência de forma a ampliar a sombra [104].

TEORIA DA INFORMAÇÃO

Com efeito, ao descrever a forma como uma parte do edifício modifica a outra, estive afinal a delinear implicitamente uma reacção a uma série de pistas visuais. Uma dimensão da comunicação arquitectónica, de que Aalto é adepto, consiste precisamente numa série de sinais que se sucedem alternativamente; duro e grosseiro *versus* brando e suave, escuridão *versus* luz e assim por diante. A explicação sistematizada para o funcionamento de tais sinais, a teoria da informação, é considerada por Colin Cherry em oposição à teoria expressionista, à ideia de que os significados são inerentes tanto ao espectador como aos sinais:

> Os sinais não transportam informação da mesma maneira que os vagões do caminho de ferro transportam carvão. Devíamos então dizer: os sinais têm um conteúdo informacional devido ao *seu potencial para operar selecções.* Os sinais operam a partir das alternativas que formam a dúvida do receptor. Permitem que se discrimine ou que se seleccione entre essas alternativas. [3]

Basicamente, podemos dizer que «as alternativas que formam a dúvida do receptor» são *tanto* o seu conhecimento passado como o seu esquema imediato — os seus interesses e objectivos. O que a teoria da informação torna claro é que a experiência do espectador consiste em formular hipóteses possíveis e em seleccionar uma delas, por observação, numa sequência contínua de expectativa e confirmação ou sugestão e frustação.

Podemos ver como Aalto imaginou a concretização de toda esta sequência sinais-receptor, na experiência que é encontrar a Sala de Reuniões do Conselho Municipal no Município de Säynätsalo: imaginou, porque o projecto ainda não está concluído e encontrar a Sala do Conselho é talvez agora demasiado fácil. Chega-se ao Município através de filas de árvores. Depois, passa-se uma série de edifícios organizados diagonalmente numa grelha [106a]. Espera então encontrar-se, passadas todas as árvores, a grelha mais importante, o que, de facto, acontece. E sobretudo, esperam encontrar-se as funções mais importantes à volta do centro desta grelha, porque é erigida sobre as lojas — o que também acontece. Mas a expectativa do visitante é ligeiramente confundida pelo véu de árvores e pela forma inabitual que se eleva em degraus de cantiléver e domina todo o complexo [106a].

A probabilidade de que essa forma seja a Sala do Conselho é muito grande, porque se trata do ponto mais alto e do remate do movimento ao longo da grelha diagonal; no entanto, a incerteza mantém-se por causa da estranha forma, que não parece adequada para uma sala de reuniões. Finalmente, quando se chega à entrada, não podem restar dúvidas [106b]. Na realidade, os membros do Conselho sentam-se na parte mais recôndita desta zona mais importante, porque essa parte concentra as linhas visuais e acústicas como

---

[3] Citado de E. H. Gombrich, «Expression and Communication», in *Meditations on a Hobby-Horse,* Phaidon Press, Londres, p. 61. Um ensaio que dá a melhor explicação dos méritos relativos da informação e da teoria expressionista que já encontrei.

um anfiteatro. No entanto, uma tal informação não parece à primeira vista muito clara, porque a forma inclinada e o seu material apontam ainda para outras probabilidades; os telhados inclinados feitos de telha castanho--avermelhada e o tijolo que nos rodeiam. Mas o objectivo da visita é a Sala do Conselho e pensamos ter chegado à entrada final — e chegámos e não chegámos. Primeiro, temos de mudar de direcção, passar uma porta e subir mais uns degraus [107].

Finalmente, estamos na Sala do Conselho, mas não estamos. Temos de subir mais uns degraus, mudar de direcção duas vezes e então entrar no local

107. Alvar Aalto: Säynätsalo, Municipa-dade. Entrada principal: têm de se fazer m quatro desvios antes de se entrar na sala conselho.

onde os conselheiros se sentam sob a inclinação do tecto — mas as coisas não são assim tão claras. O presidente e o conselho estão sentados, como seria de prever, mas seguindo uma orientação que forma ângulos rectos com a orientação do tecto. E o tecto, que esperávamos ver suportado por uma armação triangular regular, é-o e não o é [108]. Trata-se do suporte triangular habitual transformado (devido às temperaturas extremamente baixas da Finlândia) pela colocação de toda a força dentro da sala e não colocada à pele fria do edifício. Seja como for, a tirania da *probabilidade provoca uma expectativa que se democratiza sendo parcialmente satisfeita — e gorada.* Por isso Aalto accionou conscientemente uma série de probabilidades apenas para as opor e distorcer e, como afirma a teoria da informação, quantas mais forem as probabilidades em oposição, mais empolgante será a experiência.

Alvar Aalto: Municipalidade de Säynät-
Os suportes espalham-se ao longo das
e são protegidos da temperatura extrema.

TEORIA DA EXPRESSÃO

Se o contraste, ou um conjunto de alternativas, é necessário para veicular informação, então poderia parecer que todos os significados visuais teriam de ser veiculados através de alternativas. Mas isso é exactamente o que os expressionistas, tal como os psicólogos da *Gestalt,* negam. Afirmam eles que há certos significados intrínsecos no seio de uma forma, que se expressam a si mesmos directamente, seja qual for o contexto. Assim uma linha angular, saliente, contém o significado intrínseco de actividade e este significado intrínseco tende a agrupar-se naturalmente com outros significados, como

109. *Alvar Aalto: Imatra, Finlândia, 195*
Linhas angulares, salientes expressam pas
dade, neste caso por causa dos outros si
visuais.

força, frio, vivacidade, agilidade.[4] Da mesma forma, por razões opostas, a linha horizontal tende a significar passividade e, naturalmente, tende a agrupar-se com significados de casa, calor, brandura, exuberância e, como seria de prever, feminilidade.

É evidente que todos podemos extrair significados psíquicos directamente a partir da aparência de uma pessoa. Um ar carrancudo exprime directamente aborrecimento: entendemo-lo naturalmente porque é algo inerente aos nossos padrões de percepção. E a linha angular, saliente, é directamente expressiva de força pelas mesmas razões. Mas que podemos dizer de uma expressão triste *feliz* e de uma linha saliente *fraca?* Obviamente, estamos a pensar por exemplo no rosto *triste* de um palhaço que proporciona grande alegria, por contraste com a sua acção, tal como podemos pensar em muitos edifícios *passivos* construídos com linhas angulares, salientes. Por exemplo, a Igreja de Imatra de Aalto é normalmente entendida como uma obra passiva, serena e defensiva, embora, vista de fora, seja um verdadeiro compêndio de

[4] Ver E. H. Gombrich, op. cit., pp. 58-62.

ângulos salientes [109]. Numa das mais expressivas e adequadas críticas a esta obra, Reyner Banham acentuou:

> ...Imatra parece, à primeira vista, virar as costas ao visitante e esconder-se, corcovando os seus telhados defensivamente contra o céu e erguendo janelas cautelosas, como olhos vigilantes de um crocodilo, acima da sub-estrutura branca na qual parece meter-se como numa toca.[5]

0. *Alvar Aalto: Igreja de Imatra.* Vista do ar com a luz jorrando de cima e a ambígua ação entre as paredes, por um lado, e o tecto o piso, por outro.

Como pode este edifício virar-nos as costas, esconder-se, corcovar-se, erguer-se cautelosamente como um crocodilo vigilante e depois meter-se na toca? Sobretudo sendo feito de linhas angulares, salientes? Há qualquer coisa que não bate certo. Ou Banham escreve disparates ou então a tese expressionista básica precisa que a compliquemos. De facto, a segunda hipótese é a

[5] Ver Reyner Banham, *Guide to Modern Architecture,* Architectural Press, Londres, 1963, p. 126.

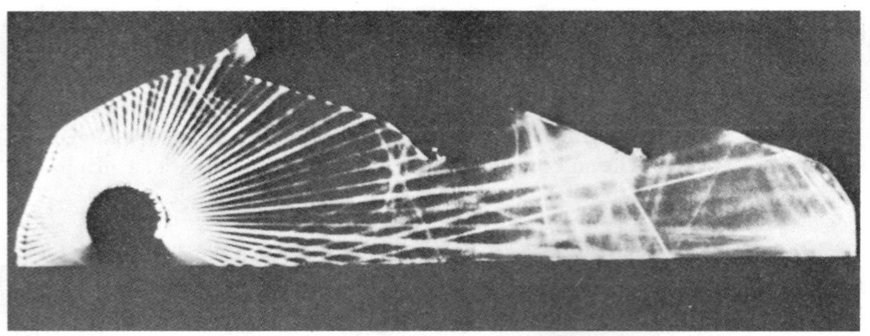

111. *Alvar Aalto: Igreja de Imatra.* Model acústico mostrando também as três principa divisões funcionais da igreja. Esta múltip determinação da forma confirma a ambigu dade intencional.

verdadeira, porque, de facto, as janelas parecem *realmente* olhos de um crocodilo vigilante e toda a igreja parece *efectivamente* virar as costas ao visitante e esconder os seus telhados defensivamente. Porém, como é que chegamos a essa conclusão? Que é que nos impede de dizer que Imatra dá calorosas boas-vindas ao visitante e ergue os seus telhados num gesto pleno de alegria? Se tivessemos de formular um simples isomorfismo entre padrão e expressão, então teríamos de dizer que as formas por si sós são pouco acolhedoras e defensivas — o que de facto pode muito bem ser verdade. Mas a questão é que estes padrões imediatos são mais correctamente confirmados como sendo o que essencialmente são, *porque são confirmados por outras pistas* ou pela estrutura de outras alternativas.

A forma passiva global, a função da igreja, as linhas horizontais de reforço, tudo confirma o significado primário de um carácter defensivo, e por isso é adequado falar-se de olhos de crocodilo vigilantes. O cacho de significados propostos é coerente e confirma a expectativa básica. mas isto só é possível porque, de facto, informação e expressão funcionam complementarmente. Uma só delas, isolada, deixaria a interpretação vaga e unilateral. O crítico é que descreve Imatra sem mencionar as funções sociais e acústicas que determinaram o telhado, será tão impreciso como o crítico que não consiga ler a expressão directa das formas.

Com efeito, a combinação de informação e expressão permite ao arquitecto construir uma sinfonia mais rica, na qual a maior parte dos significados opera dentro de um grupo coerente, ao passo que outros operam negativamente. Permite a Aalto obter resultados positivos a partir de traços negativos, como no Wolfsburg Centre. Ora, no caso do interior de Imatra, permite-lhe criar um espaço que é uma mistura ambígua de alegria e concentração [110]. A ascensão e a queda do tecto podem ser entendidas como uma expressão directa desses significados. Mas a ambiguidade é ainda mais reforçada ao repararmos que ao altar e à janela superior é dado o mesmo peso. Finalmente, esta ambiguidade é confirmada ao descobrirmos que a forma global foi determinada funcionalmente, por causa das divisões acústicas e sociais [111]. Mas terá sido mesmo? A resposta certa, confirmada por qualquer classificação e modificação, é que os significados são multivalentes. Abrem-se conscientemente a uma interpretação que defenda a sua ambiguidade.

Quase todos os edifícios de Aalto contêm esta hábil e complexa codificação de mensagens, que resulta na sua linguagem caracteristicamente subtil. E quanto às mensagens propriamente ditas? Aalto propôs constantemente uma forma de humanismo subestimada, em oposição aos extremos prevalecentes de um racionalismo estéril e de um expressionismo bombástico:

> O horóscopo da arte de construir, actualmente, é de um tipo que torna as palavras negativas — o que não é agradável. Paralelepípedos de vidros quadrados e metais sintéticos — o inumano dandy-purismo das cidades — conduziram a um tipo de construção sem horizontes, altamente popular num mundo ingénuo. E o que é pior, tem tido, como consequência, uma mudança na direcção oposta — uma procura acrítica e disparatada de uma variação... Crianças crescidas brincam com curvas e tensões que não controlam. Cheira a Hollywood.[6]

Ao contrário destas tendências, Aalto produziu uma arquitectura descansada e branda, antropomórfica. Em quase todos os projectos sente que é um dever acentuar de que modo desenvolveu a forma a partir de considerações da mais humana natureza. Se é uma capela funerária, divide-a de forma a que não haja duas cerimónias em conflito; se é um vasto edifício burocrático, abate as massas; se é uma maçaneta de porta produzida em massa, molda-a à mão humana; e assim por diante. Mesmo — ou talvez sobretudo — o seu escritório é organizado em bases humanas, como uma vasta família cooperativista:

> No meu escritório não se tolera o trabalho de equipa organizado. A base do nosso trabalho é a cooperação amistosa e a atmosfera é a de uma família. Todos os meus colaboradores são arquitectos experientes e não meros desenhadores; trata-se, portanto, de uma prática sem organização, mas sob a minha própria responsabilidade, assente no esforço comum, não na disciplina.[7]

Em suma, as ideias de «mutualismo» defendidas pelos anarquistas, como Kropotkin, que Aalto admira. Embora uma tal filosofia social seja muito atraente e inteligente em muitos aspectos, a verdade é que também tem o seu lado mau, especialmente nos países escandinavos, onde o paternalismo e a responsabilização social são opressivos e asfixiantes. É verdade que, em algumas das obras de Aalto, se sente que há neste tipo de solicitude extremada e que desapareceram quaisquer conflitos profundos, dado que tudo é conciliado, sereno, adocicado como melaço. O Banco de Pensões é um caso típico [112]. Concebido como uma massa fragmentada, para quebrar a impressão de burocracia, o edifício consegue plenamente ser humano e asfixiar o pensionista com tão excessiva amabilidade. As formas são o usual tijolo vermelho e janelas em fitas estreitas, separadas por elementos de cobre e bronze — tudo isto realizado sob uma perspectiva que é tão literal que roça o soporífero. O resultado não só é fastidioso, como ainda parece irrelevante tanto para a natureza de tais entidades administrativas e burocráticas como para as mais vastas questões do conflito urbano. Talvez um tal paternalismo social resulte em países pequenos e homogéneos como a Finlândia, mas é questionável que possa ser posto em prática em cidades vastas e plurais como Nova

---

[6] Ver Alvar Aalto, *Zodiac 3,* p. 78.
[7] Ver *Alvar Aalto,* op. cit., p. 7.

Iorque. Contudo, este tipo de solicitude vem de um homem que, contam os boatos, foi capaz de, na calada da noite, ir com um grupo retirar os anúncios que tinham sido colocados em frente do seu Município de Säynätsalo. Aliás, é ele próprio qu diz:

> Não podemos pensar em Bernard Shaw sem, ao mesmo tempo, vermos nele um homem lutador. No seu mais profundo significado, creio que a acção e a arte mais elevada se adequem, e no seu mais profundo significado se identificam uma com a outra.[8]

112. *Alvar Aalto: Banco de Pensões, H… quia, Finlândia, 1952-6.* Entrada com p… de bronze, folhas de cobre, tijolo verme… base em betão cinzento. A função burocr… oficial, é transformada numa série de fc… familiares e amistosas.

Por isso,, reflitamos bem e analisemos de novo a sua arquitectura à luz de um segundo olhar. A questão que se põe é a seguinte: será a visão humanista de Aalto redutora, conduzindo a um paternalismo mole, ou podemos considerá-la uma perspectiva séria para a complexa situação do conflito urbano? A resposta parece ser confusa. Há decerto uma tendência, desde o Sanatório de Paimio (1929), para uma solicitude reconfortante e suave; mas isto é frequentemente intensificado por uma frieza rigorosa; a totalidade repele o sentimentalismo. Esta reciprocidade é visível na igreja de Imatra: ao mesmo tempo, um local de reunião secular que, através dessa secularidade, se abre a Deus. Ou seja, concentrando-se tão fortemente nos aspectos funcionais, como as curvas acústicas e a divisão em três actividades sociais, a obra conseguiu tornar estas considerações funcionais parte de uma outra dimensão.

---

[8] *RIBA Journal,* Fevereiro de 1957, p. 128.

De início, deparamos com um exterior suave, infantil, que veicula pouca informação mas muito sentimento, devido à sua aparente falta de ordem [113]. Não há duas janelas iguais; tudo é arbitrário e gracioso. Esta arbitrariedade torna-se compreensível quando vemos o outro lado e começamos a compreender o edifício. Uma vez dentro, parece-nos sermos confrontados com uma luz branca, protestante; compreensão social, racional, clara, óbvia, da necessidade da religião sem a crença propriamente dita. As curvas acústicas tornam-se não só uma função humana mas também o seu equivalente imaginário,

Alvar Aalto; Igreja de Imatra. Lado da da com as suas formas aparentemente árias: casa do pastor à direita, saída e ão para cerimónias fúnebres à esquerda.

um gesto de agarrar. Quando agarramos um objecto, a pele enfeixa-se, comprime-se e forma uma série de rugas e vincos tortuosos, que são outros tantos índices desse mesmo acto [114]. Esta não é a expressão usual de uma crença, ou do desejo de crer, que é evidente nas igrejas mais piedosas, mas algo de muito diferente e bem sucedido — o equivalente imaginário de uma proposta. O aceitarmos, o fruirmsos ou não este gesto religioso, é uma outra questão, que depende, naturalmente, da nossa própria crença.

Assim, para resumirmos a obra de Aalto, podemos dizer que utiliza todo o tipo de comunicação arquitectónica, tanto uma apresentação sistemática de pistas alternativas, como, naturalmente, uma forma expressiva. Se há uma dúvida final acerca da importância efectiva do seu trabalho, ela ocorre nos momentos em que se torna opressivamente doce e paternalista. Que esta forma de humanismo era apenas uma alternativa a um racionalismo particularmente esquemático e ao anonimato, vê-lo-emos no próximo capítulo, que aborda a revolta formalista na América e o «cheiro a Hollywood» que Aalto condenava.

114. *Alvar Aalto: Igreja de Imatra.* J
entre janelas, porta corrediça e equipame
ventilação, como pele enrugada.

115b. Lincoln Cultural Center, Nova
O edifício de Philip Johnson à esquerd
Wallace Harrison no meio e o de Max
vitz à direita. Os objectos *Low Comp*
a arquitectura nazi aos centros cultura
ricanos, estão tão espalhados nas soc
modernas que acabam por parecer nc

a. *Albert Speer: Zeppelinfeld, Nurem-*
a, Alemanha, 1934.

6. ARQUITECTURA AMERICANA RECENTE: CAMP-NON CAMP

Sinto pela visão Camp uma mistura de atracção e repulsa, quase em partes iguais... para nomear uma sensibilidade, para desenhar os seus contornos e descrever a sua história, é necessária uma profunda simpatia modificada pela rejeição.

(SUSAN SONTAG, *Notes on Camp 1964)*

A arquitectura americana recente, tal como a dos pioneiros, tem tido uma incontestável influcia a nível mundial. Esta influência deve-se unicamente a uma riqueza, a uma abundância, que facilitou uma explosão a nível de construção, a qual, por seu turno, libertou forças tecnológicas e expressivas nunca antes vistas. Seja o resultado Las Vegas ou o Vehicle Assembly Building em Cabo Kennedy, o primeiro grande edifício pneumático ou o aperfeiçoamento da parede-cortina, a arquitectura americana é frequentemente a primeira, porque tem o dinheiro, a energia e o pluralismo necessários para inovar, o que não acontece precisamente com outros países. Por isso, a certos níveis, é problemático tentar compreender ou mesmo classificar o seu verdadeiro alcance ou dimensão. Trata-se de uma arquitectura tão diversificada na forma e na génese, que qualquer classificação simples será insuficiente. No entanto, há um aspecto dessa arquitectura que é mesmo de compreensão demasiado fácil: trata-se da arquitectura oficial das grandes companhias e do governo americano. A sua semelhança com a arquitectura fascista dos anos trinta, infelizmente, não é pouca, bem pelo contrário.

Basta-nos comparar a Roma III de Mussolini [21a] com a Perpetual Savings and Loan Association de Ed Stone, 1961, ou qualquer dos muitos centros culturais espalhados pelos Estados Unidos com a arquitectura do Terceiro Reich, para percebermos isso mesmo [115a,b]. O arquitecto Philip Johnson, ao escrever sobre «a arquitectura do Terceiro Reich» em 1933, podia, no fundo, estar a descrever a atitude muito frequente na América, em 1963, favorável à construção monumental:

Seria errado falar de uma situação arquitectónica precisa na Alemanha nacional-socialista. O novo estado viu-se confrontado com problemas de reorganização tão importantes que não lhe foi possível formular um programa de arte e arquitectura.

Apenas alguns pontos foram definidos. Em primeiro lugar, *Die Neue Sachlichkeit,* a Nova Objectividade, acabou. Casas parecidas com hospitais e fábricas são tabu... Em segundo lugar, a arquitectura será monumental. Ou seja, em vez de balneários, *Siedlungen**, departamentos de emprego e outros do género, haverá estações de caminhos-de-ferro oficiais, museus históricos, monumentos. O regime actual está mais interessado em deixar uma marca vísivel da sua grandeza do que em providenciar equipamento sanitário para os trabalhadores. [1]

Embora esta súmula de Johnson possa não se aplicar exactamente à situação na América dos nossos dias, a verdade é que, infelizmente, não anda lá muito longe. Além disso, para a semelhança ser mais flagrante, há ainda o mesmo neoclassicismo, o estilo recorrente dos americanos, do qual Louis Sullivan dizia em 1893: «Este [estilo] determinará o curso da arquitectura americana nos próximos cinquenta anos». Se esta profecia se aplicasse a toda a história americana, então a sua arquitectura teria menos duzentos anos aproximadamente, porque, como os historiadores assinalaram[2], o estilo reaparece regularmente todos os trinta anos.

As causas para a mais recente explosão de formalismo classicista são, como a própria arquitectura americana, de natureza muito diversa. Ligam-se, como já referimos[3], à despolitização da tradição idealista que ocorreu nos anos trinta e à condescendência com que arquitectos como Mies, Gropius, Nervi, Ponti, etc., se relacionaram com os Fascistas, por razões pragmáticas. Porém, as causas têm também de ser procuradas nas suas fontes tradicionais. O desejo dos interesses mercantis de terem uma aparência exterior aprazível, mas monumental; a insegurança desses interesses quando confrontados com o novo ou com o inesperado. Tudo isto são questões familiares e sem muito interesse. Mas o que há de surpreendente e diferente na cena americana é a nova atitude, ou quadro mental, que começou a emergir em certos círculos, visando trabalhar com todo eeste material sem cair na depreciação costumeira, na retórica habitual — trata-se da atitude Camp.

A atitude de Camp é essencialmente um quadro mental que privilegia todo o tipo de objectos que, *de um ponto de vista sério,* são considerados imperfeitos, tais falhas, essa atitude contempla-as e desfruta-as parcialmente. Como Susan Sontag no seu imprescindível ensaio *Notes on Camp*[6], trata-se de «uma forma de ver o mundo como um fenómeno estético». Como tal, tenta escapar a todas as outras visões estereotipadas do imperfeito, da falha, que são mórbidas e moralistas, e apresenta como alternativa uma espécie de abertura de espírito alegre e irónica. Parte do fracasso e do «feio» e procura tudo o que é possível salvar, ou fruir. É uma atitude realista, porque aceita a monotonia, o *cliché* e os gestos habituais de uma sociedade de produção em massa, como sendo a norma, sem tentar alterá-la. Aceita as soluções triviais e os sucedâneos sem contestação, não, só porque os desfruta, considerando-os «reais», mas também porque procura todos os elementos de interesse de que

---

* *Siedlungen,* em alemão no original, casas económicas. *(N.T.)*

[1] Ver Philip Johnson, *Hound and Horn,* n.º 7, 1934, p. 137.
[2] Burchard e Bush-Brown, *The Architecture of America,* 1967, p. 420.
[3] Ver p. 000.
[4] Susan Sontag, «Notes on Camp», in *Against Interpretation,* Eyre & Spottiswoode, Londres, 1967.

habitualmente não nos apercebemos (ou seja, o fantástico que se esconde no banal). Daí o epítome «é tão mau que é bom», o que pressupõe a aceitação das classificações da cultura tradicional, mas inverte os resultados.

Usualmente, o termo Camp é aplicado a um conjunto muito restrito de objectos, como as lâmpadas Tiffany e as velhas bandas desenhadas de Flash Gordon, mas, a exemplo do que sucedeu com outros conceitos como Barroco, *Pop* ou *Kitsch,* o seu uso vai-se generalizando à medida que o facto em si vai sendo aceite. Neste capítulo, segui a tendência generalizadora, aplicando o termo a áreas tão recentes como a arquitectura orgânica, que é excessivamente metafórica, e a tecnologia gigantista que, como o nome indicia, abomina os limites e é frequentemente acusada de «inumana». Estes dois tipos

16. *Interrelacionamento dos arquitectos ame-canos determinado através de um método nominado taxonomia numérica. :Aqui as is principais escolas podem ser vistas (som-eado escuro) como: 1) a Escola Académica, a Escola Ambientalista, 3) a Técnica, Orgânica, 5) Formalista e 6) Pragmática. primeiras duas escolas são de um modo ral Non Camp (multivalente), ao passo que duas últimas são camp (univalente). Ver chitectural Design,* Novembro de 1969, 582, para discussão posterior.

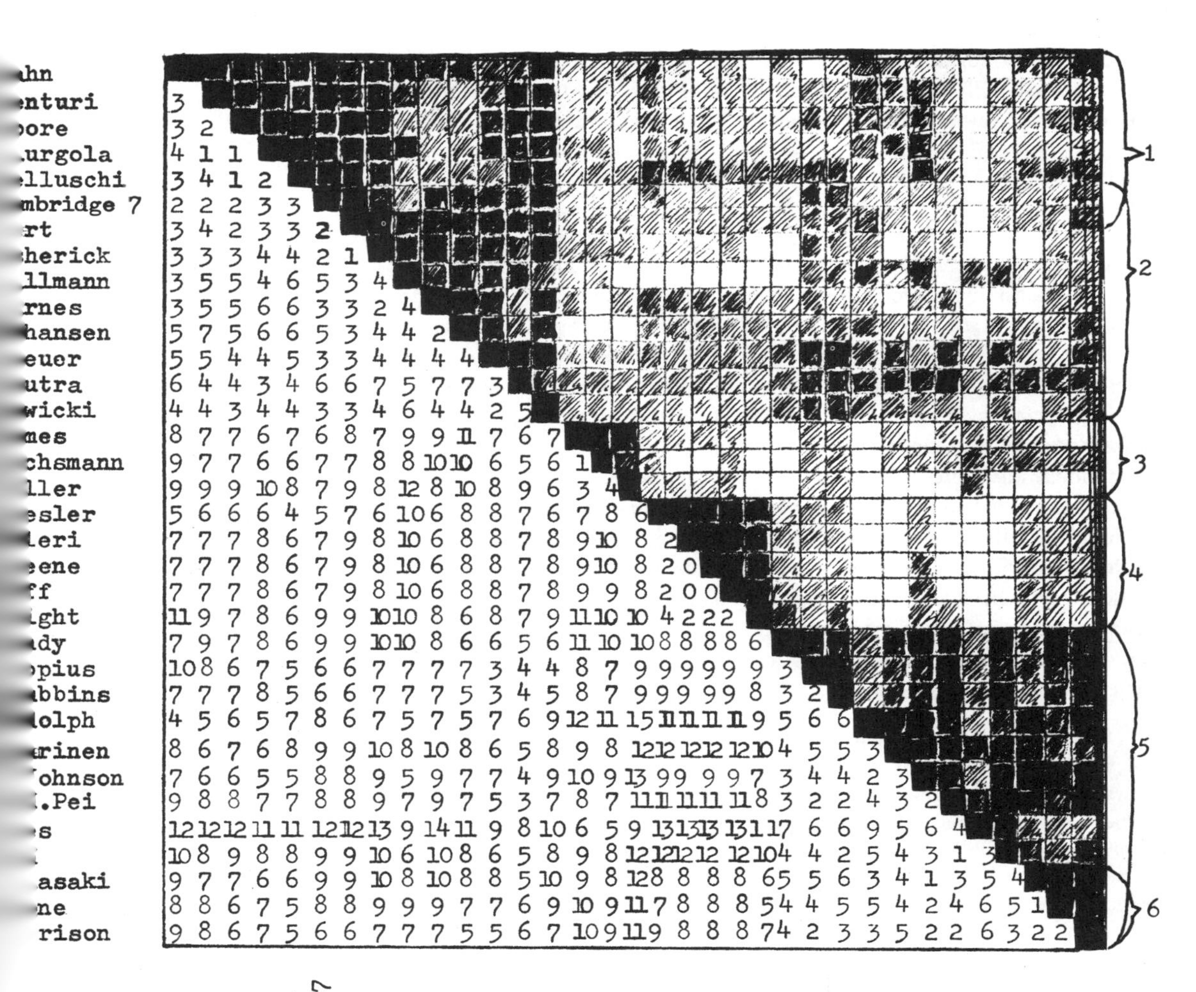

de arquitectura evocam a típica reacção Camp, sintetizável nas expressões «é demais!», «demasiado», ou qualquer interjeição que necessariamente exprima surpresa e admiração, como o «ah!» ou o recente «uau!»*, denotando um desejo inocente, quase que ingénuo, de uma expressão que se revela sardónica. Além disso, este tipo de arquitectura excessiva falha de um ponto de vista sério, dado que assenta tão fortemente num pressuposto de eficácia equivalente — mas é isso que caracteriza o Camp.

No entanto, a aplicação deste conceito à arquitectura americana recente não deve ser entendida como uma classificação exclusiva, como se pode ver no diagrama junto [116]. Há pelo menos seis tendências detectáveis, desde os académicos aos pragmáticos, que devem ser, e serão, abordadas nos seus próprios termos e como instâncias de conceitos vastos e relativamente inconscientes. A vantagem de usarmos a definição Camp para cobrir algumas destas tendências está em que elucida uma vasta área comum subjacente, a qual, de outro modo, surgiria dispersa numa confusão de estilos. Mas não esqueçamos que tal confusão, denominada «Caoticismo»[5], participa, e muito, da atitude Camp, ou não fosse esta permissivamente plural.

CAMP

A génese subjacente do Camp na arquitectura pode ser localizada no movimento formalista que gozou sempre de uma certa adesão nos Estados-Unidos. O estilo *Beaux-Arts,* tal como os revivalismos gótico e grego, foram importados prontos a consumir pelos americanos. Da mesma forma que o «Estilo Internacional» foi adoptado como um conjunto de princípios formais desligados das suas raízes sociais e industriais, que eram europeias, e transplantados para uma sociedade abastada em que as condições eram mais rurais e individualistas. Hitchcock e Johnson, em 1932, repudiaram de forma perfeitamente explícita o funcionalismo extremo que caracterizava o Estilo Internacional na Europa, embora aceitassem os seus princípios estéticos. E mais tarde, Johnson, de novo numa atitude rotundamente cândida, denunciou a tendência do funcionalismo para degenerar na esterilidade, e reafirmou o valor primário da arquitectura enquanto arte. É mais importante vermos a estrutura mental e a situação em que o formalismo se desenvolveu. Vincent Scully disse a propósito desta situação:

> [1949] foi o ano em que Philip Johnson começou a dar as suas esplêndidas aulas que, para aqueles dentre nós que as seguiram pela primeira vez, se confundiam com lições do Diabo. De pé no estrado da sala da Universidade de Yale, dizia perante o silêncio chocado da aula: «Preferia dormir na nave da catedral de Chartres com os lavabos mais próximos a dois quarteirões do que numa casa de Harvard com quartos de banho de paredes comuns». Depois desta afirmação terrível e mesmo um tanto assustadora, lembro-me de, pela primeira vez, ouvir alguns estudantes dizerem-me, «ele está

* Já que estamos em campo Camp, parece mais adequado traduzir a interjeição «Gosh!» por «uau!», interjeição de uso recente e florescente em certas zonas utentes do Português. *(N.T.).*

[5] Ver *Progressive Architecture,* Março de 1961; a palavra é de Philip Johnson.

a falar da arquitectura como uma arte». E subitamente percebi que sempre tinha sido assim». [6]

Assim, o crescimento do formalismo foi impulsionado por duas importantes fontes: uma cidade universitária em que havia uma assistência sofisticada que conhecia a história do movimento moderno, e uma situação cultural em que a existência da arquitectura enquanto arte sempre foi frágil. Esta última circunstância levou a muitas asserções similares e choques de reconhecimento: a arquitectura é pura e simplesmente uma arte, e a arte pouco ou nada tem a ver com a funcionalidade, etc., sendo antes sempre uma redução das coisas às suas «essências». Assim, Paul Rudolph, o dirigente da escola de Arquitectura da Universidade de Yale nos anos sessenta, defendeu constantemente o elemento redutivo na arquitectura, insistindo em que toda a arte é ilusão e toda a ilusão se baseia na exclusão. O arquitecto, afirma, não resolve todos os problemas, mas apenas procura resolver e dramatizar um número reduzido de problemas. O paradigma é o «menos é mais» de Mies.

Acontece aliás que encaramos determinados problemas num edifício e outros no seguinte. Nunca se podem resolver todos os problemas. É evidentemente uma característica do século XX que os arquitectos sejam fortemente selectivos na determinação dos problemas que pretendem resolver. Mies, por exemplo, faz belos edifícios unicamente porque ignora muitos aspectos de uma construção. Se resolvesse mais problemas, os seus edifícios seriam muito menos poderosos. Este paradoxo é ampliado pelas variadas adesões ao funcionalismo. [7]

Uma destas adesões ao funcionalismo foi a do professor de Rudolph, Gropius, embora, como já vimos, não tenha sido uma adesão muito fortee. De qualquer forma, não espanta que a geração ensinada por Gropius em Harvard sentisse um conflito entre arte e função porque nessa altura, os seus edifícios eram muito simples e despojados. Por isso, um aluno rebelde, Victor Lundy, viria a dizer (partilhando uma reacção com outros formalistas de Harvard como Pei, Franzen, Johansen):

No meu caso, acho que Harvard quase deu cabo de mim. Quero que os meus edifícios sejam exuberantes, e não uns cubos seguros e agradáveis. A arquitectura criativa vem do indivíduo, não do desenho em grupo.

E Rudolph podia também insistir na primazia do indivíduo em oposição ao grupo:

Gropius pode estar errado ao acreditar que a arquitectura é uma arte cooperativa. Não é possível conceber arquitectos a trabalhar em conjunto; o trabalho, ou é todo meu, ou não é. [8]

Temos, portanto, aqui duas condições típicas dos formalistas: uma rebelião contra o conformismo em nome da arte e uma educação universitária (particularmente Harvard). Ambas condições que caracterizam a nova sensibilidade que, numa atitude de desafio, clama o direito à expressão espontânea conduzindo talvez ao insulto. Por isso, a *Time Magazine* podia afir-

---

[6] *Journal of the Society of Architectural Historians,* Março de 1965, p. 46.

[7] Ver *Perspecta 7,* New Haven, 1961, p. 51.

[8] Ambas as citações de Cranston Jones, *Architecture Today and Tomorrow,* McGraw-Hill, Nova Iorque, 1961, p. 175.

117. *Paul Rudolph: Art and Architecture ding, New Haven, 1963.* «A arte Camp é quentemente uma arte decorativa que val a textura, a superfície sensual e o estilo, à do conteúdo» (Susan Sontag).

mar, num tom de aprovação mitigada, num artigo sobre o *Art and Architecture Building* de Rudolph, então nas bocas do mundo [117]:

Ele quer que os seus edifícios acabem como belas ruínas... «Todo o tipo de conceitos», diz Rudolph chamando a atenção matreiramente para os ossos de peixe, conchas marinhas e corais no betão, «ficam enterrados na parede»... Apontando para um espaço vazio, diz: «Acho que vou pôr aqui uma estátua grega, nua, reclinada»... o terraço onde, diz ele, «todos os Infernos se libertam».[9]

A isto podemos chamar a apoteose do Middle Camp: o grande gesto, o desafio das convenções, a arrogância honesta, a ligação aos *mass-media* (na capa da *Progressive Architecture,* o rosto de Rudolph saindo do seu edifício

[9] *Time Magazine,* 15 de Novembro de 1963.

Edward Durrell Stone: John F. Kennedy *…er, Washington DC, primeiro modelo,* «No Camp ingénuo, ou puro, o elemento …cial é a seriedade, uma seriedade que …». Artigo de jornal sobre o edifício aca… 1971: «O *foyer* é tão gigantesco — 630 … comprimento, seis pisos de altura, com …parede toda em vidro dando para o rio — …os perdemos literalmente nele». Custo … 70 milhões de dólares.

como se a qualquer momento fosse subir para os céus). Rudolph foi tão severamente censurado como abundantemente elogiado por este edifício que tinha trinta e nove níveis diferentes (no espaço de sete andares), condições de trabalho impossíveis e que, recentemente, foi destruído por um fogo posto, supostamente em sinal de protesto contra a política de ensino e o sistema de admissão restrita de Yale. De qualquer forma, o edifício era tão bombástico, para além de uma tão inequívoca exibição do culto da personalidade e do *star system,* que acabava por resultar. Ou seja, enquanto outros arquitectos se mostravam menos do que ingénuos a respeito das suas motivações, Rudolph conseguia dramatizar, de uma forma explícita, a genuína procura da fama por parte do indivíduo, combinada com um gosto exótico (candelabros, cor-de-laranja, carpetes exuberantes, etc.).

Como já referimos, a formulação básica Camp é a que diz que «é bom porque é horrível». Ora, o edifício de Rudolph não é precisamente *High Camp,* porque é demasiado bom, ou antes, não é suficiente mau ou horrível. O que define o *High Camp* é o facto de aspirar a uma condição de grandiosidade, embora não a consiga de modo algum atingir. O fosso que daí resulta entre pretensão e resultados é tão inacreditavelmente grande, que a obra acaba por oscilar, a um nível interpretativo, entre o sublime; para outros, a oscilação é tão pronunciada que, na realidade, acaba por produzir, através da imaginação, o riso catártico e a libertação. Assim, do ponto de vista *High Camp,* o melhor de todos os edifícios é o Centro Cultural, em Washington [118], de Ed Stone, um dos primeiros seguidores do Estilo Internacional nos Estados-Unidos. Para ser agradável ao cliente, ou submisso, ou seja, para abater cerca de quarenta e cinco milhões de dólares ao orçamento,

119a. *Bruce Goff: Casa Bavinger, Norm Oklahoma, 1957.* Este e os dois trabalhos q seguem são exemplos bem sucedidos e sérios uma transformação imaginativa comparáve *Art Nouveau.* Aqui, o espaço contínuo, espiral, é rodeado por arenito e suspenso de poste de aço e de cabos. Goff usa elemen pré-fabricados e materiais orgânicos com ig convicção, conseguindo uma síntese através uma geometria comum e de uma imag global.

Stone mudou a forma do Centro Cultural de um *doughnut* para um rectângulo, sem alterar minimamente a fachada: ou seja, ficou uma espécie de homenagem ao Partenom retocada por um ilustrador de revista. Enfim, a obra tem a qualidade de toda a grande arte, desde Stonehenge a São Pedro; diz qualquer coisa a toda a gente; reconcilia extremos; apela para todas as faculdades da alma (de modos exactamente opostos). Dessa forma, o filisteu pode finalmente ombrear com a* avant-garde, o primeiro chorando com a sua visão do Eliseu, a segunda chorando de tanto rir. Perante um tal primor, a neutralidade, sobre ser cruel, seria impossível (tal como a neutralidade perante filmes como *The Greatest Story Ever Told* ou *Beyond the Valley of the Dolls*).

Como Susan Sontag acentua, a atitude Camp é uma forma de «pastoral urbana» que tenta uma nova versão da civilização industrial, revista pelo

---

* ou *donut,* precisamente o bolo em forma de anel. *(N.T.)*

sonho da natureza ou por qualquer outro tipo de fantasia. É o caso da entrada do Metro de Paris de Hector Guimard, na qual o ferro fundido serpenteia como uma orquídea trepadeira, ou do actual trabalho dos arquitectos independentes do Middle-West americano, Greene, Soleri e Goff, que tenta também transformar a civilização urbana através de uma metáfora naturalista. A Bavinger House, de Goff [119a] eleva-se como a espiral de um caracol. À volta de um poste central, todas as áreas da casa descem da mais perfeita privacidade, no topo, até ao domínio público, em baixo. As casas de Greene crescem organicamente a partir da multiplicação celular de ripas de madeira até ao momento em que um esconderijo encurvado de madeira forma uma

. Herbert Greene: Casa da Pradaria, Nor-
, Oklahoma, 1961. Oscar Wilde: «Ser-se
ral é uma pose tão difícil de manter.»

sequência de espaço contínuo [119b]. A Desert House, de Soleri esconde-se na terra como uma toupeira, para dar a imagem de um regresso à Mãe Terra, embora a paisagem pareça lunar [119c]. Kiesler, que mais do que qualquer outro explorou a possibilidade do espaço contínuo, cria a imagem de uma caverna húmida e gotejante.

Mas todas estas imagens não foram, de facto, projectadas para uma situação urbana, embora haja muitos casos em que um arquitecto tentou transformar a cena urbana através de uma metáfora fantástica: é o caso dos laboratórios farmacêuticos de Rudolph, que apresentam um exterior de castelo de província, escocês. O edifício de escritórios da Consolidated Gas Company [120], da autoria de Yamasaki, arquitecto americano-japonês, tem no topo uma coroa de espinhos e a chama azul eternamente flutuando, para sugerir tanto um pináculo gótico elevando-se para os céus como a qualidade eterna da Consolidated Gas. Como é óbvio, podem sempre acusar-se estas pasto-

rais urbanas de serem inapropriadas: por que carga de água haveria uma Companhia de Gás de assemelhar-se a uma Catedral Gótica Grega (tanto mais que nunca existiu nenhuma)? Por que razão há-de uma companhia farmacêutica assemelhar-se a um castelo de província? Claro que não há razão alguma, excepto que toda a arquitectura é metafórica e tem necessariamente de se parecer com qualquer coisa.

119c. *Paolo Soleri e Mills: Casa do Dese Cave Creek, Arizona, 1951.* Uma das pri ras reacções a estas transformações imagir vas consiste em evocá-las através de metáfc um caracol, um tatu, uma paisagem lu podem ser metáforas para estas três casa

As objecções levantadas pelos críticos têm a ver com o carácter explícito das obras e o seu conteúdo inapropriado: o lugar-comum fácil que é dissociado da função subjacente. Porém, o lugar-comum, no fim de contas, é aquilo em que qualquer metáfora se transforma rapidamente, numa sociedade do instantâneo em que a comunicação hipercomunica; e, além do mais, não há muito simplesmente qualquer consenso capaz de determinar o que é ou não adequado, nem restrições técnicas e funcionais capazes de estabilizarem as normas, tão pouco uma mitologia e uma filosofia susceptíveis de sancionarem a metáfora. O artista Camp aceita isto, responde aos críticos que «não há regras nenhumas, qualquer coisa serve», baralha alegremente as cartas da forma sem pensar no conteúdo (mas a pensar na sua audiência)

). *Minoru Yamasaki: Edifício da Consoli-ted Gaz, Detroit, 1964.* Gregas góticas, oa de espinhos, a chama azul eterna do gás, bom exemplo de High Camp. Trata-se de a tentativa para transformar as realidades anas num sonho nostálgico de um passado ssico; as formas são univalentes, simples e icadas. Trata-se de «seriedade falhada» no melhor, ou seja, no que tem de mais horrí-. *Yamasaki:* «Uma arquitectura que lhore o nosso modo de vida e que o reflicta, de reconhecer as características humanas ue damos maior apreço: amor, gentileza, gria, serenidade, beleza e esperança, e a dig-ade e a individualidade do homem. Esta a, na sua essência, é a filosofia do huma-no na arquitectura». *Oscar Wilde:* «É pre-ter um coração de pedra para ler a morte Pequena Nell sem rir.»

e não tenta produzir obras integradas, sérias. Sente-se bem na farsa, no pecado, no nenhum alcance, na desimportância, no Camp. Mas, feitas as contas, por que terá a arte de ser forçosamente uma série de Crescendi Contínuos dentro da Grande Tradição?

Assim será sempre a resposta do arquitecto Camp que sabe (nos seus momentos de fraqueza) que as suas obras não são as jóias raras que apregoa. Franqueza: aí está algo que temos de salientar para evitarmos qualquer confusão. O arquitecto Camp admite de imediato que aquilo que ele é, é sempre mais importante do que aquilo que faz. Assim, crítica é igual a biografia, o padrão a seguir é a notoriedade, os sintomas são mais interessantes do que as teorias, a rapidez é uma virtude, o gesto social é o objecto, a imagem não pode ser analisada (dado que, mal a analisamos, se dissolve tal e

121a. *Eero Saarinen: Edifício TWA, Jama Nova Iorque, 1956-62.* A forma em pássa reconhecível mesmo quando reduzida ao s bolo usado em papéis da TWA — um fa que influencia o desenho deste edifício.

121b. *Eero Saarinen: Edifício TWA, Jama Nova Iorque, 1956-62.*

qual como algodão e açucar) e os *mass-media* são explorados e glorificados em breves efusões. Aubrey Beardsley e a *Art Nouveau* foram impulsionados por uma nova forma de comunicação, por novos meios gráficos e por uma nova audiência urbana. A *Art Nouveau,* tal como o Camp, foi, sem dúvida, um fenómeno industrial, urbano e de classe. Nestas circunstâncias, o espelho é o mais importante objecto depois dos meios de comunicação; todas as afirmações remetem para quem as faz; a primeira pessoa do singular prevalece. Como vai a minha imagem histórica hoje?

SAARINEN: A única arquitectura que me interessa é a que pretende ser uma bela arte, uma arte refinada. É isso que eu quero. Espero que alguns dos meus edifícios contenham verdades duradouras. Admito francamente que gostaria de ficar com um lugar na História da Arquitectura.

Esta confissão aparentemente franca tem o efeito irónico de apontar para um lugar na história perfeitamente oposto ao pretendido, dado que Saarinen gostaria de ser considerado ao nível dos Pioneiros. Contudo, produziu de facto obras sérias e multivalentes que transcendem os perigos do auto--convencimento e da arrogância: o Edifício da TWA [121] e o Dulles Airport. Embora encimado por uma torre de controlo em jeito de pagode chinês, o Aeroporto Dulles consegue ser um convincente símbolo do voo e ao mesmo tempo funcionar e resultar plenamente, porque as formas foram resolvidas harmonicamente, tanto técnica como funcionalmente [122a]. Podemos

:a,b. *Eero Saarinen: Aeroporto Dulles, antilly, Washington DC, 1964.* Curvas cate-ias apropriadas à extensão, um edifício lon-idinal organizado no sentido da circulação, uso adequado do aço, do vidro e do betão apenas a torre cónica em forma de Pagode nês é arbitrária. A multivalência das formas i é Non Camp e não usual em Saarinen.

verificar que o espaço foi criado como um desenvolvimento lógico da circulação e do descanso [122b]. E o tecto tão elevado não constitui apenas um gesto de asas em pleno voo, mas também uma solução sensível a nível técnico e de criação de um espaço interior. Algumas das obras mal sucedidas de Saarinen, contudo, resultam de uma auto-imagem falsa; por exemplo, os Stile and Morse Dormitories, em Yale, reproduzem uma cidade italiana sobre colinas, o que dá um resultado não suficientemente horrível para ser High Camp, nem suficientemente integrado para o qualificarmos como Non Camp. E este fracasso tem a ver com o interesse obsessivo de Saarinen pelo seu «lugar» na história, como se a história fosse uma espécie de enciclopédia, ou Salão da Fama, ou uma prateleira onde somos metidos ao lado de outros pós, cosméticos e demais ingredientes, e nada tivesse a ver com o valor intrínseco de cada um. Como se cada um cozinhasse o seu lugar a partir de uma receita definida.

P. JOHNSON: Mies é um génio extraordinário! Mas eu vou envelhecendo! E cada vez me aborreço mais! A minha direcção é clara: tradição eclética. Isto não é um revivalismo académico. Não há ordens clássicas nem remates góticos. Tento é agarrar o que me agrada em toda a história. História é qualquer coisa que não podemos desconhecer.

Embora isto soe um tanto ou quanto claustrofóbico e hermeticamente separado do mundo de todos os dias, a verdade é que pelo menos assegura integridade na manipulação dos estilos. Uma das razões para tal posição é

Harrison e Abramovitz: Edifício Alcoa, *urgh, 1955.* Folhas leves de alumínio cra- com janelas com caixilho e facetas trian- es. Tecnologicamente sofisticada, a da-cortina tornou-se o símbolo universal agem das grandes companhias: auto- iante, profissional e anónima. tornou-se ém o símbolo da burocracia por causa da xcessiva simplificação sociológica e uni- cia. Esta ambiguidade é típica do Low Camp (contraste [137]).

que o mundo de todos os dias significa compromisso: significa o mundo rotundamente comercial com o qual é preciso lidar rápida e pragmaticamente. Daí a seguinte observação de Wallace Harrison, arquitecto nova-iorquino, perito em arranha-céus, mestre da arte do possível:

> Quando o desenho acaba e começamos a sujar as mãos, deixamos de pensar nas construções como desafios para criar arte absoluta. Contentamo-nos em oferecer bons edifícios que são garantidamente construídos, na esperança de que nos conduzam a edifícios cada vez melhores.[10]

Embora esta eterna esperança de pragmatismo seja ingénua (dado que compromisso gera mais compromisso), ocasionalmente produz o tipo verdadeiramente americano de construção: o edifício tecnicamente *virtuose*. O edifício Alcoa [123] de Harrison constitui a perfeita expressão da técnica transcendente e da escola pragmática: grelhas leves de alumínio com apenas 1/8 de polegada de grossura são reforçadas pela sua forma, por facetas triangulares que emitem uma cintilação dissolvente sobre a gigantesca massa. As folhas de alumínio foram produzidas em massa, trespassadas no centro por janelas de vidro verde, empurradas para dentro para maior calor e conforto — todo este processo é bem sintomático da logística americana. A imagem é de outro mundo. Temos a impressão de estarmos no *Grand Canyon* ou na Wall Street depois de lá se terem instalado forças impessoais da economia e da exploração. Temos a mesma impressão perante a Lever House, essoutra obra-prima do super-pragmatismo, da firma Skidmore, Owings e Merrill [17]. O que esta firma conseguiu fazer foi aperfeiçoar a oferta total estereotipada ao cliente: este sabe o que o espera desde o princípio ao fim — uma fachada-cortina fria e claramente pormenorizada. Pretende produzir-se uma imagem claramente reconhecível que inspire a confiança das grandes companhias. O resultado é sempre uma interessante unidade parede-janela pré-fabricada, onde luz e sombra produzem a imagem interior. Este tipo de trabalho faz lembrar música enlatada adocicada, música ambiente, e os arquitectos deixam bem claro que fornecerão o cenário e tudo o mais que homens de negócios deles esperam. Por vezes, o resultado é brilhantemente adequado, como no Quartel General da Pepsi-Cola, gelado e atraente. Por vezes, o resultado é superficialmente ridículo, como na Bieneke Library, onde o mármore translúcido, de alto custo, mais parece uma série sem fim de aparelhos de televisão atados uns aos outros. Às vezes, pode ser apropriado mas socialmente dúbio: a Air Force Academy acentua tanto a arregimentação e a impessoalidade que se fica a perceber porque é que tem havido tanta falta de cadetes [124]. Dizer que a obra da SOM encoraja a fuga ao serviço militar parece, à primeira vista, uma acusação séria, mas não o é, de acordo com a leitura High Camp. Numa situação burocrática como a dos grandes negócios ou a do grande militarismo, não há pura e simplesmente moralidade nenhuma, apenas behaviourismo. Toda a gente se furta à burocracia, a burocracia sabe isso perfeitamente e inscreve esse dado antecipadamente como esperada «ruptura». Em muitos casos, em que uma contestação prolongada e múltiplas reformas falharam na tentativa para alterar esta situação e o «sistema» mecânico se tornou mais forte do que qualquer capacidade ou desejo individuais para o mudar, emergiu uma nova e muito curiosa mentalidade. Em vez de

[10] C. Jones, *Architecture Today and Tomorrow*, o. cit., p. 108.

SOM: *Academia da Força Aérea, Colo-Springs, 1957-62.* Num ambiente em que se aproxima da certeza estatística não há [...]a e por isso também não há moralidade; cadetes marcham para o salão das refei[...] sentam-se em uníssono, da forma mais [...]mais Camp e mais mecânica.

objecção e desespero, há uma aceitação invertida, abertamente irónica. A atitude Camp aceita o facto de que frequentemente os homens se comportam com uma certeza mecânica e, em vez de olhar este determinismo inflexível como um desastre, opta por vê-lo esteticamente: «Que beleza, que maravilha, os 2600 cadetes sentados para jantar, rezando as suas orações em uníssono»; «Eu quero ser uma máquina». Embora o domínio do mecânico sobre o orgânico seja tema de humor muito antes de Andy Warhol ter aprofundado este último desejo subterrâneo, a situação deixou de ser digna de humor na América porque, frequentemente, as consequências do processo mecânico são, em si mesmas, incontroláveis. As pessoas seguem o processo, leve-as este onde as levar, com a pragmática esperança de que pelo menos tenham êxito.

Desta atitude pragmática resulta naturalmente que as coisas funcionam e resultam enquanto funcionam e resultam — e o que funciona e resulta a um ritmo mais rápido é precisamente a moda. Não é coincidência que moda e pragmatismo tenham chegado a um feliz arranjo: é preciso cultivar a solução rápida, atrevida, arriscada, que mais não significa senão mudar a fachada. Daí:

> Com uns quantos rabiscos nas costas de um sobrescrito castanho de papel pardo, Stone definiu a planta e o alçado para a nova Embaixada, um edifício que viria a ser uma das mais excitantes estruturas da arquitectura moderna.

Quando podemos sentir a electrizante excitação descrita em letra de imprensa: «nova estrutura de Ed Stone muda o rumo da Arquitectura Moderna». Esta descrição de um ex-director da *Time Magazine* revela bem o tom desta mentalidade da mudança rápida e da notícia excitante e urgente, do *flash* em catadupa. Quem quiser projectar Camp terá de apanhar a essência dessa mentalidade, desse estado de espírito, terá de recriar a emoção do gesto social incontrolável, a rápida e violenta mudança da opinião massificada, o estereótipo da violência, o ímpeto irresistível para celebrar a voz de uma multidão num frenesim dionisíaco de optimismo. Terá de projectar dentro dos *clichés* que correm nas bocas dos críticos e Madison Avenue abaixo: «magrizela, postigo de cozinha, *playboy,* escola de *ballet,* neo-histérico, arrebicado, existencialista, eclético, caoticismo, tendência da moda, escola formal», etcetera.[11] *Clichés* que rapidamente são esquecidos: o seu destino é o próximo caixote do lixo. O eterno optimismo encoraja a produção super-rápida e a produção super-rápida encoraja a mudança e o crescimento. Cada um tem de cultivar a ingenuidade e a capacidade de esquecimento, pois a memória dos ciclos da moda tem de ser curta para que o processo possa seguir em frente. De facto, as comparações com o passado ou os temperamentos críticos só servem para emperrar a engrenagem.

Ora, sob esta capa de optimismo convertido em trejeito vai-se radicando um cru pessimismo: nada pode ser alterado, todos nós somos determinados pelo processo, isto ainda acaba mal. Camp significa esperança sempiterna e, contudo, implica sempre uma atitude apocalíptica: uma larga ausência de credibilidade; os ideais já não interessam a ninguém; toda a gente explora o domínio público, vai tudo acabar com a bomba de hidrogénio, repete e volta a repetir Lewis Mumford.

E assim se desenvolve ao mesmo tempo um certo envolvimento heróico por parte daqueles que, simultaneamente, abraçam e criticam o processo. O «Caoticismo» que, para todos os arquitectos Camp, é *o* estilo (ou seja, todo o estilo), exige sacrifício e sofrimento pessoal. As pressões são esmagadoras, mas a constante confusão é agridoce:

125a,b. *John M. Johansen: Biblioteca da [...]versidade de Clark, Worcester, Massachu[...] 1966-9.* Justificado com a filosofia da [...]teza, relatividade, existencialismo, incons[...] colectivo, *Archigram* e a Municipalida[...] Boston, este edifício irrompe a partir d[...] organização central, controlada, um [...] exemplo do « Caoticismo», o ecletismo [...] tude Camp.

> Esta [biblioteca para a Clark University] é o primeiro edifício moderno [1966]. Com isso, pretendo significar que é o primeiro edifício sintonizado com o pensamento contemporâneo na ciência, filosofia, arte. Em comparação com este, os meus primeiros trabalhos parecem-me construções renascentistas... Creio que um arquitecto só pode produzir edifícios válidos se for sensível às condições e experiências prevalecentes no seu tempo... Vivemos uma época de incertezas... a teoria da relatividade de Einstein...[12]

Este edifício [125] reflecte o muito consistente movimento do Caoticismo que Johansen, Rudolph e Johnson chefiavam a meio dos anos sessenta. Porém, Johansen operou uma grande viragem quando renegou os seus primeiros edifícios e atitudes. Aproximou-se, mais do que qualquer outro arquitecto deste movimento, de uma compreensão explícita da relação entre o acto pessoal e uma sociedade behaviourista. Num artigo em *Perspecta 7* (o jornal de Yale, como a *Time,* constituiu um divulgador do movimento), afirmava explicitamente a necessidade do sacrifício pessoal para influir no domínio público. Mas o domínio público foi coisa que, precisamente, nunca existiu

[11] Os cinco primeiros epítetos são de cunho inglês e, na sua maior parte, abusivos.
[12] Ver John Johansen, *Architectural Forum,* Janeiro de 1966.

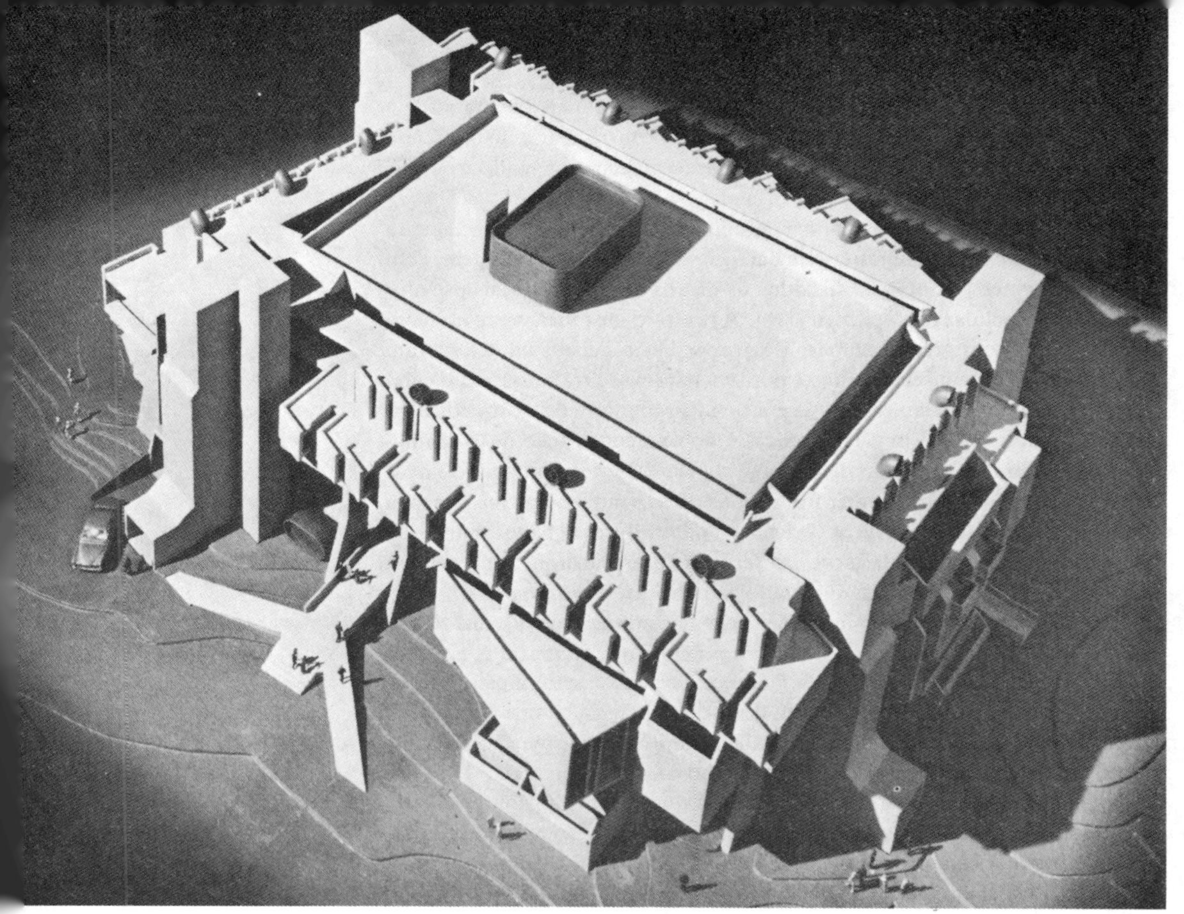

na arquitectura americana, apesar das tentativas ocasionais de Johansen e outros. A razão reside no pluralismo inerente, em consequência do qual cada grupo acabou, no fim de contas, por explorar o público para realizar os seus própios fins.

Na ausência de uma base política definida ou mesmo crível, não espanta que o domínio público continuasse a parecer-se, em termos de imagem, com o Lincoln Center [115b] ou com todos os outros centros culturais pseudo--clássicos que pululam na América [118]. A razão reside unicamente no facto de que quando um grande número de grupos heterógeneos não chegavam a acordo sobre uma direcção nova e positiva para o seu trabalho, acabavam forçosamente por cair no estilo que era o mais familiar e o que menos divisões causava: o classicismo. Isto aplica-se tanto à construção de Washington D. C. como à Exposição de Chicago de 1893. E mesmo quando novas tentativas como o Lincoln Center foram consideradas um «desastre» por toda a gente envolvida (desde críticos de teatro a planeadores urbanos, passando por peritos acústicos e canalizadores), a verdade é que acabaram por ser copiadas tranquilamente por causa da sua feição clássica e monumental.

Perante tão radicada omni-incompetência, não admira que se tenha desenvolvido uma atitude sardónica e que muitos sintam que contestar é, emocional e retoricamente, suicidário. Afirmam, ou pela sua acção, mostram, que a situação é inevitável, e se é inevitável, deixa de ser trágica ou triste ou mesmo patética. Será antes apenas mais um dado amoral, como um «acto da natureza», que pode ser visto neutralmente como um jogo estético.

Esta honesta amoralidade é exactamente o que dá a Philip Johnson a sua integridade. Ele, mais do que qualquer outro, foi fiel à moda, a uma sociedade abastada, à vida urbana. O seu *curriculum* é instrutivo: uma educação assente nos clássicos em Harvard; depois,, um período no Museu de Arte Moderna, onde escreveu *The Internacional Style* com Hitchcock; mais tarde, defendeu a monumentalidade nazi a partir de uma posição neo-nazi (ver citação supra); a seguir, regresso a Harvard para de doutorar em arquitectura sob a orientação de Walter Gropius; depois o livro sobre Mies e, finalmente, a sua obra miesiana, a famosa casa só com paredes de vidro [126].

Esta obra foi propositadamente desenhada para exagerar os princípios da arquitectura moderna de uma forma provocativa extrema: o efeito foi perfeito. Não se trata de interpenetração do espaço, mas sim de uma casa cujo interior é inteiramente visível de fora, uma casa que se deixa ver; não um escritório friamente executado, mas sim uma casa de campo friamente executada; não assimetria apenas, mas combinada com a simetria. Um espelho transparente colocado sobre um relvado verde aparado por cuidadosa *manicure*. A casa foi projectada por Johnson com uma «*exlication de texte*» para que o Movimento Moderno pudesse seguir todas as alusões (entre as vinte e sete, contam-se alusões a Le Corbusier, Van Doesburg, Malevitch, Mies, Ledoux e Schinkel). Estas notas programáticas históricas publicadas na *Architectural Review,* foram importantes para uma experiência arquitectónica integral, mas o verdadeiro significado da casa foi um gesto social. [13] Subitamente, o jornalismo arquitectural tinha-se tornado parte do objecto. Marshall Mcluhan,

---

[13] *Architectural Review,* Stembro de 1950, pp. 152-9

Tom Wolfe e Robert Rauschenburg estavam presentes, eram antecipadamente inscritos no projecto. A celebração social da arquitectura, através das fotografias de imprensa e outras, tornava-se, de súbito, tão significativa como a própria construção. Em breve Rauschenberg poderia «pintar um retrato», dizendo simplesmente: «Este é um retrato de Irsis Clert, se sou eu que o dígo». Johnson foi, porém, o primeiro a entender as implicações de uma audiência sofisticada e dos novos meios de comunicação para a tradição arquitectónica.

As suas duas obras significantes seguintes, a casa Wiley e a casa Boissonnas, levaram a combinação de alusões históricas e miesianas ainda mais longe. A casa Wiley era uma imagem de aço (embora construída em madeira) a partir de uma base fechada, rústica (embora mais corbusieriana do que renascentista); e a casa Boissonnas desenvolveu ainda um conceito de espaço que faz lembrar a grelha de Mies no IIT [153] e a nova concepção espacial de Kahn.

Para além destes trabalhos essencialmente miesianos, o resto da arquitectura de Johnson é inteiramente Camp — uma demonstração do seu gosto, impecavèlmente perverso, e motivada por alusões historicistas. É o caso da entrada da Roofless Church, que lembra as entradas de muitas das *villas* nazis [127], ou a Nebraska Art Gallery, cujas colunas classicistas foram construídas e experimentadas antecipadamente em Itália, para se verificar o «jogo de sombras» (sic), ou o New York State Theatre, que se assemelha a uma obra fascista dos anos trinta [115b], ou Kline Center em Yale, com o seu

*. *Philip Johnson: Casa de Vidro, New* *naan, Connecticut,* para Philip Johnson, crita por Philip Johnson e finalmente publi- 'a em *Philip Johnson* (por Hitchcock e Phi- Johnson), 1949.

«Temenos* Ateniense», etc., etc. Embora estas obras assumam uma imagem surpreendente e brilhante, apesar de serem univalentes (uma condição para a atitude Camp), a contribuição específica de Johnson reside mais na sua abordagem franca dos problemas do que nos seus edifícios. Porque a sua abertura sincera mostra um caminho, limitado é certo, mas pelo menos franco, aberto ao futuro urbano. Vale a pena citar uma conversa entre Susan Sontag e Johnson, sobre a moralidade (ou seja, amoralidade) da cidade futura:

127. *Philip Johnson: Igreja de New Harm*
New Harmony, Indiana, 1960. A entrada
o «temenos» desta igreja é conscientemente
toricista e provavelmente intencionalm
reminiscente da arquitectura nazi. *Johns*
«Só há um presente absoluto e esse está
pre a mudar. Não há regras, decerto nã
certezas em nenhuma arte. Há apenas um
timento de maravilhosa liberdade, de pos
lidades infinitas, de um passado sem fi
grandes edifícios históricos, passado que
fruímos.»

SS: ...creio, creio que em Nova Iorque o seu sentido estético se desenvolve, de uma forma curiosa e muito moderna, mais do que em qualquer outro sítio. Se vemos as coisas de um ponto de vista moral, ficamos num estado de contínua indignação e horror, mas [riem] se as vemos com um tipo muito moderno de...

PJ: Acha que isso vai mudar o sentido das regras, o facto de não podermos usar as formas como um meio para julgar esta cidade, porque não o suportaríamos? E que estamos a mudar todo o nosso sistema moral para o adaptarmos ao facto de vivermos de uma forma ridícula?

SS: Bem, acho que estamos a aprender as limitações da experiência moral das coisas. Acho que é possível ser-se estético...

PJ: ...quer dizer, a sua perspectiva moral é a de Mumford, de que estava a falar.

SS: Sim.

PJ: Patrick Geddes, o melhor dos bons, e temos de ser bons e fazer estas coisas. Esse critério conduz-nos aquilo que temos hoje, portanto, recuámos, ou talvez tenha-

---

* do grego Tèmevo , recinto sagrado, templo ou corte real. *(N.T.)*

mos avançado, em relação à nossa geração ... se me permite pôr-lhe mais uns anos em cima.

SS: Ah, é muito simpático da sua parte [riem].

PJ: Fruindo as coisas tal e qual como elas são ... vemos uma beleza inteiramente diferente da que Eddie Mumford podia possivelmente ver.

SS: Acho, vejo por mim mesma que precisamente agora encaro as coisas de uma maneira dividida... tanto moralmente como...

PJ: Mas de que é que lhe serve acreditar em coisas boas e certas?

SS: Porque eu...

PJ: Isso é feudal e fútil. Acho que é muito melhor ser-se (?) nihilista e esquecer essa história toda. Quer dizer, eu sei que sou atacado pelos meus amigos moralistas, bom, mas, diga-me uma coisa, não andam eles todos preocupados em mudar as coisas e afinal para nada?

SS: Bom, as pessoas fazem coisas.

PJ: Fazem mesmo?

SS: Realizam coisas, tomam posição.

PJ: Mas realizam mesmo? Diga-me lá o que é que eles têm feito por Nova Iorque? Você leu certamente os artigos dos jornais, noutro dia ... o chefe disse que tanto faz passar o tempo a escrever cartas ao Pai Natal como a falar das possibilidades de planeamento urbano nesta cidade, e por acaso os Ingleses, que são tão certos quanto a regras morais e planeamento urbano, e têm todos aqueles London County Councils e todas aquelas coisas de que tanto se orgulham, repare que arruinaram a sua cidade em nome da moralidade. Ainda é pior do que Nova Iorque com o seu caos sem remédio...

E, noutro passo, sobre a questão da moralidade artística:

PJ: A arte *Pop* é uma crítica.

SS: Reside aí o seu valor.

PJ: É uma crítica a uma crítica. Isto é perturbador nas suas insinuações intelectuais — não é muito bonito.

Depois de examinarem vários quadros *Pop* da colecção de Johnson:

PJ: ...Podemos passar à arquitectura, ou temos sempre de cair na pintura?

SS: Não, não, podemos examinar tudo, porque está tudo ligado.

PJ: ...[mostrando trabalhos seus] Sou plagiador — está a ver, vamos sempre buscar tudo a todos — olhe, este é copiado de Corbusier, este é copiado das igrejas bizantinas — este é inspirado em Jaipur, Índia. Este, não sei, este talvez seja original. É uma casa subterrânea. Há uns móveis pastando nos telhados, está a ver como ela desce e se abeira da água, mas... Mas isto mostra precisamente que, neste preciso momento, estamos a fazer uma coisa de completamente diferente, perfeitamente oposta e afinal no mesmo momento.

SS: Mas essa é a própria essência da modernidade [PJ: Claro] em todas as artes. Quer dizer, é qualquer coisa que encontramos em alguém como Picasso [PJ: Sim, Picasso é sobretudo...] foi a primeira pessoa que compreendeu o princípio do plagiato artístico. [vai buscar flores]

SS: Sim ... e estas flores são verdadeiras, verdadeiras...

PJ: Flores verdadeiras ... *falsas* flores verdadeiras.

SS: Claro, falsas flores verdadeiras.

PJ: Está a ver o nível da falsidade, trata-se de [o telefone toca] uma verdadeira imitação [diz «Está?», para o telefone] tridimensional, sim, com um significado conhecido, e são estes vários níveis de realidade que tornam isto tudo tão fascinante... [14]

O quadro de Andy Warhol da lata de sopa Campbell é, evidentemente, o paradigma desta oscilação imaginativa da realidade. Quando olhamos para

---

[14] Citado de uma entrevista, parte da qual foi passada na BBC TV. Novembro de 1965.

esta *Campbell Soup Can* [128], concluímos, a um nível literal, que se trata de um elegante rectângulo disposto exactamente de acordo com as harmonias clássicas. No entanto, ao nível iconográfico, o conteúdo é um insulto: a sopa de tomate constitui uma afronta à divina proporção. Ao nível seguinte, e à medida que oscilamos entre prazer e irritação, reparamos que não se trata precisamente de uma lata de sopa Campbell, mas sim de uma fotografia de uma fotografia de uma pintura de um objecto produzido em massa (nem mesmo do objecto em si). Por outras palavras, é algo triplamente afastado da realidade; em termos platónicos, portanto, uma tripla mentira. A fotografia (produzida em massa, daí sem valor) [15] de um objecto de arte (único, valioso) de uma lata de sopa produzida em massa (sem valor). Resta à pintura ser produzida em massa para ser desvalorizada e por isso revalorizada. Esta inversão consistente de todas as categorias aceites faz com que, de uma forma imaginativa, o trabalho de fantasia se transforme numa experiência sublime. Ou seja, desde que sigamos a experiência para além do insulto primário e compreendamos este insulto (as dificuldades em apreciar o Camp resultam de não se saber a que nível se expressa o insulto). Nesta oscilação frenética, a atitude Camp faz da fantasia distanciada uma virtude da imaginação.

Devemos insistir nesta distanciação como a característica básica da nova sensibilidade. Aproxima-se da atitude científica e opõe-se à moral porque manipula o conteúdo de um modo abstracto, como faz o cientista. Como Sontag acentua: «Camp é a relação consistentemente estética com o mundo. Encarna uma vitória do «estilo sobre o conteúdo», da «estética sobre a moralidade», da «ironia sobre a tragédia». Se isto é verdade, se Camp é como a ciência por ser completamente amoral, então o objecto Camp tem de ser univalente, ou seja, obra do intelecto e da fantasia. Mas, além disso, se é amoral, então tenderá a ser simultaneamente pragmático e fatalista em relação a tendências, e por isso destrutivo em relação ao domínio público, o qual depende do sacrifício pessoal e da moralidade. Assim, embora possa ser honesto a um nível privado e criar objectos que são vitais e brilhantes (porque pessoais), o arquitecto Camp não poderá criar uma obra pública duradoura, que resista à sua própria carreira, a menos que tal permanência seja garantida por outros. A sua obra tem de expressar a sua própria fama pessoal e, embora fama signifique, por definição, notoriedade pública, mesmo assim é essencialmente privada porque é sempre a fama de *um alguém*. Para criar uma obra pública duradoura, o arquitecto Non Camp acredita e defende uma realidade social que transcende a sua própria história: daí os constantes actos de fé de Louis Kahn, que visariam criar essa realidade.

CAMP-NON CAMP

Antes de discutirmos os arquitectos Non Camp americanos, temos de referir algumas figuras de transição que são simultaneamente sérias e morais, embora, por vezes, univalentes. Ou seja, os arquitectos que têm uma adesão moral em relação à tecnologia e os ideais sociais dos anos vinte. O ideal técnico

---

[15] Os objectivos e a atitude são, evidentemente, tradicionais e comuns.

inspira Buckminster Fuller, Konrad Wachsmann, Charles Eames e Myron Breuer e Matthew Nowicki. Todos estes arquitectos contribuíram de forma significativa para as ideias desenvolvidas na Bauhaus. De facto, Fuller acabou por refutar as ideias da Bauhaus por as considerar a um nível literal e por as levar muito mais longe do que Gropius alguma vez pensou. Assim, Fuller desenhou uma casa susceptível de ser produzida em massa (a casa

Andy Warhol: Campbell Soup Can,

129. *Buckminster Fuller: Casa Wichita, K sas, 1946.* O máximo de resultados e efic cia por quilo de Fuller produziu interrogaç tão memoráveis como «Minha senhora, s quanto é que a sua casa pesa?». Esta c pesava 6000 libras e foi transportada no ci dro vertical à esquerda.

Wichita [129]), que pode ser transportada e colocada em qualquer sítio por causa do seu pouco peso e pelo facto de todos os seus elementos serem pré--fabricados e ajustáveis. A imagem da Wichita House faz pensar nas curvas e na macieza metálica de um avião, o que não é para admirar porque a casa deveria ser produzida pelos mesmos métodos e pelas mesmas fábricas que produziam aviões. E a imagem final é particularmente fresca porque resulta de um intensivo reexame de todas as exigências tradicionais do que é habitar uma casa. Mas mesmo assim é univalente (tal como o são as suas residências) porque os valores sociais são unidimensionais e assentes numa sociologia behaviourista [16] Não há nela qualquer ideia de como as casas podem formar um grupo mais largo, nem tão pouco da forma como as instituições políticas operam num tecido urbano. Na realidade, não há mesmo qualquer índice que aponte para o domínio social e público. Possivelmente, a razão para tal está em que Fuller encara a política como algo que, essencialmente, é subjectivo, irrelevante e corrupto, dado que, sempre que fala da coisa política, é para pôr em relevo essas qualidades negativas.

---

[16] Ver Paul e Percival Goodman, *Communitas,* Vintage Books, Nova Iorque, 1960, p. 80, que discute as implicações sociais do Dymaxion World de Fuller: igualdade através de igual isolamento e dispersão. Os objectivos são maior produtividade e nenhum conflito ou relacionamento político e social.

ıa. *Charles e Ray Eames: Casa Eames, Los geles, 1949.* Decoração de aço, paredes de , traves de aço e janelas em estrutura de aço, o saído de um catálogo. Esta casa, «pronta-ısar», tornou-se um paradigma para muitos enhadores ingleses como os Smithsons e ıes Stirling.

Charles Eames, na costa oeste, conseguiu incorporar a mesma imagem técnica que Fuller apenas esboça, mas Eames revela a intenção de procurar o uso social da tecnologia. A sua «Case Study House» [130a] usa com rara perícia a tecnologia, com implicações a um nível doméstico e urbano, porque Eames permitiu que a técnica se tornasse o pano de fundo e ganhasse significação através da justaposição com os objectos que suporta.

Os ingleses Smithsons salientaram a atitude de Eames em relação à «disposição dos objectos», que faz sobressair a sua «beleza»; «um amor pelo objecto fotografado, uma espécie de reverência em relação à integridade do objecto. A estética Eames assenta na integridade do objecto», ou seja, numa atitude quase-religiosa, quase-burguesa, em relação à propriedade. Chamemos-lhe ou não «obsessão dos objectos», o facto é que tudo o que os Eames reunem na sua casa é pacientemente colocado e pretende-se que de um modo significativo. Assim, as vigas em forma de teia aberta condizem com a fronteira, a ornamentação metálica exposta condiz com os eucaliptos, os caixilhos industriais prontos a usar são tão significativos como as flores que se colocam nas jarras. Embora a forma industrial sirva de pano de fundo ao primeiro plano humano, ambos têm idêntico peso emocional [130].

O resultado, contudo, não é a sala de visitas burguesa ou a natureza morta, tão pouco a colagem cubista. Parece mais um conjunto de elementos adicionados: uma mostra de museu que pode crescer ou dimunuir sem perturbar a composição global. Esta estética aberta, reforçada pelos elementos «de catálogo» com que a casa é construída, sugere uma relação fortuita, vaga, com

130b. *Charles e Ray Eames: Casa Eames, in rior.* A «estética Eames», a resposta à «estéti purista» de Le Corbusier. em vez de deslo rem objectos industriais e humanos numa co gem cubista, os Eames compõem-nos num s tema rectilíneo, como poderiam aparecer nu primeira página de um jornal.

a propriedade e com os objectos possuídos; talvez familiar, mais do que obsessiva.

De qualquer modo, a casa de aço dos Eames insere-se muito na tradição West Coast de Neutra e Soriano e é seguida pelas últimas experiências com aço transcendental de Koenig e Ellwood. Todos estes arquitectos da costa oeste dos E.U.A. exploram o potencial que Mies tinha descoberto: planeamento aberto, precisão do pormenor, exactidão, nitidez e a qualidade brilhante do aço e do vidro. Uma perfeição contínua que é possível unicamente com uma tecnologia sofisticada que pode evitar uma certa crueza. Koenig, referindo esta necessária sofisticação, diz que «o aço só é bom se o cuidarmos até ao pormenor... Para tornar o aço exposto aceitável na sala de espera, temos de ter em atenção o mínimo pormenor para que as junturas surjam imperceptíveis». E isto só se tornou possível depois de a soldagem a arco voltaico se ter desenvolvido e de todas as conexões desaparecerem numa continuidade macia de materiais sintéticos.

Por isso, a obra da West Coast sempre teve um aspecto irreal, absoluto, como se tivesse acabado de sair de uma cozinha platónica de onde poeira e tempo teriam sido eternamente varridos. O ideal é empurrar levemente uma porta de folha de vidro entrar logo para uma piscina em mármore, para uma

1. Pierre Koenig: Case Study House 22, llywood Hills, 1959.

floresta luxuriante, um deserto nítido ou uma varanda em cantiléver — esta última vigiando lá em baixo a extensa Los Angeles [131]. De qualquer forma, uma tecnologia absoluta, triunfante, é justaposta a uma natureza menor: em estado bruto ou no estado humano.

Em resumo, tem havido duas contribuições básicas da escola técnica e da tecnologia para a arquitectura americana: por um lado, uma tecnologia avançada tem permitido aos arquitectos uma expressividade mais livre, porque diminuiu as restrições utilitárias e, por isso, aumentou as possibilidades de manipular a forma e o espaço do modo que o arquitecto pretende. E, por outro lado, onde este acréscimo de liberdade é negado por razões de eficiência e restrição ascética, regista-se um tipo notável de arquitectura paramétrica [132a,b], em que o brilhantismo da forma é um subproduto das decisões funcionais.[17] Os resultados disto são, não só uma imagem original e notável, mas também uma tendência básica de «fazer mais com menos», um aumento de eficiência. Se há alguma deficiência nesta abordagem, ela reside na convicção de que um acréscimo na eficiência técnica é necessariamente acompanhada por uma melhoria na qualidade de vida. Foi esta confusão entre meios e fins que levou esta escola a julgar as instituições sociais dos homens como meros objectos utilitários, que devem existir apenas enquanto forem úteis. Que a consciência dos homens é uma construção deliberada a desenvolver atraveés da perfilhação de ideais é uma questão que não é levantada.

[17] Ver mais adiante, no capítulo 7, discussão de «une architecture autre», e, no capítulo 8, a discussão da «arquitectura paramétrica».

32a,b *Edifício de Montagem de Veículos, 964, Cabo Kennedy, Florida, e SOM: Telescópio Solar, Kitts Peak, Arizona, 1965.* Ambas s formas externas são simples e vigorosas, o esultado de um número reduzido de parâmeos, ao passo que as formas internas são múlplas e complexas, mostrando a mais típica xpressão da era cibernética. A forma externa o telescópio solar foi determinada por três tenções (ângulo exacto, estabilidade total e ieza total) que exigiam virtuosismo tecnológico. Daí a expressão absoluta e sem compro- issos.

3a,b. *Robert Venturi: Chestnut Hill House, ensilvânia, 1965.* A fachada tem uma função blica com o seu sentido próprio, muito difente do interior, o domínio privado. Esta conadição entre público e privado mostra um gresso consciente à retórica e às responsabiades do discurso social articulado.

É só para arquitectos como Louis Kahn, para quem aquilo em que se crê é a condição *sine qua non* para a acção, que os ideais dos homens e os seus efeitos no domínio público, realmente interessam.

NON CAMP

Antes de discutirmos Louis Kahn, a sensibilidade e as ideias do arquitecto Non Camp têm de ser delineadas, porque há uma convergência suficiente de atitudes e ideias para podermos falar da sensibilidade Non Camp como uma só. Enquanto o arquitecto Camp é moralmente frio (resultado de uma sociedade urbana «superaquecida»), o arquitecto Non Camp é moralmente «quente» (resultado de uma conexão com uma localização urbana ou acadé-

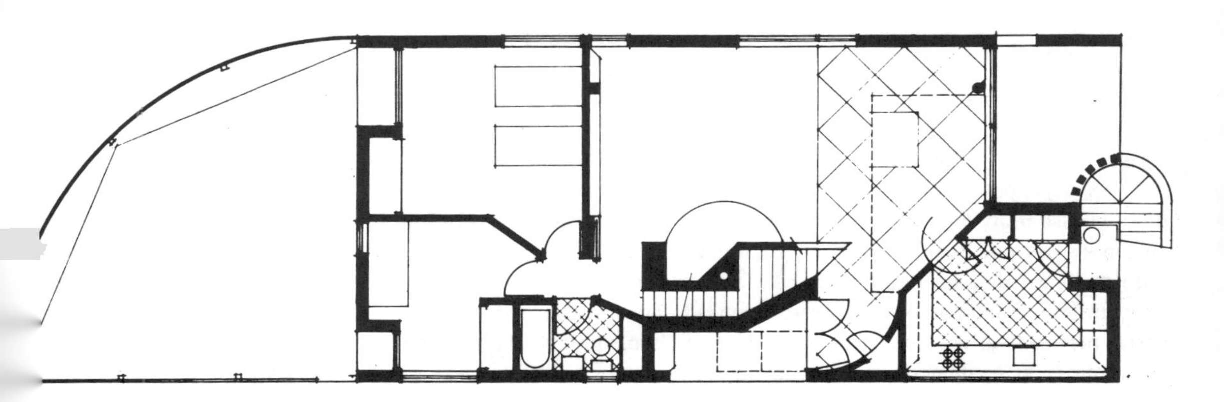

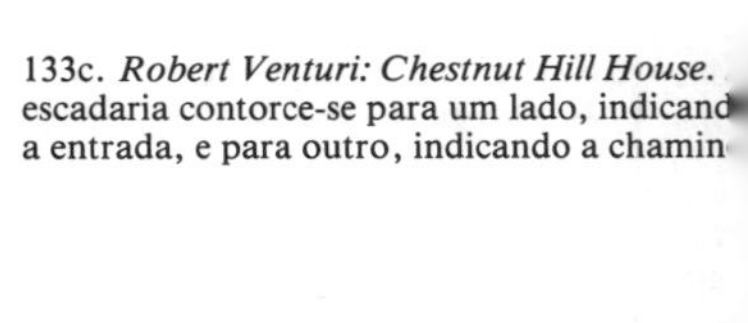

133c. *Robert Venturi: Chestnut Hill House.* escadaria contorce-se para um lado, indicand a entrada, e para outro, indicando a chamin

mica «subaquecida»). Alargando a analogia, podemos dizer que Camp é uma força que cresce numa estufa e que o Non Camp cresce lentamente, de acordo com as suas próprias leis, as leis da imaginação, que produzem, ao contrário de uma estufa, uma flor com cheiro. A flor Camp é bela, mas flor Non Camp é vigorosa, além do que, de facto, tem cheiro.

Cheiro que pode ser fragrante e pleno ou mortiço e fanado, o que depende de cada caso individual, dado que as academias têm tendências para produzir ambos os tipos de odor em igual quantidade. O primeiro cheiro é resultado da liberdade para desenvolver as ideias e as crenças de cada um lenta e integralmente, ao passo que o outro é causado por um abandono de mais vastas perspectivas em troca dos limites de uma discussão fechada. Uma das ideias que foi parcialmente desenvolvida pelos arquitectos Non Camp é a rela-

Robert Venturi: Football Hall of Fame,
O uso do cartaz como um grande desvio
scala em relação ao parque de estaciona-
o, externo, e contrastando com o espaço
useu, atrás, interior.

ção entre os domínios público e privado, ou a cidade como uma estrutura articulada para a acção humana.

Por exemplo, a obra do arquitecto e escritor de Filadélfia Robert Venturi é directamente complementar em intenção, a esse nível. Os exteriores dos seus edifícios reflectem as forças públicas externas, sejam a *Pop Art* ou o espaço urbano, ao passo que o interior reflecte a circunstância individual:

> Tenho tendência para desenhar de fora para dentro bem como de dentro para fora. As tensões decorrentes ajudam a fazer arquitectura. Dado que o interior é diferente do exterior, o ponto de mudança, que é a parede, é um acontecimento arquitectónico. A arquitectura dá-se na confluência das forças interiores e exteriores de uso e de espaço. Estas forças interiores e exteriores são tanto gerais como particulares, genéricas como circunstanciais. A arquitectura, enquanto parede entre o dentro e fora, torna-se a inscrição espacial desta resolução e o seu drama.[18]

A sua casa para a mãe, Sr.ª Robert Venturi, contém esta dualidade. A fachada pública [133a] é simétrica, relativamente simples e geral e tem um arco simbólico que acentua a entrada. Contudo o interior reflecte a complexidade daquilo a que ele e Kahn chamam a circunstância individual [133b]. Aqui, implica uma distorção do espaço de circulação para um mínimo e a afirmação da identidade de cada função a partir da estrutura rectilínea. Assim, cada divisão pode afirmar a sua função social travando um diálogo com cada função adjacente, isto é, a sala de estar dialoga com e valida a cozinha, esta

[18] Ver Robert Venturi, *Perspecta 9/10,* p. 33.

135. *Robert Venturi: Lieb House, Long Island, New Jersey, 1966-9.* Esta casa us mentos vulgares de uma forma distorcida contraída. O número da casa tem cinco altura, as partes laterais são pintadas de e na base e de claro no topo; uma janela lar é cortada adequadamente ao nível da daria, etc.

dialoga com e valida o espaço de entrada e assim por diante. O significado social neste contexto é, portanto, não uma questão de adequação de formas particulares, mas sim a sua relação mútua.

Venturi desenvolveu as suas ideias de «Complexidade e Contradição em Arquitectura» num manifesto com esse título em 1966. Este livro, em certos aspectos, é uma inversão de *Vers une architecture* (1923) de Le Corbusier, excepto que evita todos os argumentos numa base técnica e conduz a discussão aos níveis da história da arquitectura e do gesto pessoal: [19]

> Gosto da complexidade e da contradição em arquitectura...
> Gosto dos elementos que são híbridos e não dos que são puros...
> Sou a favor da vitalidade confusa e contra a unidade óbvia...
> Prefiro o «tanto ... como» ao «ou ... ou»...

---

[19] Robert Venturi, *Complexity and Contradiction in Architecture,* Nova Iorque, 1966, citações das pp. 22-3. A ideia de Venturi de uma arquitectura inclusiva é idêntica à ideia de multivalência aqui desenvolvida, mas como acentuei numa crítica ao seu livro (*Arena,* Junho de 1967, pp. 4-5), Venturi não vai às razões teóricas mais profundas paa fundamentar a sua posição. Por isso os seus argumentos tendem a parecer unicamente expressão do seu gosto pessoal.

A subjectividade destas afirmações é desarmantemente franca. Venturi, contudo, justifica as suas preferências de duas formas. Primeiro, cita inúmeros exemplos vivos do tipo de ironia e ambiguidade de que gosta, e em segundo lugar, expõe as vantagens psicológicas de uma visão da realidade complexa e irónica, em oposição a uma visão simples. Depois, estabelece o paralelo entre isto e uma arquitectura inclusiva e complexa:

> Mas uma arquitectura da complexidade e da contradição tem uma obrigação especial em relação à globalidade; a sua verdade tem de estar na sua totalidade ou nas suas implicações de totalidade. Tem de encarnar a difícil unidade da inclusão e não a fácil unidade da exclusão. Mais não é menos.

O manifesto moderado de Venturi teve um impacte extraordinário nos círculos arquitecturais, talvez porque ele é virtualmente o único arquitecto com um discurso polémico vasto e consistente. De qualquer forma, os seus argumentos a favor de uma «arquitectura inclusiva» que pode usar quaisquer elementos (desde cartazes de Las Vegas [134] a arcos clássicos), desafiavam efectivamente os argumentos exclusivistas prevalecentes, favoráveis à pureza e à restrição. Venturi trata nos seus edifícios de expandir o repertório possível de referências disponíveis aquelas que uma sociedade pluralista usa como um facto natural e lógico [135]. Num certo sentido, a sua polémica é dirigida contra a ideia de uma sensibilidade historicista, que pretende restringir as metáforas disponíveis àquelas que são apenas correntes ou tecnologicamente de vanguarda.[20] A ideia é que, na idade das viagens ç do turismo, na idade do «museu sem paredes», esta restrição já não é relevante e que, em qualquer grande cidade com a sua pluralidade de subculturas, uma tal limitação é extremamente paternalística.

Charles Moore, um arquitecto da Costa Oeste que sucedeu a Paul Rudolph à frente da escola de arquitectura da Universidade de Yale, desenvolveu muitas das ideias de Venturi sobre a deslocação da escala («*super-graphics*») e o uso de *écrans* recortados para sugerir um mais vasto espaço [136]. O seu Faculty Club da Universidade da Califórnia constitui tanto um uso claro de elementos vernaculares como um jogo esotérico com a história da arte. Assim, a sala de jantar do clube recorre a néons e cabeças de animais embalsamadas, para aceitar e ironizar as imagens tradicionais dos castelos senhoriais, ao passo que as referências a Sir John Soare, Theo Van Doesburg, à arquitectura colonial espanhola e ao estilo barracão, acrescentam uma certa excitação ao nível da citação de mestres e correntes.

Em parte, esta capacidade de alusão e a incorporação de elementos da moda na arquitectura levaram erradamente muita gente a classificar Venturi e Moore como *os* arquitectos Camp. Tratava-se de uma classificação temática e tão errada como afirmar que Stravinsky é um compositor *Pop* porque utilizou material popular na sua obra. De facto, tanto Venturi como Moore têm posições de princípio muito explícitas, nas quais a sua arquitectura assenta

---

[20] Explicitamente, atacou os Smithsons a propósito deste ponto; ver *RIBA Journal,* Agosto de 1969.

[21] Ver David Gebhardt, *Architectural Forum,* Março de 1969, p. 79.

136. *Charles Moore e William Turnbul: rior do Clube da Faculdade, Universida Califórnia, 1968.* O uso excessivo de num ambiente de castelo feudal ironiza c pretensões dos clubes, ao passo que o us contraído de «técnicas prontas a usar» é directo.

e que transcendem a justificação por ciclos de gosto apenas. Por exemplo, Moore e Lyndon escreveram:

> ...que a primeira intenção da arquitectura é territorial, que o arquitecto estabelece os estímulos com os quais o observador cria uma imagem de «lugar»... Para construir tais lugares, frequentemente com um orçamento reduzido, gostamos, e temos de construir de uma forma simples e com técnicas prontamente disponíveis.[22]

Enquanto estas intenções de criação de um «lugar» são ortodoxas entre a maior parte dos arquitectos recentes, Charles Moore encarou-as dentro de uma aceitação mais livre e folgada de «técnicas prontamente disponíveis» e, por isso, a sua arquitectura possui uma certa liberalidade despreocupada de referência que, de outro modo, lhe faltaria: ou seja, é abertamente amistosa para os habitantes locais e para o uso que estes dela fazem, sem ser condescendente nem cair no lugar-comum. Aceita os materiais locais, como a chapa

[22] Ver mais adiante «Lugar-Não-Lugar», capítulo 8. A citação é de Robert Stern, *New Directions in American Architecture,* George Braziller, Nova Iorque, 1969, p. 70.

de zinco ondulada, as ripas de madeira e as instalações de luz industriais, para articular um espaço colectivo através da convenção.

Uma outra forma de obter a mesma articulação pública, e de novo sem uma linguagem bombástica, é mostrada pelo trabalho de José Luis Sert, arquitecto espanhol que emigrou para os Estados-Unidos, membro do CIAM e sucessor de Gropius à frente da escola de arquitectura de Harvard. A sua arquitectura alarga a abordagem de Le Corbusier, em particular o projecto de arranha-céus de Argel deste último, que articula as funções urbanas dentro de uma estrutura global. A Boston University Tower [137] de Sert é realmente o primeiro edifício a seguir as implicações promovidas por Le Corbusier em 1938. Aqui, os elementos gerais da superfície (a parede, as barras entre as janelas, a protecção solar) são usados de forma a articularem as funções específicas internas (denotando que se trata de um auditório, de escritórios e do espaço comum). A questão é que se a cidade vertical tem de ser tão vasta e rica como a cidade horizontal, então tem de ser capaz de significar as mes-

Sert, Jackson, Gourley e Associados: ton University Tower, 1965. A cidade ver- articulando mais do que suprimindo o plexo conteúdo, como na habitual ada-cortina (compare-se com [123]). Aqui mensões foram finalmente fixadas através ctângulos proporcionais e *«tracés régula-s»*.

mas distinções, mesmo que estas estejam erradas ou sejam falsas. Porque uma superfície articulada é sempre mais universal do que uma superfície neutra, pelo simples facto de que podemos ler diferentes significados nas relações presentes, significados que não podemos ler numa superfície neutra. Por isso, à medida que nos vamos familiarizando com o esquema da Boston University Tower, vamo-nos apercebendo lentamente do que as múltiplas relações podem significar. O mesmo se pode dizer do Health Centre [138] de Sert, o qual relata também um sem número de funções urbanas. O local onde os pacientes descansam é claramente articulado no quarto piso atrás dos tabiques no topo do edifício através de uma mudança de ritmo e o serviço de assistência é articulado em baixo pelo mesmo método. Mas estas funções só ganham articulação por serem diferentes do pano de fundo dos escritórios apenas o suficiente para podermos apercebê-las. Não são demasiado diferentes: se o fossem, a percepção sofreria um abalo demasiado forte. Por isso, este edifício não é apenas uma lição de prosa subjugada, mas também uma

138. *Sert, Jackson, Gourley e Associa Holyoke Center, Cambridge, Massachus 1963.* Através de ligeiras variações da fo a massa é atenuada e a cidade vertical re a mesma diversidade e carácter que a h zontal.

lição muito subtil à escala urbana, intenção social básica de Sert. Através do interior do edifício corre uma rua pedestre que liga o jardim às casas de Harvard e que serve também de rua comercial. O efeito disto é duplo: as pequenas lojas no exterior encontram-se sempre entre o transeunte e os blocos altos, e no interior formam um espaço inteligível de funções não-académicas. Assim a escala é dada através do tamanho e do conteúdo (isto é, a escala humana é simplesmente aquilo que é inteligível ou que tem relações que podem ser entendidas).

Que a escala consiste na significação social mais do que em qualquer tamanho ou unidade de medida é algo que pode ser visto no Boston City Hall, de Kalmann, McKinnel e Knouwles, que é gigantesco em tamanho sem recorrer a uma escala excessiva e mantendo a sua inteligibilidade [139a]. Estes arquitectos iniciaram o projecto sob o conceito prévio da «megaestrutura», ou seja, um sistema gigantesco de todas as constantes repetitivas num vasto edifício (estrutura, equipamento mecânico, circulação). A partir desta estrutura fixa montaram as várias funções que são inerentes a qualquer Câmara Municipal: os escritórios no topo, a sala de reuniões do Conselho Municipal projectada a um ritmo diferente, e as instalações do Presidente num ponto relevante de lado. Tal como sucede na obra de Le Corbusier, uma função ganha sentido ao entrar no domínio de outra. Assim o ritmo dos escritórios é abruptamente detido pela introdução da sala de reuniões, de uma forma que faz lembrar a dinâmica visual de Le Corbusier em Chandigarh. Kallmann, um arquitecto da Costa Leste influenciado por Kahn e Le Corbusier, tinha discutido esta abordagem da obra arquitectónica, no sentido da «Acção-Arquitectura», alguns anos antes de projectar o edifício, mas a verdade é que é o mesmo princípio que preside a esta obra: a criação da forma através da repetição e do desenvolvimento de uma ideia:

> Manter a imaginação dentro do quadro de um princípio definido de composição e tipologia, permite, não obstante, que o fraseado espacial seja livremente dinâmico. Este jogo sério, não dirigido quanto aos efeitos, mas controlado em sequências-chaves de manipulação, é uma técnica usada nas ciências experimentais e nas artes superiores. A máxima miesiana «Deus está nos pormenores» é levada à sua previsível conclusão. O pormenor e o seu potencial topológico tornam-se o gerador de tudo.[23]

A ideia, ou pré-conceito aqui, é, portanto, uma forma ou pormenor gerador [139b].

O que Kallmann faz aproxima-se, portanto, do processo de trabalho de Louis Kahn: começar com uma conclusão e depois trabalhar no sentido de um começo. É o reverso total do processo que Gropius e outros defenderam e que consistia em apagar da mente todos os conceitos prévios e começar do zero sem qualquer influência da memória. Kahn, pelo contrário, começa e tenta atingir uma pré-concepção, uma «pré-forma». Tenta entender de imediato a essência de uma construção (aquilo a que chama «a Forma»). Só quando esta essência se encontra firmemente definida em toda a sua estranheza arcaica, é que as «circunstâncias» individuais, «o Desenho», podem entrar em cena e moldar a Forma. Portanto, este processo também difere do conceito prévio do arquitecto Camp, a dois níveis significativos: em vez de ser a concepção prévia de uma ideia passada, é a concepção prévia de uma

[23] Ver G. Kallmann, *Architectural Forum,* Outubro de 1959, pp. 132-7.

essência presente e, em vez de se recusar a admitir as circunstâncias, permite ao contingente que modifique a essência. Mantendo a Forma (ou pré-forma) arcaica, Kahn mantém sempre a sua crença nela. Nunca é destruída pela circunstância, pelas incontáveis exigências práticas que destroem outras arquitecturas e convicções. Tem, portanto, a marca de todo o trabalho individual que insiste: «a crença é a condição *sine qua non* da excelência».

Realmente senti-me ligado de um modo muito religioso a esta ideia de crença, porque entendi que muitas coisas são feitas apenas com a realidade dos meios empregues e sem nenhuma crença. Quando os homens fazem largos projectos de re-desenvolvimento, não há nenhuma crença por detrás deles. Os meios estão à sua disposição, e mesmo os pormenores de desenho que fazem parecer esses projectos belos, mas não há nada que se sinta ser uma luz apontando para a emergência de uma nova formação do homem, uma luz que lhe faça sentir uma vontade nova de viver. Isto advém do facto de o sentido corresponder a uma crença. Um tal sentimento tem de ser o pano de fundo, não apenas para fazer uma coisa agradável em vez de uma coisa estúpida, o que não basta. Tudo o que o arquitecto faz corresponde, antes de mais, a um entendimento

139a. *Kallmann, McKinnell e Knowles: M cipalidade de Boston, 1964-9.* Articulaçã seio de uma mega-estrutura: o contrapont mico e o sincopado são usados para clari as diferentes funções. O pormenor da esq

do homem, após o que se transforma em obra. Não é possível saber o que um edifício é, de facto, se não se tiver uma crença que determina o edifício, uma crença relativamente à sua identidade e ao modo de vida do homem.[24]

Kahn distingue depois a crença num qualquer valor particular, dentro do quadro genérico de crenças que é comum a todos os homens e que transcende as circunstâncias particulares inerentes a qualquer homem. É nesse quadro genérico que o arquitecto vai também inserir a sua acção, precisamente porque transcende a sua própria carreira pessoal e estabelece a identidade da insituição pública:

As instituições são as casas das inspirações. Escolas, bibliotecas, laboratórios, ginásios. O arquitecto considera a aspiração antes de poder aceitar os ditames de um deter-

[24] Ver Louis Kahn, *Perspecta 10/11,* New Haven, 1967, p. 305.

39b] mostra elementos de betão que actuam
e um modo multivalente como estrutura, con-
ıtores mecânicos, barras entre painéis e vidros
articulação rítmica, simultaneamente.

minado espaço desejado. Pergunta a si mesmo o que é que na natureza de um determinado espaço o distingue de um outro. Quando se dá conta da diferença, está perante a forma. E a forma inspira o desenho.[25]

Uma outra citação elucida a equação muito própria a Kahn, segundo a qual crença = Forma = inspiração = instituição:

Reflictamos, portanto, no significado de escola, instituição. A instituição é a autoridade que veicula as suas exigências a nível de áreas. Uma escola, ou um desenho específico, é aquilo que a instituição espera nós. Porém, Escola, o espírito da escola, a essência da vontade da existência, é o que o arquitecto deve veicular no seu desenho... aquilo que Escola quer ser.[26]

---

[25] Ibid., p. 310.

[26] Ver Vincent Scully, *Louis Kahn,* Baziller, Nova Iorque, 1962, pp. 114-21.

Aqui temos, portanto, o aspecto de complementaridade presente em todo o trabalho de Kahn: Forma e Desenho, crença e *uma* crença, inspiração e circunstância, existência, vontade e factos de um programa. É uma complementaridade de opostos em alto grau. Kahn é tanto Camp como Non Camp, abertamente pessoal e público. Por isso é susceptível de ataques de dois lados: por tentar idealizar aquilo que é efémero, com o equipamento mecânico, e por tornar disfuncional aquilo que é importante, como o espaço laboratorial.[27] Quando isto ocorre, como no seu Medical Research Building [140], o resultado é apenas inconvincente. Confunde-nos encontrarmos a forma ideal devotada à eliminação de gás e a estrutura efémera, disfuncional, transfor-

140. *Louis Kahn: Edifício medical res Filadélfia, 1961-8.* As torres de tijolo pa integrar os laboratórios quando, de facto têm escadarias ou condutas de serviço. A las deixam passar demasiada luz e a est interna não facilita a variação funcional sar destes defeitos, o edifício tornou- exemplo-chave dos «serviços expostos» d os anos sessenta.

[27] Ver *Architectural Review,* Fevereiro de 1961 e Março de 1962. Kahn é criticado por ser «ideal» em vez de ser «prático» e vice-versa.

mada em espaço «de serviço» para as experiências laboratoriais. Com um esforço um pouco maior para tornar o laboratório menos pesado e fechado e uma tendência menor para manter a pré-forma intacta. Kahn teria conseguido uma reconciliação que seria verdadeiramente «credível». Assim como ficou, o resultado é mais um símbolo do que um exemplo de uma forma multivalente.

A primeira reconciliação de Forma e Desenho inteiramente feliz na obra de Kahn surge como Jewish Community Center, de Trenton, 1955, em que espaço, estrutura e função foram trabalhados de forma a resultarem plenamente. Infelizmente, este projecto nunca foi construído e só podemos julgá-

Louis Kahn: Balneários de Trenton, ton, New Jersey, 1958.

-lo através de um modelo e de um único balneário que foi construído. O Balneário [141] mostra a pré-forma de quatro blocos (menos importantes) rodeando um bloco central, que se torna ainda mais significativo por ser encimado por um telhado piramidal. A pré-forma é pois constituída por duas áreas, a mais pequena para entrada ou depósito, a maior para um espaço de reunião colectiva ou espaço «de serviço». Espaço «de serviço» e espaço «que é servido», os dois tipos de espaço que ironicamente invertiam as suas posições adequadas no Medical Building, mostram-se aqui, quatro anos depois, mais aceitáveis.

No projecto para o Salk Institute, Kahn conseguiu um tipo diferente de relação entre o que serve e o que é servido, entre o público e o privado, envolvendo o quadrado num círculo («envolvendo os edifícios com ruínas») e dividindo o projecto em três tipos de relação pública: a área privada para habitação, localizada a oeste, seguindo o declive; a área semi-privada para os

142. *Louis Kahn: Salk Institute Laborato[...] La Jolla, California, 1965.* As torres de in[...] tigação e estudo dos cientistas, em betã[...] madeira, estão orientadas para apanhare[...] brisa e a vista do mar.

laboratórios de investigação, localizada no centro de rotação para leste [142]; e a área de encontro pública isolada a noroeste, transversal à área privada. Assim, esta relação de forças tripartida obriga o cientista a passar pela área de investigação para chegar a qualquer outra área, mas força-o também a reconhecer a decorrente independência das áreas de habitação e colectiva.

A outro nível, Kahn criou aqui uma relação mais satisfatória entre forma, estrutura e espaço, do que a obtida no Medical Research Building, porque, no Salk Institute, os espaços «dominantes» ou «que são servidos» encontram-se subordinados ao espaço laboratorial «de serviço» e integrados com a estrutura, a entrada e as chaminés, do que resulta uma harmonia entre significações que promove uma relação contínua. Isto pode ser visto num desenho axonométrico [143], em que o traçado global define cada parte na sua relação com o todo. O método é aditivo e exprime a sua própria feitura, mostra «como tudo é feito».

Se nos treinassemos a desenhar da mesma forma que construímos, desde os alicerces ao topo, e detivessemos o nosso lápis para fazer uma marca nos pontos de ligação da nossa imaginação ou da própria construção, a ornamentação nasceria do nosso amor pela expressão do método.

«Amor pela expressão do método» é o que parece animar toda a obra de Kahn e sobrepor-se a quaisquer outras preocupações. O perigo constante

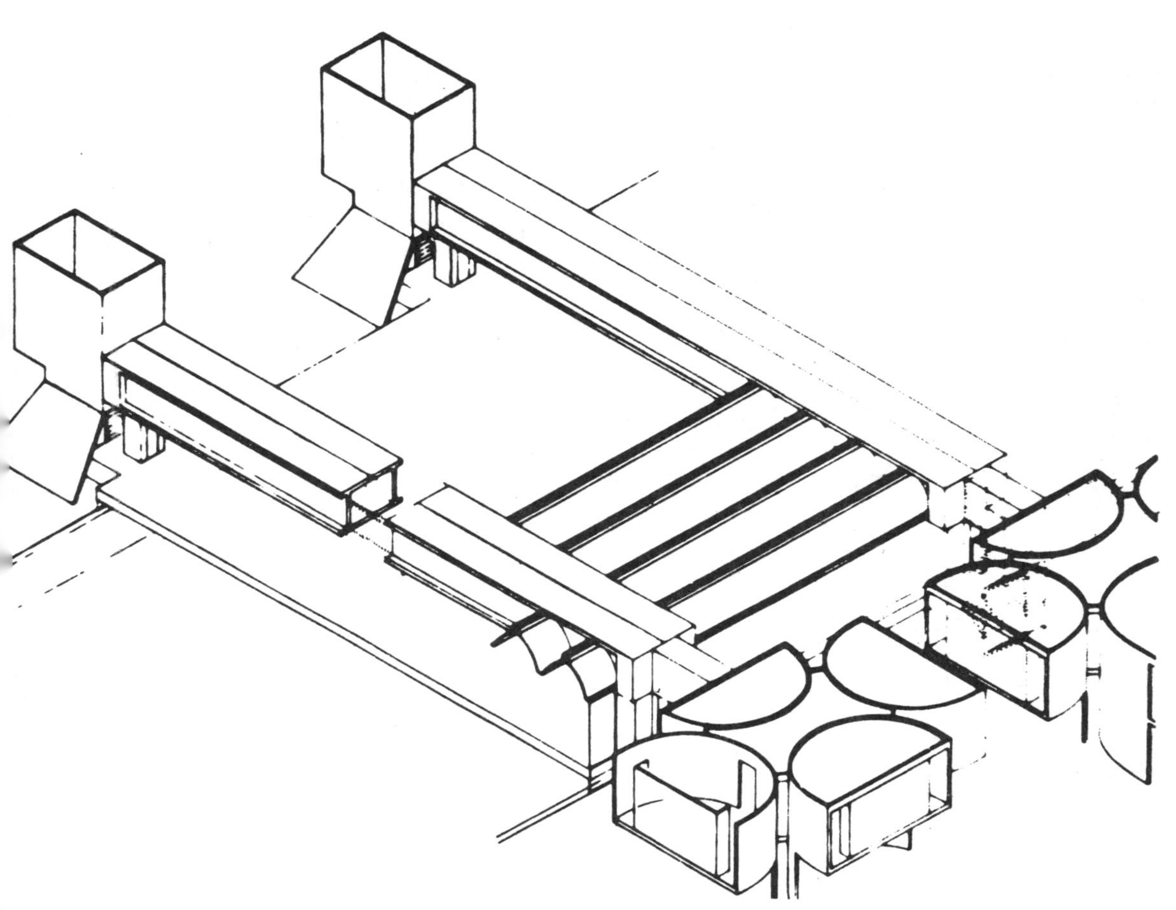

. *Louis Kahn: Axonométrico do Servidor* *Servido.* Este primeiro esboço da estrutura stra as chaminés de serviço à esquerda (com a inclinação para a escadaria). As princi- condutas de serviço de nove pés e os quar- de estudo individuais à direita.

do Platonismo (a nível do método ou da forma ideal) advém de uma desvalorização do contingente e de um cisma possível entre metáfora e realidade — um cisma que o século XIX e o Camp transformaram num princípio supremo de esquizofrenia. No caso de Kahn, o cisma é apenas relativamente evidente. O Medical Building não era um edifício suficientemente aberto ao contingente e no Salk Institute a mudança de uma pré-forma de chapa enrugada para uma armação plana e mais realista significou uma pequena conversão religiosa (como Kahn lhe chamou). No entanto, conseguiu permitir ao contingente que modificasse a pré-forma, sem sacrificar o princípio básico que presidia à obra, exactamente como fez na sua muito bem sucedida Unitarian Church, em Rochester [144]. À primeira vista, a impressão global que temos desta construção é a de capuzes maciços mantendo uma discussão equilibrada em todos os sentidos entre quatro pontos. Seja qual for o ângulo a partir do qual vejamos esta igreja, as formas antropomórficas parecem dominar sempre o todo, pondo-se mutuamente questões:

> ...ocorreu-me que o santuário é muito simplesmente o centro de questões e que a escola — facto constantemente salientado — era aquela que levantava as questões... e pareceu-me que aquela que levantava as questões e aquela que dava sentido às questões — o espírito da questão — eram inseparáveis.[28]

---

[28] Ver Louis Kahn, *Perspecta 7,* New Haven, 1961, pp. 14-17.

Assim, a pré-forma é «a questão»: um santuário quadrado no centro, rodeado por uma galeria e rodeado de novo por uma escola e salas de trabalho. Esta pré-forma era evidente no primeiro esboço de Kahn, que se traduzia meramente por um círculo rodeando um quadrado com um ponto de interrogação no centro. Então, tentou desafiar esta pré-forma, dividindo o projecto em dois: a igreja e as partes subordinadas. Porém, finalmente, uma a uma, as partes regressaram às suas posições originais circundantes, porque estavam todas funcionalmente interrelacionadas e ligadas ao santuário por uma intenção comum. Chegado a este ponto, Kahn começou a trabalhar na pré-forma a nível da luz, até esta definir o espaço e a estrutura. Passou pelo processo cíclico de «Forma e Desenho» até que a estrutura ficou integrada com o espaço, marcou os pontos de entrada e combinou luz e as formas em capuz para definir as quatro extremidades do santuário [145]. No exterior, a luz voltou a ser o gerador do duo Forma e Desenho. Como pressentiu que a luz directa seria demasiado cintilante e obscureceria a transição entre o espaço interior e o espaço exterior, Kahn desenhou uma séreie de contrafortes que protegeriam as janelas da luz directa e a fariam reflectir-se indirectamente nas paredes laterais. Entre estes contrafortes (que eram recuados) colocou sob as janelas bancos embutidos de forma a que fosse possível a uma pessoa sentar-se num espaço fechado e apreciar a luz branda a bater nas paredes exteriores. Pressionando por outros motivos, admitiu: «a ideia é desenvolver realmente uma silhueta de uma forma perfeitamente clara» — o que constitui uma referência às rigorosas linhas horizontais que parecem encostar-se contra o céu.

144. *Louis Kahn: Primeira Igreja Unit*
Rochester, Nova Iorque. Toldos de ja
muito altas definem os quatro pontos do
tuário central, o qual, por sua vez, é rod
por salas de aulas mais pequenas e de novo
conjunto de amortecedores de luz vertic

Mais do que em qualquer outro projecto de Kahn, esta igreja encarna uma forte relação entre espaço, estrutura e luz, e, também aqui, a relação entre «dominante» e «dominado» ou entre espaço «servido» e espaço «de serviço», é aceitável. Ou seja, as formas particulares têm um carácter fortemente genérico embora servindo perfeitamente os fins específicos para que foram cria-

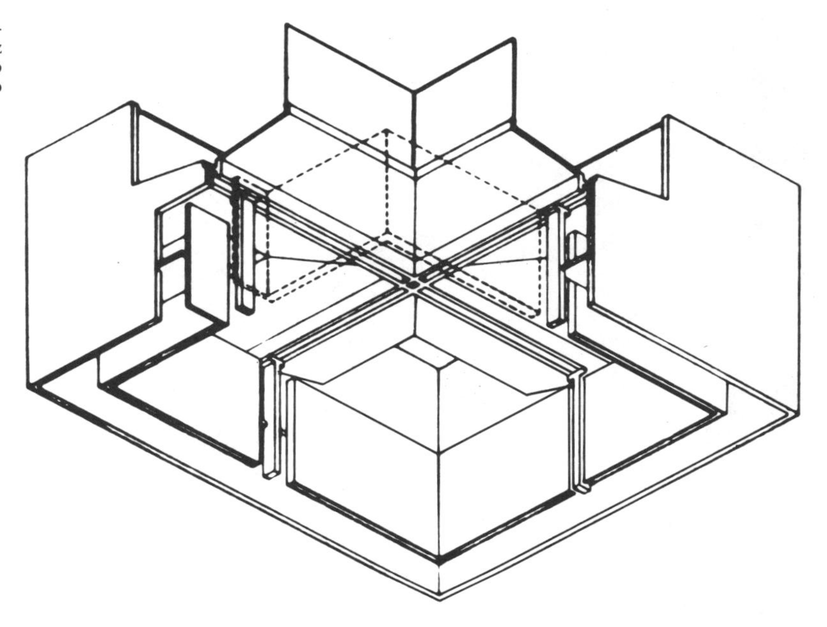

5. *Louis Kahn: Axonométrico dos amortedores de luz.* A estrutura, o espaço e a luz o resolvidos através do processo cibernético «Forma e Desenho» e os significados são errelacionados num todo multivalente.

das, o que promove de novo uma continuidade entre as exigências prosaicas e religiosas.

Finalmente, para concluir esta abordagem de Kahn e da recente arquitectura americana, o melhor será pormos uma questão que encontra a sua melhor expressão num projecto inacabado de Kahn — o Assembly Building de Dacca, Bangla Desh [146]. Temos aqui o mesmo tipo de espaço central colectivo, rodeado por uma galeria e salas de trabalho (novamente com amortecedores de luz), que existe na Unitarian Church. As formas individuais, em particular os recortes triangulares que fazem lembrar Micenas, são enfaticamente hierárticas, para não dizer monumentais. Todo o projecto é formulado com uma consistência e uma segurança que, de imediato, apontam para a impertubável convicção de Kahn — de facto, a sua crença fundamentalista. Mas a questão que se põe é até que ponto este fundamentalismo é

. *Louis Kahn: Edifício da Assembleia de a, Bangla Desh, 1962-.* Fundamentalismo egalomania?

146b, c, d. *Louis Kahn: Edifício da As bleia de Dacca, escritórios e vias de passa Bangla Desh, 1962-.* A geometria circul alvenaria é concebida numa escala romai Esta área foi denominada por Kahn «Cid da Assembleia».

o suficiente.[29] Por um lado, conduz a uma espécie de sobredependência em relação à construção monumental, à custa de uma forma de tecnologia mais flexível e barata, de modo que o projecto ameaça transformar-se numa «ruína encoberta» antes mesmo de estar acabado (especialmente desde a libertação do Bangla Desh). Mas, por outro lado, veicula de forma perfeita a sinceridade da crença que é fundamental para o estabelecimento de um domínio público — uma necessidade literal neste caso de um edifício destinado a uma

[29] O problema do fundamentalismo, obviamente, está em que essa corrente se recusa a lidar com realidades complexas que transcendem as suas crenças iniciais, mas não esqueçamos a propósito que o único grupo que resistiu de forma consistente a Hitler e agora á ditadura na União Soviética, foi o das Testemunhas de Jeová.

Assembleia de deputados. Assim, à afirmação Camp de Oscar Wilde, segundo a qual «em assuntos de notória gravidade, é o estilo que é vital e não a sinceridade», este projecto dá a resposta Non Camp de Stravinsky, segundo a qual «em assuntos de notória gravidade, a sinceridade é a condição *sine qua non* mas não garante nada». Resumindo, a crença fundamentalista pode não escapar a outras inadequações, mas, pelo menos aqui, ao contrário de tantos centros culturais americanos, fornece à base necessária para qualquer tentativa mais bem sucedida.

7. ARQUITECTURA BRITÂNICA RECENTE: POP-NON POP

Tudo mudou na ordem física; e tudo tem de mudar na ordem moral e política.

(ROBESPIERRE)

Se tivessemos de resumir a cena da arquitectura britânica recente numa única metáfora, a escolhida seria certamente um campo de batalha com muitas cicatrizes, tal é a saturação de ferimentos causados pelas granadas da polémica. Passeando por esse campo devastado encontramos ainda as trincheiras opostas do «Novo Empirismo/Novo Brutalismo», «único/repetido», «Arte/Serviço Social», «Indeterminado/simbólico» e, em fins dos anos sessenta, *Pop/Non Pop.* Cada rótulo (ou insulto, de acordo com o inimigo) marca o lugar e o tempo em que se deu uma batalha ou em que uma bandeira foi imposta e espetada para marcar um novo território. O arquitecto procede como as linhas da frente fazem em qualquer batalha, como um provocador. Sapa os gumes do gosto, mina as fronteiras convencionais, assalta os limiares da respeitabilidade e choca a estabilidade psíquica do passado, irrompendo com o novo, o estranho, o exótico e o erótico. As suas tácticas de guerra podem mesmo incluir a nudez de um outro ou de outro tipo [147]. E, no entanto, esta provocação não é meramente um fim em si mesmo, como acontece frequentemente com os arquitectos Camp e Dolce Vita. Pelo contrário, é combinada com uma ultra-sofisticação técnica para arrasar as convenções aceites e criar a mudança. Por isso, ao contrário da situação cíclica americana, em que padrões e modelos tendem para uma recorrência em todas as gerações, o movimento arquitectural em Inglaterra é realmente um movimento no sentido mais enérgico da palavra. É um desenvolvimento coerente de uma posição para outra, uma sequência de ideias e formas que são desenvolvidas intencionalmente. Por isso, por detrás da agitação superficial e dos gritos da guerra das polémicas, deparamos com uma luta mais importante que avança imparável, e que é a evolução criativa. Porque o facto é que na extrema movimentação que se verifica entre uma posição e outra, as ideias são clarificadas e testadas. São continuamente modificadas dentro de uma tradição ou a nível de uma situação-problema, e esta dialéctica crítica produz sempre algum progresso.

Para citar três exemplos que serão discutidos mais adiante, há, antes de mais, o problema da mudança e da variedade e do que pode ser usado para satisfazer intenções de mudança ou variedade, problema que foi continuamente debatido e aprofundado até ao ponto em que os seus efeitos nos edifícios e nas cidades começam agora a tornar-se claros. Em segundo lugar, a

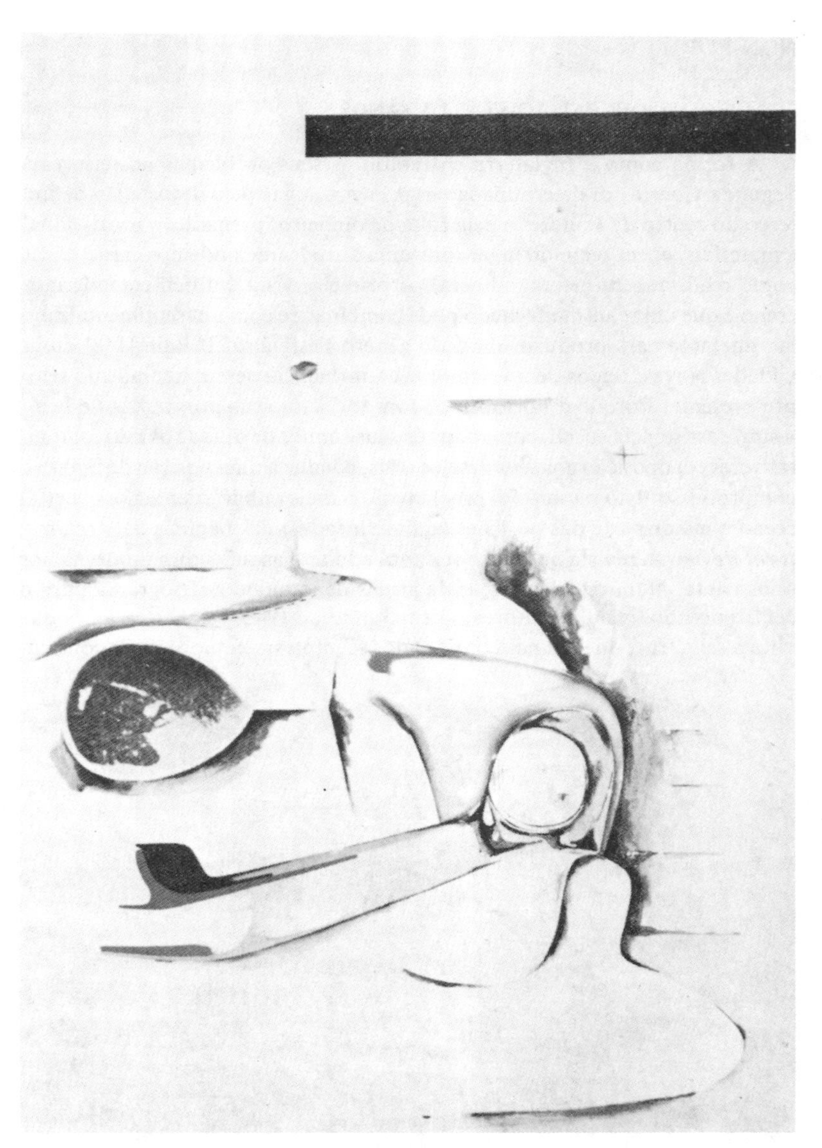

a, b. *Reyner Banham e François Dallegret sua Não-Casa, 1965, e Richard Hamilton, mmage à Chrysler Corp., 1957.* Erotismo cnologia sofisticada, duas preocupações icas da *avant-garde. Hamilton:. «os nentos são retirados dos anúncios do nouth* e do *Imperial* da *Chrysler*... O símbolo sexual, como tão frequentemente acontece anúncios, surge na exibição de um afecto veículo. É construído na base de dois ortantes elementos — o diagrama do *sou-Exquisite Form* e os lábios Voluptua».

par desta questão, desenvolveu-se a primeira crítica radical da filosofia do desenho desde a obra *Vers une architecture* de Le Corbusier, tanto ao nível do desenho sistemático como da obra dos teóricos *Pop,* e em particular Banham. Finalmente, o último exemplo diz respeito também a um novo desenvolvimento no desenho, que foi igualmente clarificado através de um uso e de uma crítica constantes: a técnica axonométrica. Esta técnica tem sido usada por um grupo de arquitectos britânicos para demonstrar como é feito e como funciona um edifício. É também usada no desenho tridimensional, que não poderia ser realizado e coordenado senão dessa forma. Em especial nas mãos de um arquitecto como James Stirling, tal técnica conduziu a um novo modo de arquitectura, conhecido em todo o mundo. Embora tudo isto pareça cheio de optimismo e vigor, o pano de fundo em que estes desenvolvimentos ocorreram não é nada optimista, nem vigoroso, bem pelo contrário.

COMPROMISSO E PAISAGISTAS URBANOS

A forma como a Inglaterra enfrentou os seus problemas posteriores à Segunda Guerra foi determinada em primeiro lugar pela devastação de um terço do centro de Londres e pela falta de dinheiro, preparação profissional e materiais, e, em segundo lugar, por uma atitude que podemos caracterizar como realista, sentimental e liberal. À primeira vista é difícil entendermos como é que um realismo fechado pode combinar-se com um sentimentalismo lacrimejante para produzir obras do género Festival of Britain [148] ou as Cidades Novas: temos de nos lembrar da influência de um liberalismo sempre presente. Porque o liberalismo, com todos os seus programas de bem-estar e assistência social, com todos os seus sonhos de ajudar os outros, muitas vezes em oposição aos seus desejos reais, conduz a uma posição de rigoroso compromisso. Isto mesmo foi proclamado o mais publicamente possível (tal como a maior parte das posições aqui delineadas) nas páginas da *Architectural Review,* a revista que tanto fez para apoiar a arquitectura moderna nos anos trinta. Num retórico terçar de armas denominado «Programa para o centro de Londres», os autores, já em Junho de 1945, estabeleceram o que viria a ser a trave-mestra para os dez anos seguintes: «compromisso constru-

148. *Robert Matthew e outros do LCC Arc tects Department: Royal Festival Hall, L dres, 1951*. No exterior, o «capricho náutic o gesto alisador do telhado, os padrões cor sianos e a reveladora cártula da Rainha. E foi a exposição que levou a arquitect moderna ao público britânico.

tivo é aquilo que o *genus locii* exige, não *tabula rasa*». Esta posição era acompanhada por uma série de esboços mais tarde conhecidos como «esboços de paisagens urbanas», que não deixavam qualquer dúvida quanto ao que tal posição implicava: uma integração pitoresca e estilizada de efeitos superficiais provocados por toda e qualquer fonte.

Lewis Mumford deu também o seu aval a outra ideia-chave pela mesma altura, defendendo o Plano de Abercrombie (1944) para a descentralização de Londres. Este descentramento viria a ser realizado através da criação de uma série de Cidades Novas, juntamente com uma vasta política de habitação. Foi criada então a National Planning Authority «para assegurar um equilíbrio razoável do desenvolvimento industrial ao longo do país». O que isto significava em termos práticos era (1) a criação de cerca de vinte Cidades Novas com as indústrias de apoio (2), a criação de cerca de meio milhão de novas unidades de habitação no prazo de cinco anos, e (3) uma viragem da prática arquitectónica, que passaria das pequenas firmas privadas para as autoridades públicas. Finalmente, alguns dos ideais sociais do primeiro movimento moderno traduziam-se na prática. Mas outros ideais não. Porque o que isto significava em termos de política de arquitectura era que o individualismo, a expressão e a «Arte» seriam renegados em nome da assistência do estado aos cidadãos, da economia e do «Serviço Social». Tanto os trabalhistas como os conservadores mostravam-se unidos quanto aos objectivos e nos mesmos termos [1]. Como disse um ministro conservador, Duncan Sandys: «Desejamos mais do que qualquer outra pessoa manter a diversidade de projectos e abranger o maior número possível de talentos arquitecturais individuais. Mas as coisas têm de avançar. As casas têm de aparecer e nada deve travar o processo».

A política arquitectónica foi conduzida sob a dicotomia básica «Arte ou Serviço Social» (como um dos panfletos de Fabian definia), afirmando que ou era uma coisa ou era outra e não podia haver meios-termos. Ninguém tem de se preocupar em descobrir se uma tal dicotomia é ou não verdadeira, dado que a sua verdade prática dependerá daquilo que cada um crê e de como actua. E na Inglaterra o debate arquitectónico foi constantemente formulado dentro de tais polaridades, desde Duncan Sandys logo a seguir à Guerra até Cedric Price vinte anos depois (quando defendia o serviço social contra a arquitectura) [149].

De facto, a política de habitação e a arquitectura como serviço social eram dois ideais que se encontravam muito profundamente arreigados na mentalidade inglesa desde o século XIX. E que produziram, depois da Guerra, aquelas que são habitualmente consideradas como «as melhores habitações sociais e algumas das melhores escolas de toda a Europa». Esta observação de Kidder-Smith engloba principalmente a obra do LCC (London Country Council), e em particular parte do seu plano Roehampton, mas aponta também para o apoio governamental à construção industrial que desenvolveu essa área mais fortemente do que qualquer outro país [2]. Temos, portanto, aqui definido aquilo que parece ser um conflito clássico, potencialmente trágico

---

[1] Para este ponto e para a citação, ver «The Politics of Architecture 1929-1951», de Anthony Jackson, *Journal of Society of Architectural Historians,* Março de 1965.

[2] Ver G. E. Kidder-Smith, *The New Architecture of Europe,* Nova Iorque, 1961, p. 36.

149. *Foster Associates: Computer Technol Ltd. Office, Londres, 1970.* Uma típica fir de associados britânica, devotada à arqui tura como um serviço elegante, mais do necessariamente como construção. Escritó insuflável em cinquenta e cinco minutos, c tendo os serviços imediatamente necessários calhas em aço com lâmpadas fluorescentes fazem jorrar a luz e actuam como suporte para o caso de o insuflado rebentar.

ou cómico. Por um lado, a mais vasta e desenvolvida política de habitação e, por outro lado, a sua aparência inegavelmente medíocre, a sua timidez social.

Estas características eram vísiveis em quase todos os planos habitacionais e, de forma mais notória, nas Cidades Novas. Se o arquitecto inglês podia referir com orgulho que o seu país era o primeiro a construir tais Cidades-Jardim ou Cidades Novas, a verdade é que era também forçado a admitir que era igualmente o primeiro a cometer erros nessa área: faltava a essas cidades, obviamente, a vida e a densidade das velhas cidades e, pior, a sua uniformidade social fez com que o epíteto de «*ghetto* social» se tornasse inevitável.

Claro que, em muitos aspectos, a Cidade-Jardim e a Cidade Nova satélite são virtualmente impossíveis de distinguir: em particular no seu imaginário salubre. Ambas são reacções às metáforas do Planeamento Urbano de «doença, cancro, apocalipse, morte», que perseguiam os círculos do planeamento desde Patrick Geddes. Ambas reagem contra estas metáforas com contra-imagens de limpeza, simpatia, acolhimento. Esta última qualidade pode ser encontrada na «People's Detailing», a versão inglesa do «Realismo Social» ou da estética marxista, que se tornou predominante no LCC no princípio dos anos cinquenta: telhados altos, tijolo, tudo certo e bonito e rotineiro, bonitas gelosias, pequenos recantos e entradas, perfis pitorescos todos aconchegados numa uniformidade de cenário, de papelão [150].

. LCC Architects Department: *Habitações* *Alton East, Roehampton, Londres, 1953-* Exemplo do movimento «People's Detai-» que se tornou tão popular nos anos 50, ando por constituir a ortodoxia e daí o ter- para toda a revolução subsequente.

Este tipo de construção, com as suas variantes, tornou-se predominante em Inglaterra e por isso veio a ser o pano de fundo comum para qualquer revolução subsequente. Essencialmente, era justificado pela «Townscape Philosophy» defendida pela *Architecture Review* e traduzia-se por uma estética do pitoresco e uma reciclagem da obra de Camillo Sitte (século XIX) *Town Planning According to Artistic Principles.* Sitte tinha proposto que o arquitecto deveria compor a cidade como se esta fosse uma sinfonia de Beethoven; devia tornar-se uma grande experiência dramática passear ao longo de uma sequência de espaços urbanos pulsando em escala dos dois lados, misturando o velho com o novo, os monumentos com os parques, tudo isto abrindo-se numa série de eixos e vistas contidas, em *crescendi* explosivos. O espaço urbano devia ser contido, não fragmentado.

Alguns membros da *Architectural Review* retomaram muitas destas ideias vienenses, mas moldaram-nas às exigências do Serviço Social. Onde havia estradas perfeitamente formais, puseram áleas arbitrárias e sinuosas, alindadas com «mobiliário de rua». Embora a intenção de estabelecer uma coerência urbana tangível fosse positiva, o efeito tornou-se arbitrário e limitado, e, reatando a metáfora militar, foi por isso mesmo que tais arquitectos foram atacados.[3] A objecção básica consistia em que a Filosofia da Paisagem Urbana

[3] Particularmente pelos Novos Brutalistas e Novos Palladianos. Ver por exemplo Joseph Rykwert, «Review of a Review», *Zodiac 4,* 1959.

estava apenas interessada em efeitos superficiais, em curar os sintomas, e não as causas, da doença urbana. De qualquer forma, esta filosofia transformou-se na principal ortodoxia e no mais seguido processo de desenho. Hugh Casson foi o primeiro a dar corpo a essas ideias numa série de esboços de paisagem urbana que já mencionámos. Depois Gordon Cullen desénvolveu a técnica em 1948 e, juntamente com «Ivor de Wolfe» (pseudónimo de um dos directores da *Review*), elaborou uma «Filosofia da Paisagem Urbana» integral. Esta filosofia combinava o tradicional respeito inglês pelo pitoresco, aceitando as propriedades «intrínsecas» a qualquer situação e tentando obter o melhor delas, com uma abordagem empírica que «julga qualquer caso consoante os seus méritos», tal e qual como o inglesíssimo Direito Comum. De facto, até mesmo o «método de descrição de casos» do Direito Comum era usado; os directores da *Architectural Review* falavam, por isso, em «precedentes e não em princípios». Uma série de exemplos adequados de paisagens urbanas seriam recolhidos num álbum a distribuir por desenhadores regionais e autoridades locais. Tudo isto pode ser resumido com duas citações: «revolta contra o fastidioso Platão» e «Sejamos nós mesmos... tenhamos mais carácter..., ou seja, diferenciação significativa» (apelando esta última alínea programática para a evolução darwiniana).

A *Architectural Review* defendeu também uma série de posições interrelacionadas, sob os rótulos de «O Novo Empirismo» (que tinha a ver com a abordagem pragmática e fria então corrente na Suécia) e «O Novo Humanismo» (não precisamente um novo rótulo, mas uma readaptação). Talvez pareça exagero, mas a verdade é que podemos encontrar uma atitude similar nas suas outras posições, «A Tradição Funcional» e a «Teoria do Pitoresco»[4], dado que todas elas punham o acento nos aspectos prosaicos e vernaculares e seguiam a máxima do século XVIII «para tudo há que consultar o espírito do local».

Este nexo perfeito de atitudes culminou na resposta final — e liberal — à desordem urbana, intitulada «Ultraje». E este «Ultraje» (assunto de todo um número da *Architectural Review,* de Junho de 1955) foi então elevado à dignidade de coluna habitual na revista. Nos treze anos que se seguiram, a coluna de Ian Nairn desancou na mentalidade suburbuna e nas sua imagens próprias de uma civilização «bárbara». Entretanto, Ian Nairn não se apercebeu de que, enquanto destilava esta raiva ininterrupta, acompanhada por uma série de fotografias escolhidas a dedo (uma tal actividade mantida durante treze anos é um feito raro), os teóricos *Pop,* acabados de aparecer, andavam numa azáfama a mudar legendas, títulos e orientações. Isto verificava-se já em 1950, quando toda a iconografia da desordem urbana era atacada num número, «O Pesadelo Sintético Americano». Encontramos aí todos os ícones proto-*pop,* desde os cartazes gigantescos aos cemitérios de automóveis; o que era preciso era uma nova atitude, uma nova orientação. Como acontece tantas vezes na história, a relação entre forma e conteúdo explode quando se torna demasiado explícita.

Porém, regressando ao pano de fundo subjacente a tudo isto, refiramos que a Grã-Bretanha do pósguerra era simultaneamente palco de desespero, realismo e liberalismo. Realismo e liberalismo que podiam juntar-se para pro-

---

[4] Ver *Architectural Review,* Junho de 1947, Dezembro de 1949, Janeiro de 1950, Abril de 1954, para estas ideias principais.

duzir coisas como a construção sistemática e as Escolas Hertfordshire. Estas, de facto, foram das primeiras experiências com pré-fabricados; a intenção era satisfazer um grande número de interesses educacionais e aperfeiçoar um método de construção que não fosse caro e que, ao mesmo tempo, se revelasse rápido e recorresse a pouca força de trabalho. As escolas que daí resultaram foram projectadas a partir de uma grelha flexível que permitia a realização de uma massa pitoresca, a utilização de múltiplos materiais e, novamente, de «mobiliário de rua» simpático e «bonito». Ou seja, os valores da paisagem urbana. No entanto, a atitude de desespero combinada com um realismo roçando o senso comum produziu gestos quase-góticos como a Catedral de Coventry de Basil Spence — um compromisso entre exigências tradicionais e modernas que se tornou ainda mais bizarro quando confrontado com o projecto Smithson para o mesmo edifício.

Mas o compromisso (não a síntese) inseria-se numa posição realista. Tinha por quadro um país empobrecido que nunca havia aceite o movimento moderno em qualquer das suas formas; tinha de ter as coisas feitas com pouco dinheiro, esperança ou princípios. Esta dificuldade, esta ambivalência, foi posta a claro por um dos orientadores da *Architectural Review,* J. M. Richards, quando escreveu:

> Poucos homens são inovadores, e embora seja vital não inibir aqueles que o são, é igualmente vital fornecer aos outros um padrão pelo qual se possam guiar; daí a necessidade de um modelo, de um vernáculo contemporâneo, e mesmo de lugares-comuns. [5]

Esta defesa do lugar-comum era uma resposta ao ataque anti-*cliché* de Frank Lloyd Wright, e a propósito há duas coisas que temos de acentuar, dado que a maior parte das posições seguintes constituem reacções a uma tal defesa. Em primeiro lugar, o dar aos não-inovadores um padrão, não inibindo os inovadores, põe em relevo a atenção concedida ao homem comum e a indiferença em relação à excelência que constitui uma resposta habitual da maior parte das políticas sociais; em segundo lugar, a caracterização de um vernáculo contemporâneo como um *cliché,* como uma linguagem suportada e definida de cima abaixo e que está morta à nascença. Tendo em conta esta atitude, não admira que os teóricos *Pop* tenham invertido a relação com o lugar-comum: em vez de o suportarem e sofrerem, decidiram desfrutá-lo e gozá-lo.

No entanto, sofreu-se a bom sofrer. O *standard,* o padrão, o vernáculo contemporâneo, transformou-se num Estilo Internacional aguado, reminiscência daquilo a que Wright chamava «o classicismo desflorado». Ou seja, uma versão bem comportada e barata do Purismo de Corbusier. Versão que podia ser vista em empreendimentos habitacionais maciços como Churchill Gardens, ou qualquer das Cidades Novas, Fitzhugh Estate, Brandon Estate, Elmington Estate, Silwood Estate, e praticamente em qualquer outro projecto do LCC nos finais dos anos cinquenta.

Mas não ficou por aí: infiltrou-se na zona de St Paul, ameaçou «integrar» Piccadilly, meteu-se nas áreas empobrecidas de Stepney e Poplar, atingiu o Edifício Shell, «harmonizou» a Bowater House, «regularizou» o edifício do Parlamento, «unificou» a Barbican, etc. A justificação era sempre clara: segurança, comodidade e um orçamento apertado. A necessidade de uma arqui-

[5] *Architectural Review,* Maio de 1953.

tectura estandartizada. Mas a vitória não era certa. Havia uma linguagem comum que todos podiam reconhecer de imediato como «moderna». Havia um pano de fundo consistente contra o qual se definiria a rebelião. E uma das mais fortes revoltas viria do seio da tradição liberal: a Sussex University, a Roman Catholic Cathedral de Liverpool, o New Hall for Girls de Cambridge [15], todas obras que descolavam do Estilo Internacional com alguma liberdade. Finalmente o calor e o imaginário tinham direito à sua vingança, através de uma linguagem nova, melhorada, contemporânea.

151. *Chamberlin Powell e Bonn: New Hall Girls, Cambridge, 1966.* Estes Novos Ima tas revoltaram-se contra o seu anterior ve culo com uma explosão de simbolismo a as raparigas depressa e afectuosamente cha ram «a grande mama». Outras imag incluem uma residência bizantina fazendo brar casa de laranja cristalizada, torres escadas à Ronchamp nas esquinas e entrada megalítica.

OS NOVOS PALADIANOS

Contudo, a verdadeira revolta vinha ocorrendo há já vinte anos e antes de delineadas quaisquer directivas programáticas, e de novo nas páginas da *Architectural Review*. A primeira voz foi a de Colin Rowe, o historiador e estudante de Rudolf Wittokower no Warburg Institute. Este instituto de arte ou de história cultural foi transferido para Inglaterra pouco antes da guerra; era orientado por professores alemães que consideravam a arte e a história em termos teóricos e quase científicos; portanto, algo de único para a Inglaterra nessa altura. Um dos seus chefes, Rudolf Wittkower, tinha trabalhado durante trinta anos nos seus *Architectural Principles in the Age of Humanism*, um livro que em breve, e de um modo perfeitamente não intencional, influenciaria a tradição idealista. O que Wittkower procurou provar foi que a arquitectura do Renascimento era basicamente simbólica e não abstracta. Fê-lo citando exaustivamente as intenções expressas de arquitectos e clientes em Itália; em particular os de Palladio e os ligados aos sistemas matemáticos de proporção. Assim, quando Colin Rowe publicou o seu artigo «The Mathematics of the Ideal Villa», em 1947, os que seguiam o Neo-Platonismo emergente, ou seja aqueles que estavam próximos do Warburg Institute, não ficaram surpreendidos. Aí estava a nascer o Novo Paladianismo precisamente como uma ramificação corbusiana. Numa das suas brilhantes comparações históricas (que são sempre possíveis quando as formas são multivalentes), Colin Rowe mostrou haver um sistema proporcional similar numa *villa* paladiana e numa outra corbusiana. Ultrapassando esta similaridade numérica, Rowe mostrou então que ambas as construções se inseriam profundamente na tradição europeia. Ambas evocavam um sonho virgiliano de viver acima e distintamente da natureza (daí o adjectivo «Ideal») bem como dentro de uma ordem eterna (daí «Matemática»).

O efeito disto e do artigo seguinte de Rowe, «Mannerism and Modern Architecture», consistiu em dar à geração mais jovem de arquitectos a metáfora do passado, da história, das referências, como um gerador viável da forma presente. A alternativa era perfeitamente distinta da paisagem urbana ou do Novo Empirismo. De facto, podia ter sido denominada Novo Academismo, excepto que o título seria demasiado depreciativo, tendo em conta o rigor e a vida do movimento, e também porque outra denominação seria aplicada a um fenómeno próximo: o Novo Brutalismo (ver mais adiante).

Tal como este novo «ismo» sugere, a denominação era em parte uma brincadeira irónica apontada aos liberais que predominavam, com a raiz «brutal» a servir de ferrão incómodo. Mas era também um reconhecimento de que os movimentos, arquitectónicos e outros, podem todos ser resumidos e definidos por um rótulo. Era um reconhecimento da política da arquitectura. No entanto, demorou alguns anos a cristalizar na obra dos Smithsons, e quando finalmente isso aconteceu, as suas conexões com os racionalistas académicos estavam a tornar-se ténues.

Contudo, apesar disto, o Novo Brutalismo inseria-se definitivamente na tradição académica dos «movimentos» estruturados. isto vê-se claramente no primeiro edifício dos Smithsons, Hunstanton School [152], que está cheio de referências históricas. No entanto, as características mais profundas têm um tom perfeitamente original. Todos os materiais são usados «no seu estado bruto», sem se procurar que sejam metáforas de outros materiais. Neste sentido, o Brutalismo mais não era que uma dramatização de um literalismo honesto: defendia que as coisas tomadas tal e qual como são, são mais honestas e evocativas do que quaisquer significados antropomórficos que lhes possamos atribuir. Ou seja, a metáfora do literalismo. Contudo, Hunstanton fez também referências explícitas a trabalhos passados, à linguagem miesiana de estrutura e preenchimento e à ordem paladiana de uma formalidade rectilínea. Esta última alusão era a mais evidente para os racionalistas.

Os racionalistas liam o edifício como um objecto-lição sobre a simetria controlada, biaxial; para eles, possuía uma ordem consistente digna tanto do Forum de Roma como da Campagna veneziana — uma pequena maravilha que era atacada por ser uma escola impossível para crianças e (implicitamente) uma reminiscência do «fastidioso platão». A questão, tal como na obra de Mies, era que o cliente devia estar à altura do seu arquitecto e tornar-se um adulto mais disciplinado e sóbrio. Que disciplina e sobriedade eram admiradas em Mies, especialmente pelos académicos e num grau próximo do fanatismo, é algo bem visível em algumas discussões especializadas da época.

OS PLATONISTAS ACADÉMICOS

152. *Alison e Peter Smithson: Escola de tanton, Hunstanton, 1949-54.* A orde formal é académica, tanto palladiana miesiana, mas a atitude subjacente é a e literalista: tijolos são tijolos, aço é nunca serão uma metáfora. Excepto se f talista.

Por exemplo , em 1951, na Architectural Association, então templo de uma reverente miesolatria, os três académicos Llewelyn-Davies, John Weeks e Leslie Martin formularam um filosofia de «infinidade», inspirada num quadro de Mondrian e numa esquina de Mies [153 a, b]. A sua argumentação era, a um nível literal, palavrório puro — embora desculpável por causa da convicção religiosa com que era apresentada e da insignificância dos seus motivos. O que tinha motivado a sua filosofia da infinidade era uma esquina miesiana, da qual supostamente

> ... não nos apercebemos quando olhamos para o edifício como um todo. É precisamente o oposto da esquina rusticizada e enfática do Renascimento e quase se volatiliza numa não-existência. Ocultando-se nas paredes, estilhaçando o ângulo em inúmeros ângulos e planos, a esquina dissolveu-se. Assim, e este é o verdadeiro motivo para que tal aconteça, a continuidade de ambas as paredes é preservada. Uma parede não se sobreõe à outra, nem se detém o seu infinito prolongamento imaginário.

154. *John Weeks e Llewelyn-Davies: wick Park Hospital, Londres, 1961-70.* meira arquitectura explicitamente ind em que os pilares estruturais são distr de acordo com a carga e não com um geométrico pré-determinado. A ideia grelha indefinida de serviços estrutu também desenvolvida neste projecto.

Este prolongamento podia, de facto, ser muito mais imaginário do que real, mas a verdade é que, mais tarde, foi a razão de muitos esquemas reais

a, b. *Mies van der Rohe: Alumni Memo-*
Hall, Chicago 1947. As esquinas deste edi-
o são pontos finais visuais, embora o con-
io fosse defendido por Llewelyn-Davies,
queria uma arquitectura «sem fim», ade-
da à produção em massa. Compare-se com
xto.

dentro desta tradição da infinidade: em particular, um hospital de Llewelyn--Davies e Weeks, que assentava na particularidade de os arquitectos terem tomado um mínimo de decisões fixas: ou seja, criaram uma estrutura «indeterminada» que podia ser alterada e remodelada com aparente facilidade [154].

Esta filosofia da indeterminância foi apoiada mais tarde por vários anti--académicos, como referiremos, mas, nessa altura, nos anos cinquenta, era considerada como o resultado natural do processo de produção em massa. Cria-se que a produção em massa conduzia a uma infinita repetibilidade (infinidade), e que padrões incertos ou mutáveis levavam à flexibilidade (indeterminância). Assim, a fachada do Northwidk Park Hospital era apresentada como sendo determinada unicamente pelas cargas estruturais e não por qualquer geometria específica. Os únicos parâmetros determinados eram o sistema de traves e vigas e a sua expressão indefinida. Assim, uma estética abertamente de repetição era clarificada e entendida como uma das formas possíveis de lidar com a questão da mudança, enquanto os Smithsons desenvolviam o passo dialéctico seguinte, com a sua Casa do Futuro (ver adiante). Podia acusar-se o projecto de monotonia e de não conseguir caracterizar os elementos mais permanentes, mas a verdade é que ele contribuiu decisivamente para o debate do «problema-situação» da mudança e da mutabilidade.

Outro exemplo saído desta tradição académica foi o Hostel for Caius College [155], apresentado como um edifício flexível e de uma extensibilidade

155. *Leslie Martin, Colin St. John Wils Patrick Hodgkinson: Albergue do Caius lege, Cambridge, 1962.* Tavez o epítome «Platónicos» académicos, este edifício p ser justificado pelo seu manuseamento rente de materiais, a sua qualidade hierá a sua sequência controlada do espaço. Na tica da arquitectura, contudo, tornou-s dos objectos de censura de Cedric Price o considerava «apenas Idade Média co ampères de energia».

sem quebras. No entanto, o mesmo edifício podia ser explicado a partir de outras tendências então correntes em Cambdrige, nos finais dos anos cinquenta. Havia um grupo próximo de Colin Rowe interessado no modo como o espaço cartesiano conduziu a certas possibllidades da forma: um edifício podia ser centroidal, caso em que toda a sua superfície tenderia a ser a mesma, ou então podia ser linear, caso em que haveria uma mudança natural de superfície em cada eixo. E havia um outro trupo, chefiado por Leslie Martin e Lionel March, que realizava experiências com um série de blocos Fresnel a propósito da relação da forma construída com a explorção da terra. Ora, é muito curioso que este edifício, desenhado antes de qualquer um desses trabalhos vir a ser posto em prática, nos anos sessenta, conseguia ilustrar todos estes desenvolvimentos ao mesmo tempo, sem constituir um exemplo explícito de nenhum deles. Era praticamente uma série de blocos Fresnel e uma combinação das construções linear e centroidal. Menciono esta singularidade porque é um dos raros casos em Inglaterra em que a prática precedeu e clarificou de facto a teoria (o que deveria constituir a regra e não a excepção).

Um outro exemplo desta dialéctica registou-se também no seio das academias e apoiou-se decerto modo numa forma de Platonismo. Foi o método de desenho denominado «lógico, paramétrico, sistemático, ou cibernético». Embora o discutamos mais aprofundadamente no Capítulo 8 sob a designação de Desenho Paramétrico, mencionamos já as suas concepções estéticas e morais, dado que tem muito a ver com os Platonistas Académicos. As preferências morais de desenhadores racionalistas como Christopher Alexander, Thomas Maldonado e Bruce Archer, favoreciam a clareza, a precisão, a eficácia e o auto-apagamento, ao passo que as estéticas reflectiam invariavelmente os padrões geométricos encontrados na natureza: o floco de neve, a bolha de água e sabão, a articulação óssea, tão do agrado de D'Arcy Thompson. De facto, podíamos mesmo falar de uma analogia arquitectónica entre a forma cultural e a FORMA CONSTRUÍDA (como frequentemente é referida) que era encarada com uma gravidade que roçava o místico.

NON POP-POP

PARALELISMO VIDA/ARTE

Como é evidente há uma outra atitude viável que pode ser tomada em relação ao processo e à forma: menos idealista e mais informal. Esta atitude desenvolveu-se em reacção ao Novo Paladianismo, a partir do movimento conhecido como «action paiting» e após uma exposição sobre «Crescimento e Forma» (com algum eco do livro de D'Arcy Thompson sobre o assunto). Ganhou uma formulação explícita numa exposição denominada «Paralelismo Vida/Arte», realizada no Institute of Contemporary Arts, em 1953. Os protagonistas, os Smithsons, Paolozzi e Henderson, reuniram mais de cem imagens da «vida», apresentando-as em fotografias vulgares, com uma textura arenosa, e que seriam a «Arte». Na prática, o «paralelismo» que estabeleciam partia de uma conjectura comum: uma atitude que era impossível definir antecipadamente mas que era muito clara após a exposição. Influenciada pela «action painting» de Pollock, podia ser caracterizada como mais livre e aberta à sensação imediata: as imagens tinham todas uma violência compulsiva, como se tivessem sido propositadamente arrancadas de um contexto determinado tendo em conta o seu impacte imediato. Por detrás desta qualidade obsessiva havia a sua abordagem directa da ciência. A maior parte delas apresentava uma imagem de uma verdade científica ou tecnológica: por exemplo, a número 100 era «um tumor benigno constituído por células X53 em proliferação (microfoto)»; a 119, «Secção de Trombose Pulmonar». Não há qualquer tentativa para humanizar a imagem da ciência, não se pretende antropomorfizar verdade. O que se procura de um modo consistente é a visão não domesticada da investigação actual: o equivalente visual da verdade cosmológica, tal como era então conhecida. O resultado de tudo isto foi um conjunto de fotografias granuladas e arenosas que tudo traduziam numa textura biomórfica destituída de escala: o «Brutalismo» era definido praticamente como a imagem directa da ciência.

Para evitar dúvidas, os Smithsons apresentaram a sua exposição perante a tradição neo-paladiana na *Architectural Association*, com a afirmação a letras maiúsculas: »NÃO ESTAMOS AQUI PARA FALAR DE SIMETRIA E PROPORÇÃO» (6). A ruptura era clara: em vez de uma arquitectura platónica com alguma escala conceptual, um equivalente arquitectónico da actual cosmologia do espaço infinito e contínuo. Em vez de um sonho virgiliano de urbanidade, uma abordagem directa e realista das situações urbanas concretas.

O NOVO BRUTALISMO

O que nasceu deste paralelismo Vida/Arte foi uma espécie de meio-termo entre o *Non Pop* e o *Pop*, o Novo Brutalismo. É possível discutir este movimento pondo em relevo tanto o seu aspecto moderado como o seu lado futurista. Como Banham fez num livro sobre o assunto com um subtítulo significativo, «Ética ou Estética?». Os aspectos mais moderados deste movimento serão tratados agora; deixaremos os aspectos futuristas para a discussão sobre o *Pop*. A razão é simplesmente que quando o movimento foi futurista, se tratou sobretudo de uma pequena parte de outra coisa — o Grupo Independente no ICA e os teóricos *Pop*. A outro nível, como as afirmações dos Smithsons elucidam, o Novo Brutalismo foi sempre uma abordagem directa dos problemas concretos:

> Qualquer discussão do Brutalismo falhará se não levar em conta a tentativa do Brutalismo para ser objectivo acerca da «realidade» — os objectivos culturais da sociedade, as suas necessidades, as suas técnicas, etc.. O Brutalismo procura enfrentar uma sociedade de produção massificada, arrancar a crua poesia das poderosas e confusas forças que nela funcionam.[7]

O que isto significava, podemos vê-lo nos dois projectos dos Smithsons já mencionados, ou na sua participação na Golden Lane Competition (1952). O que ressalta neste projecto é a imagem «directa» do Brutalismo, o equivalente visual de uma sociedade de produção em massa [156]. Porém, o que os Smithsons projectaram explicitamente era algo mais do que isso: uma nova versão da ideia do CIAM da rua no ar, ou, como os Smithsons a rebaptizaram, a rua-piso. Além de lhe mudarem o nome, alargaram o conceito, porque o que criavam era um piso aberto e vasto que realmente podia conter uma vida de rua viável: um «piso», não um «corredor». A ideia era recriar a vida de rua concreta acima do nível do chão, formando uma série de «lugares» urbanos ao ar livre e acessíveis através da cozinha de cada casa — esse bastião da sociedade do East End londrino em que a «mamã» dirige a cena caseira.

Introduzir esta figura da classe trabalhadora era apropriado porque, nas circunstâncias dos anos cinquenta, a sociologia e a ecologia estavam a tornar-se importantes questões arquitectónicas. Em reuniões do CIAM, os Smithsons e outros activistas defendiam a ideia de um novo urbanismo baseado em determinantes sociológicas específicas. Referiam ideias como «identidade,

157. *Lynn, Smith e Nicklin sob a direcç Wormersley: Park Hill, Sheffield, 1961.* M riais usados «em estado bruto», uma or zação formal concordante com a tecnol realista em relação ao modo de vida exis identidade ao nível da rua; ilustração de os princípios do Brutalismo.

---

[6] Ver *Arena*, Fevereiro de 1966, p. 184.

[7] *Architectural Design*, Abril de 1957.

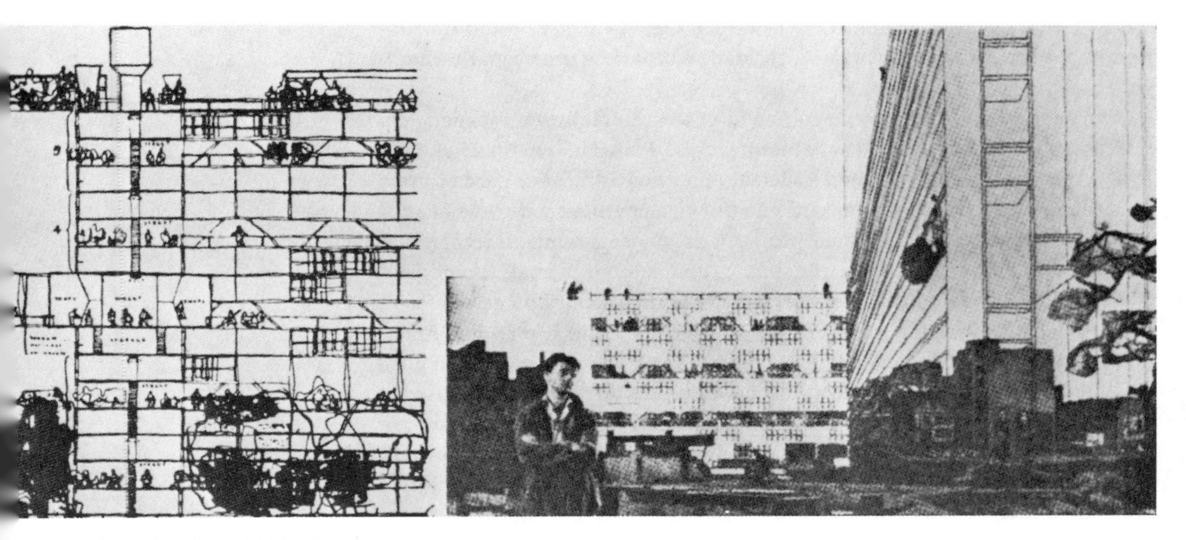

Peter e Alison Smithson: Golden Lane
petition, 1952. Local bombardeado com
or de cinema Gérard Philippe sobreposto.
tecnosofisticação evidente pode encontrar
cedentes nos esquemas russos dos anos
e mais tarde em Park Hill, Sheffield, e na
de Cedric Price. Neste projecto, os Smith-
lançaram a ideia de uma re-identificação
na: as associações humanas devem deter-
r os elementos formais.

lugar, conjunto», em oposição às ideias do CIAM, que salientavam o universal. Justapunham a produção urbana concreta à abordagem urbana genérica. Estudavam o East End, liam panfletos sociológicos e construíam para «uma época e um local determinados». Um resultado desta nova atitude, apesar de não se tratar de nenhuma obra dos Smithsons, foi o esquema para

o East End de Denys Lasdun. O seu Bethnal Green Cluster, como o »conjunto» dos Smithsons, visava dar identidade e cenário a um vasto desenvolvimento.

Ouro esquema brutalista que tomou uma posição realista e adequada em relação ao «modo de vida» dos habitantes foi o Park Hill em Sheffield, em 1961. Aqui, os arquitectos usam a ideia do piso dos Smithsons para criarem uma rua urbana viva no ar (embora não tão viva como seria de desejar, por causa da ausência de lojas, bares, etc.). Os arquitectos também recorreram a outros princípios brutalistas como um agrupamento informal, topológico, que segue o sistema de movimento [157]. O edifício contínuo serpenteia à volta do local de forma a ganhar para si espaço e encontrar uma boa orientação: não é o resultado de qualquer organização platónica, a não ser ao nível de uma silhueta plana. Além disso, os materiais são directos e rudes (usados tal e qual como os encontramos); a fachada é um resultado literal do que acontece dentro (nenhum esforço de composição), e o modo de vida concreto é enfrentado e as suas interacções resolvidas. Em resumo, o edifício ilustra todos os princípios dos Smithsons sem ter sido projectado por eles. Neste sentido, é típico do movimento brutalista como um todo: espalhado pelo mundo e apenas semi-reconhecido enquanto produto desse movimento específico.

BRITISH BUILDINGS

Uma das razões para tal tipicidade é que o Brutalismo estava tão obviamente relacionado com o trabalho de Le Corbusier que o que devia ser atribuído aos brutalistas era frequentemente identificado como corbusiano. Lembremos os dois edifícios de Le Corbusier que usavam o *beton brut* de uma forma directa e sem rodeios, a *Unité* e *Maisons Jaoul*, além disso, havia o seu epigrama que resumia toda uma área do Brutalismo: «A Arquitectura consiste em estabelecer com matérias brutas relações comoventes». Como se estes dois usos do adjectivo *brut* não chegassem, havia ainda o problema de que ele tinha já ocupado qualquer posição arquitectónica, por exemplo, usando objectos industriais «tal e qual». Tal como Alison Smithson disse, falando, com efeito, por toda uma geração:

> ...quando se abre um novo volume da *Oeuvre Compléte* concluímos que nele já vêm as nossas melhores ideias, que o seu autor já tinha feito aquilo que nós íamos fazer a seguir.[8]

Um tal sentimento podia ser expresso por quase todos os arquitectos que exerciam nos anos cinquenta, tão penentrante era a influência de Le Corbusier.

Em Inglaterra, esta influência não só era reconhecida, como também era proclamada com aberta gratidão: as placas de Roehampton, por exemplo, eram descritas como «um acto de homenagem a Le Corbusier». E esta presença podeia ser verificada em trabalhos tão diferentes como os de Llewelyn--Davies ou Basil Spencer. Como seria de prever, todos os edifícios que apa-

---

[8] Citado de Reyner Banham, «The Last Formgiver», *Architectural Review,* Agosto de 1966; ver também a discussão sobre a influência de Corbusier, em «Ironia na forma e no conteúdo», capítulo 4.

reciam numa colecção intitulada *British buildings 1960-64* deviam alguma coisa ao mestre. Havia o *Hostel for Caius College*, já mencionado, a *Forest Gate High School* de Colquhoun e Miller, o *Royal College of Art*, o *Wolfson Institute*, o *Imperial College Hostel* e o *Economist Building* dos Smithsons — cada instituto, cada nome, ressaltando significações sociais e simbólicas que todos eles alcançavam de facto.

Assim, para além de Le Corbusier, o que subjazia a estes projectos e os unia no livro era a sua consciência da Arquitectura como um discurso social e intelectual. Todos eles se integram no seu meio-ambiente. Todos falam uma linguagem clara da forma corbusiana. Todos tomam posição sobre o *status quo* social, e todos estão no livro dedicado a Colin Rowe. A dedicatória que aparecia no princípio do livro causou alguma consternação porque nunca foi explicada ou explicitada.De facto, alguns dos arquitectos não pressentiam que eram influenciados por Rowe ou que os seus edifícios eram exemplos de um discurso arquitectónico, porque nunca se aperceberam conscientemente de uma coisa nem de outra. Claro, havia tantas pequenas influências variadas que nenhuma delas era suficientemente vasta ou consciencializada para que fosse adoptada ou transformada em manifesto. O mais perto que estes arquitectos estiveram de formar um movimento polémico, naquela altura, era quando passavam (aliás frequentemente) pelo apartamento de Thomas («Sam») Stevens, onde as suas ideias recebiam amplificação intelectual, ou quando se encontravam nas manhãs de sábado para beber cerveja no York Minster Pub, onde confrontavam essas mesmas ideias. Esta posição ambivalente foi reconhecida por Sam Stevens, em «The Third Force in British Architecture»:

> ...até que ponto falhamos, actualmente, na concretização de qualquer diálogo arquitectónico público: pense-se em Oxford Street, ou pense-se, evidentemente, na reconstrução de qualquer grande cidade...já não se vê qualquer razão para que a arquitectura, uma arte pública, sinta a intolerável necessidade de produzir de uma disputa árida entre opositores, todos a falarem ao mesmo tempo, invectivando-se uns aos outros, ou para que tal conversa se transforme em diatribe... Daí o impasse actual.[9]

JAMES STIRLING OU A FUNÇÃO TORNADA MANIFESTA

Um dos membros deste grupo, contudo, chegou a uma posição muito original e tornou-se, em minha opinião, o melhor arquitecto da sua geração. As influências de Rowe, do Brutalismo, de Corbusier e Liverpool, incomensuráveis todas elas, combinaram-se, no entanto, na mente de James Stirling, para dar uma retórica extremamente poderosa da construção, pouco habitual para a mentalidade restritiva dos Britânicos. O compromisso que frequentemente caracterizara a arquitectura inglesa, desde a St Paul's Cathedral ao Festival of Britain, era espicaçado, senão mesmo desprezado. Pela primeira vez desde a Palm House em Kew ou o Crystal Palace, a Grã-Bretanha tinha um arquitecto capaz de manusear virilmente o vidro; pela primeira vez desde Mackintosh, havia um arquitecto que conseguia combinar vidro e alvenaria fazendo-os ressaltar na fachada; e pela primeira vez desde Hawksmoor, um arquitecto conseguia empilhar alvenaria em cima de alvenaria, numa sobreposição de conceitos poderosos que se perdia nas nuvens.

---

[9] *Architectural Design,* Setembro de 1965.

Sim, pode argumentar-se que Stirling não tem a visão social de um Morris ou de um Ruskin, o refinamento de um Jones ou de um Yevele, o gosto de um Adam, a imaginação de Soane e a destreza de Vanbrugh. É possível, mas, como cada um desses homens, Stirling é a fonte de uma nova sensibilidade. Uma sensibilidade que, acima de tudo, é flexível, amável e altamente inteligente. Talvez a apoteose da sensibilidade funcional. Não que os seus edifícios resultem e funcionem extremamente bem, mas (mais importante) parecem e fazem o seu habitante sentir que funcionam e resultam o melhor possível: ou seja, são a «essência» ou representação da função. A expressão da função, como Sullivan lhe chamou, ou a função tornada evidente e clara, como Tomás de Aquino teria dito.

Tudo isto foi realizado contra muita oposição e desencorajamento, muitas competições perdidas e projectos rejeitados, porque, como Stirling salientou, confrontado com «bom gosto» inglês, o seu talento era rejeitado em nome da estética:

> Usámos as formas próprias a esta aldeia em casas individuais numa tentativa para obtermos uma aprovação estética. Nessa época, estava a tentar iniciar uma experiência com seis casas privadas, quatro das quais foram rejeitadas por supostamente estarem abaixo dos padrões estéticos... Muito sofremos nessa altura devido á opinião estética de arquitectos que detinham a autoridade para rejeitar e deitar fora projectos... [10]

Stirling conseguiu libertar-se dos zeladores do provincianismo com uma encomenda obtida através do pai de um dos seus estudantes da *Architectural Association*. Tratava-se de projectar um conjunto de apartamento de baixo custo que pudessem competir com o alojamento tipo «Span», que era relativamente barato. Em consequência desta oferta, Stirling deixou a firma privada para que trabalhava, formou uma sociedade com James Gowen e com ele desenhou *Ham Common*, tratava de analisar a nova viragem de Corbusier e o movimento moderno. Publicou então dois artigos sobre essa viragem na *Architectural Review*. Havia uma mudança de uma posição urbana e tecnológica para uma arquitectura rural, camponesa; «de Garches para Jaoul»; da estéctica da máquina para o Brutalismo, da Utopia para uma casa camponesa provençal mesmo no meio de Paris.

Embora este artigo sugerisse algum pessimismo a propósito da perda do fulgor utópico, a verdade é que também apontava para algum optimismo, a propósito das possibilidades da linguagem arquitectónica e do uso das técnicas existentes. Stirling, tal como outros arquitectos do seu tempo, viu as possibilidades inerente á «Tradição Funcional», com o seu uso directo de componentes ajustáveis e pré-fabricados. Mas não era apenas uma questão de Armazéns de Liverpool e «soleiras em forma de focinho de touro», de nostalgia da Cidade Operária (embora isto fosse importante no seu projecto Preston) — era também uma questão de «competição» pragmática, de procurar nos catálogos produtos industriais que pudessem ser usados de forma imprevisível.

A ideia básica consistia numa poupança engenhosa, no uso de sistemas fora do contexto («talvez haja alguma esperança para o CLASP, se usado fora do contexto»). No seu projecto Preston, um sifão de esgoto estandartizado abandona o seu papel habitual nas canalizações e é elevado, virado e reutilizado como goteira para a chuva. No mesmo projecto, são utilizados

---

[10] *RIBA Journal,* Maio de 1965.

pormenores típicos das cidades operárias, como a soleira em forma de focinho de touro, traseiras alargadas e tijolo de engenharia. Parcialmente, o projecto é justificado como mantendo o espírito da cidade; porém, como se pode ver pelo resto do seu trabalho, é também uma tentativa para derrotar de vez a maldade dos outros com as suas próprias armas, ou seja, cortando nos custos. E o êxito dos arquitectos neste trabalho deve ter convencido muitos homens de negócios e contribuído fortemente para a maior facilidade com que passaram a receber encomendas.

Apesar deste método «*adhocista*» razoavelmente novo, a verdadeira contribuição de Stirling e Gowan para a cena internacional não se produziu antes de 1959, ano em que desenharam dois projectos, um dos quais foi construído. O que não foi construído, destinado ao Selwyn College em Cambridge, foi o primeiro de um novo tipo de construção. Era, basicamente, um a nova arquitectura do revestimento, com uma superfície ondulante que podia envolver e articular qualquer função. Este novo tipo de construção era formulado essencialmente a partir de três fontes: das experiências estudantis (o começo do *Pop*, a que se assistia então na escola onde Stirling e Gowan ensinavam), do uso de componentes industriais estandartizados, que já referimos, e do uso da técnica axonométrica, que se estava a tornar então num método de desenho aceite. Porém, só no projecto seguinte, o Leicester Engineering Building [158 a-e], é que os dois arquitectos elevaram a sua linguagem a uma matu-

a, b. *Stirling e Gowan: Vistas do Leicester ineering Building, Leicester, 1964.* «Adhoio» industrial. A unidade isolada, os ade-s de iluminação, o tijolo esmaltado, são os elementos-padrão confluindo num todo vés da técnica axonométrica.

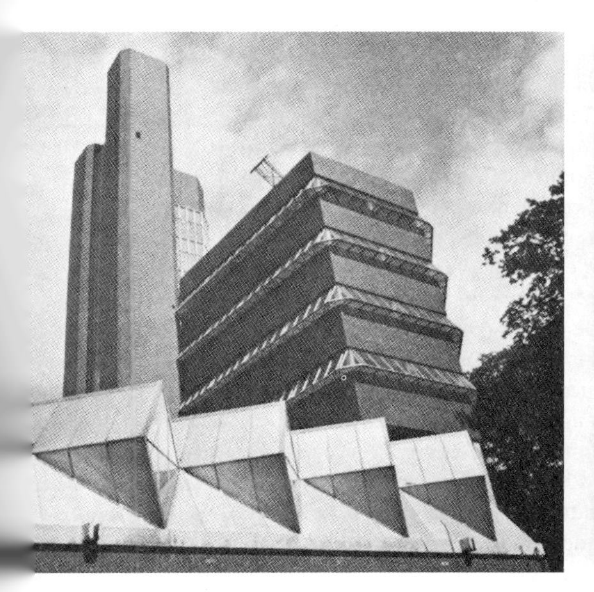

ridade total. Em vez de desenharem em perspectiva, optaram por uma visão de cima que podia analisar e dissecar todo o projecto, pondo a nu a sua anatomia subjacente. Este método de desenho é realmente um método de projectar, porque permite ao arquitecto trabalhar e desenvolver o espaço, a estrutura, a geometria, a função e o pormenor, simultaneamente e sem distorção. Constituíu uma ferramenta necessária para os Construtivistas analisarem a sua marcenaria mecânica; nas mãos de Stirling e Gowan a ferramenta transformou-se numa varinha mágica que lhes proporcionou a visão platónica, da única posição possível, da asa de um avião [159]. Para os críticos que não tinham acesso a tal ponto de vista, os edifícios eram meramente dinâmicos.

158c, d, e. *Stirling e Gowan: Imagens do cester Engineering Building, Leicester,* As salas de conferências sobressaem de lado da entrada. O uso de objectos indus é idêntico ao dos Construtivistas.

Por exemplo, o Leicester Engineering Building eleva-se através de uma sequência de volumes assimétricos separados por delgadas folhas de vidro [158]. A torre de água assoma no topo, cobrindo a expansão do vidro, que é também detida em baixo pela inclinação saliente do auditório. Assim, os tijolos, com uma presença muito forte, contêm facetas de vidro em cada extremidade. Mas nas traseiras o vidro vai até á ponta, fazendo um ângulo de 45 graus para diluir a luz solar directa (para os *ateliers* em baixo). Toda a restante geometria é, na sua maior parte, de ângulos de 90 graus, no intuito de poupar a circulação. Mas é através desta dualidade de dois sistemas geométricos que os arquitectos realizam as justaposições dinâmicas. Os planos envidraçados impõem-se nas esquinas, moldando-as, cruzam áreas espaciais de um modo completamente novo, recuando e avançando de uma forma racional mas vertiginosa, reforçando a impressão de ambiguidade e movimento. Clarabóias de vidro em caixas com ângulos de 45 graus, gumes em dentes de serra atravessam o mar de vidro como uma onda que se aproxima e que depois recua em «icebergues de vidro» encostando-se ao horizonte. Damo-nos conta da similaridade com a paisagem urbana de Leicester. Uma cidade industrial de vidro e tijolo encontra o seu equivalente poético, em vez da singularidade náutica e das ideias do «People's Detailing». Finalmente, a Grã-Bretanha tem uma arquitectura que se identifica com a sua era pós-industrial.

Os projectos seguintes de Stirling, alguns dos quais foram construídos, desenvolveram algumas das possibilidades inerentes a este método de articulação. A *Cambridge University History Faculty* [160] partiu dos mesmos materiais e método básicos, desenvolvendo-os e obtendo uma integração mais complexa do espaço — ou seja, temos dos espaços a impressão de um maior

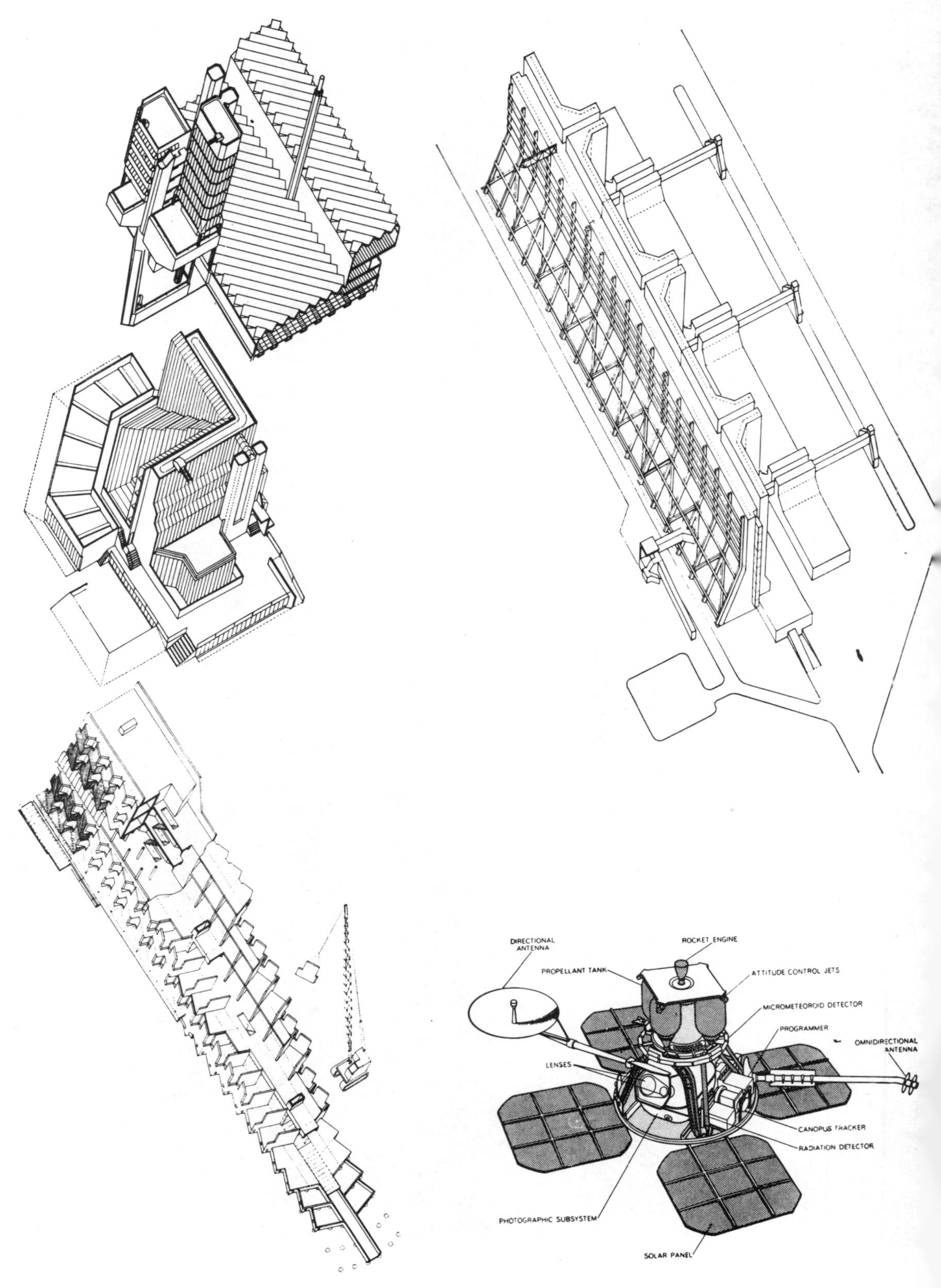
DIRECTIONAL ANTENNA
ROCKET ENGINE
PROPELLANT TANK
ATTITUDE CONTROL JETS
MICROMETEOROID DETECTOR
PROGRAMMER
OMNIDIRECTIONAL ANTENNA
LENSES
CANOPUS TRACKER
RADIATION DETECTOR
PHOTOGRAPHIC SUBSYSTEM
SOLAR PANEL

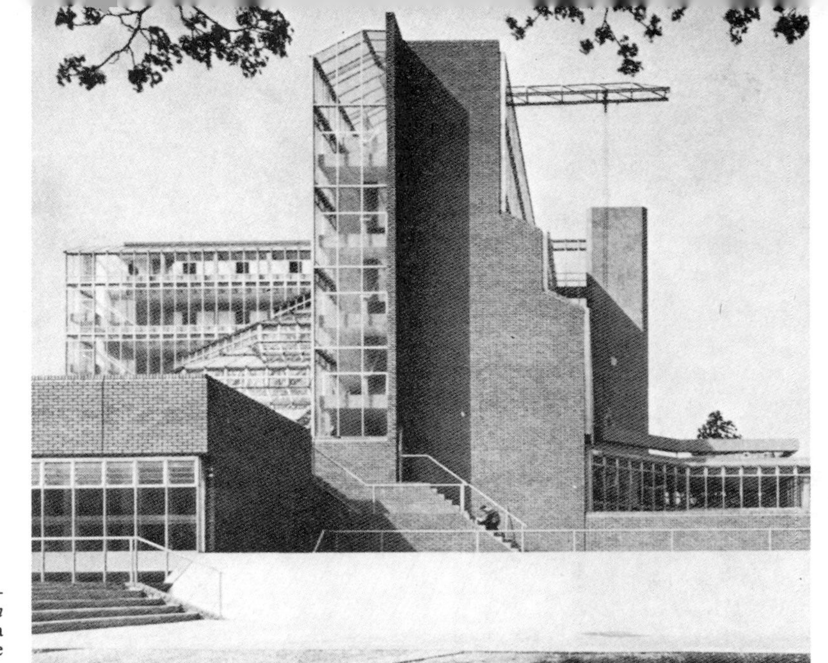

Da, b. *James Stirling, Universidade de Cambridge, Faculdade de História, terminado em 68.* De novo o uso dos elementos prontos a ır. Em baixo, a unidade-padrão isolada pode esparramada como uma borboleta de colec- — na realidade, trata-se de um método a reduzir a vibração e o ruído. Em cima, a ção afilada, vítrea, segue o princípio do *iceg* segundo o qual deverá haver mais actividade em baixo.

James Stirling: Quatro axonométricos e nave lunar. A obra de Stirling assenta na técnica de desenho; o método conduz à a. Sem uma tal técnica, seriam impossíveis ruções sofisticadas. Toda uma estética e um modo de vida advêm da lógica e da lação possíveis com tal método (por acaso por todos os arquitectos de *Brtish Buil-*. A partir do topo esquerdo: Leicester eering Building, Cambridge University ry Facultuy, St Andrews University Hos- Mariner 5, Dorman Long.

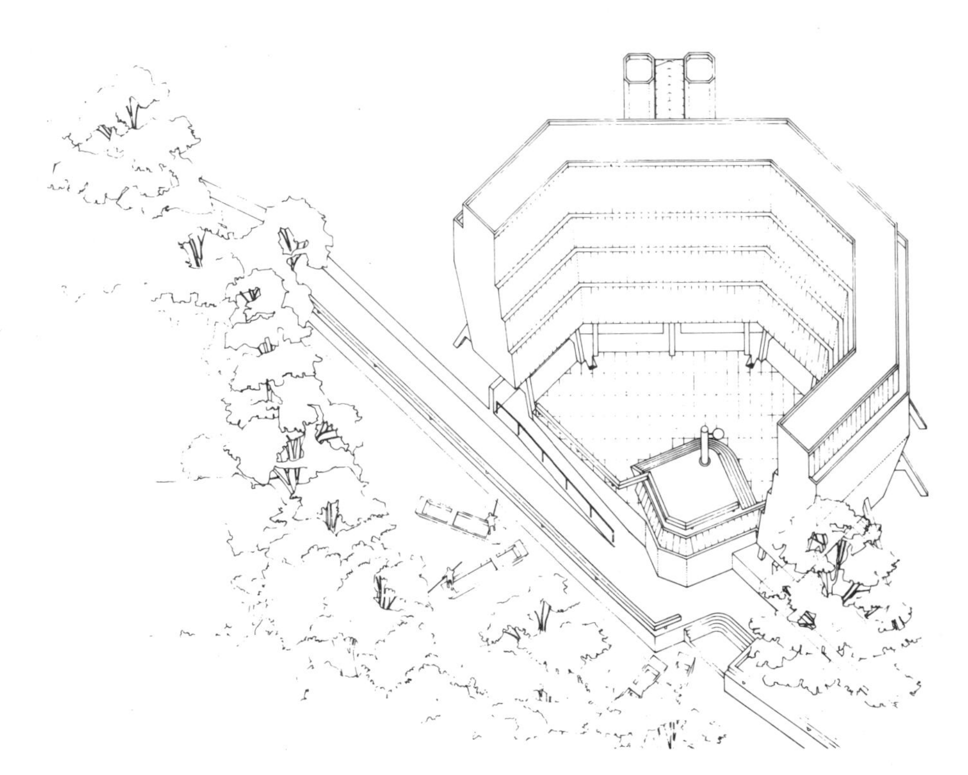

a,b,c,d. *James Stirling: Edifício Florey, ord, 1966-71.* A secção, aparentada a um dio, deste albergue de estudantes universi-os, deve-se em parte a uma visão brilhante elação entre os quartos que rodeiam e as s comuns que são rodeadas.

dinamismo, porque todos eles foram reunidos sob uma mesma pele, em vez de separados. Depois, no seu projecto para St Andrews, essa pele ou revestimento é ainda mais desenvolvidamente articulada, enfrentando cada unidade com um padrão diagonal diferente, de forma a afirmar o sentido de cada divisão [19]. Depois, no projecto Dorman Long [159], a articulação alcança uma nova ênfase, dado que a estrutura é separada tanto do revestimento como do espaço (pondo em relevo o potencial do aço). Se tivéssemos de caracterizar esta arquitectura numa só frase, teria que ser como a perspectiva da Nave Lunar [159], funções complexas que se tornam manifestas.

Finalmente, o seu Florey Building, em Oxford, resume muito do seu trabalho anterior [161]. Tem os agudos contrastes visuais de Leicester, o vidro prismático cintilando vagamente face ao tijolo de um vermelho vivo. Tem a secção inclinada e a disciplina de circulação de Cambridge, as chaminés expostas e as torres dos elevadores também expostas de todos os seus projectos e uma geometria fragmentada que se impõe — aqui, cinco oitavos de um octágono que se estiram á volta das salas públicas e que dão um forte sentido de fechamento. As formas, embora não directamente influenciadas, lembram mais as que foram criadas para as funções heróicas da Rússia pós--revolucionária, do que conotam preocupações da vida estudantil de Oxford. De facto, subjacente a esta arquitectura há um pessimismo básico, que atinge a legitimidade das próprias funções:

> ...Creio que a arquitectura neste momento [1965] é sobretudo estática porque penso que os arquitectos se mostram cínicos em relação á sociedade que têm. Parece-me que nos anos vinte e nos anos trinta Corbusier, os Construtivistas, Futuristas e outros tinham uma visão intensa da sociedade... que lhes dava uma inventiva plástica consistente,

que é algo que falta agora. A seu tempo aparecerá uma nova cultura, muito diferente da que temos hoje. Talvez uma cultura inteiramente interior. Não terá nada a ver com a Bloomsbury Square ou com *piazzas* ou coisas do género.[11]

Stirling exprime assim a sua desilusão dentro das tradições da arquitectura e considera impossível encarar a forma e o conteúdo de uma sociedade futura. É muito possível que seja ele o melhor arquitecto que a Grã-Bretanha já produziu, mas «quem é que se preocupa com a arquitectura?».

POP

IG PASSA OS LIMITES

A resposta retórica para esta última questão, também retórica, é «não aqueles que se preocupam com outros aspectos da cultura» (cultura com *c* pequeno). Para eles, as distinções tradicionais que separam cada campo são menos importantes do que a totalidade das relações do homem com o que produz. Não interessa se os produtos obtidos são firmes ou lassos, visíveis ou invisíveis, tradicionais ou modernos; como disse o *Independente Group* (IG), um grupo de artistas e escritores que inventou a *Pop Art* no *Institute of Contemporary Arts* de Londres, nos anos cinquenta, «é tudo informação», ou como Archigram e Andy Warhol disseram, «é tudo o mesmo». O que estas duas citações têm em comum não é apenas o radical nivelamento das distinções, mas, mais importante, a sua insistência na possibilidade de qualquer coisa, senão mesmo de tudo (tudo não é possível, mas qualquer coisa é possível). Dentro deste largo leque de possibilidades regista-se uma outra redescoberta importante: a relação entre forma e conteúdo é sobretudo convencional e, portanto, *sempre* aberta a um deslocamento. Em suma, tudo o que acontece na história cultural podia ser diferente; pouca é a significação natural na forma; e dado que as conexões entre forma e conteúdo são largamente arbitrárias, podem, a qualquer nível, em qualquer altura, ser alteradas. Os artistas *Pop* redescobriram esta possibilidade e, num certo sentido, exibiram-na com toda a sua brutalidade potencial. Tudo o que é aprendido, repetido e codificado no cérebro a ponto de fornecer comportamentos integrados, constitui um assunto potencial para uma reavaliação *Pop*. A forma é retirada da sua posição fixa, a posição que, por necessidade, qualquer pessoa passa a vida a tentar determinar (12), e é deslocada, recebendo uma nova localização. O deslocamento daí resultante destrói as distinções habituais, os códigos invioláveis, as categorias razoáveis. Por isso, o movimento *Pop* foi frequentemente apelidado de «infantil, bárbaro, regressivo», o que só parcialmente é verdade, porque o que invariavelmente acontece é um novo nivelamento de uma antiga e laboriosamente mantida distinção. Contudo, nem toda esta anti-sensitividade é destrutiva. De facto, pode ser positivamente criativa no seu optimismo agressivo e na sua boa disposição.

---

[11] *RIBA Journal,* Maio de 1965.

[12] Osgood e Sebeok, *Psycholinguistics,* Indiana, 1965, p. 177 ff. De certo modo, passamos a vida a construir códigos (linguísticos e outros) para formular ou dominar um conjunto de acontecimentos reais.

Ao passo que a maior parte dos humanistas e liberais do Estado Social dos anos cinquenta consideravam a cultura popular americana uma «mixórdia», um «produto suburbano» e de um modo geral «um ultraje», a nova sensibilidade mostrava-se decidida a «admirá-la» pela sua «inventiva», bem como a achá-la «séria» (13). Como já referimos, os teóricos *Pòp* limitaram-se a pegar na fotografias da *Architectural Review* de 1950, consagrada ao «pesadelo sintético americano» (forma) e a mudar a perspectiva (conteúdo). Não fizeram nada de tão explícito ou simples como isso, mas o resultado foi esse. Aliás, só lentamente se tornaram conscientes de uma atitude nova e despreconceituosa em relação á cultura popular; algo que partilhavam e que podiam fruir sem embaraço. Esta aceitação positiva, esta fruição transparente, é talvez a principal qualidade da nova sensibilidade e aquela que mais frequentemente se omite. Lawrence Alloway, fundador e zelador do conceito «*Pop*», descreveu como ele se foi desenvolvendo nas reuniões do *Independent Group*:

> O *IG* esteve parado um ano e voltou a reunir-se no Inverno de 1954-5, por iniciativa minha e de John McHale, para debater o tema da cultura popular. Chegámos a este tópico em consequência de uma avalanche de conversas que envolveu, em Londres, Paolozzi, os Smithsons, Henderson, Reyner Banham, Hamilton, McHale e eu próprio. Descobrimos que tínhamos em comum uma cultura vernacular que persistia para além de qualquer interesse especial que cada um de nós pudesse ter a nível de arte, arquitectura, desenho ou crítica de arte. A área de contacto era a cultura urbana produzida em massa: filmes, publicidade, ficção científica, música *Pop*. Não sentíamos o desprezo pela cultura comercial que era normal entre a maior parte dos intelectuais, mas aceitávamo-la como um facto, discutíamo-la em pormenor e consumíamo-la entusiasticamente...
>
> Hollywood, Detroit e a Madison Avenue, em termos dos nossos interesses, estavam a produzir a melhor cultura popular. Assim, a arte perecível era proposta como não sendo menos séria do que a arte permanente; uma estética do perecível (a palavra, creio eu, foi introduzida por Banham) opunha-se agressivamente ás teorias idealistas e absolutistas da arte. Entre os assuntos abordados pelo *IG* em 1954-5, tínhamos: Banham estudava a moda e a estilização automóvel (Detroit e *sex-symbols*; os Stmihsons os verdadeiros sonhos da publicidade *versus* ideais arquitectónicos; Richard Hamilton os bens de consumo; e Frank Cordell a música popular (aliás, música que ele fazia). De uma forma ou de outra, a primeira fase da *Pop Art* em Londres nasceu no *IG*... Nas reuniões participava sempre pouca gente e, no final dessa estação, todos conhecíamos as ideias uns dos outros e tão bem que uma das últimas reuniões se transformou numa festa familiar, em que toda a gente acabou por ir ao cinema.[14]

Provavelmente foram ver Marilyn Monroe em *Some Like it Hot*. A questão, como Warhol nunca se cansa de explicar ao seu incrédulo público, é: «*Pop Art* é gostar das coisas». A aceitação directa e franca do que outrora se excluía rigorosamente. As «coisas» que os artistas *Pop* escolheram para «gostar» eram muito especiais, na medida em que eram, simultaneamente, mais imediatamente gratificantes e sofisticadas, sensuais e técnicas, de modo que, efectivamente, invertiam e voltavam a inverter os dois limites da aceitabilidade ao mesmo tempo. Este duplo movimento (resumido na expressão de Alloway «erotismo mecanomórfico»), o cuidado realinhamento entre

---

[13] Ver *The New Brutalism, op. cit., p. 63, e Pop Art,* op. cit., p. 32.
[14] L. Lippard, *Pop Art,* Londres, 1966, p. 32.

forma e conteúdo, é provável comum ás teorias de qualquer movimento e ás alterações de gosto em qualquer civilização. No caso *Pop*, conduziu a paródias perfeitamente imbatíveis como «Eu quero ser uma máquina» e «Um dia destes é muito possível que toda a gente pense o mesmo».

A PERECIBILIDADE E A ESTÉTICA DA EMBALAGEM PERDIDA

Embora estas afirmações sistemáticas possam repercutir de alguma forma «o poder do pensamento positivo» ou uma despreocupação incrivelmente fria, mesmo bogartiana, o principal é que apontam para um desfrutar genuíno das «coisas» que a maior parte dos intelectuais da época odiavam. A primeira dessas «coisas», como Banham salientou, é a perecibilidade: «É isso que realmente aflige as pessoas sérias das artes quando confrontadas com as artes *Pop*; as palavras impressas são as tábuas sagradas da sua cultura... A adição da palavra perecível ao vocabulário da crítica era essencial para que a arte *Pop* pudesse ser honestamente enfrentada».[15]

Esta adição, como já foi mencionado por Alloway, foi o que Banham fez num artigo com vários títulos «Borax ou a Pele de Marta de Mil Cavalos» (para o *IG*, «A Estética da Embalagem Perdida» (para *Industrial Design*) e «A Estética da Máquina» (para a *Architectural Review*). Cada mudança no título indica uma *ligeira* mudança no conteúdo, tendo em conta uma adaptação á audiência. Mas, basicamente, a mensagem era a mesma e tinha a ver com duas coisas interrelacionadas: uma estética popular que era também uma estética perecível, uma estética da embalagem perdida.

Este ensaio e os seus mutantes, mais do que qualquer outro ensaio dos teóricos *Pop*, tenta enfrentar as implicações de uma cultura de massas. A sua principal noção, perecibilidade, não só é atacada pelos humanistas tradicionais mas também, e precisamente, pelo «paizinho» da pintura *Pop*, Richard Hamilton, que o considera o princípio maléfico da cultura popular. Como seria de prever, é detestada pelos Novos Paladianos e Platónicos e, em última análise, essa rejeição é apanágio de toda cultura ocidental desde Platão, cujo horror absoluto á mudança constituía o cerne da sua filosofio.

Portanto, Banham põe conscientemente á prova as raízes sensíveis tanto da filosofia do desenho como da sua cultura tradicional. É interessante o que ele diz: «Podemos agora avançar como hipótese de trabalho para uma filosofia do desenho a seguinte proposta: a estética dos bens de consumo é a estética das artes populares». Ou seja, uma estética que será «usada e gasta» tão depressa como o produto e rapidamente esquecida; uma estética baseada nas imagens populares de poder, sexo e outras formas de emulação social, e uma estética que é, acima de tudo, popular, que vende, que está sempre um passo á frente do sonho comum — «na fronteira do sonho que o dinheiro só dificilmente pode comprar».

Esta última frase com os seus ecos do mundo da moda resumia de facto uma preocupação constante do *Independent Group*. Toni del Renzio tinha dado uma conferência extremamente irónica em intenção deste grupo, con-

---

[15] Reyner Banham, «Who Is This Pop?, *Motif n.º 10,* Londres, 1963.
[16] Karl Popper, *The Open Society,* capítulos 3 e 4.

ferência que clarificou a natureza do mercado da moda. Eis um passo importante do que ele disse:

> Dependendo da capacidade do editor de moda para exprimir o real e o mítico, as necessidades nascentes e induzidas do leitor, este processo pode assegurar para os modelos de roupa escolhidos vendas inantigíveis por outros meios. Esta capacidade traduz-se exactamente pela aferição da força da tendência para ser típica, pela definição de tendências, pelo entendimento do que há a fazer a seguir, o duplo jogo da procura e da resposta, os desejos não expressos, o conto do vigário da significação, a codificação aceitável e cheia de significado.[17]

Por outras palavras, de acordo com a teoria da informação e a teoria *Pop*, o que é mais «universal» para a maior parte dos homens é uma delicada combinação do «típico» com «o que há fazer a seguir». Este tipo de universalidade foi clarificado em reuniões do *Independente Group,* nas suas discussões sobre comunicação de massas e teoria da informação, mas foi especificamente Banham quem impôs a sua relevância para a arquitectura moderna.

Porque o que isto significava era que a tentativa dos Pioneiros, Corbusier e Gropius, para chegar a um estilo «universal», estava errada. Em vez de um tal estilo se basear nas constantes psicofísicas, como Corbusier argumentava em «Purism» (1921), um estilo «universal» compreensível por quase toda a gente (e isto *é* precisamente o que Le Corbusier defendia) teria de assentar na convenção. A conclusão é radical. Inverte exactamente a suposição dos anos 20, o Estilo Internacional baseado na psicologia *Gestalt*. Afirma que os códigos aprendidos, as convenções — em suma, tudo o que é corrente, tudo o que anda «no ar» e que é repetido de forma suficientemente frequente — formam o substracto quase universal e não os códigos instituais que Corbusier tinha postulado — e que são relativamente desprovidos de poder. Banham inverte este ponto, destruindo de imediato todos os argumentos técnicos e psicológicos a favor do Estilo Internacional, da Estética da Máquina. Em vez de formas «simples» produzidas pela máquina como os Pioneiros tinham defendido, as usualmente «complexas» são as do *Buick V-8*, mais do que as do *Bugatti*; em vez de os engenheiros trabalharem estas formas «objectivamente» como Gropius tinha proposto, a verdade é que eles estão sujeitos a todo o tipo de pressões de mercado; em vez de o seu trabalho produzir naturalmente «padrões ideais» como Corbusier tinha argumentado, o seu protótipo é sempre um compromisso entre produção possível e uma possível futuro desenvolvimento — em suma, uma norma pragmática estabilizada por um momento. Um a um, todos os argumentos de Loos, Corbusier, Gropius, Pevsner e Giedion, se esfarelaram: pelo menos na medida em que eram naturalistas (ou seja, em grande medida). Porque se o homem e a máquina fossem deixados á sua «natureza» intrínseca, produziriam símbolos complexos, mutáveis, ornamentais, que estariam sempre um passo á frente das pessoas e não formas eternas e simples de «selecção natural». Era este último preconceito neo-académico que produzia uma crítica bloqueante, que constituía um obstáculo á via de um estilo adequado á produção e á cultura de massas.

A relevância deste argumento para a arquitectura tinha já sido parcialmente evidenciada em pelo menos dois projectos dos Smithsons: a *Sheffield*

[17] *ICA PUBLICATIONS, II,* 1958.

University, baseada na «estética da mudança» [162] e a sua *House of the Future*, baseada na indústria automóvel e na publicidade [163].

O projecto Sheffield (1953) introduzia, ou melhor, estabelecia, três qualidades da perecibilidade. Mostrava que um complexo mutável deste tamanho tem de ser organizado numa «via» circulatória, dado que esta é a forma mais dominante e que provavelmente terá tendência a continuar a sê-lo. Mostrava que a forma deve ser infinitamente aberta e aformal, de modo a permitir a mudança que não perturbe o todo. E mostrava que a estrutura e os painéis têm de ser suficientemente *gerais e repetitivos*, de molde a poderem ser mudados conforme as mudanças internas. Foi este último princípio de perecibilidade que provou ser perecível no seu esquema seguinte, a Casa do Futuro (1956). A razão, como os engenheiros de Detroit tinham mostrado, era que não há duas partes que tenham de ser iguais, tal como a capota e o guarda-lamas, na produção de carros em série.

162. *Alison e Peter Smithson: Sheffie[ld] Scheme, 1953*. Como o axonométrico mostr[a] os serviços e a circulação são os geradores [d]a forma, tal como do sistema de painéis interm[u]tável, genérico. Esta última ideia mudou no s[eu] esquema seguinte, a Casa do Futuro [163].

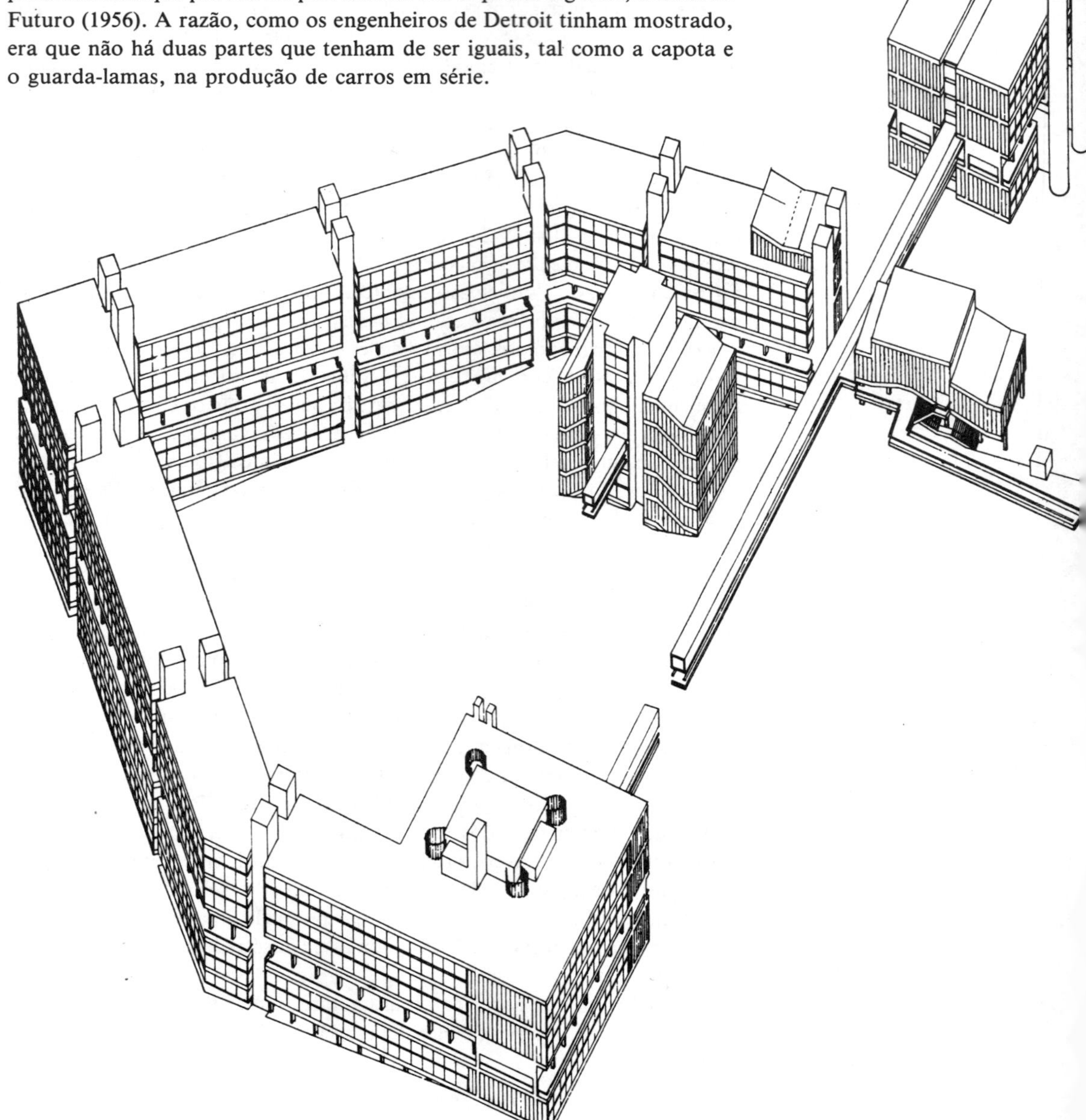

Em resumo, opondo-se á juntura universal repetida dentro da unidade singular (Gropius), havia a articulação particularizada repetida por muitas unidades (Ford). Isto conduz imediatamente á Casa do Futuro, que é individualizada ao ponto em que nenhuma padrão aparece mais do que uma vez dentro da unidade. Neste caso, o padrão consiste numa cápsula leve, flexível, plástica, dividida por junturas escuras, muito como um carro é montado e dividido. A casa podia, portanto, ser limpa tão facilmente como o exterior de um carro, desde que todas as junturas fossem encurvadas e abertas ao «colector de pó electroestático». Além disso, e mantendo a analogia automóvel, uma faixa cromada dava uma forma aerodinâmica ao exterior e era contemplada uma mudança de modelo anual. Havia também os acessórios automóveis ou «extras»: o carro de serviço móvel realizando trabalhos como um robot benovelente, as cadeiras *pogo** que podiam dobrar-se e empilhar-se, os artigos de cozinha móveis que podiam ser «levados para onde quer que fosse» e os cubículos de arrecadação incorporados, que dividiam as áreas *en suite* e englobavam o tumulto doméstico com um toque de veneziana em acordeão. Se toda a concepção soava um tanto ou quanto como um anúncio, isso era premeditado porque, como Banham, os Smithsons estavam então a responder ao Pioneiros:

> Gropius escreveu um livro sobre silos de cereais,
> Le Corbusier um sobre aviões,
> E Charlotte Periand trouxe um novo objecto para o gabinete todas as manhãs;
> Mas hoje coleccionamos anúncios.

«Mas hoje coleccionamos anúncios» era o título de uma série de artigos polémicos que estavam a publicar nessa altura, com a intenção de se confrontarem com o que consideravam ser a força mais poderosa: «A publicidade da produção de massas está a estabelecer todo o nosso padrão de vida». Apesar desta inteção professada, contudo, seriam os restantes membros do *IG* e não os Smithsons que viriam a entender a importância da publicidade.

Os primeiros passos nesta direcção, como já vimos, foram escritos que o próprio *IG* apresentou sobre cultura popular. Ao mesmo tempo, havia uma exposição no ICA organizada por Richard Hamilton, «Homem, Máquina e Expressão». Como o título sugere, há uma conexão muito íntima entre estas três coisas: as máquinas são frequentemente o resultado das fantasias do homem acerca do impossível e da tecnologia.

> O avião, que se desenvolveu com a prodigalidade ilógica da evolução biológica, nasceu de um mito. Foi uma fantasia durante séculos até que houve um homem que voou. E mesmo agora, nos espaços interestelares, o mito, a ficção, voltaram á cena. (do *catálogo*, 1955)

Esta exposição documentava a interacção contínua entre os «sonhos da ficção científica» e os progressos técnicos do «facto científico», mostrando que, enquanto os primeiros precediam os últimos, os últimos, com as suas intratáveis exigências, distorciam os primeiros. No entanto, as fantasias do homem foram um impulso básico para o desenvolvimento tecnológico e foi este facto que se tornou o princípio fundamental do movimento *Pop*.

---

* de *pogo*, jogo infantil baseado na utilização de uma vara com uma mola em baixo, que dá o impulso suficiente para a criança saltar repetidas vezes. *(N. T.)*

163. *Peter e Alison Smithson: Casa do Fu* *1956.* Um novo passo na perecibilidade: quer forma é diferente em cada casa, mas tida na casa seguinte. Este princípio, ret da indústria automóvel, encontrou ainda audiência nos anos 60, quando, como McLuhan, os moldes podiam ser mudado depressa como as formas podiam ser pro das. Esta fotografia mostra em primeiro a sala de estar com mesa desdobrável e o objectos. Atrás pode-se ver o pátio, a ca banho e uma zona de *toilette.*

Richard Hamilton — foi novamente ele quem salientou este ponto, com a primeira pintura *Pop* verdadeira, para não dizer programática: *Homage á Chrysler Corp. (1957)* [147]. O que Hamilton fez, muito conscientemente, foi reunir uma lista de todos os ícones *Pop* correntes na altura e compô-los então num conjunto de associações de um «erotismo mecanomórfico». Elucidou esta pintura nas páginas da *Architectural Design*, a única revista que denotava simpatias proto-*Pop* naquela altura:

> O principal motivo, o veículo, transforma-se numa antologia de técnicas de publicidade... as peças são tiradas dos anúncios da Chrysler para o *Plymouth* e o *Imperial*, há algum material da General Motors e um pouco do Pontiac. O efeito total de um Monstro de Olhos de Escaravelho era encorajado abertamente. O símbolo sexual, como tantas vezes acontece nos anúncios, é expresso numa exibição de afecto pelo veículo. É um símbolo sexual construído a partir de dois elementos básicos — o diagrama do soutien *Exquisite Form* e os lábios *Voluptua...* [18]

Mas se Hamilton estava muito consciente de que incluía todas as imagens populares certas, o quadro em si era perfeitamente acidental porque era resultado de uma carta sem resposta aos Smithsons. [19]

---

[18] *Architectural Design,* Março de 1958.

[19] Segundo Hamilton, que me mostrou a sua carta sem resposta, com a longa lista de elementos *Pop.* Os elementos estavam originalmente previstos para outra exposição, mas como os Smithsons não responderam à carta, Hamilton incorporou-os nesta pintura.

Por esta altura, Setembro de 1956, os Smithsons iniciavam a sua lenta saída do movimento *Pop* numa exposição profecticamente intitulada TIT* ou «This is Tomorrow» (a habitual combinação das zonas erógenas com o futuro). A sua contribuição era uma colecção de «*objets trouvés*» familiares, apresentados de uma forma quase idêntica á de um local de investigação arqueológica — alumínio ondulado, um barracão e mesmo um poço de areia.

Mas enquanto os Smithsons estavam a rumar ao passado, em relação á sua anterior Casa do Futuro, Hamilton avançava numa exposição que podia ser intitulada «Ambiente do Futuro». Era basicamente uma colagem de imagens atractivas retiradas das ruas e dispostas de um modo susceptível, por si só, de formar um ambiente. As imagens iam desde um robot de 17 pés levando nos braços uma loura curvilínea, certamente desmaiada, inteiramente á mercê do raptor, até uma garrafa de cerveja gigantesca, indiscretamente colocada debaixo da loura [164]. Todas estas imagens eram apresentadas

4. *Richard Hamilton, This Is Tomorrow, 56, colagem robot.* John Voelcker desenhou a estrutura vertiginosa para esta parte da posição, ao passo que John McHale, que ha acabado de regressar da América com a meira grande colecção de revistas sofistica-, forneceu muitas das imagens. A natureza biental desta exposição é também visível na *e-box* e nos anúncios.

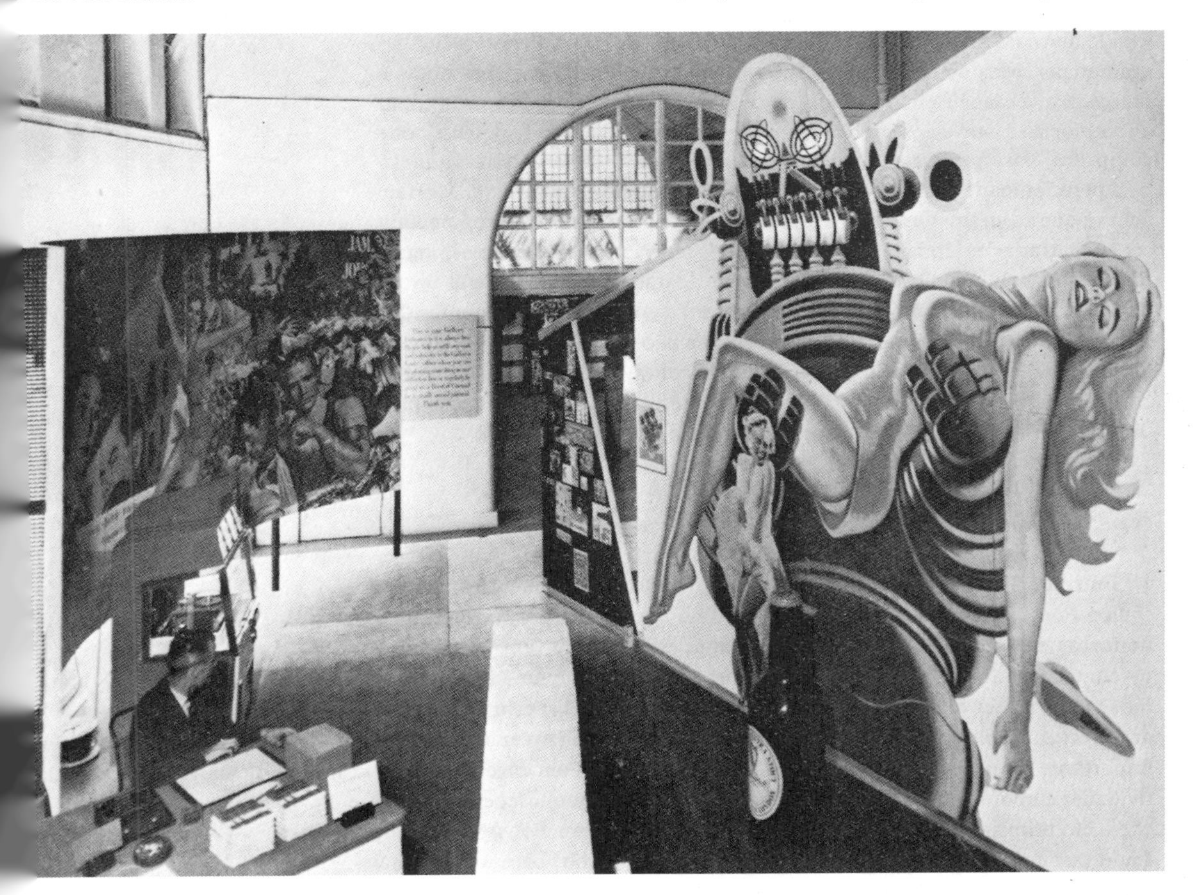

numa floresta de símbolos com múltiplas camadas, que assumia afinidades muito próximas com os cartazes de rua ou os *posters*, com as suas muitas *pin-ups*. A comparação não é desprovida de sentido, porque os cartazes de parede se tinham tornado nessa altura uma importante forma de memória

* *tit*, seios em calão. *(N. T.)*

e exibição e, de facto, eram, por si sós, um importante agente subjacente á exposição de Alloway, Del Renzio e Holroyd. A sua contribuição era «entendida como uma lição sobre 'como ler um cartaz', sendo o cartaz um método acertado de organizar o *continuum* visual moderno de acordo com a decisão de cada indivíduo». O assunto que abordavam era basicamente «teoria da informação»; por outras palavras, a teoria da experiência comum, que era um ideia necessária antes de o *Pop* poder ser concebido como a partilha dum «*continuum* visual» enquanto via para a arte.

O primeiro reconhecimento de que estas ideias se tinham tornado arquitectonicamente relevantes, surgiu, novamente, nas páginas da *Architectural Review*, numa outra narrativa da cena americana, que, desta feita, se intitulava *Machine-Made America* e não *The Mess that is Man-Made America*, de 1950. Em vez de ser a narração de insucessos, era a descrição de um êxito, a história de uma nova linguagem contemporânea, a fachada-cortina que, nessa altura, estava «a transformar o ambiente urbano americano, substituindo alvenaria e massas pelo vidro resplandecente e pela transparência diagramática». Mas de novo, como John McHale acentuava nas suas notas á margem, a verdadeira importância da cena americana estava na forma como a tecnologia se ligava aos sonhos populares «que o dinheiro dificilmente pode comprar», para produzir um estilo de consumo, que se caracterizava tanto pela perecibilidade como por um imaginário envolvido e envolvente. McHale achava que as mesmas curvas plásticas «agradáveis á vista e ao tacto» podiam ser encontradas em toda a gama de produtos americanos, desde as espingardas e pistolas de duelo (*sic*) Kentucky á parte de trás do Chrysler Flight Sweep de 57. Como Banham tinha assinalado, eram as preferências correntes dos consumidores que determinavam o desenho e não quaisquer categorias platónicas; era um estilo maduro e enfático que contava com o espólio do sexo competitivo e que se revelava tão rapidamente perecível como os seus produtos, sempre em perigo de cairem em desuso.

O NEXO DE *ARCHIGRAM*

Entre 1957 e 1961 registou-se um pequeno hiato no movimento arquitectónico *Pop*, a exemplo do que se verificou no mundo da arte; um retomar de forças para continuar em frente. Durante este período, um grupo mais jovem de arquitectos surgia e ganhava força nas escolas e no LCC. Podíamos mesmo dizer que se tratava do início de uma outra viragem política na arquitectura, com os estudantes emergindo pela primeira vez como uma importante força polémica, ultrapassando os mais velhos em engenho e criatividade, embora adoptando as suas tácticas a nível de publicações e exposições. Em primeiro lugar, havia um grupo no *Regente Street Polytechnic*, chefiado por John Outram e promovido por Michael Webb, com a sua arma particular, chamada «Intestinismo» — por causa dos tubos emaranhados e das massas «estomacais» que faziam pensar nessa parte da anatomia [165a]. Este grupo encontrava-se, de certo modo, sob a influência dos seus professores, Stirling, Howell e outros, mas a influência era definitivamente dupla: o «Howellismo», irmão do «Intestinismo», depressa deu origem a muitos edifícios baseados na circulação pedestre e na «pele em erupção» (ou seja, o sistema inclinado de painéis que deveria moldar e reflectir a luz).

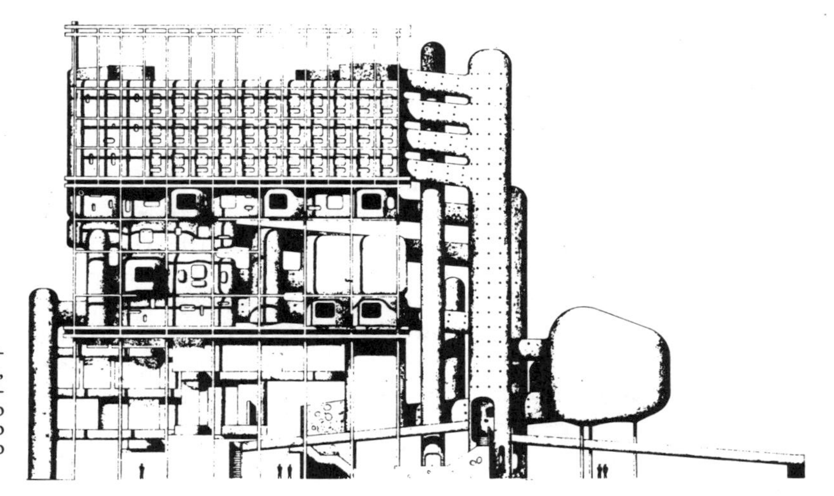

65a, b. *Michael Webb: Furniture Manufacurers Building, 1959.* Projecto «intestinista», u «tubista», dentro de uma estrutura rectilíea. O tema dominante de *Archigram I* era o novimento orgânico, aproximando-se do xpressionismo dos anos 20 e do então muito ebatido exemplo de Ronchamp.

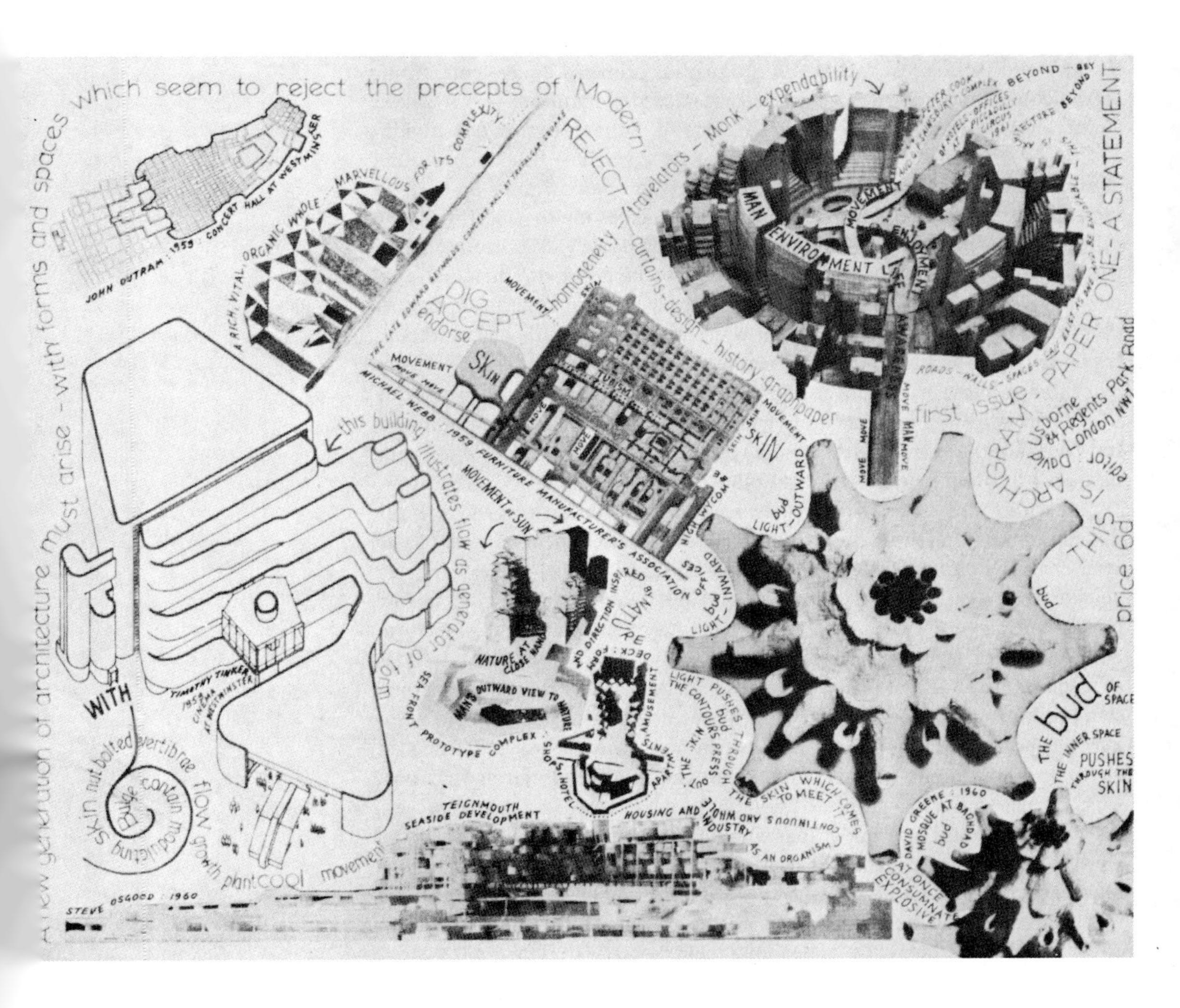

Ligado a este havia um outro grupo de estudantes na AA e em Nottingham, o qual, mais tarde, se juntou, por sua vez, a outras escolas como a de Bristol e a Bartlett. O segundo destes grupos, chefiado por Peter Cook, englobou os projectos espontâneos de estudantes num todo muito efusivo, de que a seguinte frase é representativa: «Este edifício ilustra a circulação como um gerador da forma». Por fim, havia um terceiro grupo no LCC que estava então a desenhar o South Bank Art Centre, baseado também na combinação entre a circulação de pessoas e a alternância quente/frio. Os primeiros dois grupos juntaram-se e reuniram os seus interesses comuns no primeiro número de *Archigram (1961)* [165b]. Esta publicação equivalia a um telegrama (daí o nome) arquitectural de todos os problemas do momento, reunidos num conjunto de imagens pleno de informações. A linha comum que podia ser extraída após uma leitura dificilmente atente, era: «circulação e movimento».

Por isso, não admira que estes dois grupos se juntassem com o terceiro no LCC e produzissem *Archigram II*, partindo da «perecibilidade e da mudança». Estas duas «preocupações», que era como Archigram chamava aos seus interesses de momento (em oposição a «ideais»), indicavam uma mudança na direcção de um movimento que os precedera, o *Pop*. Assim, Cedric Price contribuíu com algumas notas post-banhamianas sobre a «estética do perecível» e Michael Webb produziu o primeiro equivalente arquitectónico efectivo do erotismo mecanomórfico de Hamilton — o seu «Sin Centre» («Centro do Pecado») para a Leicester Square. O tipo de actividades que Webb imaginou para este centro de diversões dificilmente tinha alguma coisa a ver com «Sin», mas a impressão que retiramos do edifício ou a sua fisionomia provocam, de facto, associações muito específicas [166 a,b]. Estava escassamente vestido com uma fachada de vidro absolutamente transparente, e os soalhos resplandeciam num tom cromado, metálico, fortemente lustroso, como muitos produtos núbeis envoltos com revestimentos de borracha, enquanto o equipamento mecânico, qual mangueira, serpenteava por todas as áreas possíveis, sem qualquer rubor de inibição — tentáculos impositivos, insuprimíveis. De facto, muitas das metáforas visuais que a *Archigram* viria a injectar na linguagem arquitectónica podiam também ser vistas aqui: a estrutura espacial angular, os tubos poderosos e sôfregos de que jorra uma pele aberta, contínua.

Embora todas estas formas já tivessem existido antes, a verdade é que nunca tinham sido reunidas num contraste tão enfático, de um modo tão *ad hoc*, excepto no que se refere á *Bird Cage* de Cedric Price, que estava a ser concluída mais ou menos na mesma altura [167]. Contudo, seria inteiramente errado afirmar que Price, neste caso, estava a metaforizar a arquitectura. Na realidade,Price estava a fazer o contrário, despindo a arquitectura de todas as associações,até atingir uma espécie de «grau zero». Objectava que «a excessiva produção de imagens da actual arquitectura inglesa põe um belo rosto numa cabeça vazia» — talvez uma crítica ao envolvimento imagístico da *Archigram*, mas, mais plausivelmente, um ataque aos Paisagistas Urbanos. De qualquer forma, a sua *Bird Cage* (1961) foi o primeiro de muitos projectos visionários que tentavam acabar com o fechamento, a monumentalidade, a estase e mesmo a produção imagística. Por isso price se tornou o membro mais extremista da *avant-garde*. Mais tarde, decidiu alijar *todas* as categorias tradicionais da arquitectura que mesmo o Brutalismo tinha respeitado, como identidade e lugar. Defendeu uma ideia de «serviço», de «utilização»,

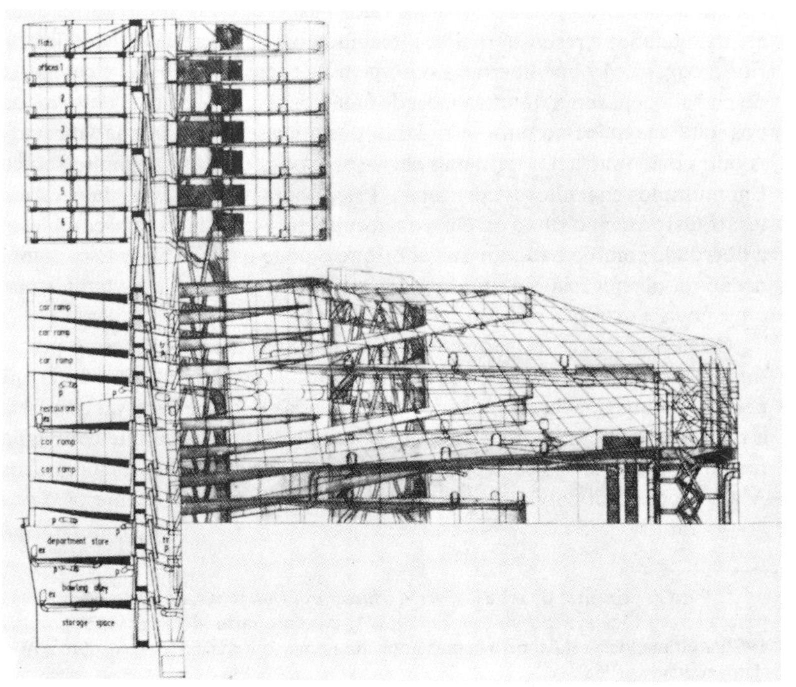

., b. *Michael Webb: Centro do Pecado,* '. Pele geodésica, condutas de ar em ten-os, estrutura espacial; muitas das metáfo-isuais que a *Archigram* introduziu mais no léxico arquitectónico (ver [171]).

167. *Cedric Price com Lord Snowd Frank Newby: Gaiola de Pássaro, Lo 1961-2.* Tudo é estrutura, serviços e ar a obra construtivista dos anos vinte que via um tal trabalho não-arquitectural.

em vez de arquitectura; atribuíu um valor básico a todas as estruturas capazes de mudança e resposta rápidas; imaginou uma espécie de actividade exterior à construção que libertaria o homem de todas as grilhetas e categorias do passado; em suma, intuíu a ideia de uma liberdade absoluta e, desse modo, pôs uma das mãos no pulso estudantil dos anos sessenta, que já vibrava[20]. A outra mão estava nos terminais nervosos expostos do fluxo arquitectónico. Em múltiplos engenhosos epigramas, Price podia resumir essas duas vertentes: transformem o fluxo ou o rio da arquitectura num lamaçal e completem a liberdade como o nadador-salvador que o pôde passar a vau. Esta combinação da perspicácia e da moralidade voltava a puxar os dois limites para uma nova e extrema posição.

O seu *Fun Palace* transformou-se numa mistura faça-você-mesmo-prazer--terra + sistema de suporte. Por um lado, todas as actividade de lazer que podiam ser imaginadas, eram de facto imaginadas — desde observar as estrelas a reuniões políticas. Por outro lado, a única «coisa» visual que conseguíamos fixar era uma colecção de partes, um «Vit» de componentes mecânicos. A arquitectura dissolvia-se, assim, numa série de prazeres efémeros e *gad-*

[20] Para as primeiras duas ideias, ver *Architectural Design,* Outubro de 1966, p. 493; para a terceira ideia, ver *Fun Palace,* 1961/3; para a quarta ideia ver *Archigram II,* 1962; a última ideia estava pelo menos implícita numa conferência na AA sobre a Anti--Universidade, 1968.

gets técnicos. Partindo da ideia brutalista de «*une architecture autre*»[21], da ideia de um «serviço» ou «utilização» pura, libertou-se dos seus tradicionais enfeites de forma e espaço e estava agora prestes a transformar-se na não--casa de Banham, na não-cidade de Webber, na não-arquitectura da *Archigram*, ou, logo a seguir, na não-construção de Price, o *Thinkbelt* [168].

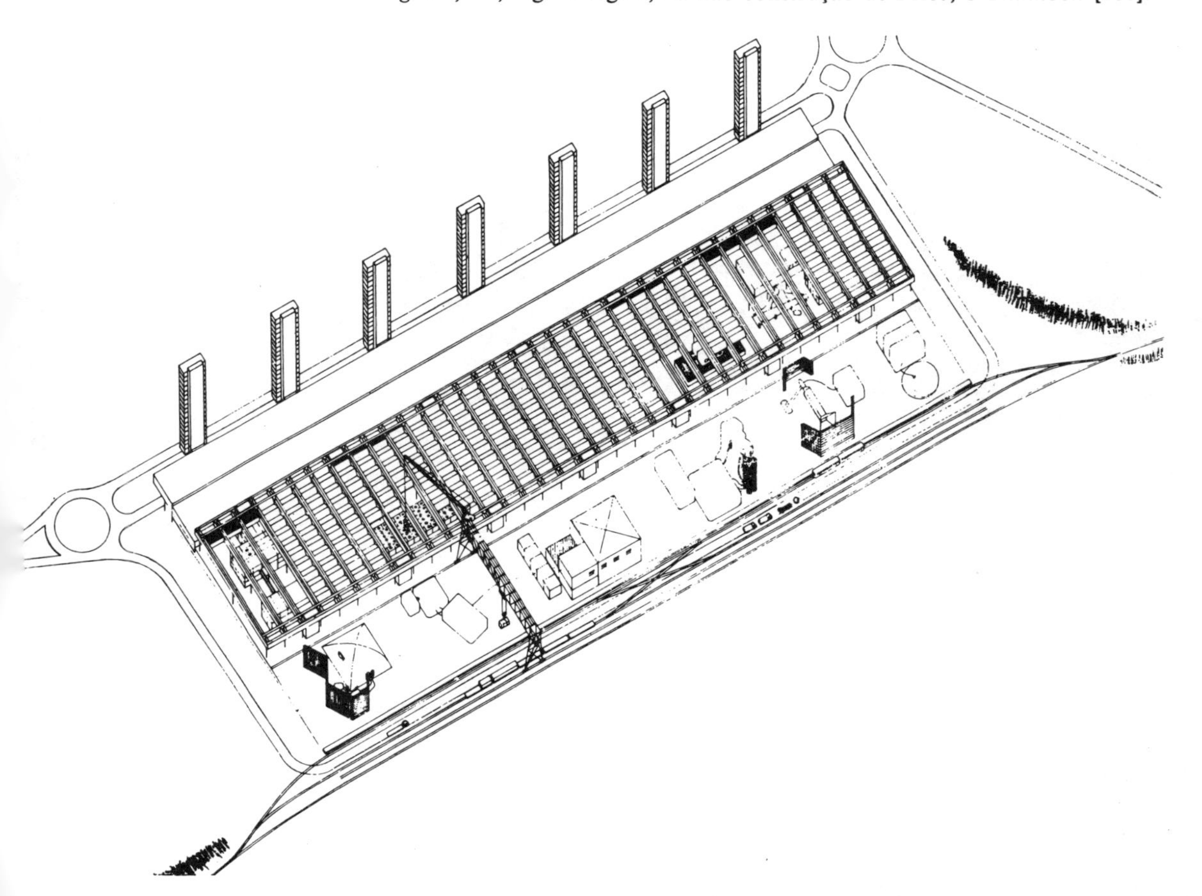

Cedric Price: Potteries Thinkbelt, 1966. ...ura de baixo para cima, numa série de ...as ensanduichadas: transporte ferroviário, ...a superetrutural, zona de estudo flexível, ... de comércio geral, zona de contactos ...ais, torres de alojamento. Este vasto ...ema regional tem muitas afinidades com ...ra construtivista de Leonidov dos anos ...

Neste projecto, como o nome implica, Price defendia que o pensamento e a educação deviam ser postos ao mesmo nível da produção em massa, cada uma com a sua zona própria ou «cintura». Price mostra-se inequívoco a este respeito desde o início, começando logo por um ataque às ideias dominantes e ao Padrão Humanista Médio;

> Uma educação mais elevada e mais desenvolvida deverá ser um importante empreendimento industrial, não um serviço dirigido por uns quantos senhores para um número reduzido de beneficiários.[22]

[21] Ver em particular *The New Brutalism,* capítulo 5.2, onde a ideia é discutida. A reunião de escoteiros e o cinema *drive-in* aproximam-se mais da realização de uma não-arquitectura de puro conteúdo. Claro que não se pode escapar da forma por completo, tal como não podemos ter uma linguagem exterior à forma (isto é, som), a menos que o conteúdo permaneça na mente apenas. Todos os sistemas de signos têm inevitavelmente uma dupla articulação, como os semiologistas mostraram.

[22] *New Society,* 2 de Junho de 1966.

O que Price imagina para o seu *Thinkbelt* educacional é, de facto, uma vasta indústria precisamente, com um máximo de 40 mil «aprendizes», ou seja, professores e estudantes itinerantes. Esta indústria é localizada nas Potteries, essa explorada área das West Midlands que, frequentemente, se caracteriza pela pobreza e pelos montes de resíduos e dejectos das fábricas [169].

169. *Cedric Price: Potteries Thinkbelt, 1*
«Hanley Site: baterias, barracas e cápsulas meio do amontoado de lixo. Embora evita intencionalmente a imagística, Price conse produzir a mais forte das imagens, com os óbvios tons sobrecarregados; o conteúd Thinkbelt é sempre uma mistura unifo mente radical.

E cada *Thinkbelt* ficaria localizado em pontos específicos, em pontos-chave desta área, constituindo, ao contrário das universidades actuais, uma parte viva da comunidade, o que punha em relevo os desenvolvimentos libertadores da ciência e da tecnologia (libertadores para as Potteries, entende-se). Além disso, ficaria situado junto à linha férrea e seria formado por partes mutáveis todas elas servidas por guindastes rolantes com pontes. A ideia da situação junto à via férrea visava dar um segundo uso a um meio quase defunto; a ideia das partes mutáveis visava impor o mínimo de restrições a um padrão educacional em mutação. É esta ideia de evitar um padrão social fixo que realmente interessa a Price e subjaz à sua ideia de libertação. Libertação significa, para ele, «libertação de«, ou seja, «ninguém ficará numa comunidade fixa como se estivesse num colete de forças», tanto porque qualquer um pode meter-se no próximo comboio e ir-se embora, como porque a comunidade estudantil se dilui na manufactura, ou porque cessa por completo transformando-se num amontoado irregular suburbano de barracas clandestinas. Sim, entre diferentes formas de habitação, uma delas pode ser essa: «Haverá quatro tipos de habitação: caixotes, barracas, baterias e cápsulas... As novas zonas de habitação *Thinkbelt* produzem, com efeito, um amontoado irregular suburbano prolongando as cidades existentes».

Porém o gozo com a opinião liberal não fica por aqui, longe disso. As piadas, sabiamente dirigidas, fervem: «fixo» (Smithsons), «imagem da cidade« (Lynch), «símbolos de identidade, lugar e actividade» (Team Ten), «Comunidade Equilibrada» (New Towns)... tudo isto — e não só — é ridicularizado pela sua rigidez. Perante uma tal explosão de sarcasmo controlado, quase nos esquecemos das intenções interventivas de Price, que consistem em «promover o progresso de uma mudança social consistente». Price quer que a educação se torne um serviço nacional; quer vê-la integrada com a manufactura, de tal forma que uma suporte a outra — sem dúvida uma possível tendência humana do futuro. Mas, para Price, se a educação deve tornar-se um serviço, então «deverá revelar a mesma ausência de peculiaridade que caracteriza o fornecimento de água potável ou uma assistência dentária gratuita». Ou, para utilizar ainda as suas memoráveis palavras, deverá tornar-se um serviço regularizado denominado «condicionamento de vida». Ora, «condicionamento de vida», na medida em que implica «condicionamento comportamental», é a antítese exacta da educação clássica, porque impõe o facto de todos serem condicionados e conciliados com um processo — como Skinner tão habilmente demonstrou. Chame-se-lhe ou não «lavagem (inteligente) ao cérebro», o certo é que o que é «condicionado» é um conjunto de normas, capacidades e ideias que não são questionadas ou debatidas. Assim, com esta aparente inversão final dos valores humanistas, Price aproxima-se do papel de crítico wildeano. Um após outro, os paradoxos vão deslizando da goma do seu omnipresente colarinho branco, já que ele defende o direito do operário a ser, ao mesmo tempo, absolutamente livre *e* condicionado! Porque, por «condicionamento de vida», Price entende provavelmente alguma comodidade do género do «ar condicionado», uma comodidade capaz de «refrescar» a vida de qualquer um, embora também, como George Baird acentuou, uma componente inconsciente dos valores inerente ao condicionamento.[23]

Desde os seus agridoces insultos que Oscar Wilde não encontrava um defensor tão empenhado e inteligente. Infelizmente, e tal como sucedeu com Wilde, algumas das propostas são tão brilhantes que é pouco o perigo de serem imediatamente realizadas pelo autor (como a ideia de criar um laço entre educação e manufactura), ao passo que outras são tão dúbias que parecem verosímeis (como a ideia da educação como condicionamento). Como que para salientar ainda mais estes paradoxos, Price tentou tão implacavelmente evitar quaisquer valores ou imagens que lhe pudessem ser colados, que acabou por criar provavelmente a imagem actual mais poderosa e inquietante (com as suas associações óbvias dos campos de concentração) [169].

Contudo, um dos pontos que tende a tornar-se obscuro em todo o debate sobre o Thinkbelt é que alguns dos seus valores extremos (como «desequilíbrio, extensão suburbana desordenada», etc.) são propostos na base do reconhecimento de uma sociedade equilibrada e conservadora e só podem ser entendidos se em confronto com este pano de fundo. Trata-se mais de «moles-

---

[23] Ver George Baird, «La Dimension Amoureuse», *Arena,* Junho de 1967, p. 30. É realmente particularmente difícil apurar o «condicionamento» comportamental que o Thinkbelt implica; presumivelmente, possuiria mecanismos como máquinas de ensinar que, por si sós, são instrumentos passivos de condicionamento. Mas conhecendo o interesse persistente de Price pela criatividade e pela heterodoxia e tendo sabido, por conversa, que ele pensava o seu serviço como se fosse um «ar condicionado», suponho que conteria uma quantidade suficiente de «ar viciado» ou de lixo para impedir os habitantes de o usarem como um instrumento eficiente para condicionar as pessoas no sentido da aceitação dos seus «processos». O grande problema, contudo, continua a ser o da educação enquanto serviço impagável; pense-se em todos os maravilhosos serviços que as universidades amerianas providenciaram no Vietname. Neste caso, a educação integrou-se particularmente bem com a manufactura: ou seja, com a morte. A grande vantagem da «educação clássica», que Price de certo modo rejeita, é que ela ensina a divergência, a crítica, o cepticismo, o debate, etc., ou seja, precisamente o «ar viciado» que um serviço evita. De novo, contudo, Price acentuou, numa conversa que teve comigo, que a educação clássica é particularmente frágil a criticar os seus próprios princípios; o que é uma coisa que não acontece com ele. Assim encontramos a razão para as suas posições paradoxais.

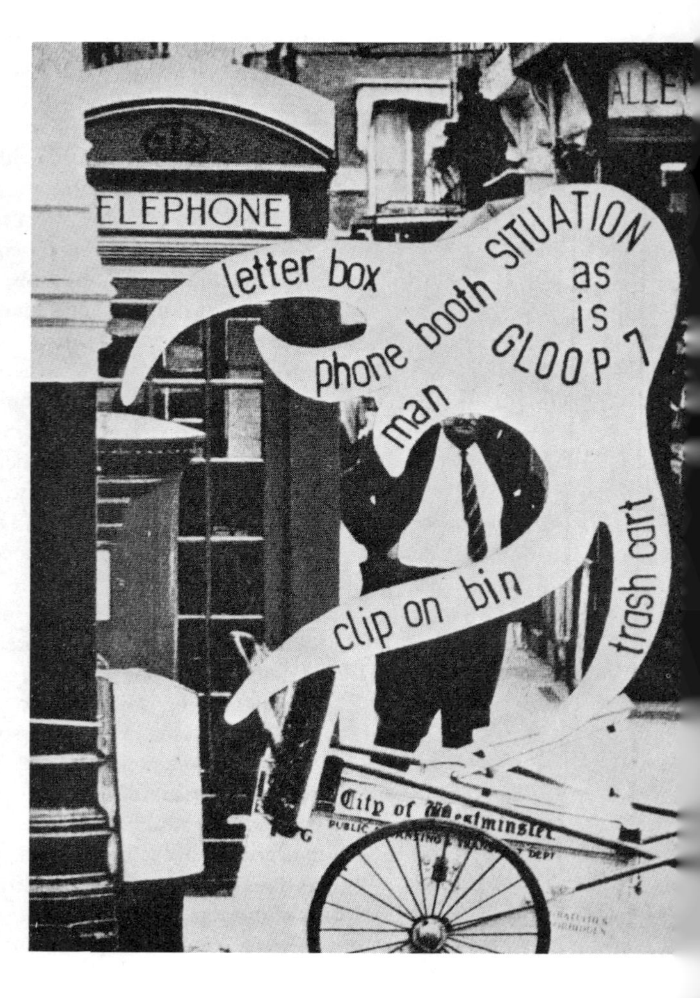

tar» um Estado Social conservador do que o reduzir a pó; trata-se mais de tentar mudá-lo através de um riso crítico do que através de uma revolução. Por esta razão, e dado que frequentemente os extremistas como Banham e Price são apolíticos, os activistas como os estudantes revolucionários e os neo-marxistas criticam constantemente a sua posição. Por exemplo, a censura que costuma ser feita à *Archigram* é que se trata de um movimento apolítico: aceita as premissas e a tecnologia básicas de uma sociedade consumo.[24]

170. *Archigram: Exposição da Cidade V 1963.. «A Situação», mostrando como vá actividades são cocentradas para criarem t um acontecimento como um sistema q mais vasto que a soma das partes; este conc de multivalência tem a ver com a ideia de ler de sinergia e com a ideia de Alexande um sistema urbano.*

Mas a razão para isto, tal como sucede com os artistas *Pop*, é que o imediatismo, o momento, o viver a vida, são considerados mais importantes do que qualquer doutrina ou sistema: a imaginação é mais relevante que a lógica, ou a «Living City» [170] é mais importante que quaisquer abstracções mor-

[24] Banham refere o problema como tendo surgido a partir dos anos 50. Veja-se o seu «Atavism of the Short-Distance Mini-cyclist», *Living Arts,* 3, Londres, 1964, p. 92. Que o mesmo problema se manteve nos anos 60, foi visível na Folkestone Conference (1966), onde as implicações políticas da arquitectura de consumo foram um dos pontos do debate. Para uma crítica neo-marxista da *Archigram,* vr *L'Architecture d'Aujourd'hui,* Setembro de 1968, p. 90.

171. Expansão da linguagem através da binação de partes pré-existentes. A par canto inferior esquerdo: a) Computer 1964, Dennis Crompton; *b) Walking* 1964, Ron Herron; *c) Blow-Out City,* Crompton e Cook; *d) Archigram 4,* Warren Chalk; *e) Plug-in-City,* Univ Node, 1965, Peter Cook; *f) P-I-C, Me Pressure Area,* 164, Peter Cook.

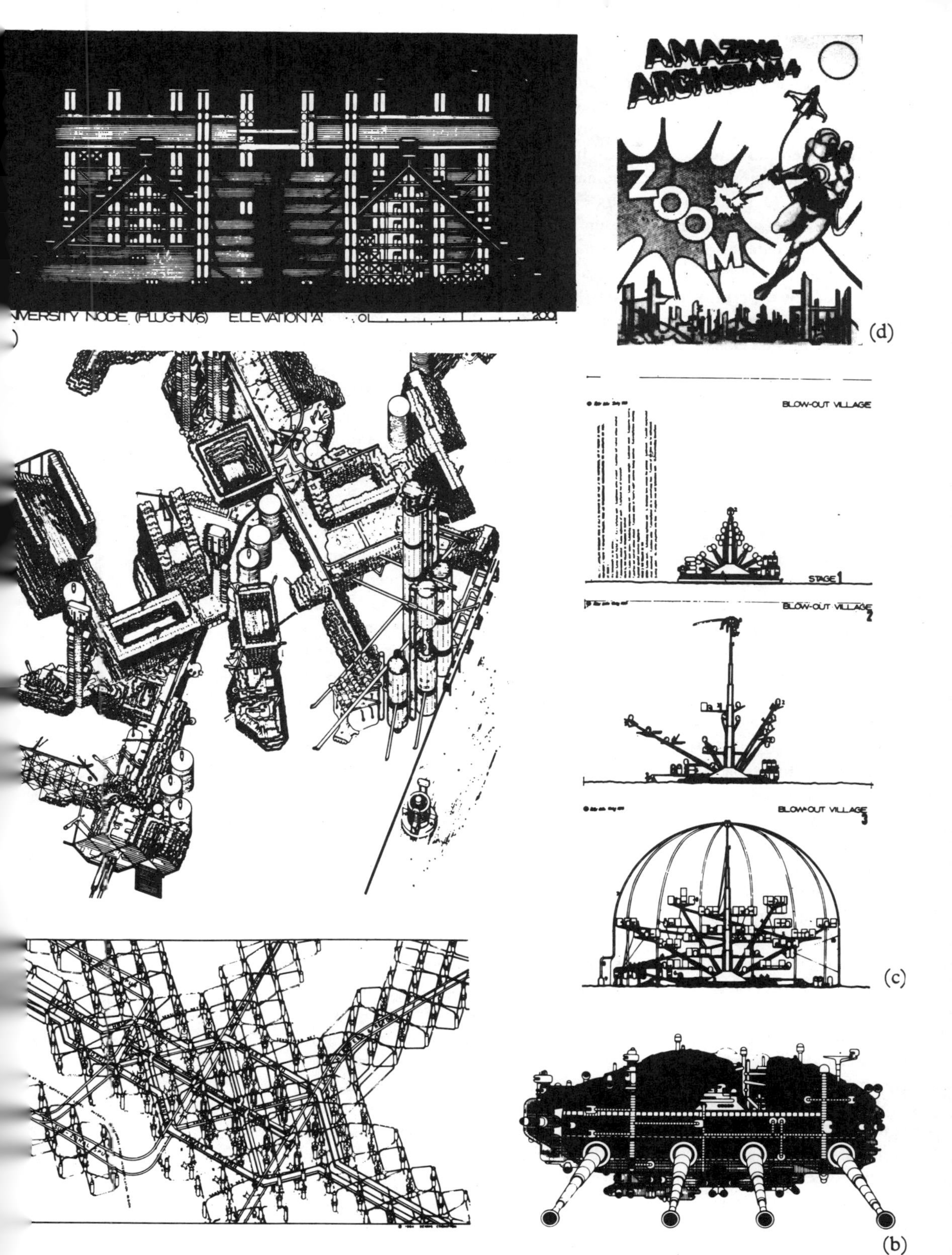
VERSITY NODE (PLUG-IN/6) ELEVATION 'A'
0
200
AMAZING ARCHIGRAM 4
ZOOM
BLOW-OUT VILLAGE
STAGE 1
BLOW-OUT VILLAGE 2
BLOW-OUT VILLAGE 3

(d)

(c)

(b)

tas que possam ser — e são — feitas acerca dela. Numa exposição intitulada *The Living City*, a *Archigram* pôs em relevo esse carácter imediatista dos produtos urbanos, que, previsivelmente, tinha sido considerado moribundo e infantil pela geração anterior. Juntavam imagens de qualquer parte da cidade — a conhecida iconografia *Pop* do homem do espaço, do super-homem, do homem-robot (e também dos seus equivalentes femininos) —, mas apresentava-as de uma forma e com uma mensagem que era novas para a arquitectura. A cidade era vista, não como arquitectura (*hardware*), mas sim como pessoas e as suas «situações» (*software*). São estas situações infinitamente variáveis e transitórias que constituem a verdadeira vida da cidade: nesse sentido, «o lar, toda a cidade e a embalagem de ervilhas congeladas são uma e a mesma coisa». Não só todos eles são perecíveis, susceptíveis de uso e desgaste, como também são produtos que interagem com o homem ao mesmo nível, *a situação*. Embora o movimento da *Archigram* não tenha produzido qualquer ruptura radical nesta exposição, a verdade é que chegava a uma definição mais vasta daquilo que o arquitecto podia considerar como a sua procedência ou origem — os produtos que interagem em qualquer situação e a produzem.

Ao contrário das expectativas, *Archigram* não deu logo a seguir a esta exposição o passo em frente «para lá da arquitectura», como viria a fazer mais tarde, mas precisamente «recuou», de certo modo, «para a arquitectura», produzindo uma série de objectos monumentais (dificilmente podemos chamar-lhes edifícios, dado que a maior parte deles se mexia, crescia, andava, escavava ou muito simplesmente deixava-se afundar nas águas). Foi neste período, entre 1963-5, que a extraordinária capacidade inventiva e imagística da *Archigram* se tornou conhecida a nível mundial. Foram projectadas cidades que pareciam computadores e montículos de terra de toupeiras [171a], que rastejavam aos pés de um telescópio como os Monstros de Olhos de Insecto de Paolozzi [171b], que se agitavam livremente no fundo do mar como um balão acabado de esvaziar, que brotavam — *swock!* — do mar como um guarda-chuva hidráulico à Tom Wolf [171c], que repentinamente surgiam das nuvens relampejando um «Destrói-o-Homem! Mata-Todos-os-Humanos!», uma banda desenhada espacial com robots assassinos [171d], que encaixavam no sítio com a ajuda de pneus, bolos de camadas plásticas interligadas [171e], gorgolejando e zunindo sobre a cidade velha como Daleks trepadores, cancerosos, quais simpáticos tubos de ensaio espalhando-se por todo o lado [171f]. Na realidade, nada disto era novo; pelo menos no sentido em que uma cápsula espacial é uma coisa nova. Porque o que a *Archigram* estava essencialmente a fazer, era pedir emprestadas (ou roubar) imagens a qualquer fonte possível e transformá-las depois em formas urbanas: um método de adição *ad hoc* em que o produto do roubo é claramente exibido para que cada um possa apreciá-lo. Só o todo, só a metáfora era nova, ao passo que as partes não passavam de objectos familiares do passado.

Foi esta mistura de velho e novo, em particular na Cidade Encaixada, que se mostrou realmente efectiva. Porque, como Banham salientou, dava-se finalmente às pessoas o equivalente visual do que era o prazer de jogar com uma cidade perecível, móvel, locomotiva, com os seus *kits* ou componentes.

A força da sedução da *Archigram* vem de muitas coisas, inclusivamente de um entusiasmo cheio de juventude num campo (planeamento urbano) que é cada vez mais coutada das cautelas e precauções da meia-idade. Mas principalmente, oferece a um mundo faminto de imagens uma nova visão da cidade do futuro, uma cidade de componentes em prateleiras, componentes em pilhas, componentes encaixadas em redes e grelhas, uma cidade de componentes montados por guindastes.[25]

Finalmente, ao fim de dez anos, a arquitectura moderna tinha encontrado a sua estética da embalagem perdida.

Meio mundo ficou petrificado de horror. Siegfried Giedion, o grande historiador da anterior geração, lançou um míssil de condenação contra a *Archigram*, em nome de Le Corbusier, que tinha acabado de morrer[26], e Doxiadis, um outro defensor da arquitectura «universal», carpia as suas penas:

> O pior exemplo de todas [as distopias], porém, apareceu numa exposição em Londres, em 1963, onde foi mostrada uma cidade andante, com todos os edifícios concebidos como tanques de aço movendo-se mecanicamente e certamente esmagando — como os tanques costumam fazer — toda a natureza e todas as pessoas à sua volta. O exemplo é inquietante, não só porque representa uma concepção inumana da cidade do futuro por um pequeno grupo de pessoas, mas também porque contou com larga publicidade, sem, pelo que sei, uma contrapartida de protestos.[27]

Mesmo muita da geração mais jovem ficou engasgada perante esses monstros que se moviam ao longo de East River como se estivessem prestes a engolir o que restava de Nova Iorque [171b]. Foram ouvidos gritos de «Fascismo, máquina de guerra, totalitário», etc., quando este esquema foi apresentado numa conferência estudantil em Folkestone. E finalmente, como que para provar que as coisas tinham ido demasiado longe, «os Smithsons e Eduardo Paolozzi e outros que tais [convocaram] reuniões revivalistas e particularmente necrófilas do *Independente Group* para deixarem bem claro que não eram responsáveis pelo que estava a acontecer então no movimento *Pop* em Inglaterra».[28]

De facto, os Smithsons, com uma firmeza para eles rara, lançaram uma série de ataques ligeiramente velados a todo o movimento *Archigram*. Defenderam então a ideia de uma estética «normalizada», tranquila, mantendo «os aspectos mecânicos sob contrôlo», «dissimulada» por uma «estética Eames» do «bom gosto» *(sic)*. Tudo isto devia ser expresso «sem retórica», porque estamos num período em que «os aspectos mecânicos» são usuais e em que «a produção em massa e os argumentos sociais da arquitectura moderna transacta são irrelevantes!». Na verdade, o que isto significava era «um tipo especial de anonimato estilístico (uma conclusão que ninguém se teria atrevido a pensar em 1952)» — excepto, é claro, os chefes da *Review* e todos os praticantes do Estilo Internacional (que atingia então o cume da popularidade). Isto parece extraordinário à primeira vista: os Smithsons renunciando ao seu «Mas Hoje Nós Coleccionamos Anúncios» e retornando à propriedade e a

---

[25] *Design Quarterly,* 1965, p. 30.

[26] Parcialmente reimpresso na última edição de *Space, Time and Architecture,* Harvard, 1967, p. 586.

[27] Ver C. Doxiadis, *Encyclopaedia Britannica, Book of the Year* 1968, p. 21. Para outra condenação, veja-se Peter Hall, «Monumental Folly», *New Society,* 24 de Outubro de 1968. Embora seja indubitavelmente verdade que a Walking City se parece com uma máquina de guerra, é manifestamente falso que as intenções da *Archigram* tenham alguma coisa a ver com totalitarismo. Os críticos continuam a não conseguir operar esta distinção.

[28] Ver Reyner Banham, «Atavism...»«, op. cit., p. 96.

«Um Ensaio sobre a Ordem Dórica»![29] À primeira vista, porque depois lembramo-nos de que, na política da arquitectura moderna, sempre que uma pessoa ocupa uma posição nova e polémica, altera as posições de todos os outros: os Smithsons tinham sido ultrapassados no seu extremismo pró--esquerda e tinham de ocupar o campo inverso se queriam ser ouvidos. A forma como a moda é suportada pela teoria da informação encontrava agora um bom exemplo nos Smithsons, de um modo muito concreto e vívido.

A ARQUITECTURA MORREU

Entretanto, a *Archigram* estava já a tomar outro rumo, «Para lá da Arquitectura», que era o título do sétimo número, saído em 1966. Desapareciam todos os recintos fechados e as condutas monumentais e regressava-se aos produtos da Cidade Viva. Este número da *Archigram* e o seguinte, de 1968, eram concebidos como aquilo que teria sido designado como «*bag-o-pop--goodies*» nos anos cinquenta ou «*popular-pak*» nos anos sessenta*, ou seja, uma colecção de ideias e fotografias comprimida num desdobrável para mandar pelo correio ou muito simplemente para deitar fora após consumo [172]. A ideia que preside a isto é, evidentemente, mais vasta do que o gesto especí-

172. *Archigram 7, 1966.* A mostra da emba gem popular. A morte do *hardware* e o ren cimento do *software:* «No *Archigram 8* p não haver edifícios». *Archigram 8, 19* «Como se pode ver, já não temos edifíc aqui».

[29] Para estas ideias básicas, ver os ensaios dos Smithsons in *Architectural Design*, Julho de 1965, Julho de 1966, Novembro de 1966, Janeiro de 1967.

* ou «sacos de rebuçados baratos» e «embalagem popular». *(N. T.)*

fico e equivale a uma rejeição da arquitectura, forma e construção propriamente dita, em nome do *software***. conteúdo e serviço. Enquanto tal, a ideia tem uma longa genealogia que vai até ao homem da caverna que aquecia as mãos frente a uma fogueira, rodeado pela sua família despretensiosamente vestida *(software)* e definitivamente fora da sua caverna (arquitectura). E a ideia passa por místicos tão abstratos como S. Bernardo, que podia venerar a inefabilidade desprovida de imagens (conteúdo) sem quaisquer ícones limitativos (forma). Mas recentemente, no século XX, esta tradição iconoclástica tomou um rumo completamente secular e ligou-se aos planos social e mesmo político. Nos anos 20, por exemplo, um projecto em alvenaria com qualquer coisa que se aparentasse com uma colunata exterior provocaria em certos meios, de imediato, eptitetos são claros como «formalista, fiel ao sistema, *Beaux Arts*». Um nexo similar de ideias subjaz à recente rejeição da arquitectura na Grã-Bretanha. Assim percebe-se o comentário de Cedric Price sobre a colunata do Caius College: «nada mais que Idade Média mais uma energia de 13 *ampréres*» [155].

Em oposição a esta perspectiva estática, Banham, Price e a *Archigram* defendem uma nova série de ideias que visam a criação dialéctica e, esperançocamente, uma maior liberdade pessoal. A ideia básica é construir um ambiente que seja tão flexível que possa corresponder imediatamente aos desejos individuais.

> O que nós queremos, muito claramente, é um *robot* miniaturizado, móvel, capaz de cozinhar, de refrigerar, de tratamento de esgotos, proporcionando-nos três canais de televisão mais o VHF, limpeza a seco, que se encarregue dos telefonemas e de nos servir martinis, com cinzeiros e descansos para livros acoplados, que nos siga pela casa toda montado numa almofada de ar como se fosse um aspirador interplanetário. [30]

Em suma, a Lâmpada de Aladino que a tecnologia moderna tornou possível. A ideia de um *robot* para todo o serviço em casa, sintonizado para satisfação imediata dos nossos desejos, tem uma longa história nos Estados--Unidos, culminando, num certo sentido, na *suite* executiva em que todas as portas foto-eléctricas abrem e fecham num abrir e fechar de olhos, ou noutro sentido, no «padrão de acondicionamento habitacional» de Buckminster Fuller, onde todas as necessidades da vida diária são imediatamente satisfeitas. Esta ideia também passa pelo motor fora de bordo (um serviço acoplável), pelo motor a bordo (um serviço integrado), tal como pelos milhões de motores auto-suficientes (todos os electrodomésticos que qualquer dona de casa espera ter, desde o ralador ao centrifugador).

Adequadamente, o tipo de *software* que a *Archigram* projectou para o seu «Survival Kit» (uma selecção de produtos considerados necessários para a sobrevivência na Cidade Viva) equivalia aos ideais do consumidor americano: todos os artigos disponíveis de interesse corrente, desde o último *Play-*

** Jencks utiliza aqui e noutro passo deste capítulo a comparação arquitectura/*hardware* e situação/*software*, no sentido que tais termos assumem em gíria de computador, ou seja *hadware*, conjunto da maquinaria que constitui o computador e *software*, conjunto de sistemas, em forma de programas, que controlam o funcionamento do computador.*(N. T.)*

[30] *The Architects' Journal,* 1960, p. 415.

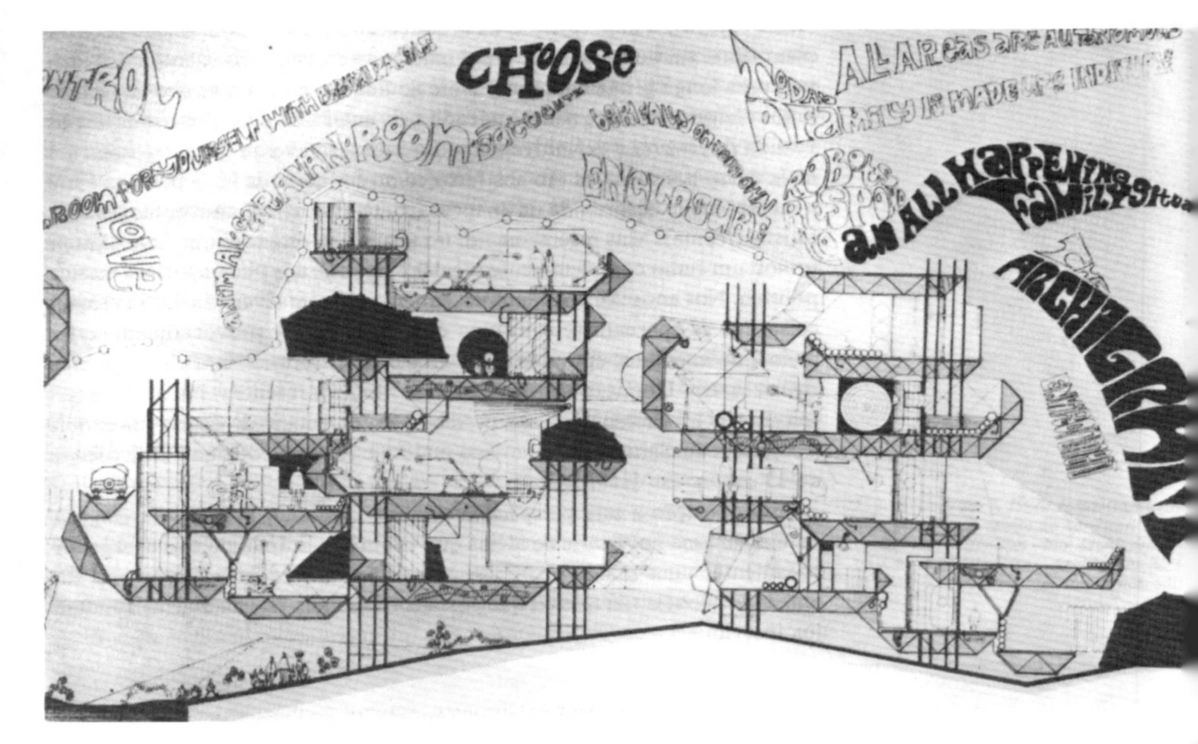

173. *Peter Cook: Contrôlo e Escolha,* [...]
Um sistema que responde a desejos que, [...]
sua vez, dependem basicamente de capacid[...]
tecnológicas.

boy ao mais recente conjunto *hi-fi.* O passo seguinte cabia de novo a Banham, que tirou a ideia de casa e a levou para o ar livre:

Se a nossa casa contém um tal complexo de canos, chaminés, tubos, fios eléctricos, luzes, entradas, saídas, fogões, esgotos, dispositivos para o lixo, colunas de *hi-fi*, antenas, condutas, frigoríficos, aquecedores — se contém tantos serviços que todos estes utensílios poderiam funcionar por si sós sem qualquer assistência da casa, então para que é que havemos de ter uma casa para metê-los lá dentro? [31]

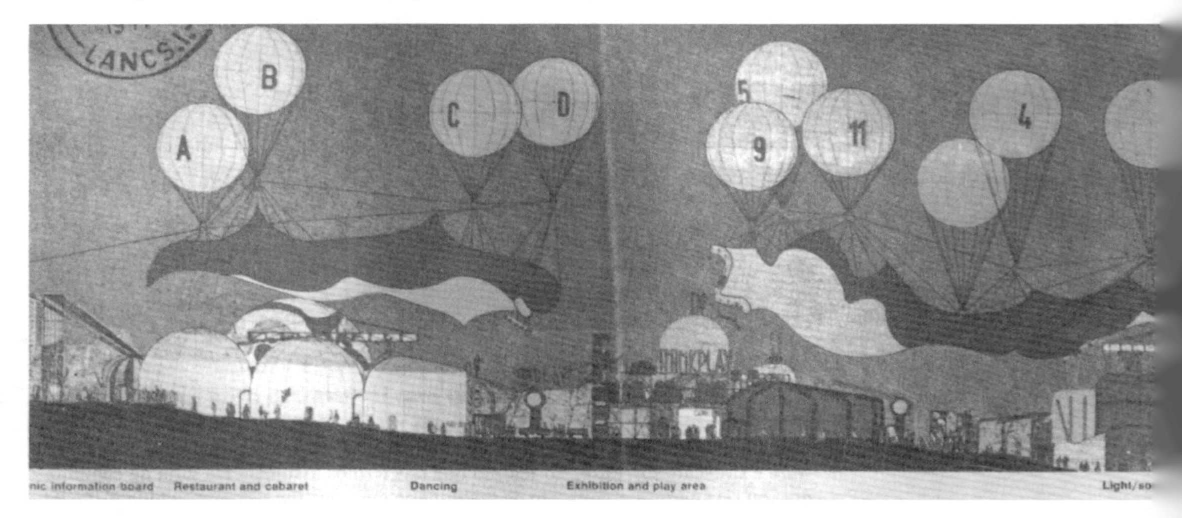

De facto: para quê? No seu artigo sobre a «não-casa», Banham projecta a imagem ideal do nobre selvagem regressado à natureza, sem as peias das quatro paredes, não restringido por qualquer «verniz cultural», sequer limitado pela roupa; a única cultura permitida é a que pode ser transferida através das válvulas transistorizadas do padrão mecâncio do altar do vivo [147a].

Mas um modelo de acondicionamento habitacional adequadamente estabelecido, expirando ar quente à sua volta (em vez de sorver ar frio como se estivesse a arder por dentro), irradiando uma luz suave e a voz quente de Dionne Warwick em estereo, com proteínas bem condimentadas assando num forno de infra-vermelhos da churrascaria, e o congelador tossindo discretamente cubos de gelo em copos no bar dançante — este modelo poderia fazer mais por uma clareira num bosque ou por um penhasco a dar para uma enseada do que a *Playboy* alguma vez poderia fazer pelos seus estúdios... De dentro do seu hemisfério de 30 pés de espaço vital quente e seco, você poderá ter vistas espectaculares, e da primeira fila, do vento abatendo árvores, da neve povoando a clareira, do fogo da floresta abeirando-se da colina, ou de Constance Chatterley correndo mansamente para os braços de quem você sabe, sob uma bátega súbita.[32]

A ideia é capaz de ser um tanto ou quanto concupiescente para um espaço urbano, onde os movimentos de Lady Constance contariam com milhares de olhos mais ou menos interessados, mas um não-casa como esta é, evidentemente, uma possibilidade para o campo, como a super-abundância de tendas, campistas e *roulottes* sobejamente tem provado. Para mais, os meios já existem há anos e anos. Como Banham acentuou na sequência deste artigo — apropriadamente intitulada «*The Great Gizmo*»[33] — o grande génio não celebrado da ingenuidade americana é o *gadget* portátil: essa peça única de equipamento que pode ser escolhida no catálogo, encomendada, enviada pelo correio (instruções incluídas) e facilmente manipulada de modo a transformar «um conjunto indiferenciado de circunstância numa condição mais adequada aos desejos humanos». Uma das principais vantagens do objecto portátil é que é semi-autónomo (como um motor fora de bordo ou uma câmara) e, na melhor das hipóteses, ajustável, ou, na pior, móvel, pelo que pode dei-

Archigram: «Cidade Instantânea», feita ...alões, gruas, *robots* e equipamento de luz ...n, 1969. Festivais *Pop* de fim-de-semana ...o Woodstock puseram em relevo a forma ...onteúdo potenciais de tais «cidades instan...as».

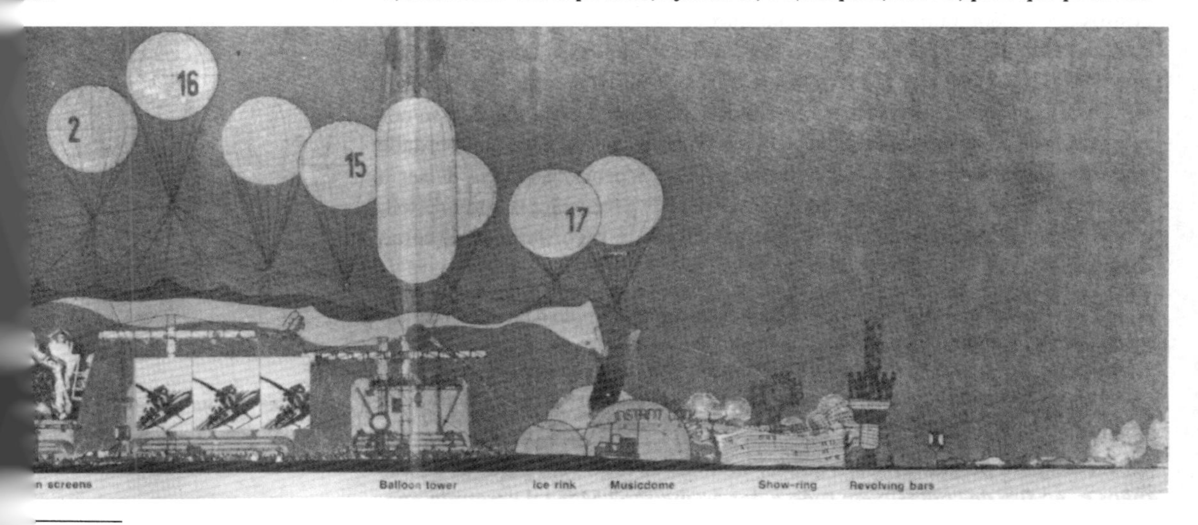

[32] Ibid.
[33] *Industrial Design,* Setembro de 1965.

xar a natureza selvagem semi-intacta depois de a civilização a ter invadido (o que não acontece com os actuais depósitos feitos pelo homem como as cidade ou as estâncias balneares, que, de certo modo, restringem a nossa futura liberdade).

Foi o problema da liberdade urbana, em oposição à liberdade rural, que a *Archigram* tentou resolver a seguir no seu «Control and Choice Living», de 1967 [173]. Basicamente, o problema consistia em encontrar os «sistemas, organizações e técnicas que permitam a emancipação e uma boa qualidade de vida geral para o indivíduo», numa situação de «forte densidade populacional». A solução era um conjunto mínimo de elementos fixos cuja flexibilidade variava desde os pilares relativamente permanentes às «habitações aéreas», completamente flexíveis. Esta última invenção era uma combinação da não-casa com um satélite insuflável. Mas a invenção mais interessante deste projecto era a sua miniaturização da unidade encaixada em partes mais pequenas e mais flexíveis. Em vez de ser uma única cápsula, era agora uma série de «condições» que podiam ser alteradas: parede, revestimento, telhado, serviços *robots* e mesmo o carro eléctrico eram meras «condições» abertas e dependentes do desejo individual. Qualquer pessoa podia reservar um quarto e se este não lhe agradasse podia levar o carro elétrico lá para dentro e criar um quarto dentro do quarto. Com efeito, os serviços robotizados encontravam-se, agora, descentralizados de forma a incluirem toda e qualquer parte da casa.

Finalmente, a mesma ideia foi aplicada a uma escala diferente, a «Moment Village» e «Instant City», que podia ser montada em qualquer sítio «da superfície do mundo inteiro». Tudo o que era preciso era um mecanismo de assistência e um qualquer veículo de locomoção, para que qualquer pessoa que quisesse liberdade se transformasse, num instante, num «nómada», ou para transformar um retiro de fim-de-semana, tal como «Woodstock Nation», numa pequena cidade de meio milhão de habitantes [174]. A perspectiva é idêntica à de McLuhan: num mundo contraído, em que a mesma informação pode chegar a qualquer ponto com a mesma facilidade, então todos os pontos equivalem a um só ponto e o mundo é uma grande e feliz aldeia tribal com toda a gente reintegrando a sua sensibilidade (previamente nivelado por demasiados anos de palavra impressa). Presumivelmente, isto aplicar-se-á mais às sociedades de consumo em que todas as pessoas têm acesso aos mesmos produtos. A liberdade de cada um consiste, neste caso, na liberdade que cada um tem para escolher entre produtos. A produção deixa de ser o problema, porque há cada vez menos restrições de produção: o que é difícil, e que exige tempo, talento, treino e sensibilidade, é o consumo, ou, como disse o poeta de *Archigram*, David Greene:

> É tudo igual. Caminhos de Deus e caminhos da comida, é tudo o mesmo. Teoricamente, um só caminho leva a todo o lado. Você nem precisa de se mexer. Calma! Descontraia-se, esteja à sua vontade. *Godburgers, sexburgers, hamburgers.* Não há caminhos, há o caminho que equivale a um consumo gigantesco: você só tem de sentar-se e consumir — nós fazemos o resto! E damos senhas verdes. [34]

É caso para perguntar: para quê ser nómada se tudo vem parar às nossas mãos e, no fim de contas, vem tudo a dar ao mesmo? Mas tal pergunta ape-

---

[34] *Archigram 8*, 1968.

nas serve para pôr em relevo a pretendida incoerência própria da *Archigram*: «Aparece todo o tipo de incoerências (é esse o significado da coerência)...». Ou como Banham disse: «Se queremos mostrar que temos uma cabeça pensante, temos de alterar o que está lá dentro».

É esta intenção de reagir rápida e activamente, sejam quais forem as implicações, que está na base da *avant-garde* britânica. *Archigram* torna isto claro ao resumir a sua filosofia: «Uma arquitectura activa — e é isso que realmente nos interessa — procura afinar ao máximo o seu poder e capacidade de resposta ao máximo possível de situações potenciais» [175]. Consideram a plu-

Archigram: Edifício de Diversões de *te Carlo, 1969-*. Um edifício em betão sob que suporta uma grelha de serviços num ılo de seis metros. Assentos, escadarias e *'s* são todos movíveis, dependendo a loca- io do tipo de acontecimento a ocorrer.

ralidade e a rapidez da reacção mais importantes do que o conteúdo específico da reacção. A imaginação tem a prioridade em relação à política. Embora, naturalmente, subjacente ao seu trabalho haja um nexo muito coerente de ideias e, portanto, também uma posição política consistente. A sua filosofia move-se muito coerentemente entre ideias como fluxo, movimento, perecibilidade e outras como metamorfose, mudança, promoção da possibilidade de escolha do consumidor, liberdade e emancipação individual.

Prém, e apesar de todas as afirmações em contrário, deparamos com o paradoxo de haver muito poucas mudanças — pelo menos mudanças em relação aos pontos de partido niciais. Contudo, há um desenvolvimento coerente desses pontos de partida e formas, que resulta de um acompanhamento crítico constante: desde o primeiro *Archigram* baseado no fluxo das pessoas face ao *hardware*, até ao último projecto para Monte Carlo — o movimento do *software* envolvendo as pessoas. A grande contribuição da *avant-garde* britânica tem consistido em lançar e desenvolver novas atitudes em relação à vida numa civilização industrial avançada, onde antes só tinha existido uma rejeição estereotipada, de forma a dramatizar a escolha do consumidor e a comunicar o prazer inerente à manipulação de uma tecnologia sofisticada. Se estas estratégias não vão resolver os mais profundos problemas sociais e políticos da cidade, pelo menos abrem novas vias alternativas para uma reflexão sobre a sociedade de consumo e o urbanismo.

8. A CENA INTERNACIONAL — MAIS VASTA QUE A ARQUITECTURA

...Sugiro a designação «efeito de Édipo» para a influência da profecia sobre o acontecimento profetizado... quer esta influência tenda a provocar o acontecimento previsto ou a preveni-lo.
(KARL POPPER)

Embora os arquitectos sempre se tenham interessado, no passado, pelo planeamento urbano, de facto, só muito recentemente esse interesse se transformou numa preocupação primária. Isto verifica-se em arquitectos da Holanda, Japão, Alemanha, América do Sul, etc. — e não apenas dos países que já abordámos —, de modo que podemos falar realmente de uma crescente consciência internacional acerca dos problemas urbanos. Parte deste novo interesse advém do entendimento de que as soluções arquitectónicas, por si sós e por mais brilhantes que sejam, não podem vencer as limitações do tecido urbano em que se integram, ao passo que a outra parte decorre da «crise» geral das questões urbanas propriamente ditas.

Obviamente, a razão para esta crise é a migração em massa das pessoas para as cidades, combinada com aquilo que é descrito como o «balão» ou «cogumelo»populacional, ou de uma forma ainda melodramática, como «explosão»» populacional. Está dito e redito que, nos próximos quarenta anos, serão construídos mais edifícios do que em toda a história passada do homem — e serão construídos, na sua maior parte, em vastas redes urbanas. Mas as causas para esta crise são realmente de múltiplas ordens e não podem ser encontradas de um ponto de vista unilateral, nem a partir de uma qualquer área tradicional de especialização — uma situação que, sem dúvida, contribui ainda mais para os já claros sentimentos de ansiedade. Curiosamente, um dos factos interessantes que sobressai numa reflexão sobre os problemas urbanos, é a forma circular como pensamentos e afirmações acerca da «crise», tendem a exacerbar a situação deteriorada que, supostamente, deveriam curar.

Podemos enconttrar esta circularidade — ou aquilo a que Popper chama o «efeito de Édipo» —, por exemplo, nas metáforas do planeamento urbano de «cancro, decadência maligna, lixo e morte». Postas em circulação por Patrick Geddes pela primeira vez, nos anos 1890 («bairro de lata, semi-bairro de lata, super-bairro de lata, assim é a evolução das nossas cidades»), as metáforas da invasão cancerosa atingiram proporções cancerígenas a meio deste século. Tínhamos o resumo do trabalho do CIAM, em 1944, no livro-questão *Poderão as nossas Cidades Sobreviver?*, a que era dado um «não» rotundo, em 1961, por Jane Jacobs, com a sua obra *A Morte e a Vida de Grandes Cidades Americanas*, ou mais simplemente, por Doxiadis, com o título *A Morte das Nossas Cidades*. Em múltiplos livros e panfletos, o crescimento e o funcionamento a esmo das cidades eram discutidos em termos escatológicos e histéricos.[1]

Por isso, não admira — dado o teor geral das metáforas sobre planeamento — que se assistisse a uma vingança metafórica, com arquitectos projectando soluções salubres e estéreis, carregadas de tons de hospital e de sala de operações. Por isso, as soluções estavam condenadas — para usarmos a mesma linguagem — a idêntica expansão cancerígena. A *New Town* e a *Ville Radieuse* mostravam-se tão mortas como a cidade que deveriam substituir. Por isso, na verdade, o que se tornou cada vez mais óbvio nos anos sessenta, foi que uma parte crescente da «crise» era causada pelo facto de as pessoas que dela falavam e tentavam, presumivelmente, curá-la, lutavam tão encarniçadamente por metáforas higiénicas e valores profissionais, que a cura proposta era igualzinha em virulência à doença. O ataque de Jane Jacobs à mentalidade dos projectistas profissionais era representativo dessa nova visão:

> Quem preferirá esta suburbanização insípida a maravilhas eternas?... É óbvio que estamos perante um tipo de mentalidade que não nos é nada estranho: uma mentalidade que vê apenas desordem onde existem uma ordem única e extremamente intrincada; o mesmo tipo de mentalidade que vê apenas desordem na vida das ruas da cidade, e que só pensa em apagá-la, estandartizá-la, suburbanizá-la.[2]

Entre um ataque e um contra-ataque, entre uma metáfora que se consuma e uma profecia que se nega, a história do urbanismo tem andado em ziguezague, mais como um ébrio à deriva do que uma ciência claramente desenvolvida e uma tradição acumulativa. Talvez fosse mais correcto dizer que há muitas tradições descontínuas, seguindo lado a lado muitas vezes em sentidos opostos, as quais, de facto, mostram um desenvolvimento acumulativo interno. Tudo o que têm em comum é uma procura agitada, por vezes apocalíptica, de novas soluções, novas relações entre forma e conteúdo e novos métodos. Estes últimos, na sua descontinuidade, vão desde a tentativa para restabelecer a identidade urbana ao sofisticado modelo de construção dos sistemas de engenharia. Não tentaremos aqui uma integração profunda destas tradições, mas, por razões de clareza conceptual, tratá-las-emos a partir de temas comuns que delas emergem — as defesas e os ataques ao conceito de «lugar» e o desenvolvimento da ideia de uma «sociedade aberta».

---

[1] A obra de Le Corbusier, Lewis Mumford e Constantinos Doxiadis é particularmente rica em metáforas escatológicas. Para uma lista actual incluindo cancro, suicídio, ratos e a morte súbita de uma mãe empurrando o carrinho do bebé, veja-se *Community and Privacy,* Chermayeff and Alexander, Penguin Books, 1963, pp. 26, 70, 40 e 82.

[2] Ver Jane Jacobs, *The Death and Life of Great American Cities,* Penguin Books, Londres, p. 460.

LUGAR—NÃO LUGAR

DE LUGAR A ESPAÇO

Na década de 1950, a sociologia do urbanismo conseguiu realizar o que equivalia a um consenso acerca dos efeitos de se viver em vastas áreas metropolitanas. Este consenso assentava numa ficção conveniente, como a de «homem económico», que era necessária para discutir vastas tendências em termos de tipos ideais. Naturalmente, nenhum homem real alguma vez se comportou exactamente como o tipo ideal que o economista delineava, mas isso não diminuía o poder da ficção, porque ela permitia ao economista tratar extensas amostras estatísticas como se fossem um corpo único, coerente, motivado. Do mesmo modo, os sociólogos delinearam a imagem e a personalidade do homem urbano, o qual, pelo menos por um autor, foi denominado o «*Orgman*»[3], abreviatura para o «homem organizado».

Em fins dos anos cinquenta, tinham fixado as principais características do *Orgman*. Como seria de prever, este era um homem basicamente vulgar, mas, a ter um carácter, seria um carácter mais «dirigido por outrém» do que «com uma direcção própria»; o seja. definido por orientações socialmente condionadas, mais do que por objectivos pessoalmente criados. Completando este retrato compósito, era caracterizado como um técnico, mais do que um operário, um especialista e não um «Homem Universal», membro de uma comissão mais do que empresário, e ainda como um indivíduo de «fato de flanela cinzento». De acordo com o estereótipo veiculado pelos títulos da época, o homem urbano seria um elemento da «multidão solitária», na qual a eficiência substituía as relações pré-urbanas de amizade pessoal; estava sujeito e era condicionado pelos «Persuasores Ocultos», subjacentes a qualquer anúncio publicitário e criados e dominados pela «Classe Dirigente» da «Sociedade Abastada» que, por seu turno, era controlada pela «*Elite* do Poder» do «Sistema» militar/industrial. Se este retrato colectivo «colava» ao retratado, é questão que abordarei mais tarde; neste momento, pretendo apenas acentuar o facto de que um tipo ideal de homem urbano, o *Orgman*, era um lugar-comum da crítica cultural e, pelo menos para a sociologia, representava um padrão bem documentado e devidamente investigado. O investigador podia referir com orgulho a evidência, perfeitamente consistente, da existência desse tipo ideal. Um céptico, como Harold Rosenberg, podia objectar que o mito do *Orgman*, afinal, era, em parte, apenas o resultado do discurso do sociólogo acerca de si mesmo, discurso em «*orgprosa*» acerca da sua própria alienação e desenraizamento — «O *Orgman*, com os aditivos e disfarces necessários, mais não é que o novo intelectual falando acerca de si mesmo»[4] — mas isto não refutava necessariamente as notórias evidências com que se deparava. Tudo apontava para duas conclusões inevitáveis: a vida do homem urbano estava a tornar-se mais anónima e móvel; ou, em termos arquitectónicos, havia um movimento inexorável de sistemas simbolicamente ricos para sistemas empobrecidos, de papéis culturais para papéis funcionais,

---

[3] Ver Harold Rosenberg, *The Tradition of the New,* McGraw-Hill paperback, 1965, capítulo intitulado «The Orgamerican Phantasy».

[4] Ibid., p. 284.

ou, muito simplesmente, de lugar para espaço [176]. Era impossível resistir a este movimento, como impossível é resistir a um «caudal imparável», para usar as palavras de Le Corbusier.

DE REGRESSO AO LUGAR

Contudo, o fluxo dominante dos activistas da arquitectura tentavam precisamente resistir. A história desde o CIAM ao *Team Ten*, ou seja, de 1953 a 1963, é basicamente a história de uma tentativa para restabelecer as bases da identidade urbana: «O sentimento de que se é alguém vivendo algures», como Peter Smithson afirmou. De facto, para contrariar o habitual sentimento do *Orgman* de que é «ninguém vivendo nenhures», os Smithsons elaboraram duas estratégias: a primeira, denominada significativamente «Re-identificação urbana» (1952), visava restabelecer a identidade através de uma ordem clarificadora baseada numa «hierarquia de vias significativa». O segundo meio para clarificar a identidade era completamente diferente: tratava-se de *induzir* a ordem subjacente das «associações humanas». Para vermos exactamente o que isto significava, teremos de recriar o pensamento que presidiu ao urbanismo durante o segundo quartel deste século.

Basicamente devido às agências de planeamento governamentais e a forums tão pouco oficiais como o CIAM, existia uma consenso muito forte quanto à divisão da cidade em zonas conceptuais. Então, como agora, a maior parte dos planeadores pensava em termos de divisões fundiárias e separação de zonas. É uma coisa perfeitamente natural, dado que a maior parte das cida-

176. *Ray Affleck e Associados: Place B venture, Montreal, 1962-6.* Um vasto esqu urbano dos anos sessenta, com um progr que inclui, de cima para baixo: um hotel, tório e Centro Internacional de Comércio, cado de Produtos, gigantesco *hall* de e sições, centro comercial e várias red transporte incluíndo o caminho de f Nenhuma destas funções encontra uma a lação apropriada ou brilhante, sendo a p massa meramente um eco do betão lis rudolphiano [117]. Daí a transição carac tica do «lugar» urbano para o «esp semanticamente redutivo, rodeado por pa de estacionamento.

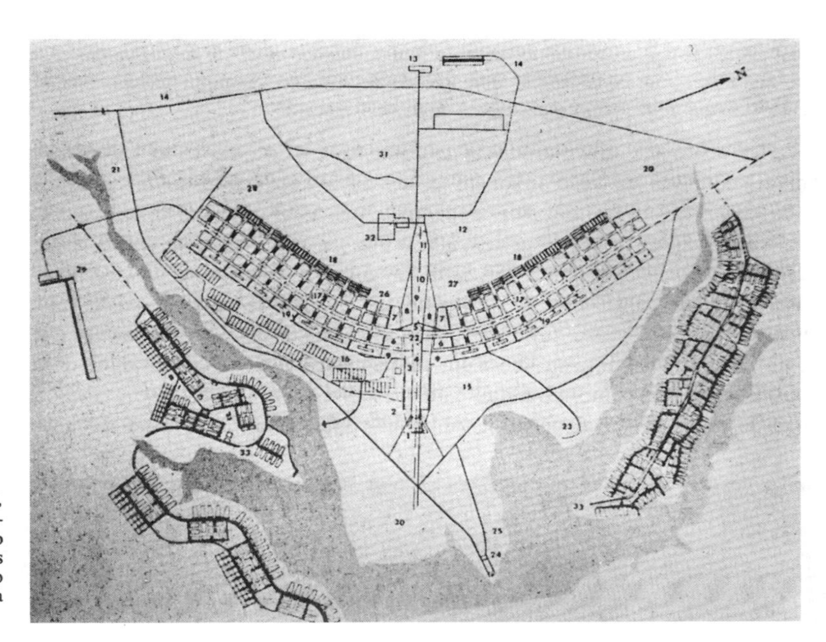

7a, b. *Lucio Costa: Plano de Brasília, 1956, Oscar Niemeyer: Edifícios do Governo, Brasília, 1956-60.* A arquitectura de zoneamento funcional e purismo platónico. Aqui, as duas salas do congresso em quartos de esfera, são instaladas defronte do seu secretariado e da chancelaria em pano de fundo.

des pode ser dividida em partes funcionais similares, cada parte com uma certa configuração estatisticamente comprovada. Por exemplo, as estatísticas da distribuição fundiária relativas à Cidade Nova de Reston, Estados-Unidos, dividem o bolo urbano nas seguintes fatias típicas: residencial, 56,1 por cento, comercial e industrial, 14,6 por cento, zonas públicas, 9,8 por cento, institucional, 5 por cento, espaço livre, 14,5 por cento. Em suma, praticamente as mesmas «quatro funções» que o CIAM definiu no princípio dos anos trinta. Se estivermos perante um espaço finito, o nosso primeiro acto será diferenciá-lo em termos de diferentes quadros mentais ou categorias. Muito naturalmente, verifica-se uma tentativa constante para aproximar o mais possível estas categorias dos factos, tentativa normalmente denominada «indução», mas o que é interessante de um ponto de vista histórico, é vermos como essas categorias se revelam, realmente, inflexíveis ou imutáveis. Por exemplo, os planeadores continuam a recorrer a categorias que eram correntes nos anos trinta: a ideia de vizinhança, a ideia de Radburn, o superbloco, a separação entre peões e veículos, a separação das quatro funções (mais tarde, felizmente, aumentadas para cinco). Uma ilustração perfeita da forma como estas ideias abstractas podiam gerar um plano físico é Chandigarh, ou melhor ainda, Brasília [177]. Do ar, podemos identificar facilmente as cinco funções purificadas: o domínio público a sul; o eixo de circulação que determina a forma global; os superblocos de habitação localizados transversalmente ao eixo; o espaço recreativo, aberto, rodeando a cidade; e as áreas de trabalho localizadas ao longo das pontas.

Para os arquitectos do princípio dos anos cinquenta era tão transparente que este tipo de pensamento platonista abstracto se revelava inadequado, que a principal tendência desde o CIAM ao *Team Ten* se definiu em torno deste ponto:

Tornou-se claro [1954] que o que permite a organização da vida foge à rede das quatro funções — situa-se, de facto, *fora do alcance do pensamento analíto*. A reunião [do CIAM X] procurou, portanto, formular um *novo modo de pensamento* acerca do urbanismo, que consideraria cada problema como um exemplo único de Associação Humana num tempo específico e num local específico.[5]

De facto, este «novo modo de pensamento» era o velho modo de pensamento com um vestuário novo, em termos de novas categorias de associação humana — as quais, não supreendentemente, eram quatro: «a metrópole, a pequena cidade, a aldeia, a fazenda rural». Os Smithsons, largamente responsáveis por terem ido buscar estas categorias a Patrick Geddes, estavam perfeitamente consicentes do problema que elas implicavam. Por três vezes insistem no seu *Draft Framework*, que estas categorias são unicamente um começo simbólico para se lançar um planeamento que vise a identidade. Por outras palavras, como repetidamente afirmam, o arquitecto deve *induzir* o padrão emergente de associação: «a unidade apreciada». Por isso, o que que-

rem dizer com «induzir» é, provavelmente, estas duas coisas: o arquitecto deve induzir um novo desenvolvimento urbano como um imã pode induzir um novo fluxo de electricidade num fio, e o arquitecto deve induzir as suas leis gerais acerca das cidades a partir do estudo de determinados factos «num tempo específico e num local específico». Este último ponto revelou-se a prin-

---

[5] Ver *Draft Framework 5,* do *CIAM X,* preparado pelos últimos membros do Team Ten; *Arena,* Junho de 1965, p. 13 (itálicos meus).

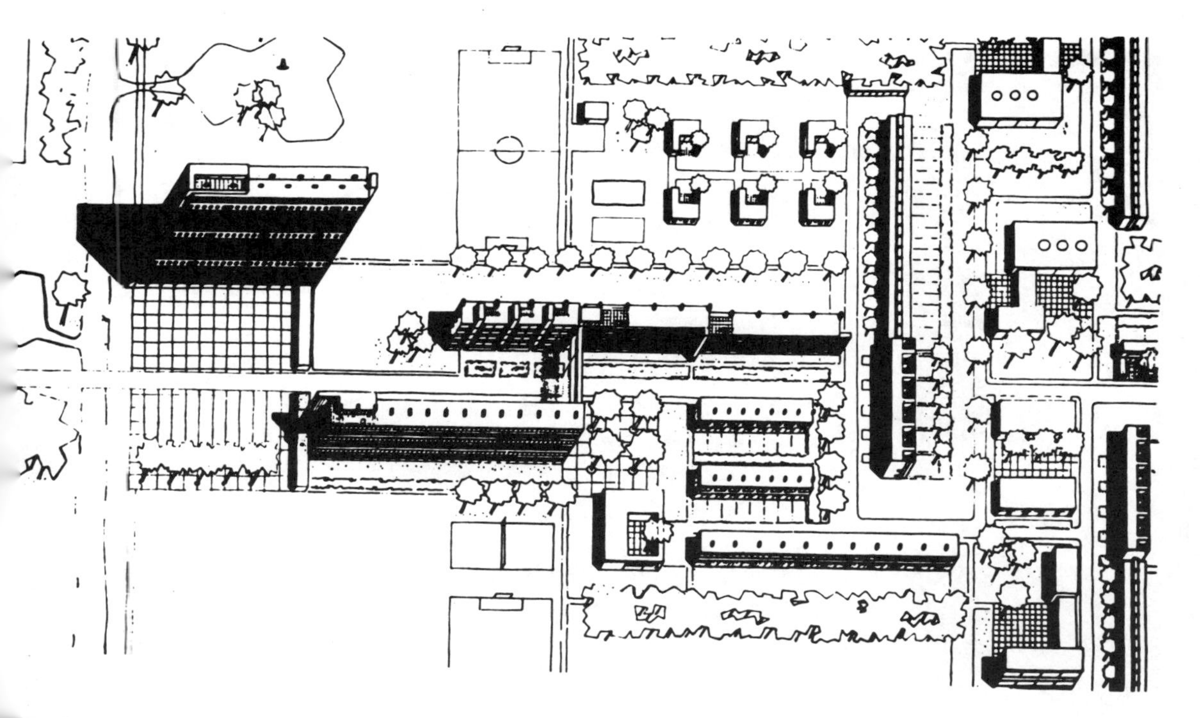

Van den Broek e Bakema: Projecto para ...rmerland, 1959. Mistura da utilização da ... e da densidade para acomodar um cres... ...to futuro.

cipal diferença entre o CIAM e o *Team Ten*, como se pode ver pela confrontação entre Walter Gropius e Jacob Bakema a propósito de «moralidade»:

> Simplificando em excesso, podemos dizer que a ideia de «responsabilidade social» (Gropius) era directiva, uma imposição. Ao passo que a ideia de «Função Moral» (Bakema) é libertária porque considera que a responsabilidade do arquitecto consiste em procurar a estrutura efectiva da comunidade e permitir a esta estrutura um desenvolvimento em direcções positivas. Indução em vez de dedução.[6]

Assim, este resumo de um dos participantes na discussão, John Joelcker, deixa escapar uma das mais velhas lebres filosóficas, mas antes de começarmos a caçá-la (nesta secção e quando nos referirmos ao desenho paramétrico), é importante vermos ao que isto conduziu em termos arquitectónicos. Um projecto característico do *Team Ten* durante os anos cinquenta foi o de Van den Broek e Bakema [178]. No seu *Kennemerland Scheme*, tentam dar identidade a uma área urbana, misturando edifícios baixos, médios e altos numa escala transicional. Os edifícios mais altos são colocados muito perto da estrada principal, ao passo que os mais baixos, inversamente, estão à escala dos transeuntes, funcionando os blocos de apartamentos de seis andares como elo intermédio. Assim, com efeito, os arquitectos tentaram fornecer uma maior variedade de alojamentos, capaz de satisfazer estruturas sociais mais complexas do que as anteriores categorias do CIAM. Além disso, permitiram um crescimento «aberto» em tamanho, que não perturbará a estrutura global.

Esta ideia de dar uma forma definida à variedade urbana espalhou-se rapidamente a nível mundial e foi, de facto, amadurecida pelos próprios Van

[6] John Voelcker, ibid., p. 13.

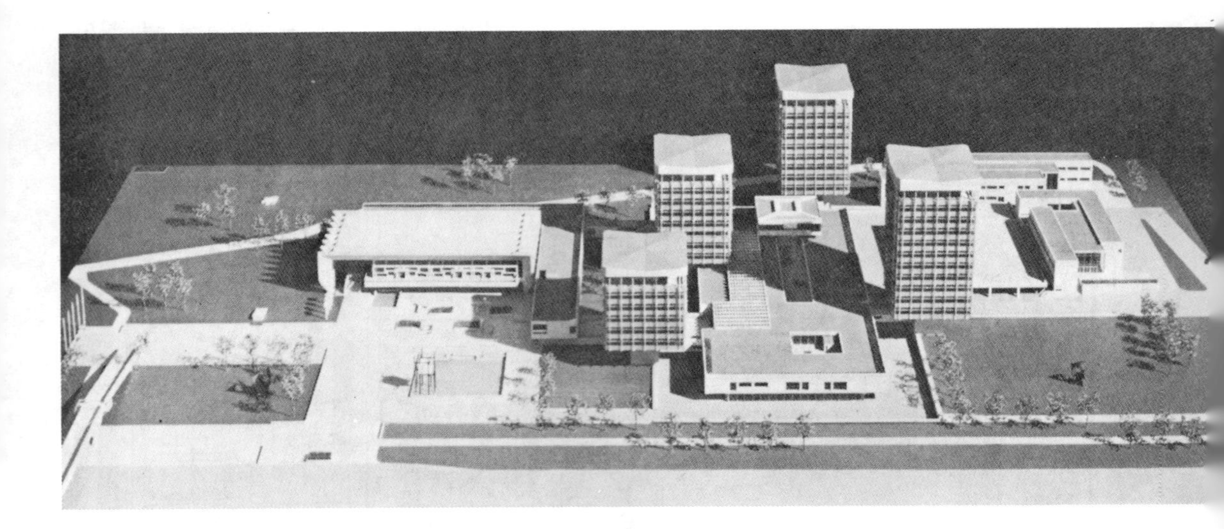

179a,b. *Van den Broek e Bakema: Munic lidade de Marl, Marl, Alemanha, 196* Variedade de volume para diferentes funç As principais funções cívicas encontram-se tro da gigantesca estrutura, à esquerda passo que o trabalho administrativo vai as torres de escritórios (que estão suspensa cabos de tensão e podem expandir-se vert mente!).

den Broek e Bakema [179]. A sua Câmara Municipal de Marl mostra a mesma articulação complexa e igual liberdade para uma expansão, que caracterizavam os seus primeiros projectos. Para além destes métodos, a ideia de uma «cidade em cachos», constituída por muitos centros de intensidade, em vez de apenas um centro, transformou-se num outro meio predominante de dar identidade a um crescimento que, de outra forma, seria amorfo. De facto, a ideia do planeamento em cachos foi formulada pela primeira vez por Kevin Lynch, em 1954; foi depois retomada e desenvolvida por Denys Lasdun, no seu *Bethnal Green Cluster Block* (1956) e finalmente generalizada pelos Smithsons ao nível de toda uma cidade, no seu plano para Berlim de 1958 [180]. Neste último esquema, podemos descortinar o pensamento particularmente híbrido que ainda influenciava o urbanismo. Por um lado, verificava-se ainda uma ênfase na separação funcional e nas «dedadas» de verde, mas, por outro lado, registava-se a introdução de novos conceitos e «palavras-chave» como crescimento e mudança, mobilidade e perfil invertido. Este último conceito conduziu a uma «Muralha Chinesa» de edifícios de escritórios de trinta andares, que rodeariam o centro e lhe dariam uma «imagem» identificador muito forte. Em suma, este projectos ilustrava o manifesto do *Team Ten* elaborado em 1954, porque fornecia uma «imagem significativa» dos «padrões

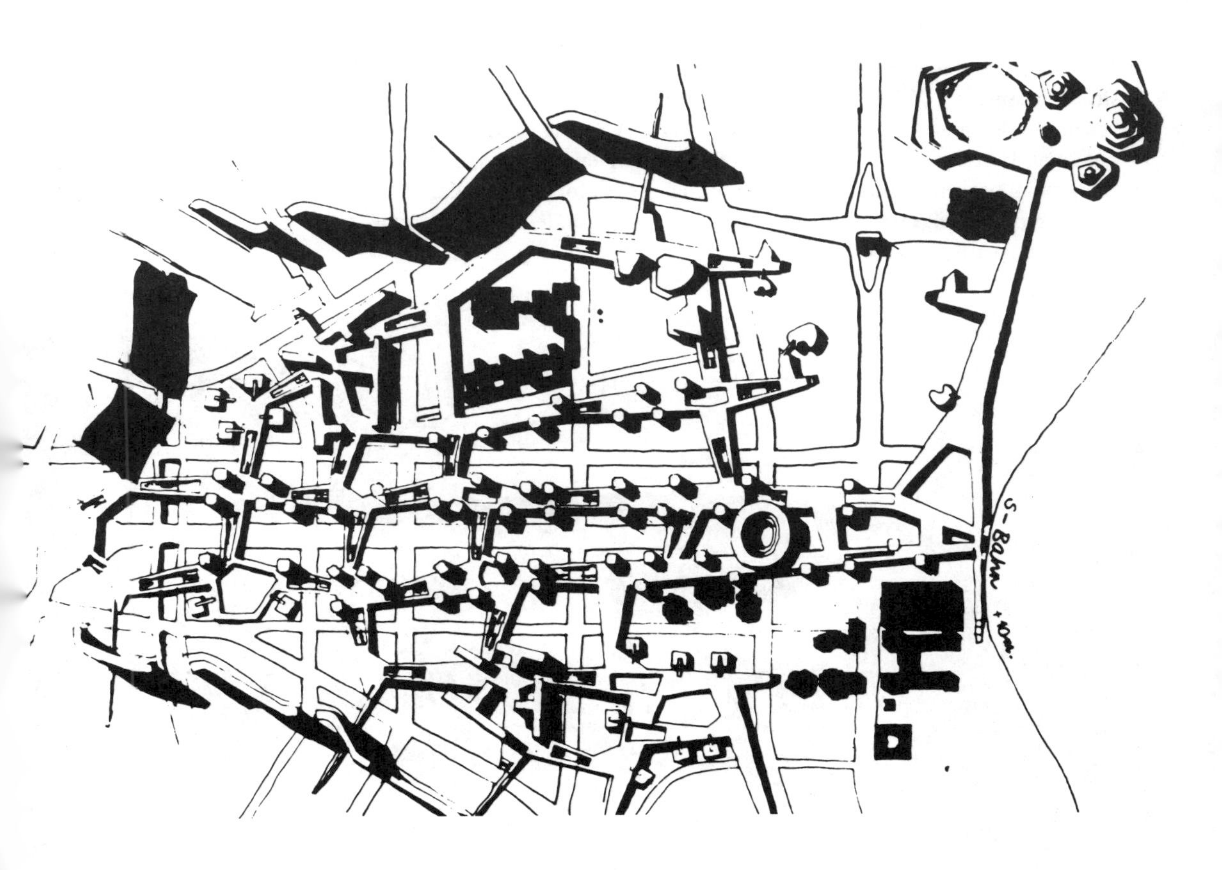

Alison e Peter Smithson: Berlim — spstadt Scheme, 1958. Três novos meios r identidade (a parede de edifícios, a rede stre, e blocos em cacho) que mais tarde n desenvolvidos por Shadrach Woods , [204].

emergentes de associação humana» que dariam uma «identidade» a uma área «em mutação».

De um ponto de vista académico, este ramalhete de ideias regressava à sua fonte e culminava num livro cuidadosamente preparado, *The Image of the City** (1960), de Kevin Lynch, o qual, curiosamente, não referia os Smithsons, nem qualquer trabalho europeu. Talvez a razão para isso estivesse no facto de Lynch tentar ser ainda mais empírico e indutivo que o *Team Ten;* Lynch tentou basear as suas categorias apenas em inquéritos sociais, questionários e trabalho de campo. O que parecia sobressair destes estudos era que havia cinco categorias principais, as quais, se acentuadas, podiam tornar uma cidade «compreensível» para os seus habitantes: «caminhos, extre-

* A Imagem da Cidade, Colecção Arte & Comunicação, Edições 70, Lisboa

midades, divisões territoriais, nós e marcos» [181]. Evidentemente, Lynch admitia uma base conceptual à partida, e que era que a «legibilidade» de uma cidade é absolutamente necessária e crucial, mas então ninguém se oporia realmente a um tal ponto de partida. Afinal, as pessoas têm sempre de navegar de um lado para outro da cidade, portanto são sempre necessários alguns meios susceptíveis de imporem ordem. Contudo, o que podia ser alvo de contestação, eram as categorias específicas e a ideia de que estas categorias, mais do que outras, deviam ser acentuadas. Porque a questão que se punha era esta: como era possível saber se os conceitos escolhidos se adequavam correctamente ao problema? Podiam não decorrer de uma análise «objectiva» da situação concreta, Christopher Alexander acentuou[7], e não passar de mais um exemplo de categorias dedutivas impositivas. Além disso, a imposição de qualquer desses conceitos é, em última análise, um acto político, que seria imediatamente sentido como tal por uma qualquer cultura particular. Por exemplo, seria perfeitamente gratuito aplicá-los a uma aldeia africana ou a um *ghetto* negro no Harlem.

181. *Affonso Eduardo Reidy: Alojame[...] Pedregulho, Rio de Janeiro, 1947-53.* [...] de alojamentos curvilíneo que define «[...] tes» de uma cidade tem sido uma preo[...] dos arquitectos desde os esquemas de [...] busier dos anos trinta. Aqui, contudo, [...] linear não encontra qualquer justificaç[...] uso como uma super-via e serve basic[...] para «tornar legível» o contorno da c[...]

A ideia de que a «legibilidade», ou a *forma* de uma cidade, era um fim em si mesmo, depois de nunca admitida no sistema moral da tradição idealista, apareceu às ocultas nos projectos dos Paisagistas Urbanos, dos Smithsons e do metabolista Fumiko Maki, os quais apresentaram todos sugestões elaboradas para tornarem uma cidade compreensível. Por exemplo, Maki[8], opondo-se às categorias dos *Townscapers* e dos Smithsons, definiu disposi-

[7] Ver mais à frente discussão do desenho paramétrico.

[8] Ver Fumiko Maki e Masato Ohtaka, «Some Thoughts on Collective Form», in G. Kepes, *Structure in Art and Science,* Braziller, Nova Iorque, 1965.

82. *Maki e Ohtaka: projecto Shinjuku* ilustando três tipos de ordem clarificadora: forma e grupo na esquerda alta, forma composicioal na direita baixa, ambas no centro de uma rga estrutura ou Megaforma.

tivos tão clarificadores como «forma composicional, megaforma e forma-grupo» [182]. Tudo isto era aceitável. Contudo, quando a questão da autonomia da forma se tornava mais dominante e surgia tingida de influências históricas, registava-se uma explosão de opróbio moral com a acusação de que o arquitecto tinha abandonado a «arquitectura moderna»[9]. Dado que a tradição idealista pretendia uma relação compreensível entre forma e conteúdo, interior e exterior, a discussão agora tinha de ser conduzida ao nível da plausibilidade e da teoria da informação, porque a maior parte dos elementos de projecto, como emissores de televisão e automóveis, se tinham tornado demasiado complexos e ao mesmo tempo demasiado simples: o interior tinha de funcionar e o exterior tinha de vender. Contudo, havia alguns arquitectos que, apesar disso, tentavam, muito tenazmente, manter uma ligação entre exterior e interior, tarefa e símbolo, e assim permitir uma forma

[9] Ver A(s) Fuga(s) à Arquitectura Moderna» mais adiante.

multisignificativa, que consituía a realidade primária do «lugar» nas sociedades pré-urbanas.

Número um entre estes arquitectos — e, por isso, uma forte influência a nível da tradição idealista nos anos sessenta — foi Aldo Van Eyck. Definiu a linha do *Team Ten* muito claramente, em 1959:

> Por muito que espaço e tempo signifiquem, lugar e ocasião significam mais. Porque espaço à imagem do homem é lugar, e tempo à imagem do homem é ocasião... Forneça-se esse lugar, articulem-se os seus elementos... faça-se de cada porta uma expressão de boas-vindas e de cada janela um semblante... Aproximemo-nos do centro mutável da realidade humana e construamos a forma que lhe corresponde — para cada homem e para todos os homens, *dado que estes já não o fazem por si sós.* [10] (itálicos meus).

Para resumir este ponto, Van Eyck disse da Holanda o que poderia ser dito da maior parte das áreas urbanas:

> Em vez da inconveniência da imundície e da confusão, temos agora o aborrecimento da higiene. O bairro pobre desapareceu — na Holanda , por exemplo — mas o que é que o substituíu? Apenas milhas atrás de milhas de uma terra de ninguém organizada, onde nenhuma pessoa sente que é «alguém vivendo algures».

Mas se tudo isto estava certo, se os sociólogos do *Orgman* tinham razão, então havia um problema imprevisível para os indutivistas do *Team Ten*. Porque, como Van Eyck disse, «Se a sociedade não tem forma, como pode o arquitecto construir a forma que lhe corresponde?». Isto podia ser reescrito assim: «Se a sociedade não tem nenhuma concepção clara de si mesma, nem sequer uma identidade inconsciente, então como é que o arquitecto pode induzir a forma que lhe corresponde?». Ou, ainda por outras palavras, o problema estava em generalizar a partir de particulares que se verificava não existirem. Uma tarefa difícil, para não dizer impossível. De um ponto de vista restrito, claro, Van Eyck e os sociólogos estavam errados: a sociedade tinha realmente uma forma, uma forma muito complexa constituída por muitas camadas estratificadas, cada qual com a sua própria identidade, incluíndo a dificilmente reonhecível identidade do *Orgman*. Contudo, o problema da indução *versus* dedução mantinha-se.

183a, b. *Aldo van Eyck: Lar das Cria Amsterdão, 1958-60. Entrada e espaço público abeirando-se do Lar.*

Uma forma como este problema podia ser resolvido foi mostrada pelo próprio Van Eyck, no seu paradigmático *Children's Home* (1960). No projecto, Van Eyck mostrava uma oscilação contínua do geral para o particular e do particular para o geral, até que as exigências factuais modificaram os conceitos originais e vice-versa. O edifício representava um exemplo quase perfeito do desenho cibernético e a saída para o problema filosófico. De facto, Van Eyck estava perfeitamente consciente disto quado insistiu, ao aprsentar o edifício, em que «estabelecedr o 'nexo' é reconciliar polaridades em conflito. Se fornecermos o lugar em que tais polaridades possam entrar em interacção, estaremos a restabelecer o fenómeno dual original». Aquilo a que Van Eyck chamava o fenómeno dual ou o «fenómeno gémeo» de qualquer objecto era a sua capacidade para funcionar como um todo autónomo *e* ao mesmo tempo como uma parte subordinada de um mais vasto fenómeno dual. Em suma, argumentava que havia uma relação contínua entre todas as par-

---

[10] Veja-se *Tean Tem Primer,* e. Alison Smithson, Londres, 1965, p. 43. As outras citações são das pp. 15, 7.

tes (ou «funções» isoladas, em termos do CIAM) e que estas relações eram tão importantes como as partes. Acentuando estas relações nos seus edifícios e estabelecendo uma relação contínua entre as funções e a forma (e vice-versa num prolixo processo de desenho cibernético), Van Eyck conseguiu uma multivalência de significado que conseguia estabelecer o sentido e a realidade do «lugar».

Por exemplo, a entrada [183a] visa servir muitos significados diferentes, mas precisos, de uma forma que não é abusiva. Há uma ligeira mudança no padrão do pavimento e uma ligeiríssima subida a nível dos degraus: dois degraus antes da porta e dois estranhos candeeiros exteriores articulam o lugar entre o mundo exterior e o interior. Esta subtil transição constitui um evento crucial, pois trata-se de uma transição entre um mundo de certo modo hostil (as crianças são orfãs) e o seu lar de adopção, entre os quais deveria haver, presumivelmente, uma interpenetração, pelo que a transição entre os dois é mediatizada. Isto é ainda mais reforçado por uma área semipública para lá da entrada principal [183b], que convida o mundo exterior a entrar e o controla através de uma série de articulações subtis — a ponte da administração e a rampa para bicicletas. Depois surge uma outra sequência de áreas transicionais, ou blocos, até chegarmos às áreas completamente privadas, onde as crianças dormem, longe do público e do barulho [184]. De facto, estas áreas tornam-se ainda mais privadas e pessoais por serem elevadas em relação ao nível do chão e por registarem uma ruptura na simetria global. Ou seja, a geometria geral, repetitiva, encontra aqui uma maior particularização, pois é alterada sempre que um quarto difere em tamanho.

Abordando o uso dos elementos, encontramos o mesmo fenómeno dual. Há uma limitação a seis elementos principais — cúpula, cilindro, clerestório, fachada-janela, tijolo e degraus de entrada — que se repetem por todo o lado e impõem uma geometria global. Contudo, esta ordem dedutiva é quebrada sub-repticiamente e alterada para se adequar a cada contexto específico, ou por ser distorcida — é o caso dos quartos que já referimos —, ou

184. *Aldo van Eyck: Lar das Crianças.* lhões nos pontos mais privados proporci quartos de dormir em cima e zonas de jog baixo para cada grupo etario.

b. *Aldo van Eyck: Lar das Crianças.* dos telhados e planta. Uma série de blo- organizados na diagonal, leva-nos do o ao privado, das crianças mais velhas às jovens, A geometria repetitiva varia em idade ou em qualidade, por razões fun- s e semânticas.

por uma variação em quantidade ou extensão [185]. Existe também a mesma dualidade entre a unidade ortogonal e a organização diagonal, ou as cúpulas centralizadas e a sua subdivisão a partir do centro. Embora alguma desta variação decorra ao nível formal, a verdade é que ela tem também uma contrapartida a nível do conteúdo, dado que Van Eyck proporcionou todo o tipo de actividades possíveis, desde natação a espelhos-surpresa, localizados em sítios inesperados, onde cada um poderá admirar o seu reflexo.

A razão por que analisamos este edifício com algum pormenor é que se trata intrinsecamente de um trabalho multivalente e também porque teve a maior importância na «definição de lugar» nos anos sessenta. Em dois projectos seguintes[11], Van Eyck desenvolveu os seus métodos para cristalizar a noção de lugar. Um deles, um projecto para uma Igreja Protestante, mostrou de novo que o lugar dependia de uma «multisignificação», ou daquilo a que ele também chamava uma «claridade labiríntica». Com isto, Van Eyck apontava (entre outras coisas) para a complexa claridade que resulta sempre que formas similares são sobrepostas (neste caso, círculos) de modo a

[11] Ver *World Architecture III,* e *IV,* ed. John Donat, Studio Vista, Londres, 1966, 1967.

produzirem uma ordem dual: centralizadas e ao mesmo tempo descentralizadas, etc. Outro projecto, que foi construído, o Pavilhão de Arnheim, desenvolveu ainda mais a ideia de que o lugar dependia de um lento desdobramento de uma experiência ordenada. Por exemplo, a sua descrição da abordagem do edifício, parcialmente velada, parcialmente clara [186]:

Um ponto central da minha ideia era que a estrutura não deveria revelar o que se passa dentro enquanto uma pessoa não se aproximasse o suficiente, entendendo o todo a partir das suas próprias conclusões sucessivas.

Choque! — Ah, desculpe. O que é isto? Ah, olá!

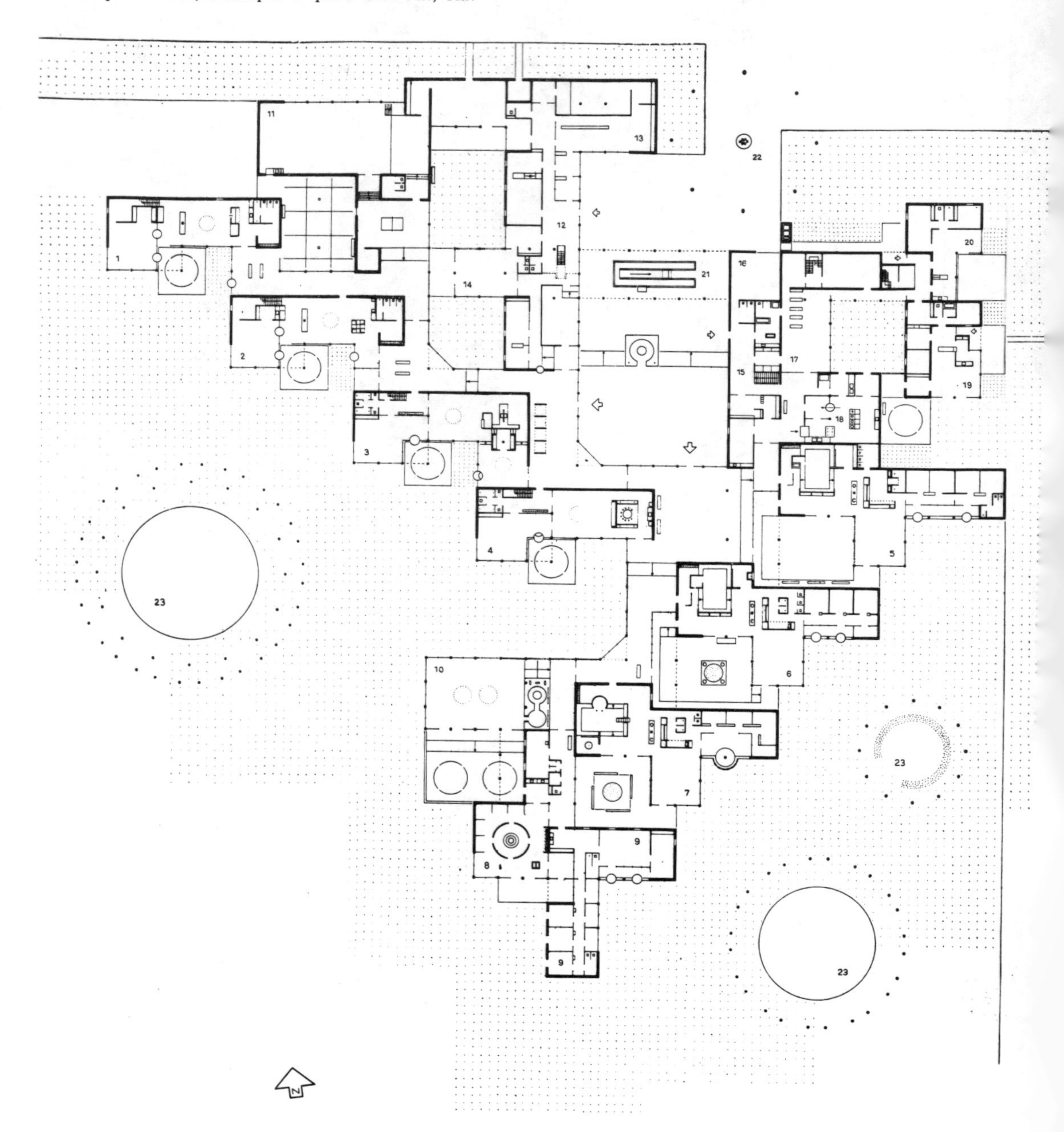

. *Aldo van Eyck: Pavilhão de Arnheim,*
. Local organizado através da utilização de suspensão controlada.

Esta ideia de que o lugar depende da ocasião, da multisignificação e da imagem insignificante, foi seguida explicitamente em todo o mundo [12], mas em lado nenhum tão fortemente como no país de origem de Van Eyck, a Holanda.

De facto, quase que poderíamos falar de uma Escola Holandesa, partindo de Van Eyck e ligada ao movimento holandês dos anos vinte da *De Stijl.* A coincidência de formas é mais do que unicamente fortuita, tal como acontece com a constelação de ideias similares. Por exemplo, os edifícios de Piet Blom e Herman Hertzberger partilham com Van Eyck e *De Stijl* a qualidade de serem constituídos por muitas unidades pequenas e autónomas, concentradas em complexas relações. A intenção é fazer uma «aldeia para crianças, uma aldeia como um lar» (Blom) ou «qualquer canto e qualquer espaço devem ser programados para múltiplos papéis» (Hertzberger). Foi deliberadamente que juntei aqui estas citações, de modo a salientar os padrões de pensamento inegavelmente similares que continuamente giram em torno da ideia de multivalência. Isto é também evidente na forma construída — a extensão fabril de Hertzberger [187], que é construída sobre o telhado de uma fábrica dos princípios do século XX. Hertzberger diz que cada unidade do todo «deve ser aberta ao máximo número de interpretações», deve ser «autónoma» e, quando integrada numa sequência, sempre «completa por si só». [13]

---

[12] É interessante notar que o conceito de «lugar» se difundiu tão rapidamente que conseguiu espalhar-se por todo o globo sem se conhecerem as fontes. Por exemplo, é esse conceito que está subjacente ao Conduminium de Moore e Lyndon na Califórnia, 1964, à obra de Denys Lasdun nas universidades, ao trabalho de Karmi em Israel, à obra de Decarlo em Urbino, às casas de Kingo de Utzon e finalmente aparece mesmo escrito na política geral para as Cidades Novas Britânicas como Washington. Ver *World Architecture IV,* denominado *Place and Environment.*

[13] *World Architecture III,* op. cit., p. 141.

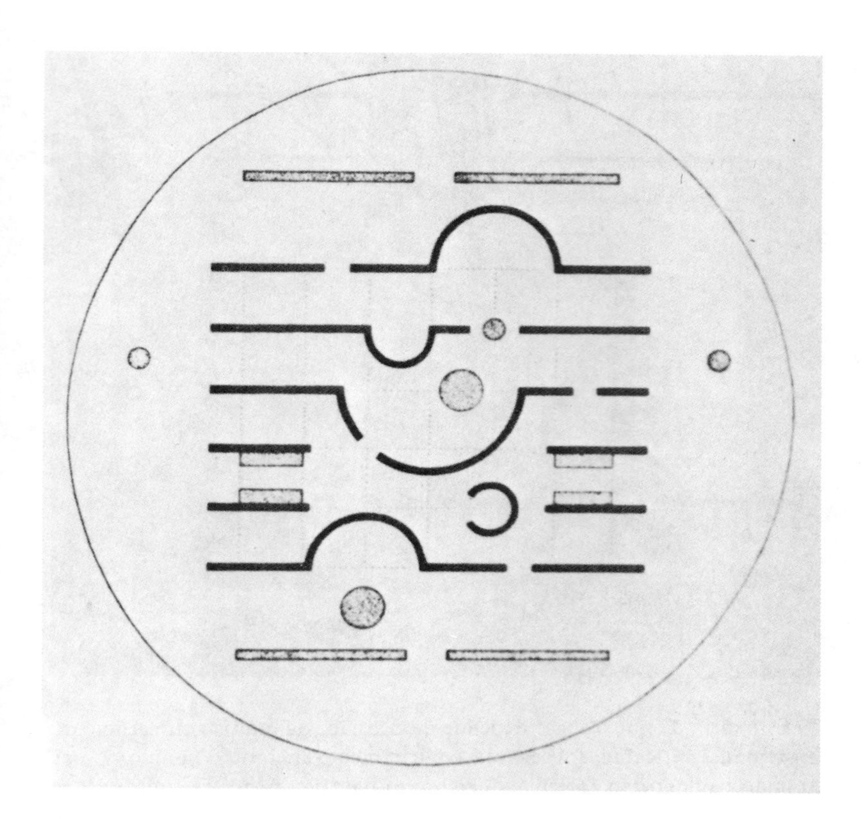

186 b, c. *Aldo van Eyck: Pavilhão Arnheim, 1966.* Local organizado através utilização de uma suspensão controlada.

b. *Herman Hertzberger: Extensão de ·ica, Amsterdão, 1964.* Partes autónomas ·odem ser ajustadas sem qualquer pertur- · do todo. Compare-se com o crescimento ·o de [201].

Assim, com efeito, estas unidades são como esses «fenómenos gémeos» de Van Eyck, os quais têm um certo grau de autonomia e uma grande capacidade de multivalência. É esta última qualidade que contraria a tendência geral para a univalência da forma, e o espaço abstracto, neutro. Mas não se tratava da única tentativa para restabelecer a realidade do lugar através do objecto multifuncional. Havia pelo menos duas outras direcções que contrariavam a tendência fortemente implantada para a impessoalidade: o regionalismo e o historicismo.

A CONTRIBUIÇÃO REGIONAL

Se a arquitectura multivalente constitui uma forma de estabelecer o lugar e dar uma forte identidade à forma, então outra forma óbvia de estabelecer e definir o lugar consiste, muito simplesmente, em levar em conta a região e as suas tradições. Este era talvez o único corte importante dentro da tradição idealista no final dos anos 50, em relação às suas afirmações anteriores a favor da universalidade, corte que, inevitavelmente, provocou uma torrente de ataques e chamadas à ordem. Antes de considerarmos estes ataques, faz mais sentido abordarmos a ruptura nos seus aspectos mais favoráveis e defensáveis, dado que não seria justo tratá-la apenas nos seus piores aspectos. A justificação mais coerente para esta tendência, encontramo-la em *Intentions in Architecture* (1964) de Christian Norberg-Schulz. Embora não estivesse explicitamente a defender o regionalismo ou o localismo. Basicamente, assentava na evidência notória, COLHIDA NA PSICOLOGIA, de que toda a forma, incluindo a forma urbana, é apercebida culturalmente: ou seja, através de esquemas aprendidos a partir de uma cultura. A sua conclusão era que o significado em arquitectura é resultado da interacção das intenções culturais com o objecto de percepção: um modifica o outro num infinito processo cibernético de hipóteses e correcções. Assim, a forma urbana não era, nem podia ser, inteiramente destituída de significado, mesmo que se tratasse

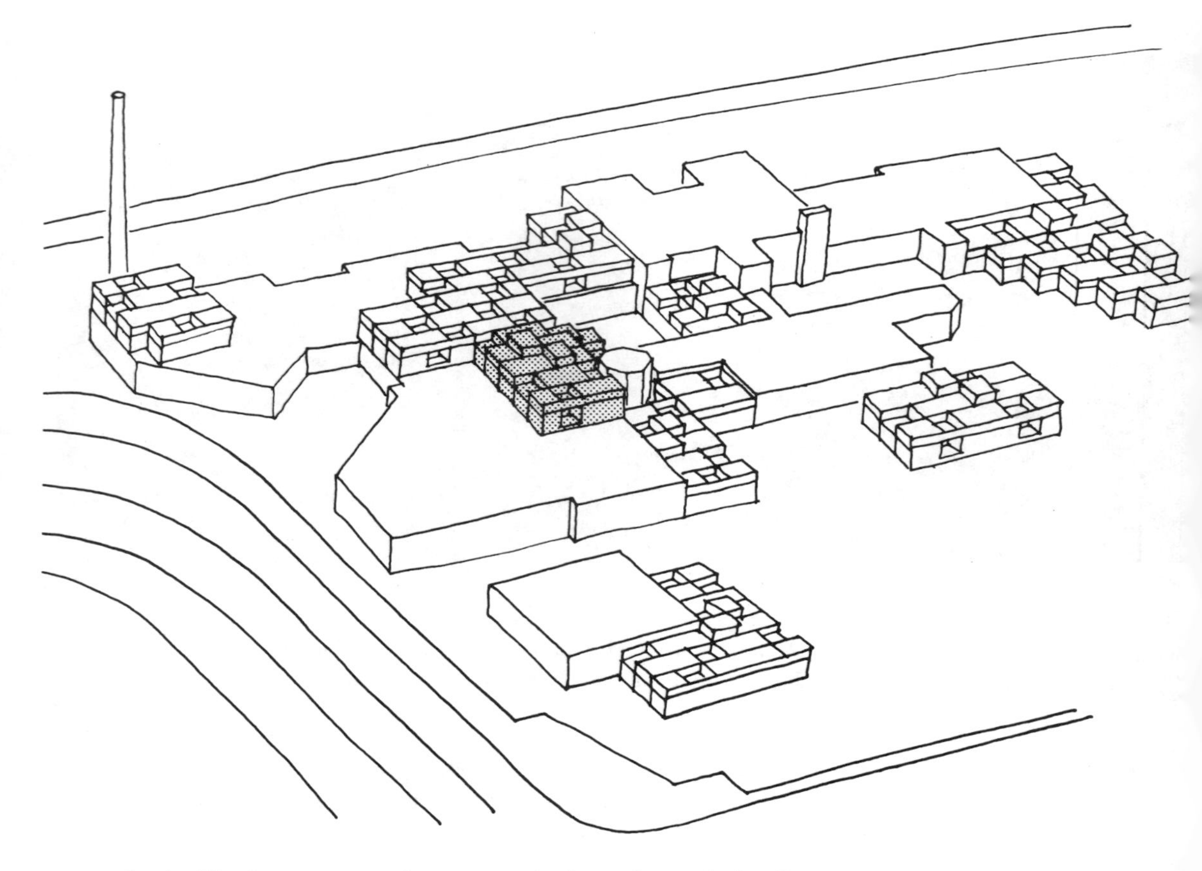

apenas do significado que caracterizava a metrópole moderna. As implicações desta argumentação para o desenho urbano não eram diferentes das desenvolvidas pelo *Team Ten:* isto é, o arquitecto deve inserir a sua nova criação num tempo e num lugar particulares, de forma a que ela estabeleça um elo intermédio entre os significados passados e futuros, entre os «aldeãos urbanos» e o «Orgman» (para referir os dois tipos ideais extremos).

Daí a teoria sublinhar o relativismo que tanto repugnava aos que desejavam fazer assentar a arquitectura numa base absoluta, e daí também justificar o tipo mais responsável de regionalismo que vinha dando frutos há dez anos. A questão passou a ser: que relação devia existir entre exigências universais como as quatro funções e as exigências determinantes da situação local? A resposta, quando inclusa, revelava, sem grande surpresa, tratar-se de uma questão de grau: as soluções que eram demasiado abertamente historicistas ou regionalistas eram condenadas, ao passo que os trabalhos que respondiam a uma necessidade específica eram definidos. [14]

Destes últimos, poderíamos dizer que a arquitectura era tradicional, quase que *malgré elle.* Ou seja, o trabalho escandinavo das Sereias era indubita-

[14] O facto de esta frase se revelar uma tautologia é significativo porque não há qualquer possibilidade de definir o historicismo, ou de chegar demasiado longe excepto *post factum;* é sempre «demasiado longe» para certos limites da crítica e das sociedades que, na realidade, são coisas relativas e mutáveis.

ı, b. *Kiyonorı Kikutake: Centro Cívico de akonojo, Japão, 1965-6.* Auditório em ·deão sobre base de betão. Embora estas ıas fossem justificadas, em termos meta-stas, por revelarem diferentes tipos de sformação, o certo é que mostram clara-te um gosto japonês na sua articulação em nteses.

velmente nórdico em sentimento, tal como o de Max Bill e Eiremann era obviamente germânico na sua eficiência directa. Para entendermos a questão da identidade nacional, bastar-nos-ia fazer uma lista dos arquitectos consoante as suas características típicas, nacionais. Assim, o escandinavo moderno era geralmente influenciado pela natureza e socialmente responsável, o alemão era ordenado e óbvio, o suiço burguês e limpo, o italiano vigorosamente modelado, sofisticado e elaborado até à decadência, o indiano forte e pobre, o israelita hexagonal e cheio de estrelas de seis pontas, o japonês construtivista, a preto e branco, cheio de curvas ligeiras, e assim por diante [188].[15]

Evidentemente, toda esta identidade nacional era continuamente evitada ou, quando encontrada, cuidadosamente explicada e condenada. Mas um tal embaraço não impediu que a mesma identidade fosse um facto. A questão era assim posta: um arquitecto usaria inevitavelmente uma série tradicional de formas do mesmo modo que falava uma linguagem local com inflexões nacionais e certos princípios intrínsecos. Além disso, argumentava-se ainda, evitar uma solução só porque era tradicional, era tão idiota como aceitá-la unicamente pela mesma razão. A mesma forma tradicional, a roda, funciona tão bem num carro pré-histórico como numa turbina pós-histórica. Transformá-la num rectângulo equivaleria ao sentimentalismo do futurista.

De facto, este era o tipo de argumento que Kenzo Tange usava para justificar o seu novo uso das formas japonesas tradicionais. Quando o arqui-

---

[15] Claro que estes termos arquetípicos são inadequados mesmo para classificar as diferentes nações; contudo, é óbvio que existem algumas classificações nacionais e é só isso que pretendo afirmar. Estou a pensar em arquitectos como Valle, Vigano, Albini, DeCarlo, Michelucci, Morandi, Gardella, BBPR, Ponti, Roselli, Portoghesi, Colombo, Castiglioni, Nervi e Moretti em Itália. Basta pegarmos neste grupo para nos apercebermos intuitivamente que é imediatamente óbvio serem todos muitos «italianos». Contudo, seria necessário um estudo cuidadoso para estabelecer os seus atributos comuns.

tecto italiano Rogers, numa reunião do *Team Ten,* lhe perguntou se tais formas eram japonesas, Tange respondeu calorosamente:

> O chamado regionalismo nunca é mais do que o uso decorativo de elementos tradicionais. Este tipo de regionalismo está sempre virado para o passado... O mesmo se pode dizer da tradição. Do meu ponto de vista, a tradição pode ser desenvolvida se enfrentarmos os seus próprios defeitos e procurarmos o sentido do *continuum* que a define. [16]

O que isto significava, Tange tornou-o claro noutras discussões sobre a tradição como um catalisador: provoca novas ideias e, como no caso da roda, continua a poder ser usada. Por exemplo, no seu Município de Kurashiki

---

[16] Veja-se *CIAM'59 in Otterlo,* e. Jürgen Joedicke, Alex Tiranti, Londres, 1961, p. 182.

. *Kenzo Tange: Municipalidade de Kuras-*
i, Japão, 1958-60. A distinção metabolista
re diferentes ritmos de transformação
rutura tradicional, conteúdo presente)
na-se clara. Compare-se com as ilustrações
] e [201].

[189], Tange usou a tradicional curva ligeira da Porta Torii no resguardo da entrada, onde é adequadamente acolhedora e útil. Além disso, utilizou o método de vigas engachadas e o tipo de construção de ombreiras e padieiras da arquitectura japonesa, porque resultam nesta organização particular. Contudo, o mesmo não pode ser dito das extremidades das vigas salientes e do interior, que é um *pastiche* do trabalho Le Corbusier. Nesses casos, Tange caíu precisamente no regionalismo que condenava («o uso decorativo de elementos tradicionais») simplesmente porque aplicou formas do passado sem (como ele insiste) «as enfrentar». Quase toda a obra metabolista japonesa, de que esta é uma parte, tem esta curiosa mistura do radicalmente novo e do radicalmente velho ao mesmo tempo. Por exemplo, Isozaki propôs um sistema urbano denominado «cachos no ar» [190], que é constituído por muitos elementos pequenos agrupados em torno de suportes longos. A ideia baseia-se explicitamente na construção do tradicional pagode, onde os suportes surgem em cantilever a partir de um poste central para dar apoio (metafórico) ao telhado. Podíamos dizer, neste caso, que a tradicional distinção sobre o suporte da carga e os elementos decorativos foi transposta com êxito para impor a distinção metabolista entre ciclos de mudança. As formas, em oposição ao historicismo, só fazem lembrar o seu uso prévio *depois* de vistas a funcionar no seu contexto actual.

Podíamos traçar este percurso permissivo em direcção ao passado em muitos dos melhores trabalhos do princípio dos anos 60. Embora dependesse da função enquanto justificação necessária, isso não era o bastante; a outra justificação para a definição do lugar baseava-se na função da memória e dos seus traços presentes. Uma forma do passado tem um conjunto mais profundo de relações e daí apontar para um espectro mais vasto de associações do que uma forma inteiramente nova. Embora isto possa constituir uma desvantagem positiva na maior parte dos casos (porque o espectro se encontra

190. *Arata Isozaki: Cachos no Ar, 1962.* [...] mas tradicionais em parênteses actuam [...] um catalisador para usos urbanos totalm[...] novos e como uma distinção semântica [...] diferentes ciclos de mudança.

fixado na mente e, por isso, está morto), em certos casos alusivos, em que os significados do passado, não são bem conhecidos ou suficientemente captados, verifica-se uma espécie de efeito de prestígio. Ou seja, como uma ilusão visual, sugerem continuamente coisas que lhes são estranhas. Um bom exemplo deste tipo de ambiguidade é o dos Armazéns Rinascente, em Roma [191], o qual, embora inteiramente moderno e funcional, é, ao mesmo tempo, perturbadoramente antigo e tradicional. Moderno e funcional: à primeira vista, ressaltam as paredes exteriores onduladas, nítidas, inteiramente apropriadas a um edifício para grandes armazéns. As ondulações contêm as condutas de serviço e há uma armação em aço negro separada da parede por razões de protecção do fogo. A elevação ao nível de seis andares serve de unificação com a estrutura urbana existente. Porém, subitamente, ficamos conscientes de estranhos tons: uma tentativa óbvia de adequação ao pano de fundo de alvenaria da rua romana produz uma estranha alusão. As mesmas divisões horizontais, os mesmos intercolúnios em projecção, a cornija com a sua pesada linha de sombra. Trata-se de coincidências ou do fruto de uma tentativa dolorosamente subtil para mostrar que as virtudes clássicas da arquitectura podem ainda ser atingidas com meios modernos? Esta ambiguidade tem o efeito de responder ao apelo do *Tem Ten* no sentido de uma «imagem memorável», porque reverbera de tons historicistas sem sequer os admitir. Podíamos dizer que se trata da criação de um lugar através de uma excitação histórica que comete a proeza de nunca se tornar erótica. Mas será mesmo assim? Pelo arquitecto, nunca o saberemos.

. Franco Albini e Franca Helg: Armazéns *ıascente, Roma, 1957-62*. Será uma simples *'a* rodeada por uma colunata ou um *palazzo* roco com uma pesada cornija? As paredes ugadas contêm condutas de serviço, ao so que o esqueleto de aço exposto se separa parede por uma questão de protecção do o.

«A(S) FUGA(S) À ARQUITECTURA MODERNA»

Nunca o saberemos, apesar da vontade dos críticos, decididos a pôr as coisas a claro. A questão que se punha realmente era se «a arquitectura moderna» estava a tornar-se verdadeiramente historicista — porque, se assim fosse, estaríamos perante uma fuga ao ideal progressivo que muitos negariam: que o arquitecto tem de ser relevante do ponto de vista de certas qualidades da existência contemporânea. O que estas qualidades exactamente significavam, era um tanto ou quanto difícil de estabelecer, por causa da grande variabilidade da existência contemporânea.

No entanto, registavam-se casos perfeitamente claros de regressão historicista, como as aldeias árabes de Frank Lloyd Wright e Walter Gropius [17], a obra neo-gótica de Yamasaki [120] e Rudolph e a Neo-Liberdade de Gabetti

[17] Ver Capítulo 3.

e Figini. Alguns destes trabalhos surgiram a meio dos anos 50, tal como os casos mais incertos de Brasília [177] e do MIT de Eero Saarinen — que eram exemplos diagramáticos num idioma moderno de edifícios essencialmente clássicos. Algumas das primeiras reacções críticas foram consubstanciadas por Bruno Zevi, que identificou «a crise moral» no «ideal neo-clássico» de Saarinem, no qual «a geometria prevalece sobre a psicologia, a abstracção sobre a realidade, os símbolos sobre o homem» [18]. Logo a seguir, Le Corbusier, em Ronchamp, afirmou a «crise do racionalismo», rapidamente acompanhado pela Ópera de Sidney, de Utzon, que confirmou a «crise», sendo defendida por Siegfried Giedion, que, ao mesmo tempo, atacava a «Arquitectura tipo *Playboy*» pela sua irrelevância [33].

A crise moral da tradição idealista atingia o seu máximo no final dos anos cinquenta, quando todos os consensos pareciam falhar acerca dos possíveis próximos movimentos. No seu ataque à Neo-Liberdade (subintitulado «A Fuga Italiana ao Movimento Moderno»), Reyner Banham tentou estabelecer a plausibilidade de quaisquer movimentos realizados após a «linha divisória (isto é, o estilo Liberdade tinha a ver com uma estética pré-mecânica e, *portanto,* a Neo-Liberdade era irrelevante). [19] Isto provocou um forte contra-ataque do arquitecto italiano Ernesto Ernesto Rogers (que já referimos a questionar Tange), que pôs em relevo a arbitrariedade de reviver certos estilos e ideias e não outros. Banham queria o revivalismo (se necessário) limitado a períodos que eram culturalmente «análogos» ao presente, o que era uma ideia bastante razoável. Porém, novamente, punha-se o problema de se saber como é que poderíamos determinar tais períodos. Se seguíssemos a abordagem indutivista, então seria claro que a sociedade actual era suficientemente pluralista para encontrarmos nela praticamente qualquer analogia com o passado; ou seja, obviamente, demasiadas analogias.

Não era, pois, fácil definir o problema em termos morais e, por isso, a tradição idealista continuou a defini-lo através de exemplos correntes, fáceis de recolher. O primeiro destes exemplos acabou precisamente por ser uma obra do próprio Rogers — a Torre Velasca [192], projectada com a sua firma BBPR e apresentada ao forum do *Team Ten* para apreciação. O veredicto foi surpreendentemente severo: Van Eyck, Tange, os Smithsons e Bakema viraram-lhe unanimemente as costas, acusando-o de «ecletismo, regionalismo e modernismo» (palavras de Van Eyck). [20] Qual o crime? Uma semelhança ambígua com certas formas históricas, como as torres medievais milanesas. Isto apesar dos protestos de Rogers acerca das determinantes funcionais. A razão por que os seus protestos não tiveram qualquer resultado, estará talvez no facto de ter suprimido certas realidades contemporâneas como as garagens e o equipamento mecânico, atrás das formas semi-tradicionais, e ter, por isso, falhado ao nível de uma «estética aberta para a sociedade aberta» (que era a mais forte acusação que lhe era feita). Mesmo que as acusações feitas a Rogers tivessem qualquer coisa de verdadeiro, o certo é que eram desproporcionadas em relação ao objecto discutido, pois, no fundo, o que

[18] Ver «Three Critics Discuss MIT's New buildings», *Architectural Forum,* Março de 1956, pp. 156-8.

[19] Ver R. Banham, «Neo-Liberty, etc.», *Architectural Review,* Abril de 1959.

[20] Ver *CIAM'59 in Otterlo,* op. cit., pp. 27, 96, 182, 220.

BBPR: Torre Velasca, Milão, 1957. Habi-
es em cantiléver sobre escritórios por
es *racionais;* a forma, contudo, acaba por
lêntica à de uma torre medieval, coincidên-
que provocou uma forte condenação da
.

se pretendia era «julgar» os verdadeiros culpados [21]: Ed Stone, Yamasaki e outros, que faltaram ao forum, o que não era para admirar.

Finalmente, estes ataques culminaram com a descoberta de que havia uma verdadeira epidemia de heresias e desvios ao «movimento moderno» por todo o lado e atrás de qualquer fachada:

---

[21] Outra indicação sobre as tendências da época é constituída pela série de artigos de Reyner Banham, intitulada «On Trial», publicada pela *Arhitectural Review* e em 1962.

A primeira fuga foi a daquilo a que podemos chamar Neo-Acomodaticionismo. Depois houve a Neo-Liberdade, o mais falado destes revivalismos. Ainda a Neo-*Art Nouveau,* que inclui a Neo-Liberdade e também um Neo-Gaudi. E há ainda o Neo--*De Stijl,* a Neo-Escola de Amesterdão, o Neo-Expressionismo Alemão e, finalmente, até certo ponto, um Neo-Perret. [22]

Todos estes perversos desvios foram encontrados por Nikolaus Pevsner em 1961, de um ponto de vista idêntico aquele com que tinha abordado Miguel Ângelo, Le Corbusier e Gaudi. Indubitavelmente, um tal zelo na detecção de heresias seria bem recebido nesses tempos incertos do princípio da década de 60. Só que, perante o aparecimento de tantas gradações de neo-isto e neo--aquilo, ficavamos na dúvida se o juiz não estaria a exceder-se, para seu próprio prazer, na inspecção pormenorizada de todos os pecados. Além disso, será que muito desse historicismo, que ninguém encontrara antes, existia realmente, ou estaria apenas na cabeça do observador? De qualquer forma, em consequência destes esforços, o consenso do movimento moderno foi de novo instaurado em termos relativos. Era uma questão de saber até onde se poderia ir antes de a importância atribuída à noção de lugar ser considerada sinal de «regressão infantil».

EM FRENTE RUMO AO NÃO-LUGAR

Toda a questão da relevância do lugar registou uma nova viragem, precisamente onde tinha nascido, ou seja, fora da arquitectura, nos campos do planeamento urbano, da sociologia e da história. Desta feita, e com uma impetuosidade digna de admiração, decidia-se que, dado que o movimento rumo ao não-lugar era inexorável, podíamos perfeitamente aprender a aceitá-lo e, se possível, a gostar dele. Efectivamente, dizia-se que o melhor era deixarmo--nos de queixas em relação ao *Orgman* e à sua ubíqua *Levittown,* não só porque as queixas não o afectavam minimamente, mas sobretudo poque ele era afinal um benfeitor disfarçado, com todas as suas admiráveis prendas, como a eficiência, a pluralidade, a maturidade e a abundância.

Este último argumento foi formulado na sua forma mais popular e influente por Harvey Cox, no seu livro *The Secular City,* de 1965. Basicamente, esta posição consistia num resumo das descobertas da sociologia urbana e na conclusão de que o movimento da tribo para a aldeia e depois para a cidade e para a tecnópolis, é um movimento libertador rumo a uma maturidade plena, porque anula continuamente as superstições e as cosmologias das sociedades fechadas. Por isso, as qualidades de desenraizamento e pragmatismo que caracterizam a Cidade Secular eram celebradas por Cox e esta celebração causou uma controvérsia muito maior do que a habitual condenação, porque era (1) contra a convencional sabedoria da época, e (2) tomou uma posição contrária à da Igreja no seio da própria Igreja (a favor da secularização). O processo de secularização, com as suas filosofias anexas girando em torno da «morte de Deus», acentuava a possibilidade de uma mais vasta escolha e auto-determinação. Para Cox, a questão omnipresente «será que isto funciona?» substituía a questão metafísica «o que é isto?».

---

[22] Ver *RIBA Journal,* 3rd Series, LXVIII, 1961.

O uso positivo do anonimato e da mobilidade substituía o questionar atormentado da sua existência. Em suma, tentava desfatalizar-se o ambiente em relação aos seus deuses, anular as atitudes derrotistas face às megalópoles e encontrar processos para que as grandes burocracias trabalhassem mais eficientemente:

> A questão sensível *não* é o facto de estes impérios burocráticos enormes existirem: o problema é que ainda não aprendemos a melhor forma de os controlar para o bem comum. [23]

Se a atitude aqui expressa não é particularmente excepcional, pelo menos o livro lançou uma controvérsia que clarificou as questões sociais e cosmológicas do urbanismo. Porque, em *The Secular City Debate* (1966), tornou-se claro que a Cidade Secular era como o seu pai, o *Orgman,* um tipo ideal que na realidade nunca existiu, mas cuja presença estava sempre iminente. [24] Ou seja, este debate pôs em relevo que, mesmo nas mais avançadas *tecnópolis,* existe ainda uma maioria de sistemas que são pré-urbanos e personalizados, ou porque consituem uma sequência vinda do passado, ou porque têm tendência para cristalizar no presente (sendo, de facto, a *Levittown* uma entidade única). Em vez de uma forma de comportamento totalmente funcional e racional substituir a forma anterior, registava-se, muito simplesmente, uma sobreposição das duas.

Por isso, a conclusão foi que, embora houvesse uma evolução geral da cultura do tribal para o urbano, do mítico para o racional e, portanto, também do lugar para o espaço, a verdade é que haveria sempre uma mitologia sobrepondo-se a outra, e não aniquilando-a, tal como um sistema urbano se sobreporia a outro, sem o destruir. Por isso, qualquer cidade, ou cultura, era vista como um palimpsesto de muitas subculturas separadas, cada qual com a sua própria mitologia e espectro de elemenstos de identidade, indo deste tribalismo e uma personalização extremos a um anonimato e a uma mobilidade igualmente extremos. Esta conclusão estava em perfeita consonância com a dos sociólogos urbanos Herbert Gans («os aldeãos urbanos») e Melvin Webber («os domínios urbanos»).

O que Webber mostrou, e que contribuíu para o conceito de lugar urbano, foi que o lugar físico tinha cada vez menos relevância no mundo moderno, porque a amplitude e a flexibilidade das comunicações estavam a mudar. As comunidades, como a raiz da palavra mostra, dependiam primariamente da comunicação, e como esta estava a tornar-se cada vez mais independente de um qualquer lugar específico, o mesmo aconteceria com a comunidade:

> Os padrões especiais da disposição urbana americana vão ser consideravelmente mais dispersos, variados e consumidores de espaço do que alguma vez foram no passado — façam o que fizerem os planeadores metropolitanos ou quaisquer outros. [25]

As duas ideias que Webber apresentou para substituirem a de lugar-comunidade foram a de «comunidade de interesses» e a de «domínios urba-

---

[23] Harvey Cox, *The Secular City,* Macmillan & Co., Nova Iorque, 1965, p. 174.

[24] *The Secular City Debate,* ed. Daniel Callahan, Macmillan & Co., Nova Iorque, 1966. Ver especialmente pp. 101-26.

[25] Ver Melvin Webber, «Order in Diversity: Community without Propinquity», 1963, p. 23, ou «The Urban Place and Non-Place Urban Realm» in *Explorations into Urban Structure,* Pennsylvania, 1964.

nos». A primeira, a comunidade de interesses, era similar, a nível conceptual, à de organização funcional, a burocracia, excepto que atingia todos os pontos do domínio urbano, desde os negócios às amizades. O que estas e outras organizações tinham em comum era que assentavam na comunicação e nos interesses comums. Uma pessoa escolhe um trabalho ou um amigo, mais por causa do seu interesse e acessibilidade do que por causa da sua localização física. Pelo menos, cada vez estava mais a acontecer assim:

> A distribuição espacial não é o determinante crucial dos agrupamentos nestas sociedades profissionais: esse determinante é a interacção... portanto, não encontramos divisões territoriais euclideanas: apenas variações contínuas, discontinuidade espacial, disparidade persistente, pluralismo complexo e ambiguidade dinâmica.

Tratava-se de uma tentativa para explicar por que é que Webber sentia que a sua tão atacada Los Angeles era, no fim de contas, um local profundamente urbano apesar do seu «espreguiçamento»: porque as suas excelentes comunicações permitiam a mesma densidade de relacionamentos que uma velha cidade. Quanto ao conceito de domínio urbano, incluía a inerente complexidade de sobreposições de qualquer cidade, com a sua ideia adicional de que esta complexidade se estendia ao próprio indivíduo. Indivíduo que era, inevitavelmente, um viajante no espaço e no tempo, através da muitas subculturas que constituíam a cidade, ou melhor a cidade-mundo. Quase todos os indivíduos urbanos, excepto os muito pobres, passam o dia em contacto com muitos grupos diferentes e desempenhando muitos papéis igualmente diversos, pelo que, mesmo falando literalmente, se torna frequentemente necessário mudar de roupagem. A questão era que fazia cada vez menos sentido falar de um homem vivendo no local onde a sua casa calhava estar situada, pois, de facto, esse homem vivia em todo o mundo, através de uma série de comunidades de interesses. A dificuldade estava em encontrar as novas formas que correspondiam a estes novos domínios. Ora, para tomar um rumo diferente, podíamos dizer que, aumentando a tecnologia da comunicação em eficiência e qualidade, então a forma seria cada vez mais independente do conteúdo, tal como o lugar em relação ao espaço.

Assim, para concluir a discussão da questão do lugar, as últimas afirmações de Webber constituíam uma resposta que, surpreendentemente, era dirigida tanto aos que a tinham atacado a ideia de lugar (como regressiva), como aos que tinham defendido (considerando-a necessária). Dado que, como se viu, a forma era cada vez mais independente do conteúdo, então o arquitecto podia fornecer, ou evitar, cada vez mais, todas as imagens fortes de identidade que pretendesse, porque em qualquer dos casos, elas teriam cada vez menos influência na comunidade. Podíamos pensar numa situação em que o planeamento físico fosse completamente independente do planeamento social. De facto, sociólogos urbanos conmo Webber e Broady [26] puseram em causa a pretensão de alguns arquitectos de resolverem problemas sociais com planos físicos, chamando-lhe «determinismo arquitectónico». Teríamos de imaginar, a partir de agora, uma situação em que as questões sociais e físicas seriam trabalhadas paralelamente e depois ligadas de uma forma parti-

---

[26] Ver Webber, *JTPI,* Janeiro de 1968, «The New Urban Planning in America», ou para referência M. Broady, «Social Theory in Architectural Design», *Arena,* Janeiro de 1966.

cularmente arbitrária, da mesma forma que é arbitrária toda a conexão entre conteúdo e forma em todos os sistemas de signos.

Verificar-se-ia então que as razões para a definição e realização do lugar teriam perdido qualquer fundamento técnico, tornando-se basicamente psicológicas. Podia construir-se o lugar através de muitos meios, que já referimos — a imagem significativa, ocasião, tons históricos excessivos, multisignificação, etc. — ou simplesmente evitá-lo e produzir o «não-lugar». De facto, devido a um feliz acidente linguístico, verifica-se que «não-lugar» é realmente o significado original da palavra Utopia, o que mais salienta ainda o aspecto não-físico do problema. Se o planeador quisesse criar esse «não-lugar» de uma comunidade em perfeita interacção, tudo o que podia fazer era aumentar as possibilidades e facilidades de comunicação e deixar que o resto acontecesse por si. Ou então, já que toda a comunicação tem de se realizar em algum lugar, podia decidir dar-lhe uma imagem memorável. Fosse como fosse, em tudo o que fizesse ressaltaria no objecto produzido a sua natureza arbitrária e também o facto de reflectir uma ideologia ou uma filosofia particulares. Toda a questão lugar/não-lugar tornava-se, portanto, num certo sentido, obsoleta, devido à crescente consciencialização de que todos os problemas urbanos se baseavam em certos valores partilhados — uma conclusão que nos leva a uma discussão de certas filosofias e dos seus efeitos no urbanismo.

FECHADO/ABERTO

SOCIEDADE FECHADA E ABERTA

Como já referimos a propósito das críticas a Ernesto Rogers, havia uma ideologia muito forte subjacente ao forum do *Team Ten,* embora uma ideologia cuja principal ideia era acabar com toda a ideologia (ou, pelo menos, mantê-la aberta à crítica). Podemos encontrar esta ideia expressa por muitos arquitectos e de modos muito diferentes. Por exemplo, o membro polaco do *Team Ten,* Oscar Hansen, entendia que uma «arquitectura aberta» era aquela que podia aceitar a mudança sem se tornar obsoleta e sem desperdiçar recursos, ao passo que, para Christopher Alexander, era aquela que podia aceitar as múltiplas e expansivas amizades características da nossa época (mais do que os *grupos* fechados, hierárquicos, de amigos, característicos de uma sociedade fechada). [27] Estes dois sentidos eram similares aos que os Smithsons veiculavam dentro do *Team Ten,* na sua ideia de «estética aberta»: um sistema formal que nunca estava concluído, nunca impondo um limite à possibilidade de mudança funcional e não contendo nunca reminiscências de uma ordem social passada. O facto de estas ideias de sociedade aberta vingarem, especialmente entre os arquitectos de língua inglesa, era um testemunho da grande influência, embora indirecta, do livro de Karl Popper *The Open Society and Its Enemies.*

Publicado pela primeira vez logo a seguir à Guerra, em 1945, o livro era realmente um ataque a todas as formas de sociedade fechada, desde o tribalismo à sociedade platónica arquetípica do Ocidente, passando pela Alema-

---

[27] Ver *CIAM'59 in Otterlo,* op. cit., p. 190, e Christopher Alexander, «A Citry is not a Tree», *Design,* Fevereiro de 1966, p. 51.

nha de Hitler. Este último caso era especialmente importante porque constituía uma ilustração imediata e relevante da forma como o habitante urbano desenraízado e anónimo podia ser efectivamente re-tribalizado — entre outras razões, porque era uma vítima fácil e complacente de todas as formas de mitos progressivistas e determinismos históricos. A Alemanha nazi era, portanto, num certo sentido, o paradigma de todos os problemas urbanos a operar na pior mistura possível. Uma mitologia tribal, fechada, enxertada no estado mais avançado tecnologicamente. A forma como este estranho casamento podia dar-se, mostrava-o o livro Popper, de uma inteligência apurada e por vezes amarga. Basicamente, na raiz da sociedade fechada, tribal, estava «a atitude mágica em relação ao hábito social... O seu principal elemento é a ausência de distinção entre as regularidades costumeiras ou convencionais da vida social e as regularidades encontradas na 'natureza'; e isto frequentemente é acompanhado pela crença de que ambas são reforçadas por um poder super-natural».[28] Por outras palavras, aquilo a que chamámos aqui uma crença na conexão natural e inalterável entre forma e conteúdo.

Com uma tal ética e uma tal estética naturalísticas, o passo seguinte é encontrar as leis subjacentes à mudança natural — económicas, sociais ou técnicas — e então prever o futuro estado que terá de surgir como uma necessidade inexorável. Este tipo de «historicismo» (diferente tanto do revivalismo arquitectónico como do relativismo dos historiadores), Popper achou que subjazia à maior parte dos estados modernos, desde a Rússia marxista à Alemanha de Hitler. De facto, ele próprio tinha de esquivar-se a este tipo de historicismo e, por isso, dedicou o livro *The Poverty of Historicism* aqueles «que caíram vítimas da crença fascista e comunista nas Leis Inexoráveis do Destino Histórico».

Em oposição a estas crenças, Popper defendeu uma mistura de tendências sociais actuais — a substituição de funções impessoais, racionais, por contactos pessoais — e a ideologia do racionalismo crítico, combinando-as às duas para dar uma imagem da Sociedade Aberta. Ora este tipo ideal de comunidade, baseada na constante crítica e na «engenharia social, gradativa», opunha-se a todas as formas de planeamento sacralizado, utópico, e por isso convergia com as tendência gerais do urbanismo do pós-guerra. A ideia, de novo, era que só podíamos obter progressos mensuráveis alterando poucas coisas de cada vez, mais do que todas de uma vez só, porque só dessa forma é que as decisões eram controláveis e os valores mensuráveis. Tratava-se de uma tentativa para diminuir o erro, libertar as pessoas de equívocos e perseguir objectivos positivos (que podiam ser racionalmente discutidos) um de cada vez. Popper deu relevo à longa revolução, iniciada pelos Gregos e que, apesar disso, ainda agora estava a começar, rumo ao perfeito estado de abertura.

DO UNICENTRO AO POLICENTRO

Do ponto de vista da arquitectura, a diferença formal mais óbvia entre uma sociedade aberta e uma sociedade fechada tornou-se clara na questão

---

[28] Karl Popper, *The Open Society and its Enemies,* Routledge & Kegan Paul, Londres, 1966, p. 172.

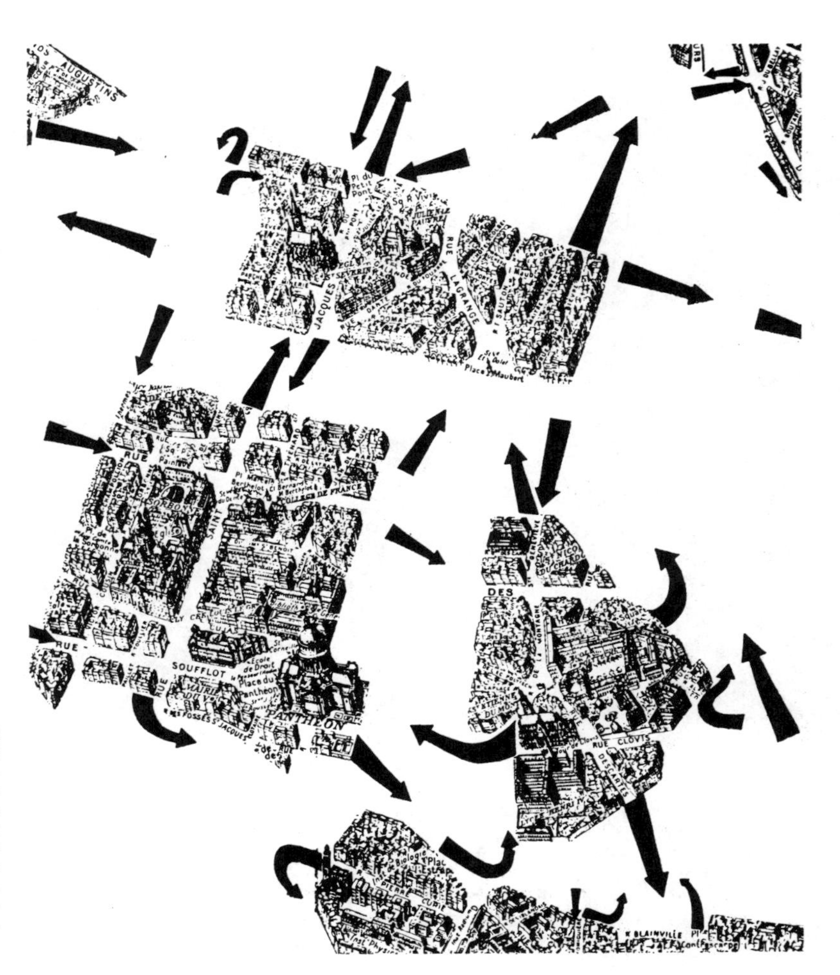

. *Guy Debord: Mapa Situacionista de* *is, 1961.* A cidade moderna funciona e é :ida como uma série de «bocados» semi-ónomos, cada qual com a sua própria iden-de e funcionamento. Navega-se por uma .de dividindo-a em «bocados» com o seu ido próprio, da mesma forma que se divide texto em partes, cada uma com o seu sig-:ado específico. Surge um problema no pla-nento urbano quando os subconjuntos fun-ıal e visual se tornam demasiado desconti-s ou mesmo opostos.

da centralidade. A questão a que os arquitectos tentaram responder em fins dos anos cinquenta foi como dar identidade a uma expansão policêntrica [193]. Como já referimos, a cidade em cachos e o perfil invertido foram dois meios que os Smithsons desenvolveram [180]. Outros dois meios eram as ideias relacionadas com as formas rodoviárias: o edifício com vias internas e a rede rodoviária [194]. A rede triangulada, como os Smithsons e outros acentuaram, é a melhor forma para a construção de estradas numa cidade, porque consome a menor quantidade de espaço urbano nos pontos de juntura e porque é a mais aberta à flexibilidade e à mudança. Contudo, a verdadeira razão para propor isto e os edifícios com vias internas, estava no intuito de fornecer «uma estrutura para uma cidade dispersa, espalhada», a qual assumia uma escala suficientemente gigantesca (como as fortificações e os fossos das cidades do passado) para que se lhe desse uma identidade urbana. A ideia propriamente dita vem de um conceito de «padrões de movimento», que Louis Kahn formulou muito cedo, em 1952 [195], e que, em última análise, remonta aos Futuristas, que foram os primeiros a considerar o movimento de um ponto de vista abstracto. Porém, foi só quando os Smithsons e outros desenvolveram a interacção dos sistemas de movimento dentro da ideia de «intercâm-

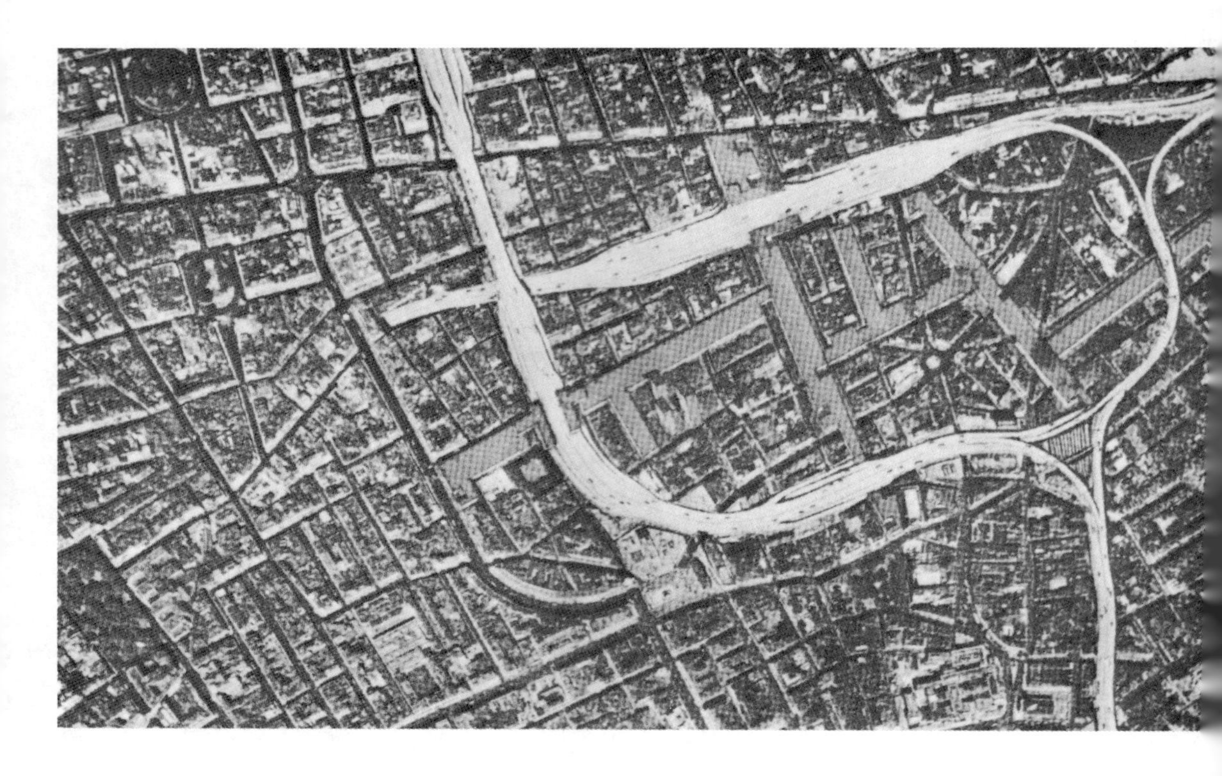

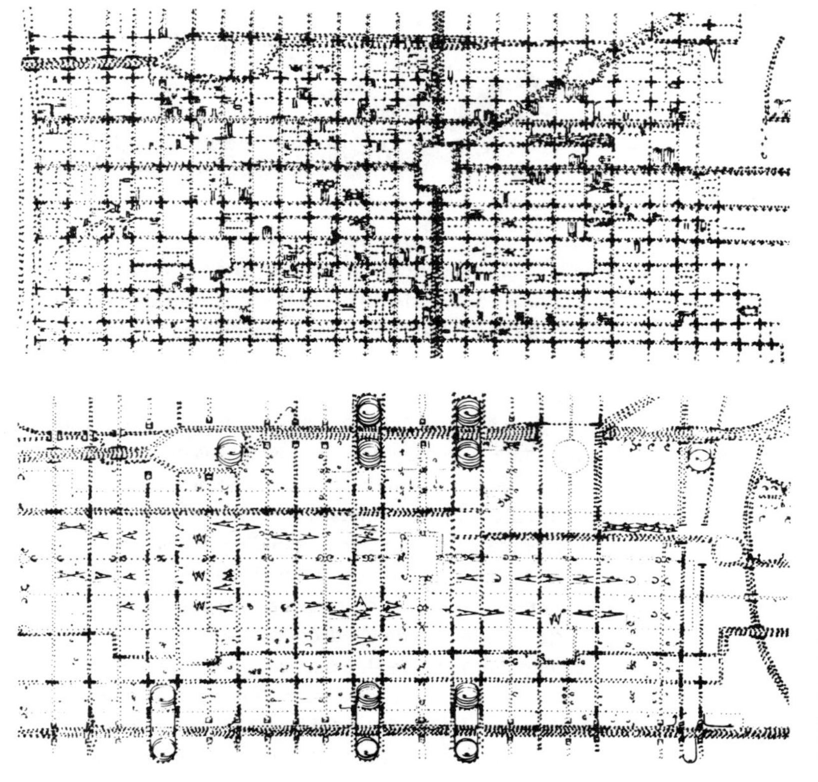

194. *Alison e Peter Smithson: Edifícios Soho Route e rede de estradas, 1959.* «O f corre melhor se servido por uma rede», po em qualquer ponto de junção o viajante nas tem que tomar uma decisão e o espaço tório é o menor possível. Compare-se [207]. Os edifícios (a escuro) têm sistema movimento interno como se fossem pont passagem.

195. *Louis Kahn: Padrões de moviment tentes e propostos para Filadélfia, 195* temas de movimento reduzidos à mesm guagem abstracta e tratados como um contínuo de «arquitectura de tráfego» redução necessária antes de os problem trânsito urbano poderem ser resolvidos mos de tempo e qualidade de movimer

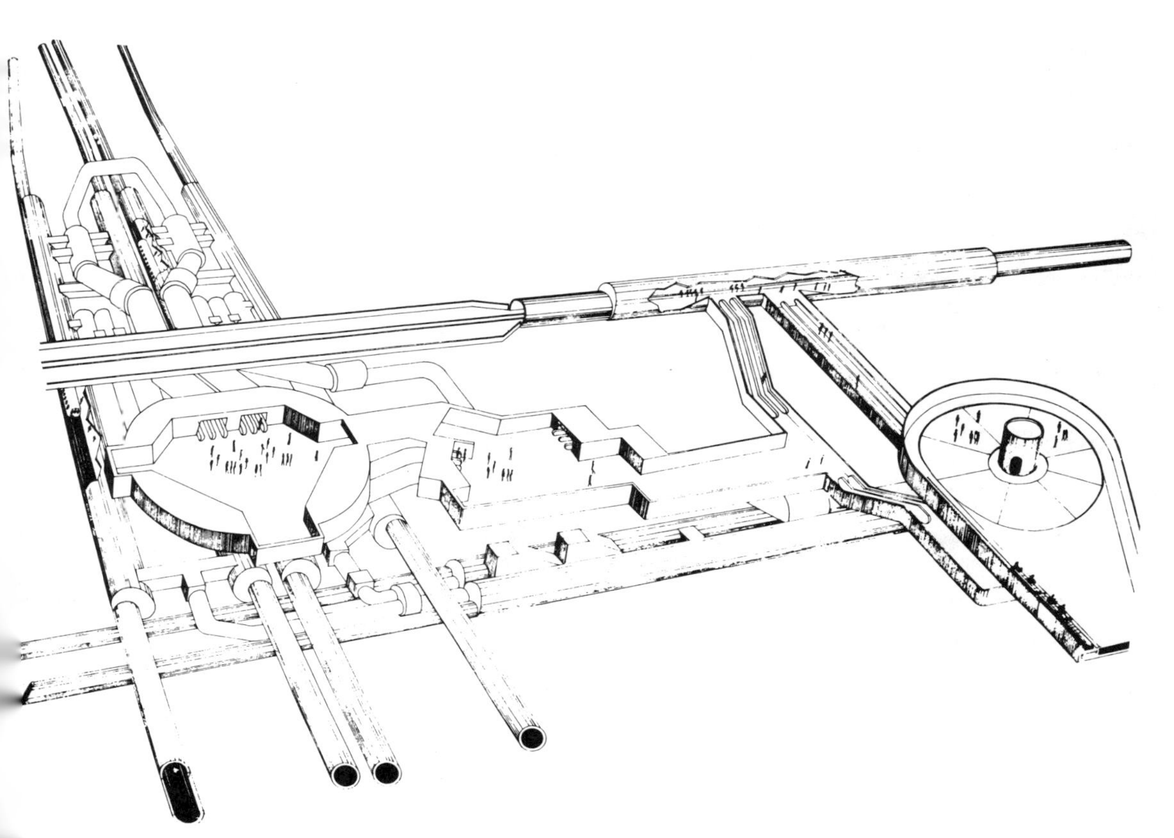

ʔichards e Chalk: Intercâmbio, 1966.
ɔ sistemas de movimento juntos formam
ɩinto, que tem de ser desenvolvido sepa-
ɩente de forma a que velocidade e transi-
ɔssam ser sentidas positivamente.

bio» [196] que a definição de padrões de movimento começou a ser respeitada. Porque havia demasiado a tendência para pensar num sistema rápido isoladamente (o avião), sistema cujos benefícios eram largamente anulados pela sua relação com o meio-ambiente (engarrafamentos de trânsito à volta dos aeroportos). A questão estava em pensar num conjunto interrelacionado de diferentes sistemas de movimento, de forma a que estes e todos os seus pontos de intercâmbio pudessem ser o mais agradáveis e rápidos possível. Apesar de nenhum sistema integrado ter sido ainda construído, foram realizados muitos estudos teóricos, incluindo a muito necessária «anatomia comparativa» de sistemas [197]. Estes mesmos estudos comparativos mostraram uma viragem no pensamento em relação à abordagem utópica e apriorística. Em vez de elaborarem um plano principal, dependente de um número reduzido de variáveis fixas, os arquitectos começavam agora a propor estratégias flexíveis. O seu método consistiria em pegar numa parte existente de uma cidade e juntar por exemplo uma via de transporte, um minirail ou um monorail, verificando o intercâmbio que se regista entre esses elementos e vendo então como esse todo se integra com os edifícios de passagem e o meio--ambiente. Tudo isto conduziu a novas formas de avaliar o movimento. Por exemplo, o Relatório Buchanan (1963) mostrou que se a qualidade das «áreas ambientais» fosse considerada uma prioridade, então só se poderia permitir uma certa quantidade e um certo tipo de tráfego. Embora a ideia seja óbvia para quem se dê ao trabalho de pensar um pouco no assunto, a verdade é que, aparentemente, ninguém tinha encarado o caso antes, pelo que, pelo

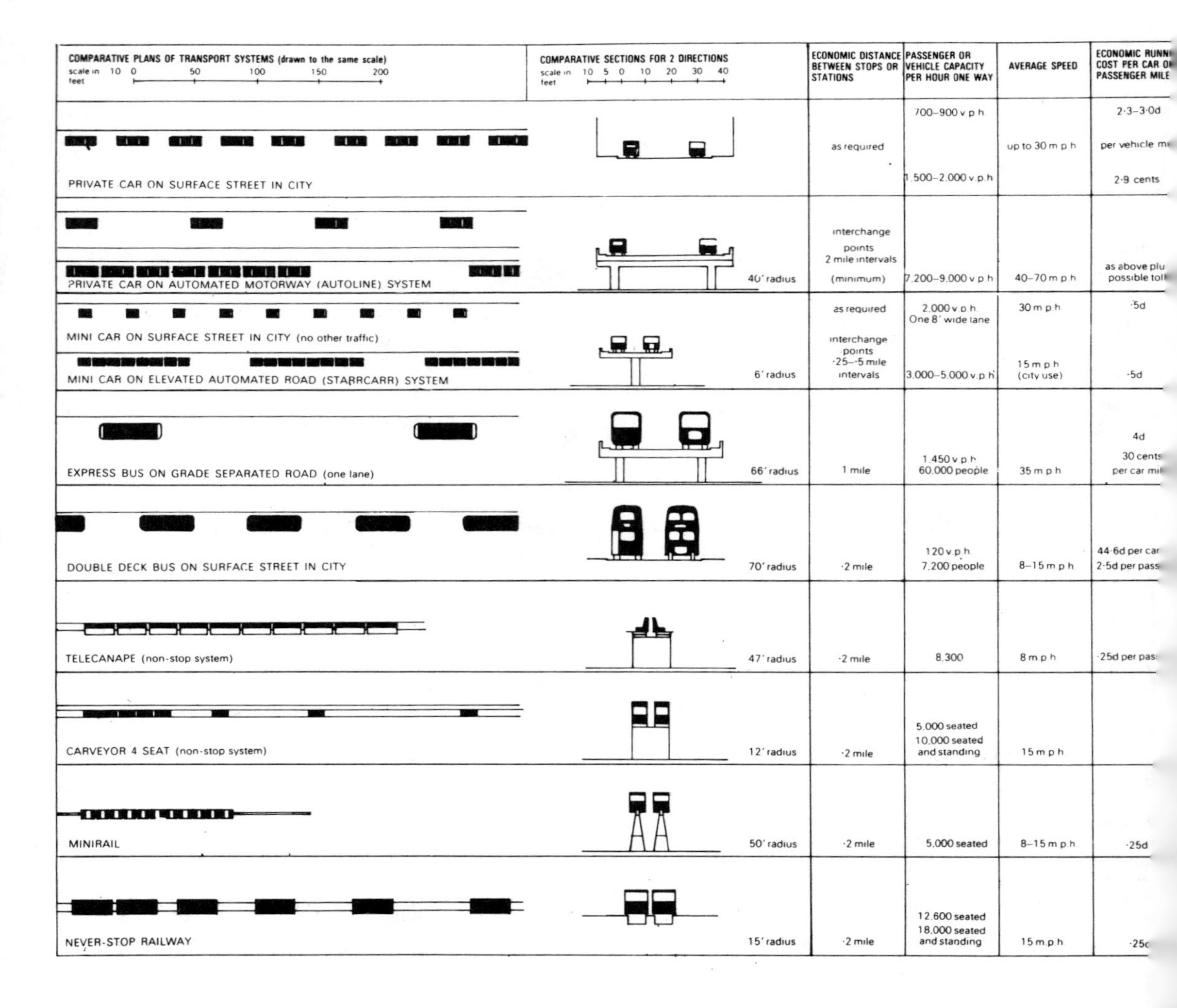

COMPARATIVE PLANS OF TRANSPORT SYSTEMS (drawn to the same scale) scale in feet 10 0 50 100 150 200	COMPARATIVE SECTIONS FOR 2 DIRECTIONS scale in feet 10 5 0 10 20 30 40	ECONOMIC DISTANCE BETWEEN STOPS OR STATIONS	PASSENGER OR VEHICLE CAPACITY PER HOUR ONE WAY	AVERAGE SPEED	ECONOMIC RUNN COST PER CAR O PASSENGER MILE
PRIVATE CAR ON SURFACE STREET IN CITY		as required	700–900 v.p.h. 1.500–2.000 v.p.h.	up to 30 m.p.h.	2·3–3·0d per vehicle m 2·9 cents
PRIVATE CAR ON AUTOMATED MOTORWAY (AUTOLINE) SYSTEM	40' radius	interchange points 2 mile intervals (minimum)	7.200–9.000 v.p.h.	40–70 m.p.h.	as above plu possible toll
MINI CAR ON SURFACE STREET IN CITY (no other traffic)		as required	2.000 v.p.h. One 8' wide lane	30 m.p.h.	·5d
MINI CAR ON ELEVATED AUTOMATED ROAD (STARRCARR) SYSTEM	6' radius	interchange points ·25–·5 mile intervals	3.000–5.000 v.p.h.	15 m.p.h. (city use)	·5d
EXPRESS BUS ON GRADE SEPARATED ROAD (one lane)	66' radius	1 mile	1.450 v.p.h. 60.000 people	35 m.p.h.	4d 30 cents per car mi
DOUBLE DECK BUS ON SURFACE STREET IN CITY	70' radius	·2 mile	120 v.p.h. 7.200 people	8–15 m.p.h.	44·6d per car 2·5d per pass
TELECANAPE (non-stop system)	47' radius	·2 mile	8.300	8 m.p.h.	·25d per pas
CARVEYOR 4 SEAT (non-stop system)	12' radius	·2 mile	5.000 seated 10.000 seated and standing	15 m.p.h.	
MINIRAIL	50' radius	·2 mile	5.000 seated	8–15 m.p.h.	·25d
NEVER-STOP RAILWAY	15' radius	·2 mile	12.600 seated 18.000 seated and standing	15 m.p.h.	·25c

197. *Brian Richards: A anatomia compa dos sistemas de movimento, 1966.*

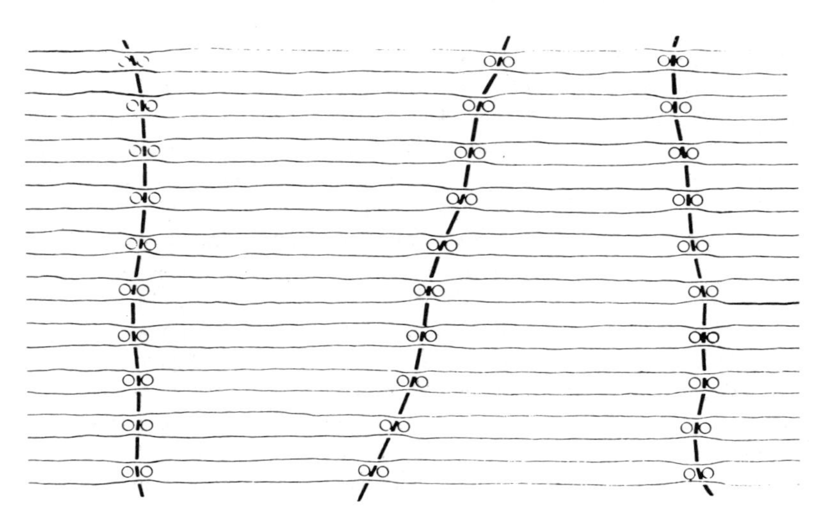

198. *Christopher Alexander: tipo i padrão de rua* baseado em nove parâ A lógica da máquina transformou a af «Vivo a X quilómetros do centro da em «Vivo a Y minutos do centro da c

menos ao nível popular, tal ideia causou um verdadeiro tumulto. Talvez menos óbvias e mais chocantes fossem as conclusões de Christopher Alexander, que considerou o tempo, mais do que a distância, como o ponto de partida. Chegou à imprevisível conclusão de que o tipo ideal de padrão de rua devia consistir em filas paralelas de ruas de um único sentido, sempre em frente [198]. Embora a distância percorrida na maior parte das viagens fosse assim mais longa, o tempo e as perturbações psíquicas seriam muito menores por não haver cruzamentos e porque as velocidades podiam ser o mais elevadas possível. Finalmente, o automóvel seria usado de uma forma que tiraria vantagem da sua diferença em relação ao cavalo e aos pés (pode andar mais rapidamente e não fica cansado) e as apreciações feitas à energia animal não seriam erradamente aplicadas à máquina.

Se tomassemos uma atitude intelectual aberta em relação ao que as máquinas (ou os *mass-media*) estão a fazer relativamente à forma da cidade,

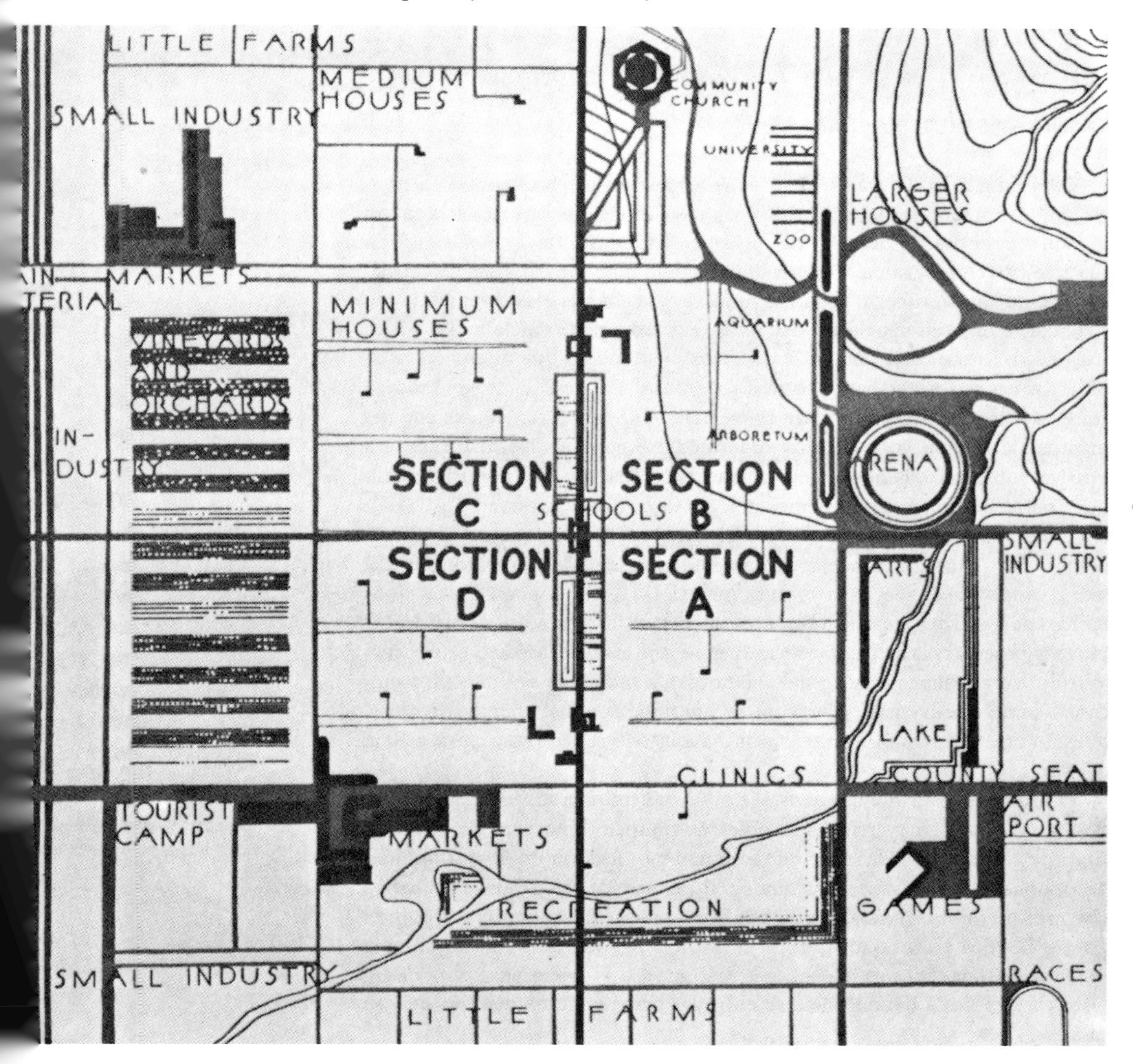

Frank Lloyd Wright: Broadacre City, ...4. Duas vantagens na cidade dispersa: ...or independência e eficiência da produção ...rna em transportar produtos mais do que ...oas.

então chegaríamos à conclusão de Webber que mencionámos. O automóvel, o telefone, a TV e o rádio tendem todos a dispersar a forma e a provocar uma densidade suburbana regular por todo o lado — o que podia ser parcialmente justificado pelas suas muitas vantagens. Por exemplo, nos anos trinta, Frank Lloyd Wright tinha mostrado na sua Broadacre City como o automóvel realmente significava a possibilidade de condições de funcionamento mais privadas e mais autónomas (e daí de independência), porque permitia às pessoas e aos seus bens uma descentralização [199]. Herbert Gans mostrou no seu livro The *Levittowers* (1967) que, ao contrário do mito do *Orgman,* o suburbano, frequentemente, levava uma vida comunitária mais rica, diversa e activa do que se fosse um habitante citadino e do que normalmente se supunha, de acordo com todas as opiniões informadas. As vantagens do subúrbio eram a flexibilidade, a maleabilidade e a liberdade de mudança. Dadas estas vantagens e o facto inexorável da expansão policêntrica, a questão realmente importante passou a ser a forma de estruturá-la.

«A INFRA-ESTRUTURA IDEAL»

Para uma área de grande densidade a ideia da mega-estrutura tornou-se muito popular no princípio dos anos 60, podendo ser encontrada em qualquer prancha de desenho de qualquer estudante, talvez por causa da sua irresistível imagística. O desenhador podia manipular coisas tão atractivas como canos, tubos e condutas numa escala em que elas assumiam uma virilidade e uma diferenciação sedutoras. Por exemplo, o metabolista Kisho Kurokawa formulou a sua teoria de ciclos metabólicos que diferenciava os objectos em seis graus *regenerativos* separados. Esta escala móvel gradual foi então usada para diferenciar os elementos visuais e funcionais em elementos autónomos com espaços «intermédios» entre si. Dessa forma, era possível substituir qualquer elemento particular sem por isso perturbar qualquer outro de um nível diferente, por causa da sua vaga conexão [200a]. Ou era ainda possível juntar ou agrafar um elemento sem perturbar o todo [200b]. Ou então transformar lentamente uma cidade radial-concêntrica numa cadeia linear sem uma ruptura maciça [201]. Estes eram os três tipos básicos de mudança (regeneração, crescimento, transformação) que os Metabolistas procuraram integrar na sua mega-estrutura. Se de facto esta mega-estrutura era realmente «a forma aberta para a sociedade aberta e em mutação», como afirmavam, já era outra questão, completamente diferente, questão que Peter Smithson levantou na sua crítica ao Plano para a Baía de Tóquio.

O problema estava em que os Metabolistas tinham aceite as projecções dos sociólogos sem verem os problemas políticos que elas levantavam. Embora talvez tivessem razão em aceitar uma megalópole de dez milhões de pessoas, a maior parte das quais (60 por cento) ligadas às «indústrias terciárias» (comunicação), a verdade é que não levaram em conta a integração política e económica, a um nível maciço, que uma tal megalópole implicava. Com efeito, a sua concentração maciça providenciava uma mega-estrutura efectiva quando nela se entrava, mas nenhuma quando dela se saía.

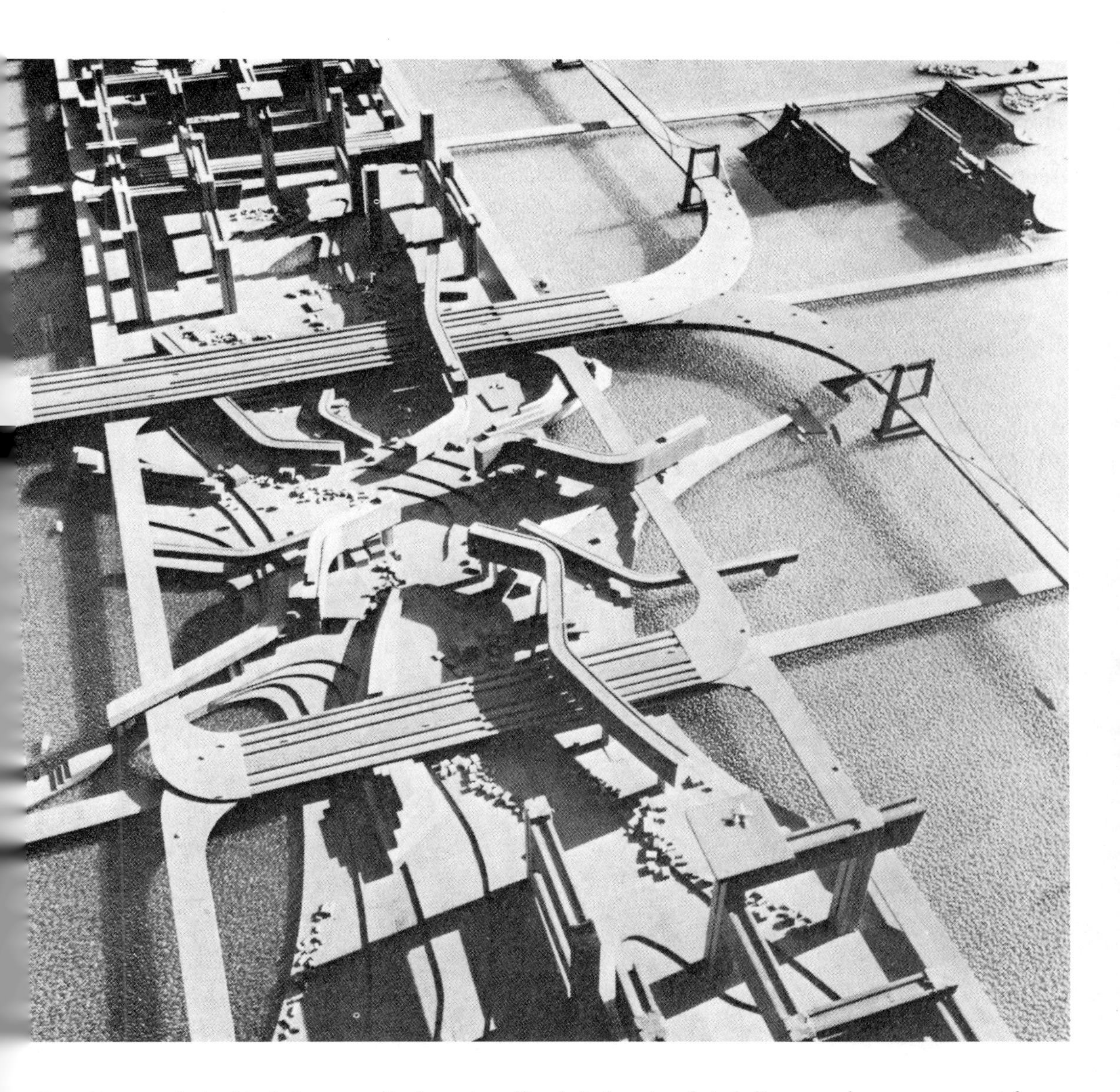

Kenzo Tange e a Equipa Metabolista: para a Baía de Tóquio, 1960, modelo da de escritórios. Diferentes tipos de nça dividem a cidade em diferentes níveis ulação e função. O padrão das estradas, o sectores, funciona num princípio idên- o de Alexander [198].

Devíamos ter a liberdade de optar, de trabalhar segundo processos que, a longo prazo, podem reorientar a economia. Essa seria realmente uma sociedade aberta. A cidade-nação centralizada parece ser o contrário disto.[29]

Smithson encontra ainda a mesma inflexibilidade nas pontes de escritórios [200a], porque todas elas assentam em núcleos idênticos conforme a direcção e porque comprometem o espaço por baixo. Além disso, acrescenta, a construção em pirâmide também compromete as funções internas por assumir uma escala demasiado vasta.

Mesmo que esta crítica fosse exagerada, a verdade é que apontava para o aspecto *dual* que subjaz a todo o urbanismo, ou seja, os seus lados físico e social, e também para a necessidade de um dispositivo mais pequeno do

[29] *Arhitectural Design,* Outubro de 1964, p. 479.

que uma mega-estrutura — aquilo a que Shadrach Woods chamou «um dispositivo estruturante mínimo». De facto, Woods propôs uma série de dispositivos desse género, ainda resultado do pensamento do *Team Ten.* À ideia dos Smithsons de alojamento em *deck,* com um traçado linear, opôs a ideia de «tronco» [202 e 203]; e à ideia, também dos Smithsons, de uma rede bi-

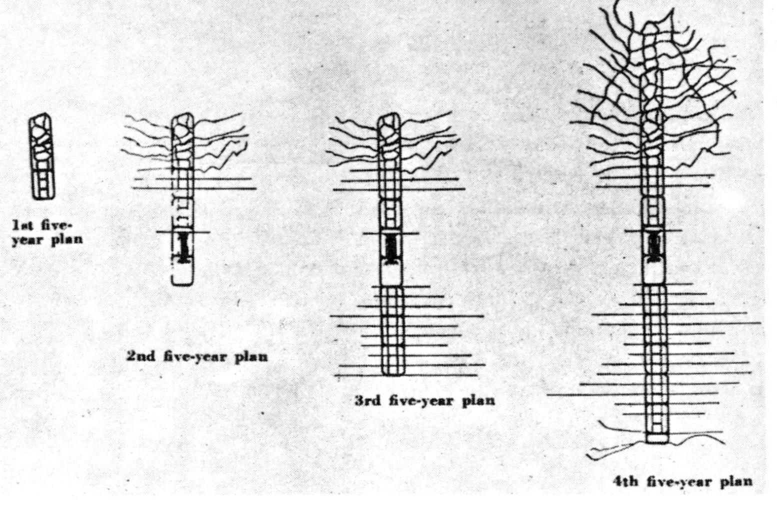

200b. *Kenzo Tange: Centro de Imprens Yamanashi, Konju, Japão, 1967.* Tal co área de escritórios em frente, esta arquite é constituída por pilares de serviço mais tes de escritórios entre eles, com lugares v permitindo qualquer expansão.

201. *Kenzo Tange: Plano para a Ba Tóquio.* Diferentes tipos de cresciment dem o plano em ciclos e subciclos, que p ser facilmente acrescentados durant período de cinco anos, sem qualquer ru interna.

202a,b. *Candilis, Josic e Woods: A STEM em Toulouse-le-Mirail, França,* Ruas pedestres sem fim com todas as ac des e serviços e separadas do tráfego c velocidade em baixo. Ao nível semântic -se uma curiosa inversão: as estrutura servem» predominam sobre as actividade vidas» neste esquema e na Universid Berlim.

203. *John Andrews: Scarborough Coll[...] Toronto, 1964-6.* Uma espinha pedestre li[...] estendendo-se desde um «local de encon[...] central — para a esquerda, os laborató[...] para a direita, a ala das Humanidades. Em[...] constitua um «tronco» linear, este esqu[...] teria grande dificuldade em expandir-se, [...] que os fins estão demasiado longe do ce[...] simbólico, fixo.

-dimensional, opôs a ideia de «tecido» ou «trama» [204]. Tratava-se evidentemente de novas criações, mas que, no entanto, reflectiam o clima geral de opinião, como se pode ver pela súmula ideológica de Woods a respeito de padrões fechados e abertos: «Um ponto é estático, fixo. Uma linha é índice e medida de liberdade. Uma trama não cêntrica é índice e medida integral de liberdade». Assim, de novo, temos a ideia da forma aberta ser policêntrica e extensível em uma ou duas direcções, qualidades que indiciam a sociedade aberta. Mas há ainda uma outra ideia de abertura que é diferente das referidas:

> A nenhum dos troncos foi dada mais importância do que aos outros... para que o todo possa tornat-se policêntrico através do uso. A decisão arbitrária do arquitecto em relação à natureza e à localização dos «centros» é substituída pela verdadeira escolha das pessoas que usam o sistema. Considera-se que a necessidade de uma geometria simbólica ou representativa desapareceu — se é que alguma vez existiu. [30]

Por outras palavras, neste caso forma aberta significa que as pessoas têm o direito de escolhê-la e moldá-la sem terem o arquitecto a impor «símbolos, monumentos ou a escorar autoridades». Ao adoptar esta atitude de *laissez--faire,* Woods não leva em conta o facto de que talvez as pessoas venham a escolher símbolos e monumentos, porque acredita que esta necessidade desapareceu com o advento da «sociedade universal». Claro que esta sua crença ou desejo é questionável, como prova a sobrevivência de padrões pré-urbanos. Mas interessa ver na obra de Woods o curioso paradoxo a que este tipo de crença conduz: o facto de que, tal como na distinção de Louis Kahn em que Woods pegou, os «espaços que servem» (os troncos) predominam sobre os «espaços servidos» (as actividades). Esta é a estranha inversão de meios e fins que tem a sua correspondência a um nível semântico: o paradoxo é que a infraestrutura nada simboliza, como Woods pretendia, a não ser, e de uma forma muito enfática, meros sistemas de movimento.

Não admira que Woods partilhe esta inversão semântica com os Futuristas, Kahn e a maior parte dos outros urbanistas, porque, frequentemente,

[30] Ver *World Architecture II,* op. cit., 1965, p. 117.

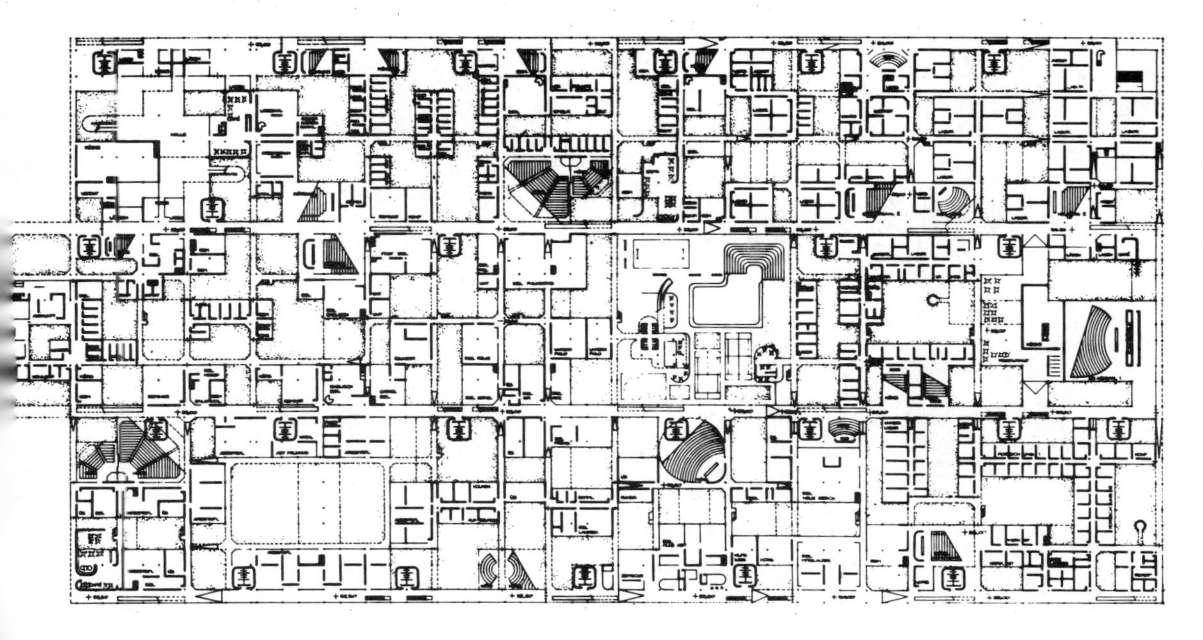

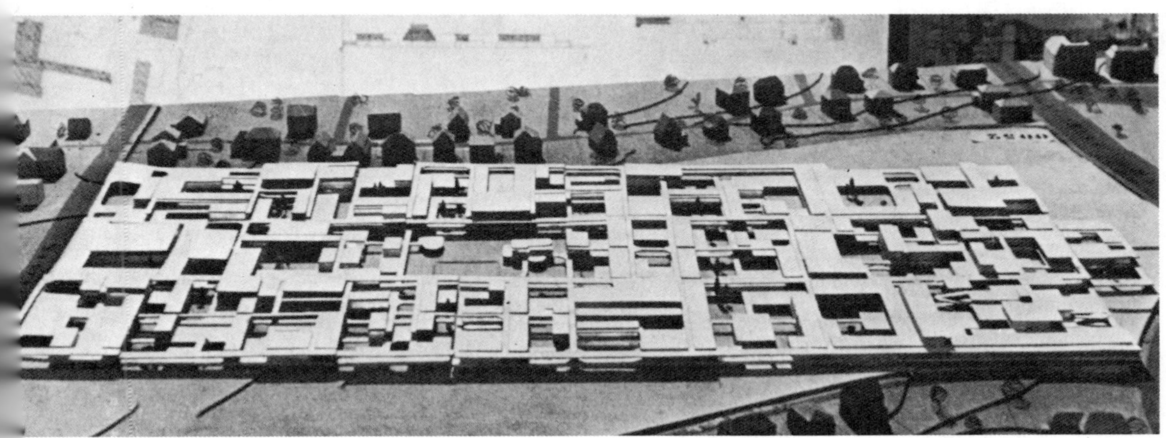

, b. *Candilis, Josic e Woods: ideia de* *na» ou «tecido» na Universidade Livre de* *m, 1963-*. A ideia de «tecido» é basica- e a ideia de «tronco» com duas direcções, um eixo principal e um eixo secundário. quena escala, apenas três pisos, estava de acordo com as realidades económicas e a mega-estrutura.

acabam por reificar os meios — a infraestrutura; mas isso não deprecia necessariamente a sua contribuição ideológica. Porque todos eles clarificaram a forma da sociedade aberta enquanto policêntrica, incomensuravelmente aberta e mutável. Novamente pode objectar-se que, a um nível literal, a cidade radial-concêntrica era, de facto, mais aberta, flexível e susceptível de expansão do que um «tecido» ou «trama». Como era de prever, houve muitos estudos comparativos que procuraram precisamente determinar os parâmetros literais de cada forma-tipo.[31] Mas a maior parte destes estudos tenderam para uma confirmação da ideologia prevalecente.

[31] Por exemplo, veja-se Kevin Lynch, «The Pattern of the Metropolis», in *The Future Metropolis,* Daedalus, Inverno de 1961. Cinco tipos ideais são aí comparados.

204c, interior da construção.

Por exemplo, o *South Hampshire Study* de Colin Buchanan (1966) voltou a comparar a estrutura centrípeta com as estruturas linear e em grelha, e, tal como muitos outros, concluíu que a mais flexível era «a grelha direccional» [205]. A coincidência desta forma com a «trama» de Woods parece mais do que fortuita, se nos lembrarmos de que quase todas as cidades americanas foram planeadas em grelha com cursos de tráfego mais e menos importantes. Claro que a Grelha Direccional surge em todo o urbanismo moderno, desde a *Dynapolis* de Doxiadis aos planos para Washington DC no ano 2000. Perante um consenso tão firme, fica-se com a impressão de que os tempos estão maduros para uma comparação definitiva de todas as formas urbanas, a partir dos mesmos parâmetros. Sem dúvida que isso será realizado em breve, desde que haja alguém se dê ao trabalho de realizar uma longa investigação computorizada. Por ora, contudo, estamos confinados a estudos comparativos, realizados a partir de parâmetros limitados e frequentemente exclusivos.
desde que haja alguém se dê ao trabalho de realizar uma longa investigação computorizada. Por ora, contudo, estamos confinados a estudos comparativos, realizados a partir de parâmetros limitados e frequentemente exclusivos.

Alguns destes estudos puseram em questão a superioridade do sistema ortogonal e no seu lugar puseram os sistemas hexagonal e híbrido. Claro que quase todos os sistemas existentes no mundo constituem em certa medida um híbrido e a maior parte deles, por razões históricas de crescimento, são também concêntricos. Contudo, sob a pressão de um maior crescimento, mesmo os sis-

205. *Colin Buchanan: Grelha Direc- 1966.* Similar à ideia de «tecido» de esta forma, com o hexágono [206], c [207] e a forma em estrela, tornou-se a -tipo para a sociedade aberta.

a. Estrutura centrípta

Via Exclusiva
para Transportes Públicos

b. Estrutura em Grelha Direccional

c. Estrutura em Grelha

Centros.

Indústria.

Residencial.

Espaço Aberto.

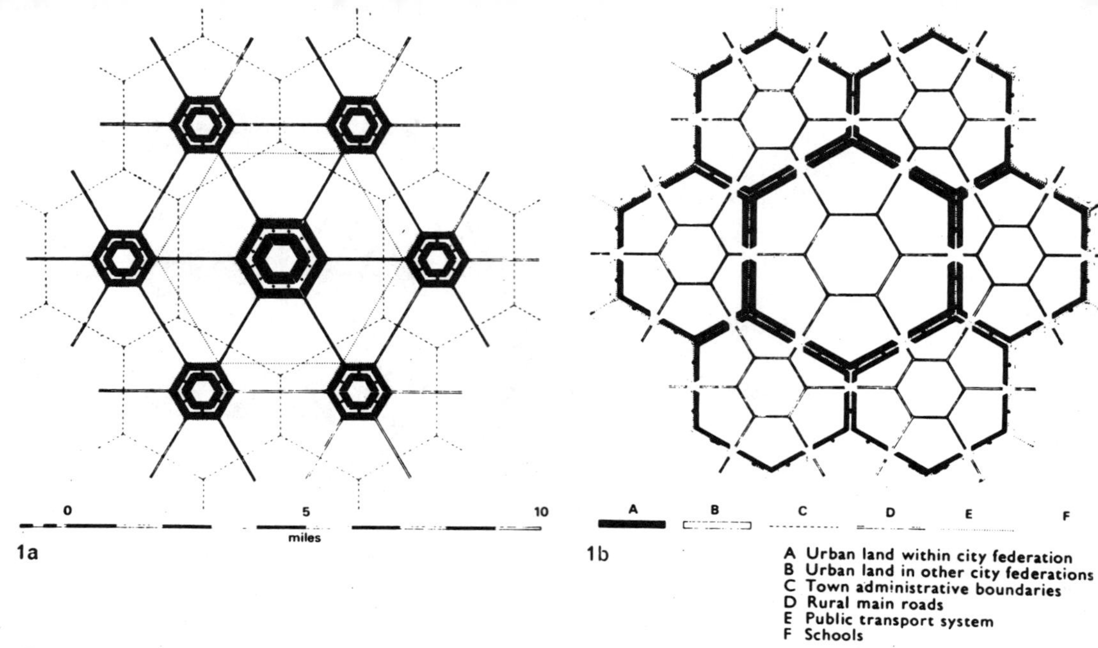

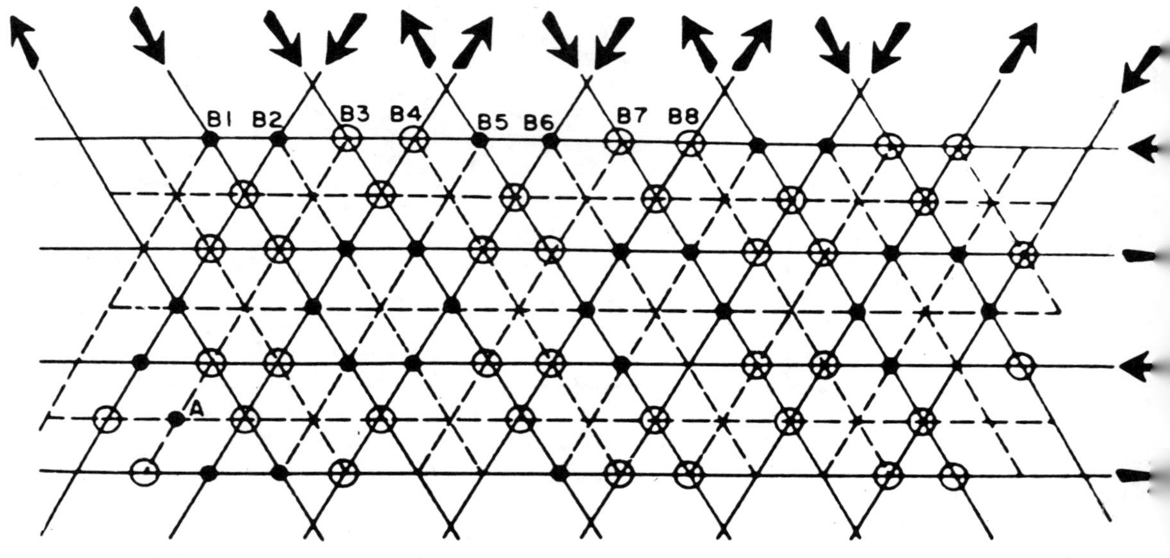

	TRIHEX				ORTHOGONAL		
	Length of path		Intersections		Length	Intersections	
	Car	Pedestrian	Total	2-level		Total	2-level
AB1	4	5	3	2	6.53	6	3
AB2	6	5	2	2	2.47	2	2
AB3	5	5	4	2	4.53	4	2

6. *Lionel March: Parâmetros de Forma, 67.* As cidades organizadas ao longo das has de um hexágono proporcionam certas ntagens: um melhor acesso ao lazer, um cresnento mais fácil, uma maior economia de paço e mais espaço livre.

. *Le Ricolais: Trihex, 1968,* combina as tagens distribucionais do hexágono com as tagens da linha recta em triângulos conexos.

temas radiais e concêntricos parecem distorcidos numa escala menor, ao longo de uma série de eixos ortogonais, pelo que acabam por assemelhar-se a *Dynapolis* ou ao plano estelar, com muitos raios espraiando-se ao longo de linhas de comunicação. A estrela hexagonal constitui um tipo de crescimento e um padrão de instalação «natural», como Christaller há muito, porque se trata da mais eficiente ocupação de espaço. Ou seja, só o hexágono pode ser hermeticamente fechado e ter, ao mesmo tempo, o seu centro perto de todos os pontos da circunferência. Um círculo não pode ser hermeticamente fechado e um quadrado tem os cantos muito longe do centro. Portanto, dados certos parâmetros, a forma urbana mais económica é o hexágono e por isso tem sido tão apoiada por tantos teóricos. Um deles, Lionel March, combinou-o com a proposta de que faz muito sentido, do ponto de vista ambiental, virar do avesso as actuais «cidades em bolha» e criar «cidades lineares», organizando-as num hexágono (ou grelha) de linhas de transporte [206]. As vantagens deste padrão linear consistem no facto de o crescimento não implicar o congestionamento e na possibilidade de qualquer pessoa ter tudo o que precisa a um passo de casa (com o lado urbano na porta da frente e o campo na porta de trás). Além disso, ao contrário do que se cria, é possível obter densidades mais elevadas e um maior volume de tráfego, construindo edifícios mais baixos ao longo das linhas de uma faixa do que construindo blocos num ponto alto. Isto pode ser mostrado empiricamente em formas urbanas tão recentes como a Route One City, na Florida, ou o Wilshire Boulevard, em Los Angeles — ambos centros urbanos comerciais transformados numa longa linha pelo uso do automóvel. Uma abordagem posterior do hexágono respondeu a uma das suas principais deficiências, que é a geometria inabitual e as constantes viragens e mudanças. Um novo modelo de ocupação do espaço urbano, denominado «trihex» [207] combina as vantagens distribucionais do hexágono com as vantagens da linha recta em triângulos conexos.[32] As duas geometrias misturam-se de molde a satisfazerem certos parâmetros mensuráveis.

Mas todos estes modelos — a trama, a grelha direccional, o *trihex* — tornaram-se, num certo sentido, obsoletos, devido ao aparecimento em cena precisamente da «infra-estrutura ideal», ou, pelo menos, um projecto com esse nome de Yona Friedman.[33] Na infra-estrutura de Friedman o que havia de significativo não eram os ideais específicos, que eram particularmente prosaicos, mas sim o facto de ele os encarar e apresentar sob uma forma que permitia uma comparação pública e uma escolha. Tratava-se de um exemplo de Arquitectura Paramétrica (que discutiremos a seguir) que dava uma sugestão do que era possível a nível de uma democracia de consumidores aberta. Podíamos imaginar uma situação em que os factores mensuráveis numa arquitectura eram claramente especificados e em que o público podia escolher entre desenhos alternativos de uma forma muito sensível (o que ainda nem é possível com os produtos de consumo).

O que Friedman fez foi formular todas as organizações espaciais possíveis numa série de axiomas explícitos e depois pensar num sistema (a Cidade

[32] Veja-se Le Ricolais, «The Trihex», *Progressive Architecture,* Fevereiro de 1968, p. 118.

[33] Ver por exemplo Yona Friedman, «Towards a Coherent System of Planning», *Architectural Design,* Agosto de 1964, p. 371.

Espacial [208] e [209]) que podia mudar de um tipo para outro com o mínimo de fricção e perda de energia. De facto, como podemos ver, Friedman limitou-se a levar a um certo extremo a grelha direccional ou a trama e a transformá-la numa forma de crescimento tri-dimensional. Porém, a base axiomática para fazer isto é o que conta. Friedman começa com a afirmação exagerada de que «...este sistema de axiomas abrange inteiramente qualquer actividade humana», o que, de facto, não se verifica. Mas especifica as actividades que abrange, e mostra o seu espectro de organização em termos de extremos.

O espaço pode ser organizado (A) de um modo contínuo, ou (B) de um modo descontínuo. Podem ser formados grupos (A) numa base biológica (família), ou (B) numa base social determinante (mesma idade, interesse, religião, etc.). A distribuição pode ser (A) centralizada (temos de nos deslocar a um lugar definido para obter um determinado artigo, por exemplo, teatro), ou (B) homogeneizada (pode obter-se o produto em qualquer lugar que se esteja, por exemplo, televisão).

Ora, uma das duas técnicas aplicadas em qualquer campo destes axiomas dá-nos oito combinações. Estas combinações apresentam todos os padrões de organização possíveis (isto é, padrões urbanos)... isto permite-nos compreender intuitivamente qualquer tipo urbano possível enquanto predominantemente integrado e identificado com um destes padrões. (Os oito extremos são então referidos).

(a) As cidades ocidentais existentes pertencem ao tipo BAA, caracterizado pela descontinuidade na organização do espaço, grupos familiares e distribuição centralizada (temos de nos deslocar ao supermercado, ao local de trabalho, ao centro da cidade)., etc.

Ora, as objecções que podemos levantar a este estudo são que os axiomas se revelam demasiado gerais para que possam apresentar muito interesse e, além disso, são escolhidos de uma forma perfeitamente arbitrária e não exaustiva, como Friedman afirma. Embora estas objecções sejam certas e

208. *Yona Friedman: A Cidade Espac[...] 1961.* Este tecido tridimensional pode pas[...] por todas as transformações possíveis co[...] mínimo de fricção. A «infra-estrutura» i[...] veicula todos os serviços e funções numa es[...] tura espacial com intervalos de 200 pés e, id[...] mente, desapareceria quando estivesse inte[...] mente revestida por uma cultura viva [...] oposição a outras infra-estruturas). (ver [2C[...]

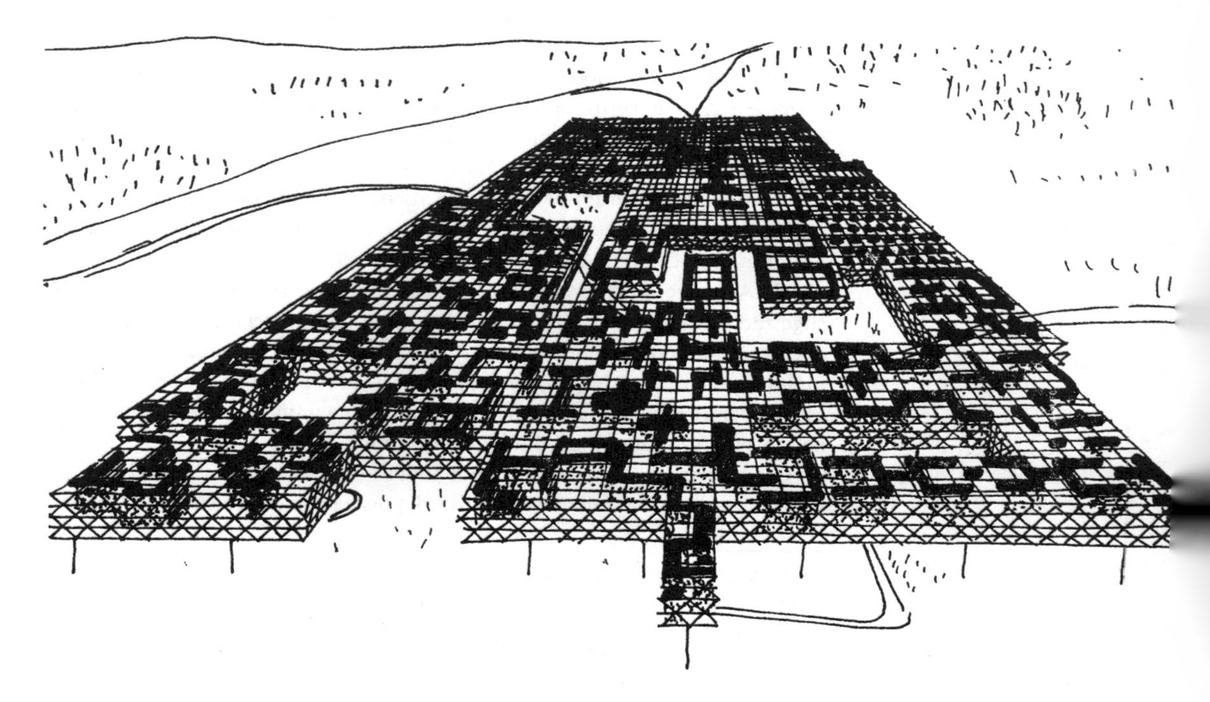

. Wimmenauer, Szabo, Kasper e Meyer: -er-estrutura urbana sobre Düsseldorf, -lelo, 1969. Uma cidade espacial a ser cons-da sobre a antiga cidade, sem, em última -lise, a substituir, como nos esquemas de -dman. Estruturalmente, as cidades podiam -rtar tais adições *ad hoc:* as únicas coisas o impedem são os códigos de construção preços da terra.

importantes, não reduzem a zero este modelo, a menos que esperássemos que ele pudesse ser perfeito. Mas podemos exigir-lhe que funcione adequadamente e que reduza certas formas de erro. Por exemplo, Friedman afirma explicitamente acerca da sua infra-estrutura ideal que pode mudar de qualquer uma das oito formas possíveis para outra com o «máximo de eficiência». Portanto, conhecemos claramente os seus critérios utilitários e os seus oito parâmetros e podemos por isso adoptar o seu conjunto ou rejeitá-lo consciente e selectivamente. Outro critério que Friedman torna claro é que o seu mecanismo desaparecerá quando usado: «... estes elementos objectivos (a infra--estrutura) não determinam o carácter da cidade. O carácter de uma cidade deveria desenvolver-se intuitivamente, formulado pelos próprios habitantes (como no passado histórico) ou pelos seus chefes». Por outras palavras, a infra-estrutura ideal esbate-se como o estado ideal de Marx, em vez de se tornar o objectivo final do desenho, como acontece em tantas mega-estruturas. O que serve não suplanta o que é servido.

DESENHO PARAMÉTRICO

A tendência geral para o desenho racional e a explicitação dos critérios atingiu o seu apogeu na tradição lógica, com os métodos de desenho sistemático de meados dos anos sessenta. Em primeiro lugar, houve os métodos sublinhados por Christopher Alexander em cinco trabalhos-chave. O primeiro destes, *Community and Privacy* [34], incluía 33 parâmetros para uma casa

[34] *Community and Privacy,* Serge Chermayeff e Christopher Alexander, Doubleday, 1963. Os outros quatro trabalhos-chave foram *Notes on the Synthesis of Form,* Harvard, 1964, «From a Set of Forces to a Form», in *The Man Made Object,* ed. G. Kepes, Braziller, 1966, «A City Is Not a Tree», in Design, Fevereiro de 1966, *Houses Generated by Patterns* (com Hirshen e Ishikawa), California, 1969.

urbana e mostrava como, cortando-os em conjuntos em interacção) podiam ser integrados para produzirem o mais satisfatório dos equilíbrios de forças em conflito. Cada força, ou cada parâmetro, era cuidadosamente analisada, para se ver se era importante e se não era adulterada por qualquer semântica. Então eram divididos em feixes, ou conjuntos, numa interacção precisa, de forma a que os seus conflitos pudessem ser resolvidos a um nível incipiente (onde é muito mais fácil anular diferenças). Finalmente, eram sintetizados num todo que satisfazia todas as diversas necessidades entre comunidade e privacidade.

A objecção imediata que se podia pôr a este método, tal como antes, tinha a ver com a escolha arbitrária de critérios. Por exemplo, os Smithsons, em «Criteria for Mass Housing», e Buckminster Fuller, em «Universal Requirements of a Dwelling Advantage», fizeram uma listagem completa de diferentes tipos de critérios para a casa e, como o título sugere, com cargas semânticas completamente diferentes. Que fazer para obter a lista certa, ou a melhor, ou a lista completa? Em segundo lugar, como escolher o método teoricamente certo para sintetizar a lista? Alexander admitiu, no seu livro seguinte, *Notes on the Synthesis of Form,* que a escolha de parâmetros e do modelo lógico era essencialmente arbitrária e não completamente justificável.[35] Mas isto não queria dizer que o método não fizesse falta (como muitos críticos afirmavam): melhor, o método seria falível ou imperfeito. Era apenas um método que podia reduzir certos tipos de erro como incompatibilidade e omissão de critérios.

Além disso, em qualquer problema de desenho, há sempre *certas* necessidades que podem ser especificadas dentro de limites máximos e mínimos, e, como Alexander acentuou[36], a escolha de um modelo lógico para variar conforme o tipo e a complexidade do problema a resolver. A propósito, para dar um exemplo do desenho paramétrico que se tornou particularmente prestigioso nos anos 60, havia o problema de mandar o homem à Lua e fazê-lo regressar sem que perdesse a vida ou saúde. Isto podia ser conceptualmente dividido nos subproblemas de desenhar um ambiente adequado a esse homem, inventar os foguetões necessários e vender a ideia ao contribuinte. Obviamente, três tipos de modelo diferentes seriam usados em cada caso, mas, comum aos três, seria a similaridade conceptual do parâmetro. Alguns parâmetros, com os seus limites máximos e mínimos, tinham de ser inventados e depois satisfeitos.

O método que Alexander salientou nas suas *Notes* consistia em listar primeiro todos os critérios possíveis de que nos pudessemos lembrar e que pudessem ser *relevantes* para o problema . (Não há obviamente qualquer critério indiscutível para determinar essa relevância). Depois, repartiam-se esses critérios em entidades físicas tão pequenas quanto possível, retirando-lhes a inevitável carga semântica e cultural. A ideia deste passo visava evitar as categorias pré-conceptuais que, como vimos, tinham limitado todos os desenhadores, desde os dedutivistas do CIAM aos indutivistas do *Team Ten.* Por outras palavras, a ideia era ser-se mais empiricista do que o *Team Ten,* baseando o desenho em milhares de necessidades atómicas e dados minuciosos, em vez de sequências verbais tão arbitrárias como «rua, aldeia ou infra-

[35] Ve. 194, nota 12, loc. cit.

[36] São discutidos três modelos diferentes em «From a Set of Forces, etc.», op. cit.

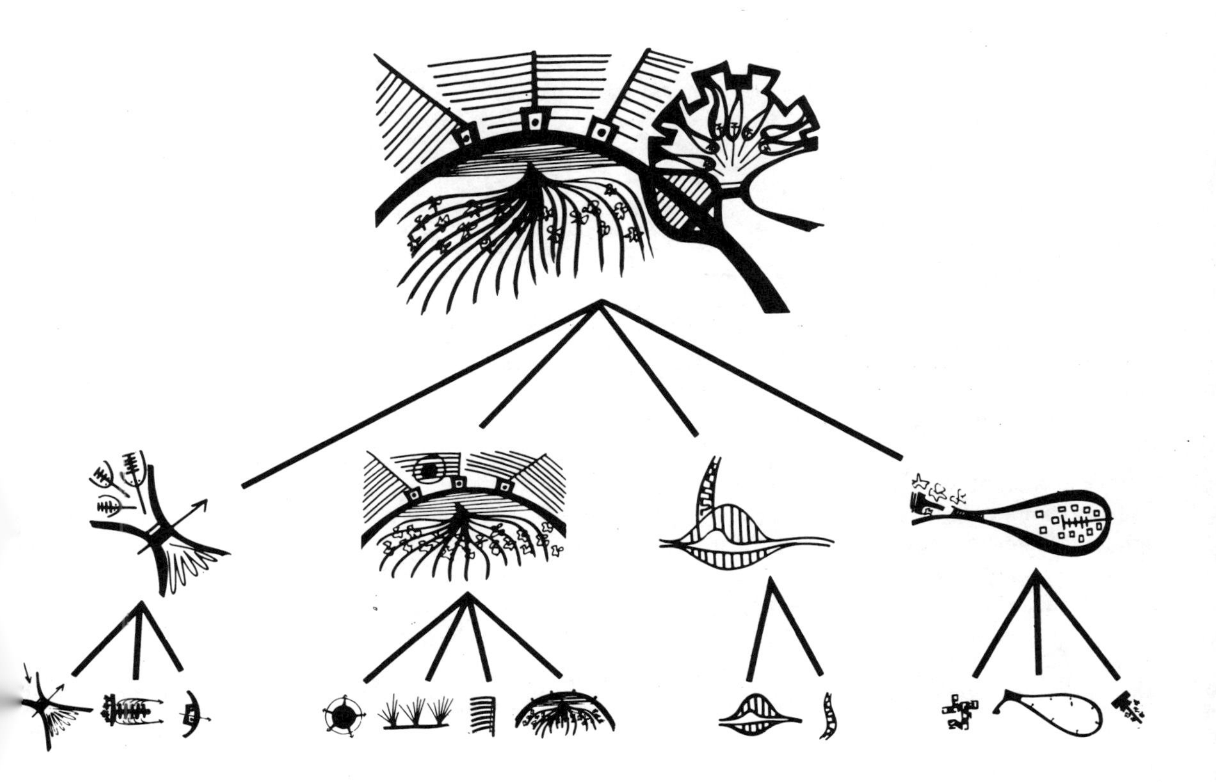

Christopher Alexander: Diagrama para aldeia índia, 1962. Não só a forma reflecte [g]rande número de parâmetros, como ainda [os] parâmetros são interessantes.

-estrutura», que podem perfeitamente não ter qualquer aplicação. Com efeito, Alexander queria descobrir aquilo que «o problema quer ser», por si só, mais do que o desenhador queria que o problema fosse.

> [Todos os] conceitos e categorias [dos desenhadores], além de serem arbitrários e inadequados, têm a particularidade de se auto-alimentarem. Sob a influência dos conceitos, fazem-se e vêem-se as coisas de um modo preconcebido. Os conceitos controlam a percepção do adequado e do inadequado — até que, no fim, uma pessoa só se dá conta de desvios aos seus dogmas conceptuais, e perde não apenas o desejo mas também a oportunidade mental de estruturar os seus problemas mais apropriadamente.[37]

Embora, obviamente, Alexander estivesse a exagerar o poder negativo dos conceitos prévios, o certo é que formulava um indutivismo extremista de modo claro. Podemos perfeitamente pôr-nos na disposição oposta e insistir que o desenhador deve partir de categorias pré-existentes, como a Mãe Natureza faz com hipóteses velhas, vulgares, mas concordassemos ou não com o princípio básico, pelo menos o indutivismo extremo da tradição lógica aparecia agora em campo aberto.

Regressando ao método, depois de retirar aos critérios todos os seus valores apegados, era preciso sintetizá-los em subconjuntos interrelacionados e dar a cada um destes uma forma-diagrama [210]. Finalmente pegávamos nestas formas-diagramas e inseríamo-las numa «árvore» hierárquica. O resultado era fantástico. Não só a forma final reflectia todos os critérios (141 no caso

[37] Ver *Notes,* op. cit., p. 70

211. *Hugh Wilson e outros: Cumbern New Town, Centro, Escócia, 1956-*. Tal c Hook, outro projecto de Cidade Nova, C bernauld é uma tentativa para alcançar a d sidade urbana, a variedade e a vida das ve cidades, misturando funções num centro c pacto. Embora as intenções fossem posit os resultados não foram perfeitos por causa métodos usados, excessivamente simples: exemplo, o Centro não se encontra int mente ligado aos arredores e as crianças cuidadosamente afastadas dele.

da Indian Village), como também os critérios eram inabituais e sugestivos (como o Nº 10, «Necessidade de preparar casamentos»), e a forma era pura, vigorosa, honesta e rigorosamente relevante. Tinha toda a intensidade apaixonada e o rigor da bolha de sabão — que era de facto também uma resposta pura para pârametros especificáveis.

Neste caso, as descrições formais e funcionais são apenas modos diferentes de dizer a mesma coisa; podemos dizer, por exemplo, que temos uma descrição unificada de uma bolha de sabão. Esta descrição unificada é o equivalente abstracto de um diagrama construtivo. É objectivo da ciência dar uma tal descrição unificada a qualquer objecto e fenómeno que conhecemos.[38]

E era objectivo de Alexander dar uma descrição unificada de como devemos desenhar qualquer objecto que conhecemos, desde a chávena de chá à cidade: por isso não surpreende que tivesse encontrado a seguir uma importante falha no seu método anterior e o facto de esta falha ter posto em relevo os erros de todos os desenhadores urbanos do passado. Assim, ao contrário dos seus subconjuntos hierárquicos anteriores, como Alexander afirmava no título de um ensaio muito importante, «Uma Cidade Não é uma Árvore», nem o desenho o pode ser. Para vermos as implicações revolucionárias que esta frase, aparentemente inócua, assumia, temos de reconstruir a perplexidade conceptual em que foi gerada.

Como já referimos, parte do saber convencional subjacente ao urbanismo nos anos sessenta afirmava que a cidade não era *unicamente* um «problema artístico» ou físico, como Jane Jacobs afirmou. Nem era, como também Jacobs disse, unicamente um problema estatístico inserido numa «comple-

[38] Ibid., p. 90.

xidade desorganizada» como o CIAM e outros, que a dividiam em funções, tinham afirmado. Seria antes todas estas coisas e também um problema de «complexidade organizada», um problema próximo dos processos biológicos e vitais que só podia ser entendido com novas ferramentas conceptuais. Estas eram as conclusões do original livro de Jane Jacobs sobre urbanismo. Jacobs queria que os planeadores se debruçassem sobre «assuntos fora da média» como a segurança das ruas e as oportunidades de trabalho, que apontavam para um entendimento dos processos subjacentes, «reais», de uma cidade. Ora todos estes processos não só «eram cobertos pelas quatro funções» como também se inseriam nas outras categorias conceptuais de «Conjunto, Mudança, Metabolismo» apresentadas em sua substituição. Todos os novos conceitos biológicos, todas as novas palavras-chave, que os arquitectos pudessem propor, pareciam dilemas inadequados e reduziam demasiados critérios a nada. O mesmo se aplicava às Novas Cidades, desenhadas num intuito de variedade, complexidade e riqueza [211]. De facto, mesmo a solução que a própria Jacobs propôs, de desenhar tendo em conta os processos referidos, era inadequada, porque apenas conduziria à formalização de processos abstractos (como numa Cidade Metabolista).

Neste panorama conceptual deprimido, «Uma Cidade Não é uma Árvore» caíu como uma dádiva do céu. A ideia foi imediatamente pegada por muitas revistas e o ensaio publicado e republicado em todo o mundo, ganhando particular influência em Itália, França, Inglaterra e Japão. Por outro lado, recebeu o Prémio Kaufmann por se tratar de uma das intervenções mais efectivas no campo do desenho, publicada nos últimos cinco anos. Porquê? Porque transformou a anterior simplicidade da forma, aparentada a uma árvore, numa complexidade firme, aparentada a um tecido com as suas múltiplas ramificações, e mostrou que uma tal visão complexa era a única adequada para abordar os complexos processos que Jacobs apontou.

Basicamente, esta posição era idêntica à anterior atitude de Alexander, pondo de novo o acento na forma como as categorias do desenhador pré-determinam formas constrangedoras, excepto que agora Alexander encontrava exactamente esta falta nos seus próprios subconjuntos ou subsequências. De facto, afirmava, qualquer cidade histórica ou «natural» é rica na «sobreposição» de subconjuntos, o que aponta e confirma a sua diversidade ou multivalência, ou, para usar os termos de Jacobs, a sua «complexidade organizada», ou ainda, em termos leigos, a «vida». Assim, a resposta consistia em encontrar um conjunto mais rico de conexões a nível das subsequências, ou aquilo a que Alexander chamou um semi-entrelaçamento:

> Podemos ver claramente como esse semi-entrelaçamento pode ser muito mais complexo do que uma árvore, pelo facto seguinte: uma árvore baseada em 20 elementos pode conter, no máximo, 19 subsequências de 20, ao passo que um semi-entrelaçamento baseado nos mesmos 20 elementos pode conter mais do que um milhão de diferentes subsequências [212].
>
> Esta variedade extraordinariamente grande é um índice da elevada complexidade estrutural que um semi-entrelaçamento pode ter, quando comparado com a simplicidade estrutural de uma árvore. É esta falta de complexidade característica das árvores que mutila as nossas concepções da cidade.[39]

[39] Ver «A City Is Not a Tree», op. cit., p. 49.

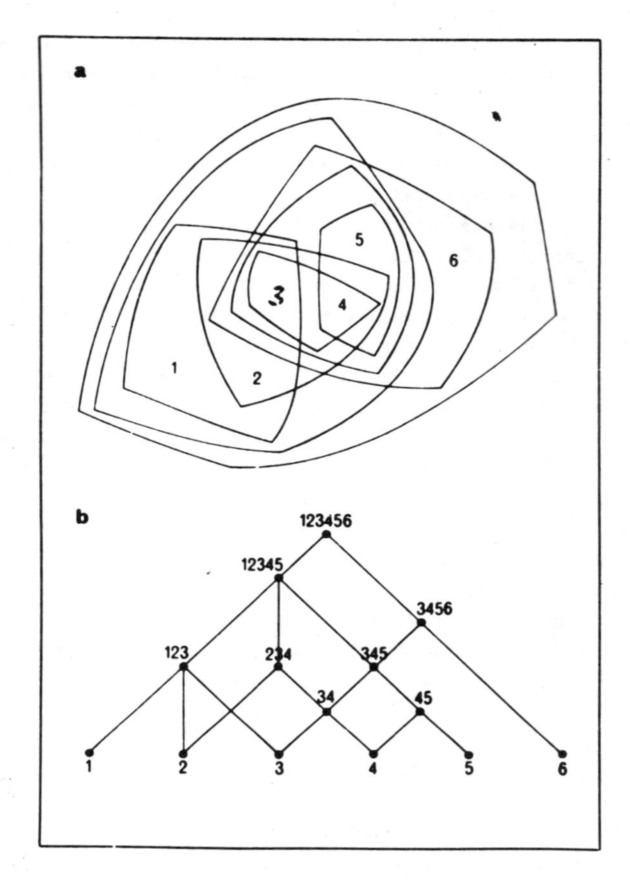

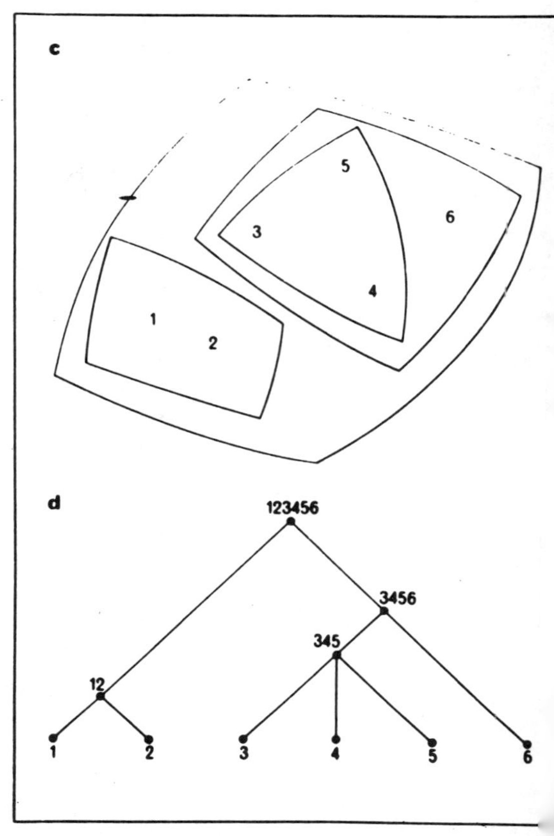

212. *Christopher Alexander: semi-entre mento e árvore* (esquerda e direita respe mente). O primeiro corresponde a cidades nicas que cresceram em ligações e divers ao longo do tempo, ao passo que a ú representa a cidade moderna, a que falt diversidade e sobreposição.

Tendo em conta este novo processo de pensamento e de método de desenho, pelo menos passava a ser possível teoricamente resolver os problemas urbanos com toda a sua rica complexidade. Uma extensão ou um refinamento destas ideias deu-se nos dois livros seguintes de Alexander, intitulados *Houses Generated by Patterns* e *A Pattern Language Which Generates Multi-Service Centres.* Como podemos concluir dos títulos destes livros, registava-se uma viragem de regresso ao dedutivismo (os «padrões») e ao *apriorismo* (o processo de «geração»). De facto, tratava-se de tentar estabelecer uma base *a priori* para o desenho urbano, que encontrava paralelo na *gramática generativa* de Noam Chomsky. Alexander explicou a base para os sessenta e sete «padrões» que desenvolveu:

> Um modelo define um arranjo das partes no ambiente, sendo necessário para resolver um problema social, psicológico ou técnico recorrente.

Depois, aplicou estes modelos a um problema específico de desenho — a *barriada,* ou os bairros de lata do Perú [213]. Os resultados foram únicos e radicais: Alexander e a sua equipa desenharam um sistema de construção novo e barato, utilizando bambu e espuma de uretano, e incorporaram exigências tão tradicionais como o *mirador* e a *sala,* sem serem historicistas nem condescendentes. Além disso, os habitantes das *barriadas* podiam continuar a construir as suas próprias casas, bem como a escolher o seu tipo e o local.

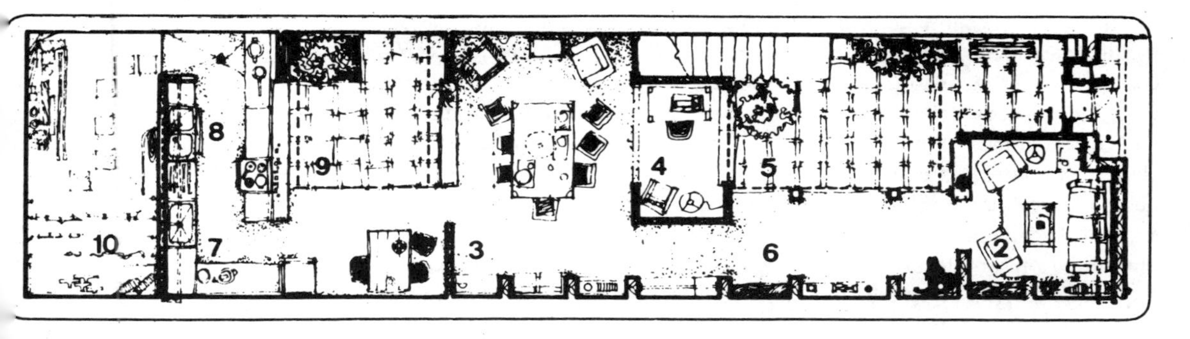

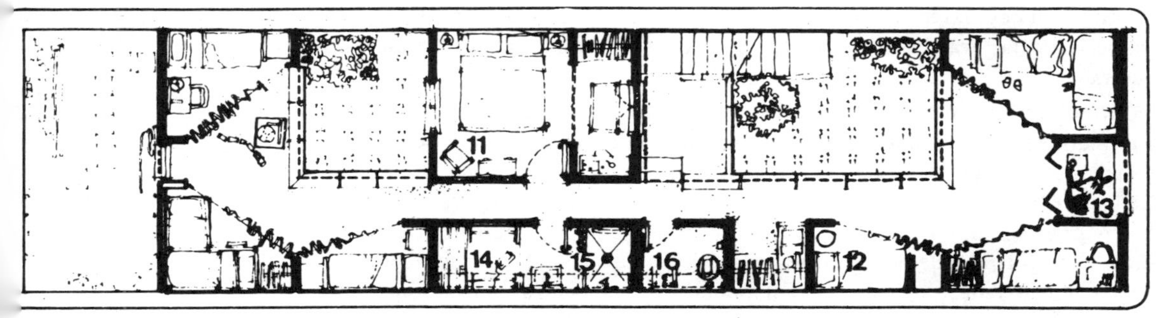

Christopher Alexander e Centre for Envi-
nental Structure: planos genéricos para
casa de barriada, Peru, 1969. O piso tér-
(em cima) é dividido por pátios numa parte
nal pública e numa área familiar. O pri-
o andar (em baixo) é dividido em camas
ada lado do quarto dos pais. Um «mira-
» permite a observação da vida da rua.
ntrada, 2. Sala de visitas, 3. Sala de estar,
lcova, 5. Pátio principal, 6. Pórtico,
ozinha, 8. Lavandaria, 9. Pátio da cozi-
10. Pátio de arrecadações, 11. Quarto dos
12. Alcovas, 13. Mirador, 14. Secagem
upa, 15. Duches, 16. Casa de banho.

Era a incorporação de tantos e tais parâmetros no seu desenho que o distinguia dos outros outros arquitectos que participaram no concurso promovido pelo governo. No entanto, continuava a haver alguns problemas por resolver com o método paramétrico de desenho[40], o primeiro dos quais era o facto de que se tratava apenas de um método e não de um modo de acção para fazer coisas numa escala prática, urbana. Para tal, outras abordagens mostravam-se mais relevantes.

PLURALISMO DE CONSUMO E PLANEAMENTO ADVOCATÓRIO

Duas tendências gerais do urbenismo que já foram mencionadas são a tendência de certos arquitectos para métodos mais recionais de desenho que especificam os seus parâmetros e a tendência das cidades para organizações impessoais mais vastas. Estas duas tendências têm implicações opostas para a sociedade. A primeira significa que surgirá decerto uma verdadeira «arquitectura paramétrica» reflectindo algumas das qualidades que o seu funda-

[40] Há duas dificuldades básicas para além das já mencionadas: 1) De facto, desenho e natureza são radicalmente tradicionais. Ambos modificam as tradições (ou subconjuntos) pré-existentes. O desenhador do Mach III Stratocruiser não parte de nenhum esboço, tal como a natureza. 2) Um método racional e consciente de desenho tende a desencorajar todas as zonas inconscientes, agradáveis e espontâneas da criação, que dão vida a qualquer obra. Embora não haja necessariamente nenhuma razão especial para que assim seja, a verdade é que é assim mesmo. Quando os desenhadores sistemáticos tentam ser engenhosos e frívolos tornam-se inevitavelmente triviais e bonitinhos — o que pode ter mais a ver com tipos psicológicos do que com métodos. Contudo, o problema mantêm-se.

dor (pelo menos conhecido como tal), Luigi Moretti, exigia. Será uma arquitectura clara e cristalina nos casos em que os parâmetros possam ser especificados com exactidão (como nos casos da bolha de sabão ou da ponte) e qualquer pessoa poderá decifrar esses determinantes com pouca dificuldade e sem grande treino. Em suma, será uma arquitectura pública evidenciando as qualidades que tem que «satisviciar» (para usar um termo dos desenhadores paramétricos). Usa-se esta feia palavra para pôr em relevo a permissividade inerente a qualquer parâmetro. Pode dizer-se que, enquanto um produto responde a certas exigências vagas, máximas e mínimas, estará a «satisviciar» (no sentido de que satisfaz e proporciona um prazer que se quer repetido) o utente ou consumidor. Que esta «satisviciação» é parcialmente manipulável por factores como a publicidade, é um facto bem conhecido pelas grandes companhias — o que nos leva ao outro lado da questão.

Se há muito tempo era um princípio do capitalismo que a oferta seguia a procura, então pelos anos sessenta tornou-se também claro que a procura seguia a oferta, quando esta oferta depende da tecnologia avançada. John Kenneth Galbraith salientou e popularizou as qualidades que caracterizam qualquer estado industrial avançado.[41] Em primeiro lugar, como ele acentuou, há uma tendência para a riqueza e poder ficarem acumulados nas mãos de um número reduzido de grandes companhias: as quinhentas maiores companhias americanas produzem quase metade das mercadorias e dos serviços de toda a sociedade. Em segundo lugar, para garantirem a sua própria sobrevivência e segurança, essas companhias precisam de se manter a par de uma tecnologia em mutação, que cada vez se torna mais complexa e sofisticada. Para tal, têm de recorrer ao saber de peritos, o que, por sua vez, significa efectivamente que os conhecimentos de qualquer grupo ou indivíduo isolado não chegam para tomar uma decisão. Isto descentraliza as decisões. Por exemplo, para usar um exemplo que Galbraith cita, para lançar o *Mustang,* a Ford Motor Company demorou três anos e meio e gastou nove milhões de dólares em engenharia e *design* e cinquenta milhões só para preparar fábricas para uma produção especial. Só as ferramentas eram tão especializadas que Ford teve de recorrer ao «conhecimento organizado» de muitos peritos, unicamente para resolver problemas tão isolados como os do *chassis* ou os dos travões. Quem desenhou o *Mustang?* Não foi o Conselho de Directores, nem o Conselhode *Design,* nem os consumidores, através dos seus representantes, os investigadores de mercado, mas sim a vasta e profunda «tecno-estrutura» — um termo que, para Galbraith, significa os anónimos conjuntos de peritos e especialistas que deram respostas satisfatórias a parâmetros específicos. Com uma aposta tão forte em termos de tempo, dinheiro e peritos, o *Mustang* tinha de resultar, o público tinha de ser condicionado a aceitá-lo, ou seja, o carro tinha de se vender. E fê-lo, de facto, para lá de todas as expectativas.

Apesar deste êxito inabitual, o *Mustang* continua a ser um paradigma para os produtos de vastas corporações industriais. O contra-exemplo, o *Edsel,* que não vendeu apesar do processo ser o mesmo, é apenas uma excepção à

[41] Ver J. K. Galbraith, *The New Industrial State,* Houghton Mifflin, Boston, 1967, em particular os capítulos 2 e 18, para os argumentos aqui usados.

Democracia de consumo, possível através ovas e vastas tecnologias. Potencialmente, dos os parâmetros de um produto fossem icitados, então o consumidor individual eria especificar as suas necessidades, o que ltaria na definição de um conjunto de pros alternativos. Tais tecnologias e o «Movito dos Consumidores» constituem pelo os dois meios para tornar a oferta mais uada às procuras individuais.

regra geral de que, no tocante aos produtos sofisticados, a procura segue a oferta com uma facilidade espantosa:

> A regra geral com menos excepções do que gostaríamos, é que se eles o fazem nós o compraremos.[42]

Assim, temos uma inversão da ética e da moralidade capitalistas que influencia quase todos os desenhadores e arquitectos. Porque a Sociedade Aberta ou o pluralismo de consumo que pretendem servir se revela afinal uma Sociedade Fechada parcialmente, que limita a extensão e o valor da escolha. Um tipo de liberdade é trocado por outro; a liberdade de comprar um artigo feito à medida das necessidades de cada um está a ser trocada pela liberdade de escolher a partir de um número limitado de produtos conformistas e tecnicamente sofisticados [214]. Ou, pondo a questão em termos de urbanismo, o direito das comunidades de interesses determinarem as suas necessidades e os seus meios de vida específicos, está a ser limitado pela maioria opulenta.

Foi este tipo de formulação do problema de «Planeamento Advocatório» («*Advocacy Planning*») visava resolver. Referido pela primeira vez pelo planeador Paul Davidoff, em 1965, o conceito de advocacia era retirado directamente da prática legal e aplicado ao urbanismo.[43] Pretendia suplantar-se a ideia de que um planeador desenharia para a comunidade tomando um ponto de vista desinteressado, com a ideia de que esse mesmo perito representaria um grupo de interesses específico, tal como um advogado no tribu-

---

[42] Ver Andrew Hacker, «A Country Called Corporate America», in *New York Times Magazine,* 3 de Julho de 1966.

[43] Ver Paul Davidoff, «Advocacy and Pluralism in Planning», *JAIP,* Novembro de 1965.

nal. A confrontação entre tantos advogados, lutando todos pelos interesses de minorias, conduziria à satisfação dos diversos interesses mais facilmente do que actualmente acontece no seio do sistema maioritário. Porque, no actual sistema, os planeadores evitam uma defesa marcada daquilo que um grupo minoritário considera a boa vida, tal como certamente evitam defender princípios que possam ameaçar o *status quo* e a sua própria posição dentro dele. O resultado é que ninguém acaba por defender os interesses de um público mais vasto, tal como ninguém defende os interesses das minorias. Ou, para pegar no exemplo dos veículos automóveis, não há nenhum porta-voz efectivo e legalizado que conteste sempre que as cidades se tornam poluídas ou que insista que um automóvel eléctrico de baixo custo pode ser uma realidade — dois extremos do espectro da procura. O que acontece na maior parte dos casos, pelo menos nos Estados-Unidos, é que apenas são servidos os interesses da vasta classe média, ao passo que tudo o mais é ignorado. Por isso deparamos com o paradoxo da riqueza privada e da sordidez pública, ou crescimento generalizado e desigualdade cada vez maior, ou produtividade crescente e bairros pobres idem crescentes.

«Advocacy Planning» transformou-se num movimento particularmente vasto, com grupos de «advogados» ajudando algumas comunidades mais pobres em Boston, Harlem, San Francisco, Syracuse e muitas outras cidades americanas. Basicamente, estes grupos ajudaram os negros dos *ghettos* e os brancos pobres urbanos, na preparação de planos de renovação e na utilização de ajudas burocráticas complexas. Contudo, como Robert Goodman afirma em *After the Planners,* os seus resultados positivos a nível de novos alojamentos e de serviços comunitários, foram nulos.[44] Conseguem deter actividades socialmente perturbadoras, como a construção de auto-estradas que cortam a meio uma comunidade, mas, afirma Goodman, sem um «mini-socialismo» ou um «socialismo democrático, descentralizado», os seus esforços construtivos estão condenados a falhar. Por isso, muitos dos «Advocate Planners», como Goodman, consideram que a única acção urbana possível é aquela que se insere num movimento político radical e tentaram criar laços variados com os activistas de esquerda — anarquistas, *yippies,* socialistas e marxistas. A natureza política do planeamento e da arquitectura, a um nível ideológico e prático, era finalmente reconhecida. Qualquer planeamento urbano teria, no futuro, de levar em conta os objectivos pluralísticos e as forças sociais cuja natureza era irredutivelmente política.

DA FUTUROLOGIA AOS FUTURÍVEIS

Como Karl Popper mostrou em muitos trabalhos sobre a Sociedade Aberta, o futuro é teoricamente incognoscível, porque (entre outras razões) se o conhecessemos seguramente poderíamos tratar de evitá-lo e então já não teríamos aquilo a que chamamos futuro. Ou outra razão por que é impossível conhecer o futuro é que, seja ele qual for, será sempre largamente moldado por invenções que actualmente desconhecemos e que, teoricamente, são imprevisíveis. Não podemos saber quando é que será inventado um novo veí-

---

[44] Robert Goodman, *After the Planners; Politics and Architecture for Liberation,* Penguin Books, Harmondsworth, 1972, cap. 7.

culo capaz de resolver muitos dos problemas urbanos específicos, mas sabemos que, quando aparecer, terá um grande efeito no meio-ambiente (o que constitui uma razão para os urbanistas tentarem predizer e apressar a sua existência).

Apesar de dificuldades tão óbvias, muitos profetas ofereceram já as suas profecias como se fossem certas e se baseassem em leis científicas de inevitabilidade histórica ou de um determinismo rígido. A tais profecias chama Bertrand de Jouvenel futurologia, porque tal como tantas outras «logias», pretende ser científica, ou, pelo menos, em princípio, algo de cognoscível. Embora tal pretensão seja obviamente falsa, há sempre um sufixo «ologia» a indicar a sua relação com outros ramos pretensamente científicos como a astrologia e a cientologia. A um nível de estudos mais modestos e razoáveis dos acontecimentos futuros, o termo «futuríveis» foi criado por Bertrand de Jouvenel para significar que o futuro é algo de parcialmente aberto e que podemos escolher dentro de um «leque de possíveis», caso estes sejam clara e explicitamente formulados.

A influência real dos «futuríveis» na vida de todos os dias pode ser vista, por exemplo, no trabalho do arquitecto tendo em vista um conjunto de futuros urbanos possíveis, ou no trabalho do homem de negócios fazendo certas selecções entre diversos *stocks* especulativos. O futuro implica o presente e o passado de um modo tão inextricável numa sociedade em mutação, que todos nos confrontamos com as diversas gamas de «futuríveis» quase que por necessidade. Qualquer grande companhia retira algum do seu dinheiro para «Investigação e Desenvolvimento» e qualquer planeador urbano formula pelo menos três previsões de certos parâmetros: um máximo, um mínimo e um estado provável. Embora o campo dos «futuríveis» esteja ainda na sua infância, há já várias companhias e instituições que se dedicam exaustivamente à tarefa de prever e que desenvolveram métodos particularmente sofisticados para tal.[45]

Estes métodos podem ser rudemente divididos em três tipos principais: a previsão normativa, ou predizer o futuro que se quer; a projectiva, ou o futuro provável, partindo do princípio que não há viragens importantes na ideologia e no poder; e o futuro inventado, ou as invenções que certos peritos crêem possíveis. Começando pela última modalidade, há por exemplo a técnica Delphi, que equivale a uma sondagem Gallup de peritos em que se lhes pergunta quando é que pensam que determinadas invenções devem ocorrer [215]. Como se pode ver pelo tipo de invenção que prevêem, as suas esperanças dependem dos seus próprios projectos e interesses. As novas criações são quase sempre técnicas, mais do que sociais, embora tenham obviamente implicações sociais. Porém, é muito significativo que nenhum grupo de sociólogos ou políticos se mostre tão activo e ousado como os cientistas. Talvez este conservantismo tenha a ver com o facto de a sociedade encarar toda a previsão social como sombras de *1984,* ou um tipo de determinismo asso-

---

[45] Para além do grupo de Bertrand de Jouvenel, o SEIDS, há a «Comission on the Year 2000», instituições como Rand, Group 1985, Mankind 2000, Hudson Institute, etc. Para uma bibliografia parcial, veja-se Stanford Anderson, *Planning for Diversity and Choice,* MIT, 1968, John McHale, *The Future of the Future,* Braziller, 1969, e Charles Jencks, *Architecture 2000, Predictions and Methods,* Studio Vista, Londres, 1971.

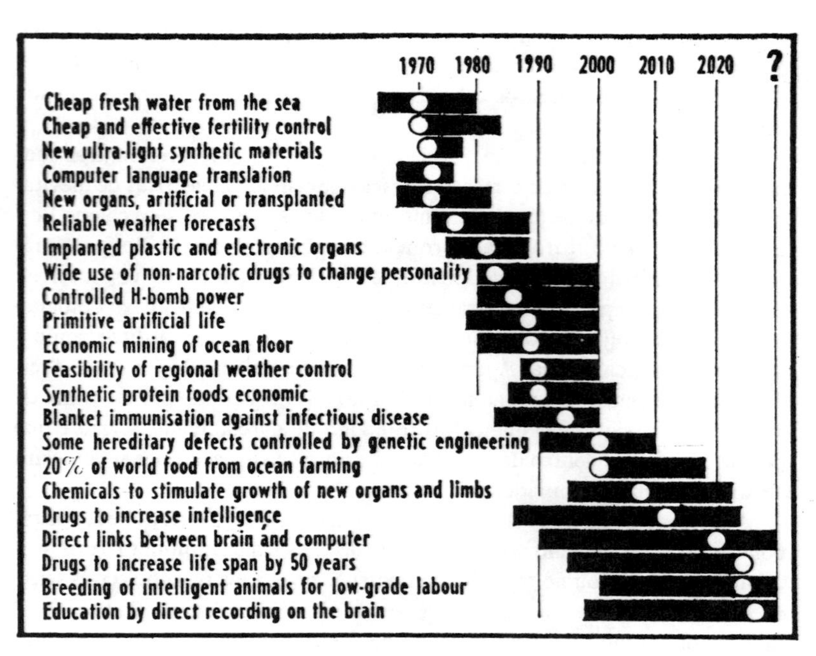

215. *Técnica Delphi, 1967.* Os peritos predize quando é mais provável que ocorra uma dete minada invenção, com uma certa latitude cada lado da bola branca.

ciado à futurologia. No entanto, como de Jouvenel insiste, a qualidade de vida, para a maior parte das pessoas, é muito mais afectada pelos factores sociais do que pelos factores técnicos; por isso, seria de esperar que a tarefa de predizer se concentrasse nos primeiros:

Pegue-se neste exemplo muito simples: a vida de uma família alemã a partir de 1913. Podemos dizer que o que principalmente a afectou foram mudanças resultantes do progresso tecnológico? Decerto foi muito mais afectada pela Primeira Guerra Mundial, pela inflação que se seguiu, pela Grande Depressão, o aparecimento de Hitler, a Segunda Guerra Mundial, a divisão do país, e uma prolongada crise de consciência.[46]

No entanto, num campo como o urbanismo, pretende saber-se que invenções técnicas possíveis terão forte influência na forma e na localização (senão mesmo no conteúdo). Seguidamente, vamos pôr em contraste aquilo que um «perito», Gabriel Bouladon, pensa que pode acontecer no campo do transporte urbano, com o que uma «comissão», chefiada por Buchanan, pensa ser provável acontecer (o método projectivo).

Bouladon prevê que, em 1982, as áreas urbanas centrais estarão tão saturadas de movimento e poluição que todos os carros serão banidos, à excepção dos que forem silenciosos, eléctricos, miniaturizados e que não libertem fumo, e que sejam suficientemente pequenos de forma a caberem em «parques lineares e móveis».[47] Em centros urbanos ainda mais comprimidos, como os centros históricos, o automóvel será completamente substituído por meios de transporte como as passadeiras móveis (que podem andar a dez milhas à hora). Mas rodeando estes dois anéis centrais haverá muitos pontos de transferência e vastos parques automóveis com ligações a meios de viagem mais rápidos — como carros com turbinas a gás e o turbotrem (capaz de veloci-

[46] Ver Bertrand de Jouvenel, *The Art of Conjecture,* Basic Books, 1967, p. 284.
[47] Ver Gabriel Bouladon, «Transport», *Science Journal,* Outubro de 1967.

dades até 200 milhas horárias) [216]. Ao mesmo tempo haverá sistemas suplementares, o mais exótico e atraente dos quais é o «Tubo-Trem Lógico Pneumático». Será um comboio completamente transparente montado sobre uma almofada de ar, accionado pela pressão de ar e capaz de atingir 500 milhas horárias. Claro que as velocidades de todos os tipos de movimento aumentarão fantasticamente devido a artifícios electrónicos que continuarão a desenvolver-se forte e firmemente.

Este conjunto de previsões, ou «cenário», é actualmente quase susceptível de ser posto em prática, de um ponto de vista técnico. O que, de um ponto de vista realista, o torna improvável são os factores de conservantismo da sociedade, combinados com os custos. Por isso, pretende-se uma previsão que insira o par custos/benefícios e um método projectivo que em primeiro lugar projecte as tendências actuais e que integre a noção de um esforço social mínimo. Por exemplo, Buchanan prevê que, na Grã-Bretanha, o total de veículos motorizados aumente três ou quatro vezes até ao ano 2000. Considera também (o que, em minha opinião, é falso) que mesmo com o desenvolvimento técnico, o veículo do futuro «apresentará a maior parte dos problemas» que se verificam hoje.

Portanto, há *certas estratégias mínimas que naturalmente ocorrerão* se os padrões ambientais se mantiverem pelo menos ao nível de hoje: o trânsito mais importante terá de ser afastado das «áreas ambientais»; uma hierarquia de distribuidores terá de rodear cada área, e terá de se usar uma série de tácticas locais, como encerramento de ruas, aumento dos gastos com estacionamento, com transportes públicos, etc. Como podemos ver por estas propostas, o seu custo monetário para a sociedade indica uma *viragem* em relação ao passado, ao passo que a sua natureza indica apenas uma *continuidade*

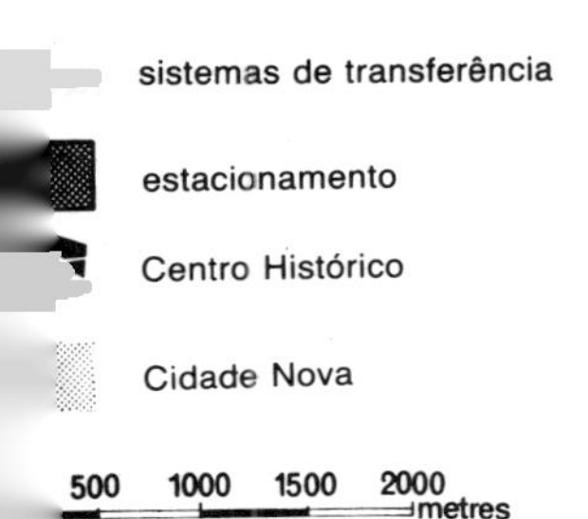

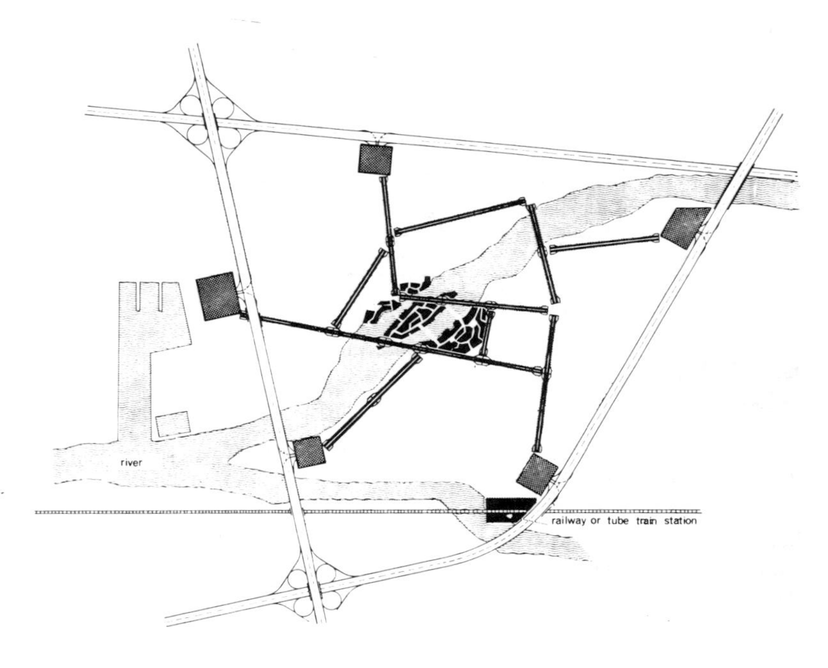

Gabriel Bouladon: rede de sistemas de [trans]ferências do futuro, 1967. Sistemas de [...]o descontínuos conduzem dos parques de [estaci]onamento e das estações de caminhos de [ferro] ao centro da cidade. Compare-se com o [...]a dual que é contínuo [218].

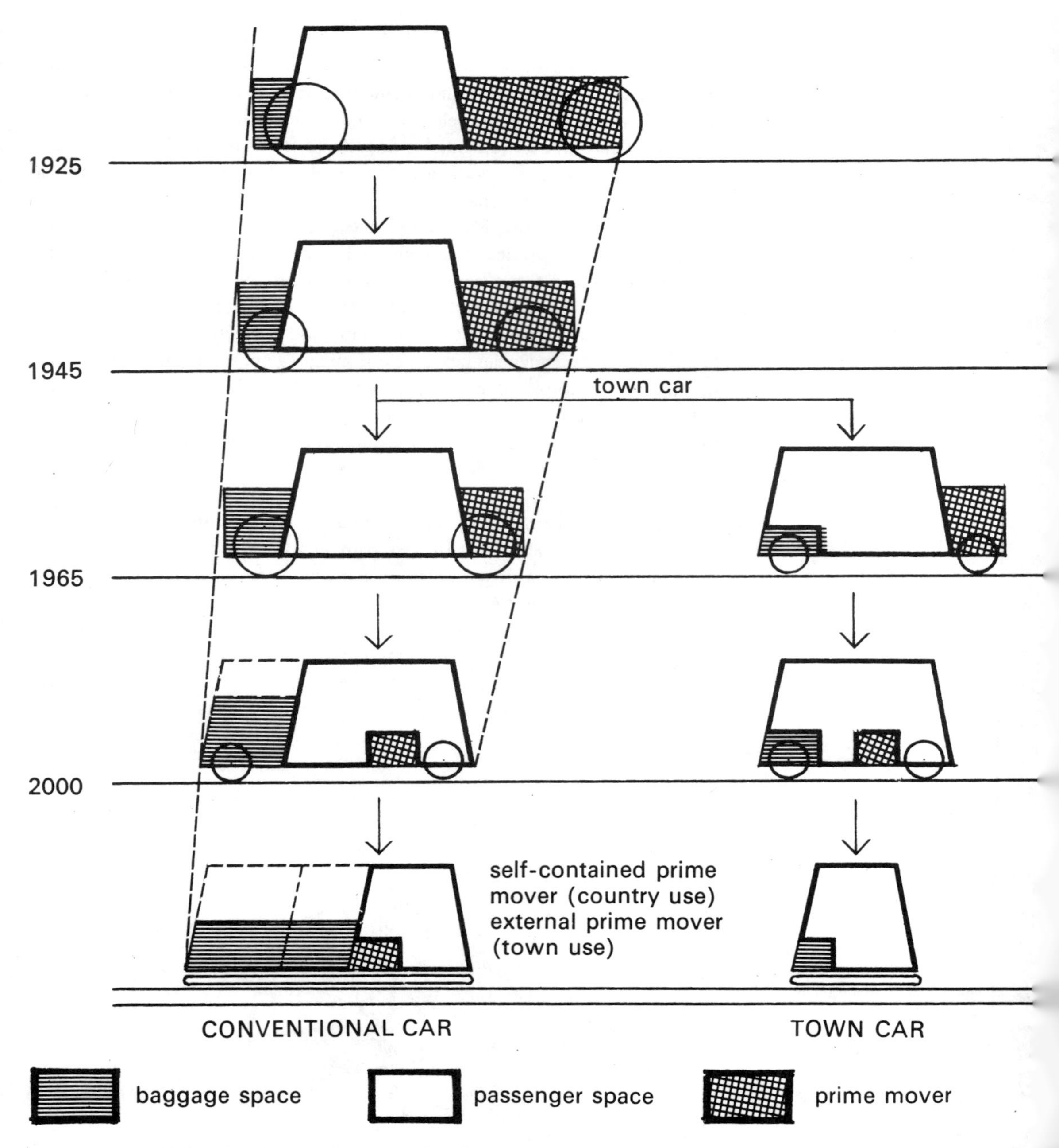

217. *Gabriel Bouladon: Carro do Futuro* luindo até desaparecerem todos os parân negativos actuais.

em relação às ideias de planeamento passadas. Parece provável que a sociedade não venha a satisfazer a viragem financeira, mas tentará estabelecer uma continuidade a nível dos seus problemas urbanos, que se situam muito em baixo na sua escala de prioridades. Assim, podemos fazer a previsão conservadora de que, dadas as vantagens e os atractivos do automóvel, este nunca desaparecerá, mas evoluirá talvez para algo que inclua todas as suas vantagens e exclua todas as desvantagens (fumos, cheiros e barulho). Em suma, um mini-carro eléctrico ou a vapor [217]. Em termos biológicos, a espécie

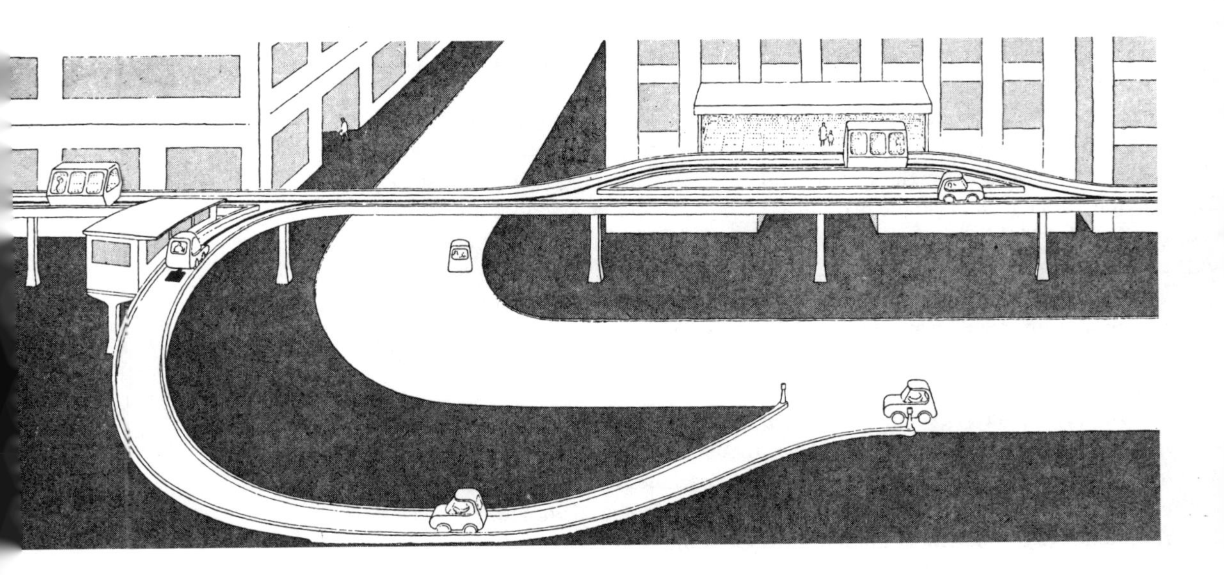

[..]3. *Análise de sistemas aplicada ao trans[..]rte urbano,* que chega à inesperada conclu[..] de que o sistema mais económico e «bené[..]o» para as cidades americanas é uma forma [..]dificada de trânsito pessoal como aqui se [..]stra. O sistema de trânsito pessoal sugerido [..]nbina as vantagens de um carro particular [..]n a velocidade de um sistema ferroviário. [..]ocidades médias de 60 milhas por hora são [..]vistas pelo modelo. As duas vantagens da [..]lise de sistemas são que: 1) é muito fácil [..]struir um *modelo* de uma cidade e testá-lo [..]ão a cidade propriamente dita, e 2) os parâ[..]ros de muitos sistemas diferentes podem ser [..]ados e recombinados positivamente. Ver [..]milton e Nance. «Systems Analysis of [..]an Transportation», *Scientific American,* [..]no de 1969, p. 21.

«carro» assimilaria os genes que a fariam desenvolver-se lentamente em vez de ser liquidada subitamente por outras espécies (como Bouladon sugere) e assim, ao contrário do que pensa Buchanan, não apresentará «a maior parte dos problemas que apresenta hoje» excepto o congestionamento. Contudo, o congestionamento e as velocidades ligeiras próprias da cidade ainda não agravaram suficientemente os males para que se justifique a viragem que Buchanan pretende. Pelo menos do ponto de vista mais conservador.

Se tais prioridades conservadoras estão certas ou erradas, já é uma questão completamente diferente, que nos leva de volta ao tipo normativo de previsão e ao domínio político. Aqui, o ideal seria apresentar à sociedade as alternativas que se lhe põem, com os custos e os benefícios de cada uma classificados numa escala comparativa. As dificuldades que isso apresenta, apesar de métodos tão sofisticados como a «análise de sistemas» [218], são demasiadas, simplesmente por causa dos problemas quanto a decidir e medir o que é avaliado. E, no entanto, qualquer tentativa para evitar esta medição levará, por defeito, às circunstâncias actuais em que certos valores não confirmados *recebem* pura e simplesmente a sua respectiva prioridade. Esta ausência de uma escolha formulada transforma-se em algo de particularmente ridículo especialmente em países muitos ricos como os Estados-Unidos, onde se perde a liberdade sem nunca se dar pela sua existência. A sociedade não formula alternativas inteligíveis; ninguém vê *as vias possíveis numa escala comparativa.* As decisões são impedidas porque não são pensadas. Nesse sentido, torna-se «irresponsável» não especular, criticamente, acerca do futuro.[48]

Os arquitectos modernos, evidentemente, estavam conscientes deste facto, como podemos ver pelo largo número das suas previsões normativas (se compararmos com outros campos). A *Ville Radieuse,* de Le Corbusier, a *Citta Nuova* de Sant'Elia ou o *Dymaxion World* de Fuller, foram tentativas para prever e orientar o futuro de acordo com normas explicítas. Num certo sen-

[48] Sobre este argumento, ver Dennis Gabor, *Inventing the Future,* Londres, 1963, e I. C. Jarvie, «Utopian Thinking and the Architects», in Anderson, op. cit.

tido, todas elas tiveram imenso êxito e estamos agora a aperceber-nos de que a variedade de normas de cada uma era demasiado limitada. Talvez isto explique a importante viragem na previsão normativa, que adopta agora uma abordagem mais flexível. Propõe planos evolutivos e estratégias alternativas mais do que um objectivo final. A uma escala burocrática, há «planos de desenvolvimento» em cada cidade britânica, ou o programa de «cidades-modelo» nos Estados-Unidos, ou as sequências-fases da *Archigram* [219]. O que distingue estas previsões das do passado é que procuram activamente alternativas múltiplas, mais do que soluções únicas, e, na melhor das hipóteses, proporcionam um mecanismo de ligação constante com os seus clientes, pelo que, como dizia um *slogan* dos anos 60, trata-se de «planear com mais do que planear para».

Há muito poucos exemplos deste tipo de previsão. De facto, a *Communitas* dos Goodmans (revista em 1960) é virtualmente o único exemplo de um «futurível» urbano que mostra claramente os parâmetros económicos, sociais e físicos de uma forma que permite comparação e escolha. Contudo, por mais rudimentares que sejam os modelos dos Goodmans, o certo é que são mais desenvolvidos do que outros esquemas, simplesmente porque os valores sociais e físicos são explícitos:

Escolhemos apresentar os nossos pensamentos sob a forma de três modelos de comunidade de nossa própria invenção. Dados os factores complexos e *incomensuráveis*

219. *Archigram*. Possibilidades futuras longo das épocas mais do que um único obj tivo de uma época. A metamorfose de u casa por fases até 1985.

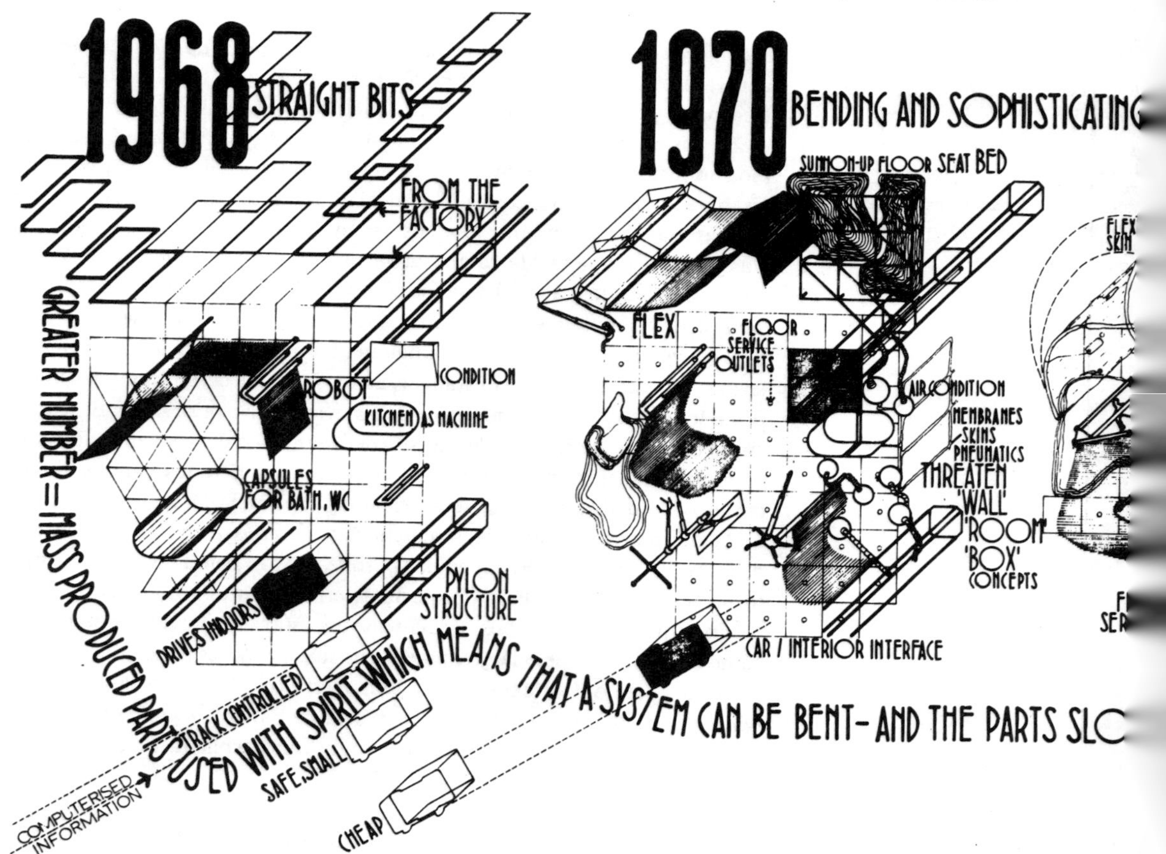

do assunto, este método de apresentação parece-nos o mais simples, tal como o mais vivo: mostrar *escolhas valoradas* típicas e importantes *como se fossem programas e planos alternativos.*[49]

O segundo modelo, ou paradigma, que os Goodmans de facto preferem aos outros dois [220], cristaliza-se à volta de um único valor básico: o valor de que o trabalho pode ser um modo de vida positivo. Assim, propõem, quanto ao aspecto físico, mecanismos tão eficientes como poupanças internas parciais (sai frequentemente mais barato deslocar as coisas em vez das pessoas) e, no aspecto social, ideias como a educação diversificada (de modo a que o trabalhador possa compreender todas as partes do seu labor, desde a invenção inicial à produção e ao consumo). Contudo, à volta deste valor básico do trabalho libertado, são necessários outros valores para o suster. Para que cada um *possa ver claramente e escolher* o conjunto global de valores desejado, enquanto outros conjuntos são rejeitados. Efectivamente temos então numa larga escala o que outros arquitectos utópicos deram colectivamente numa pequena escala: um conjunto de futuros possíveis. Podemos imaginar como resultado de tais esforços e de outras disciplinas como a antropologia comparativa e a sociologia urbana, que, no futuro, os urbanistas

[49] Paul and Percival Goodman, *Communitas,* Vintage paperbacks, Nova Iorque, 1960, p. 119 (itálicos meus).

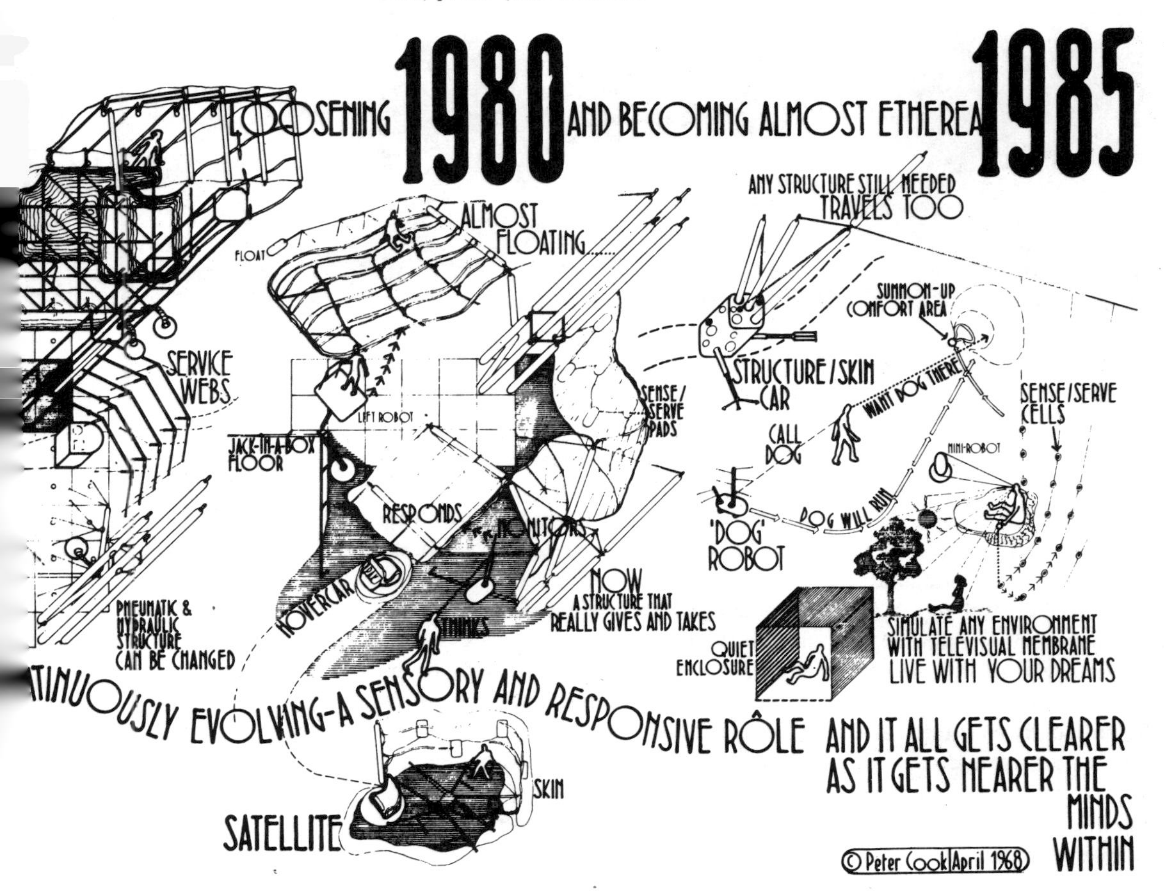

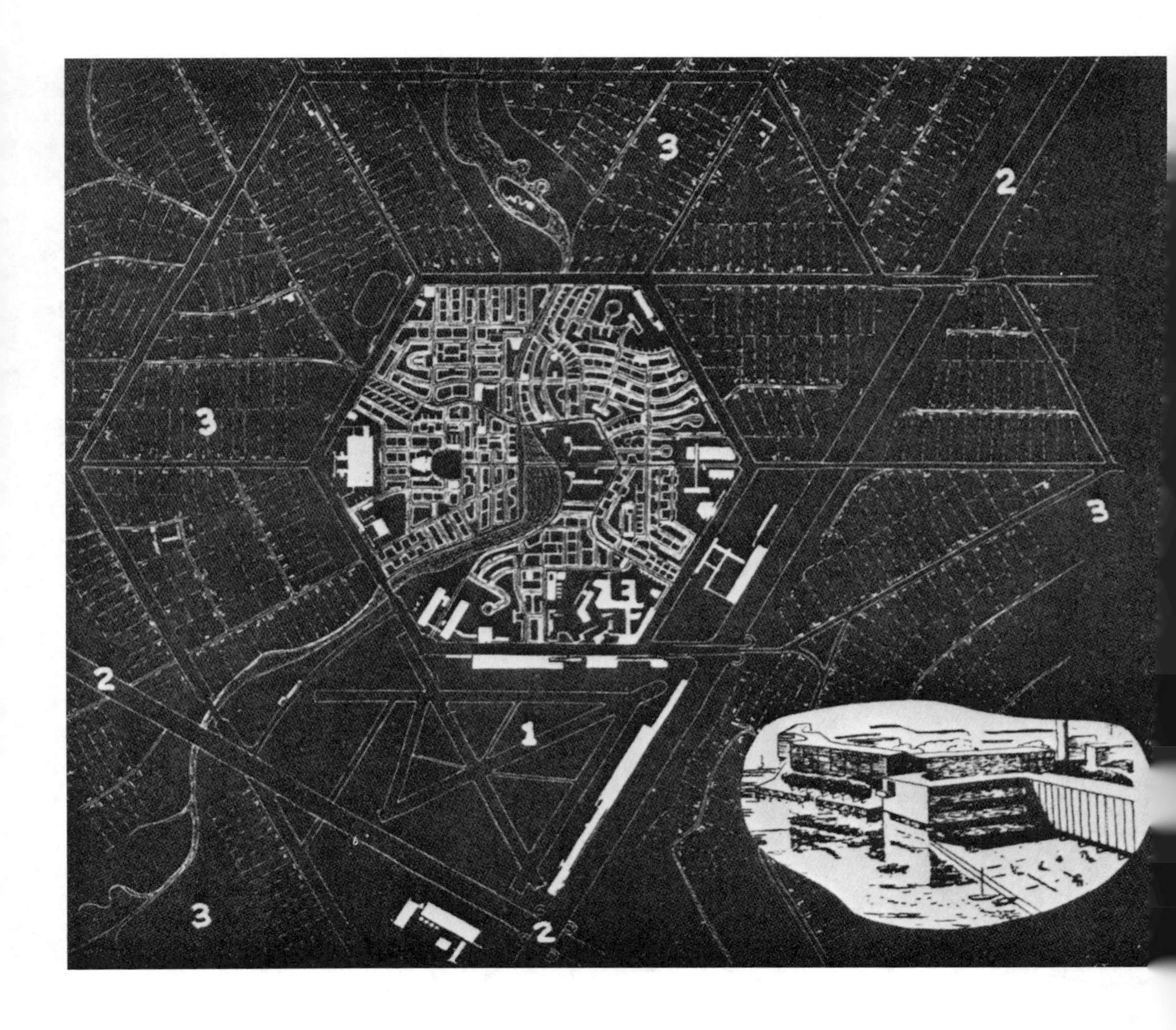

220. *Paul e Percival Goodman: «Uma*
Comunidade, a eliminação da diferença
produção e consumo», 1947-60. A pri
Utopia a dar a ideia de múltiplos usos da
e da sua diversidade. Cada praça tem sufi
tecido diverso para regenerar toda uma ci

projectarão feixes de valores e formas interrelacionados, que as pessoas poderão seleccionar ou rejeitar, com total conhecimento do que os aguarda.

É óbvio que estamos ainda muito longe de dispor do tipo de filosofia aberta e de auto-determinação defendido por Popper, de Jouvenel, pelos *Advocacy Planners* e pelos Goodmans, mas pelo menos podemos aperceber-nos do que é ou não desejável. Trata-se de uma arena política e de um efectivo «forum da imaginação», como de Jouvenel lhe chamou, em que o poder é descentralizado e posto nas mãos dos que dele precisam; e de uma filosofia de um relacionamento integral e rico, capaz de apoiar os homens na prossecução de um objectivo futuro. Se este poder e esta filosofia terão alguma importância no curso efectivo dos acontecimentos futuros é evidentemente uma outra questão, mas, pelo menos, tornou-se claro que a maior parte das outras questões concorrentes relacionadas com a determinação do futuro, se encontram encerradas.

POSTSCRIPTUM:

MODERNISMO RECENTE E PÓS-MODERNISMO

Este livro foi escrito há mais de dez anos, período em que ocorreram viragens na arquitectura que justificam comentários e este novo *Postscriptum*. O mais importante do que se passou é que os Movimento*s* Moderno*s* do título perderam a sua ideologia modernista básica ou modificaram-na de forma radical. A «tradição do Novo» (uma expressão do crítico de arte Harold Rosenberg), a crença no progresso tecnológico, o papel da *avant-garde,* o progressivismo social inerente ao «Período Heróico» (ver capítulo I), a ideia da maquinaria social através da arquitectura — tudo isto foi posto em causa. O Modernismo noutras artes — pintura, dança e cinema, por exemplo — foi questionado e há movimentos pós-modernos nesses campos (embora menos bem definidos do que na arquitectura). [1]

Um dos principais princípios do Modernismo enquanto ideia literária e noção filosófica — a alienação inerente à vida moderna — foi destronado por outros conceitos. Obviamente, as condições que conduzem à alienação não desapareceram; tornaram-se mesmo piores: uma sociedade fragmentada, um aumento da especialização, uma maior erosão dos valores espirituais, um

---

[1] O conceito de Pós-Modernismo foi discutido por Irving Howe (1970) e Ihab Hassan (1975) num sentido próximo do meu uso de Modernismo Recente: ou seja, exagerado ou ultra-moderno. O conceito histórico é mencionado por Arnold Toynbee (1938) e Geoffrey Barraclough (1965). Na pintura, Rackstraw Downes (1976), Douglas Davis (1977) e Hilton Kramer (1978) tocam nele de passagem, mas a ideia não é clarificada. Sally Barnes volta a usá-lo de um modo difuso em *Terpsichore in Sneakers, Post--Modern Dance,* Boston, 1980, também próximo do meu uso de Modernismo Recente ou Terminal. Jean-François Lyotard, *La Condition Postmoderne,* Paris, 1979, é uma investigação filosófica generalizada, pouco precisa, ao passo que a melhor crítica breve do termo (embora ainda sem uma definição e um contraste com o Modernismo Final) é de Robert Stern, «The Doubles of Post-Modern», *The Harvard Architecture Review,* I, pp. 75-87, Primavera, 1980. No que toca à arquitectura, para além do meu próprio trabalho, Paolo Portoghesi, *Depois da Arquitetura Moderna,* Lisboa, Ed. 70, é útil, e Chantal Beret, *Achitectures en France, Modernité/Post-Modernité,* Paris, 1981, cobre alguma da cena francesa. Os meus próprios escritos (1975, 1977, 1980) são mencionados na nota 8 e continuam a ser a única tentativa de definir o assunto (enquanto dupla codificação), clarificar o seu estilo básico (Classicismo Pós-Moderno), distingui-lo de outras abordagens (Moderna e a sua fase Final), e dar a sua genealogia (seis tradições).

declínio da qualidade em todas as áreas, mais desempregados. Mas as conclusões a tirar destes factos bem amargos mudaram.

No século XIX, com o afundamento das culturas tradicionais, surgiu uma ideologia modernista que deu especial ênfase à *avant-garde.* Como o seu nome implica, esta instituição, definida nos anos 1820, deu uma significação social elevada aos artistas progressivos. Tinham a superior missão de transformar a sociedade. Deveriam estar na linha da frente da acção cultural — para usar a metáfora militar inerente à expressão «*avant-garde*» —, conduzindo uma sociedade vagarosa a formas sempre novas de existência. Fosse a *avant-garde* os *phalanstères* de Fourier ou as *Unités* de Le Corbusier [1,2] ou os «condensadores sociais» dos construtivistas [45], ou, mais simplesmente, a mudança no género e na percepção introduzida pela música atonal de Schoenberg, pelo Cubismo de Braque ou pelo Neo-Plasticismo de Van Doesburg [12], o certo é que persistia o princípio de que a *avant-garde* tinha um papel exemplar na medida em que propunha novas formas de existência ou experiência. Estas formas eram definidas, como deviam ser, numa relação dialéctica com a sociedade como um todo — ou seja, com a cultura de massas e com o que restava da cultura tradicional.

A contradição inerente a esta posição tornou-se visível nos anos 60. A sociedade de consumo, sobretudo na América, Europa e Japão, absorveu a *avant-garde* com o seu padrão de ciclos de consumo: o chocante «novo» da *élite* transformava-se agora no estilo novo e refrescante que deixava para trás produtos mais velhos. Artistas como Andy Warhol entenderam esta ironia da história, o colapso da posição crítica e utópica da *avant-garde,* como uma alternativa para a cultura de massas, e por isso Warhol formulou a sua conclusão niilística: aquilo que o novo artista pinta é em última análise «dinheiro», tanto figurativa como literalmente. Desaparecia o papel messiânico, crítico ou mesmo social da guarda avançada.[2] Ou era absorvida pela

2. «De facto, a Alta Cultura do nosso tempo encontra um paralelo muito próximo no vanguardismo». Assim escreve Dwight MacDonald («A Critical Theory of Mass Culture», *Diogenes,* n.º 3, Verão, 1953, pp. 1-17) reiterando uma dicotomia expressa ainda mais rigorosamente por Clement Greenberg, in «Avant-Garde and Kitsch» (*Partisan Review,* Outono, 1939). A *avant-garde* tem-se visto a si mesma como uma vanguarda e uma alternativa à cultura de massas (ou o seu equivalente), há já mais de um século, e o seu papel crítico e heróico (quando tenta transformar a sociedade) atinge um apogeu nos anos vinte. O Construtivismo, os escritos de Le Corbusier, Stravinsky e T. S. Eliot, todos eles expressam uma noção de chefia, de vanguarda, mas há uma séria paragem durante os reaccionários anos trinta. Finalmente, nos anos sessenta, com os seus êxitos comerciais, a *avant-garde* foi mais ou menos integrada pela cultura de massas. O que permanece são artistas, arquitectos e escritores que se concentram nas suas respectivas linguagens como fins em si mesmos. Esta posição foi expressa por Alain Robbe-Grillet em 1957: «Em vez de ser político, o empenhamento, para um escritor, significa a consciência integral dos reais problemas da sua própria linguagem, crença na importância destes problemas, o poder para os resolver a partir de dentro». Esta posição moderna terminal foi mais tarde assumida por Manfredo Tafuri e Peter Eisenmann e a expressão final desta tradição, o papel da *avant-garde,* pode ser encontrada nos repetidos apelos de Kenneth Frampton à resistência, ao silêncio, ao grau zero da arquitectura e à «disciplina crítica da rectaguarda». Temos apenas de assinalar como tudo isto é incrivelmente rarefeito e defensivo, para percebermos por que razão são tão poucos os frutos que dá. A *avant-garde* propôs de facto coisas

sociedade de consumo — como os Metabolistas o foram [34-36] — ou criava esquemas utópicos que se revelavam irrelevantes e, por vezes, de facto, mesmo desastrosos.

Verificou-se um bom número de desastres arquitectónicos nos anos 70. O mais conhecido foi a explosão de Pruitt-Igoe, um moderno conjunto de alojamentos em St Louis, que recebeu a estocada final em 1972. Vários blocos, baseados nas teorias de Le Corbusier e do CIAM, foram dinamitados, e este facto não só foi largamente noticiado pela televisão em todo o mundo. como ainda levou a outras explosões. Não foram realizadas estatísticas sobre este surpreendente aspecto da vida moderna, em que o idealismo social conduz tão rapidamente à catástrofe social, mas os resultados abalaram a ideologia do Modernismo. É raro encontrar-se um arquitecto ou um crítico que se intitule Moderno. Quando alguém o faz está certamente longe de exprimir as suas convicções reais. [3]

Parte disto deve-se, sem dúvida, às noções variadas e frequentemente contraditórias do termo «Moderno» — uma palavra que suscita veneração crítica na arquitectura pelo menos desde 1460. [4] Percebe-se por que é que historiadores e críticos evitam tentar definir algo de tão vasto e nebuloso. Contudo, devemos tentar uma definição se queremos reflectir sobre o que acontece hoje e fazer discriminações valorativas. Darei por isso uma definição algo reduzida da arquitectura moderna, englobando a arquitectura dos anos 20, o Período Heróico, mas não toda a arquitectura desde 1460 e o início do mundo moderno, em parte porque este último tema *é* demasiado extenso para poder caber numa definição e porque aquilo que está basicamente em causa é definido pelos «mestres do Modernismo» aceites e respeitados — Mies, Le Cor-

---

durante o século XIX e princípios do século XX, e não uma fuga para o solipsismo ou para o quietismo. Talvez o seu papel venha a ser reassumido por uma *elite* responsável, por uma ideia mais tradicional e por uma instituição que possa ter um maior contacto com o resto da sociedade.

[3] Após sete anos de crítica pós-moderna, desde 1975, tem havido muito poucas defesas do Modernismo escritas em inglês. Aldo van Eyck, no Discurso Anual do RIBA 1981, «Rats, Posts and Other Pests», defendeu o Modernismo, baseado naquele a que chamou «esse grande bando» — Einstein, Joyce, Mondrian, Picasso, Brancusi e Cézanne. Tira uma conclusão que mostra a diferença entre arquitectura moderna e esse Grande Bando. «É minha convicção, senhoras e senhores, que a arquitectura moderna, de um modo geral, e o CIAM, em menor grau, *evitaram a órbita da grande avant-garde deste século ou não conseguiram entrar nela ou apanhar o seu tom»* (os itálicos são dele). Isto foi publicado em *Architectural Design,* News Supplement, Julho de 1981, pp. 14-16, e apareceram outras versões no *RIA Journal* e no *Lotus Internationl.* Também Anthony Vidler usa o rótulo «Modernismo» para defender a recente obra classicizante de James Sterling, um termo que dificilmente lhe podemos aplicar: in «Reconstructing Modernism, the Architecture of James Stirling» (*Skyline,* N. 1981, pp. 16-19). Para usos posteriores ver «The Great Debate-Modernism versus the Rest» (do RIBA), e o meu próprio texto sobre o assunto, «Post-Modern Architecture: the True Inheritor of Modernism», impresso in *Transactions,* III, RIBA, Londres, 1983, pp. 26-41.

[4] Filarete foi o primeiro a usar o termo *moderna,* mas negativamente, por volta de 1460, numa referência à arquitectura gótica dessa época (distinguindo-a da revivência recente do estilo da Antiguidade) e o uso consistente da palavra «Moderno» como termo elogioso, em referência à revivência da Antiguidade romana, só foi aceite de um modo geral cem anos depois, depois de Vasari o usar sistematicamente. Ver Erwin Panofsky, *Renaissance and Renascences in Western Art,* Londres, 1960, pp. 19-21, 33-5 (ed. Palladin, 1970).

busier e Gropius.[5] Numa definição breve, a arquitectura moderna é *um estilo internacional «universal» que decorre da existência de novos meios de construção, da adequação a uma nova sociedade industrial, e que tem por objectivo a transformação da sociedade, tanto a nível de gosto e de percepção como de configuração social.*[6] A partir desta definição limitada podemos ver o que mudou *e* o que continuou na mesma com o Modernismo Recente e o Pós-Modernismo.

Globalmente, os arquitectos actuais aceitam os novos materiais industriais e muita da sensibilidade do Modernismo; aceitam mesmo, de um modo geral, o seu idealismo e o objectivo liberal de melhoria social. Muito poucos arquitectos actuais são reaccionários politicamente e revivalistas a cem por cento, muito poucos desejam um regresso a uma sociedade e a um mundo estético pré-industriais. Os poucos que o desejam, como Quinlan Terry em Inglaterra ou John Blatteau nos Estados-Unidos, certamente que não são Pós-Modernistas, tal como nunca foram essencialmente Modernistas. Não: Pos-Modernistas são os arquitectos que evoluíram a partir dos movimentos anteriores porque se deram conta do carácter inadequado do Modernismo como ideologia e também como linguagem. O Modernismo não conseguiu transformar a sociedade numa direcção positiva, ou qualquer outra (excepto em casos raros) e a sua principal linguagem, o Estilo Internacional, estava praticamente exausta nos anos sessenta, perdendo toda a sua riqueza de *medium* urbano. Vejamos então outras definições: *a arquitectura do recente modernismo é pragmática e tecnocrática na sua ideologia social e leva a um extremo muitas das ideias estilísticas do Modernismo, de molde a ressuscitar uma linguagem entorpecida (ou moribunda).*

Finalmente, *o Pós-Modernismo inclui uma diversidade de abordagens que abandonam o paternalismo e o utopismo do seu predecessor, mas que têm todas uma linguagem duplamente codificada — uma parte Moderna e outra que é algo de diferente. As razões para esta dupla codificação são tecnológicas e semióticas: os arquitectos procuram usar uma tecnologia actual mas pretendem também comunicar com um público particular.* Aceitam a sociedade industrial, mas dão-lhe uma imagística que ultrapassa a imagística da máquina — *a* imagem modernista.

Assim definidos, o Modernismo e as suas fases recente e pós, têm de ser vistos num interrelacionamento dialéctico, tanto a nível histórico como a nível lógico. A força dos termos decorre das mútuas oposições e limitações e, tal

---

[5] Por vezes pensa-se que a arquitectura «moderna» começou no século XVIII com Boullée e Ledoux, a ponte de ferro fundido em Coalbrookdale (1779), a revolução industrial, a obra de engenharia, o utopismo social de Owen, e o planeamento do século XIX. Esta visão, que é maioritária entre os historiadores modernistas como H. Rusell Hitchcock, S. Giedion, L. Benevolo, V. Scully e K. Frampton, parece-me demasiado geral porque mistura *algumas* raízes da arquitectura moderna (de forma nenhuma todas) com a sua síntese durante os anos vinte. Os arquitectos e engenheiros dos séculos XVIII e XIX comummente citados tinham crenças estéticas e sociais largamente diferente das dos seus herdeiros do século XX, como a maioria dos historiadores não modernistas mostraram. Provavelmente teremos de esperar mais vinte anos para que possamos chegar a uma visão equilibrada do Modernismo e dos seus antecedentes.

[6] Estas definições abordei-as pela primeira vez no *AD,* News Suplement, Julho de 1981, p. 8, e são já uma grande redução dos trinta elementos definidores que usei para os três movimentos in *Late-Modern Architecture,* p. 32.

como sucede com quaisquer termos históricos como Gótico, Maneirista ou Barroco, podem ser alvo de discussão. Podem também ser rejeitados precisamente porque são novos e ainda não adquiriram a *patine* e a inviolabilidade que lhes dá o uso comum (embora a arquitectura pós-moderna seja agora uma categoria aceite mesmo na Rússia e nos países socialistas). Desculpa-se algum cepticismo ao leitor porque foi o autor do presente livro quem divulgou, ou mesmo inventou, estas duas categorias a nível da arquitectura. [7] Há receios que são legítimos. Contudo, alguns rótulos que *mutuamente* se definem devem ser aplicados a desenvolvimentos recentes e a expressões alternativas que foram propostas — «Depois do Moderno» ou «Para lá do Moderno» — são menos fáceis de manejar e mais pobres do que as duas que prefiro.

Os factos dos dois principais movimentos podem ser resumidos muito rapidamente. A arquitectura pós-moderna e neo-moderna (ou moderna recente) surgiu nos anos sessenta, como reacção à arquitectura moderna e a alguns dos seus falhanços mais notórios. Entre estes, um falhanço em gerar um desenvolvimento urbano convincente, um falhanço também em comunicar efectivamente. Por isso, a arquitectura pós-moderna desenvolveu uma morfologia de base urbana conhecida como contextualismo, bem como uma linguagem arquitectónica mais rica baseada na metáfora, na imagística histórica e na imaginação. A nível do contextualismo, as ideias-chave foram produzidas por Aldo Rossi, na sua *Architettura della Città (1966), Robert Krier, em Urban Space* (1975, em alemão, 1979, em inglês), Colin Rowe, em *College City* (1978), e Leon Krier *et al., Rational Architecture: The Reconstruction of the European City* (1978). Revistas francesas e italianas publicaram números sobre *La Tendenza,* ao passo que O. M. Ungers e Leon Krier forneceram nova teoria *e* uma imagística urbana definida [221]. Globalmente, esta teoria retomou a noção de contrastes urbanos, de oposição entre monumento e pano de fundo; retomou a ideia de universais urbanos (rua, praça, circo) e da colagem histórica. Os esquemas urbanos deviam completar o modelo urbano e não destrocá-lo em termos morfológicos, mesmo que se verificassem contrastes formais.

Em segundo lugar, houve uma série de movimentos que desenvolveram as direcções historicistas já mencionadas neste livro (ver em particular «A Contribuição Regional» no capítulo 8). Em fins dos anos cinquenta, com a ruptura do CIAM, formaram-se grupos locais que visaram um tipo de regionalismo moderno. Neo-Liberdade em Itália (Gardella, Portoghesi, Albini [191]), os Formalistas na América (Saarinen, Barnes, Johnson [127]), os adeptos do «Estilo Japão» (Tange, Kurokawa, Kikutake [188]), e a Escola de Barcelona (MBM e Bofill) eram os principais grupos, mas verificavam-se casos

---

[7] O termo foi usado pela primeira vez, a nível da arquitectura, em 1949, por Joseph Hudnut, in «The Post-Modern House», mas apenas no título, e não voltou a ser usado (excepto de passagem) antes do meu livro «The rise of Post-Modern Architecture», publicado duas vezes — Technische Hogeschool, Eindhoven, Julho de 1975, e *AAQ,* 4, Londres, 1975. De modo perfeitamente independente, Peter Eisenmann e Robert Stern discutiam a palavra em Nova Iorque; ver Robert Stern, «Gray Architecture as Post-Modernism or Up and Down from Orthodoxy», *L'Architecture d'Aujourd'hui,* 186, Agosto/Setembro, 1976, p. 83. Desde então Stern tem-no usado em referência aos historicistas — *a* Escola —, enquanto eu continuei a usá-lo nesse e no sentido mais lato aqui discutido.

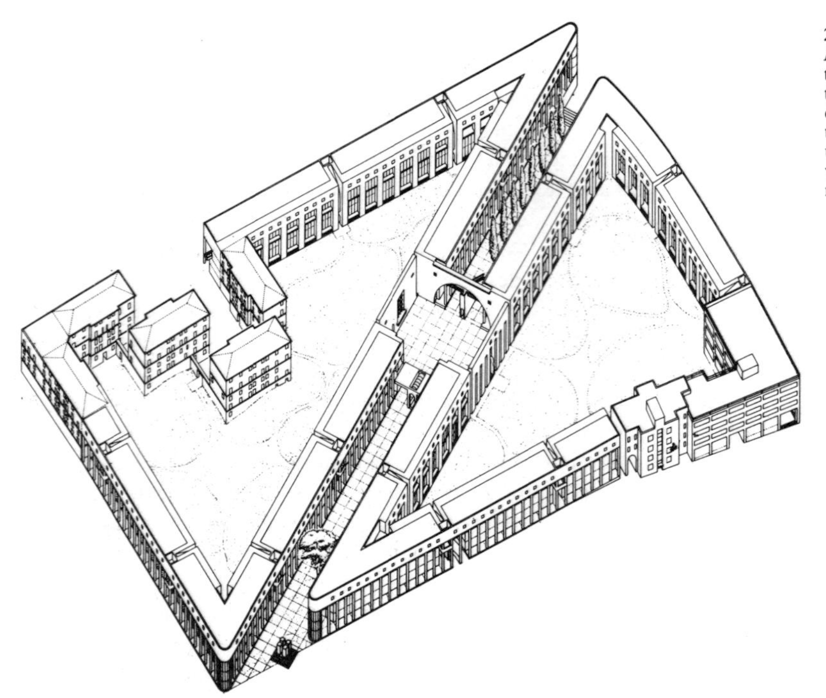

221. *Leon Krier. Alojamentos para a Roy Mint Square, projecto, Londres, 1974.* tecido urbano é costurado pelos contextuali tas mas de um modo novo/velho. Aqui o blo e a rua londrinos são mantidos, ao mesn tempo que alguns edifícios existentes, enquan um conjunto de serviços públicos é colocado via pedestre, diagonal, e recebe uma express monumental, clássica.

222. *Charles Moore com Perez Associat UIG, Piazza d'Italia, New Orleans, 1976-* participação da comunidade italiana resu em imagens explicitamente italianas (a fo policromia e Cinco Ordens) que são tradu pelo novo Classicismo Pós-Moderno. N aco inoxidável, as faixas pretas e bra modernistas e semi-formas recortadas, são mentos acolhidos por esta arquitectura i siva.

semelhantes na maior parte dos países. O auge desta tendência surgiu nos escritos e nas construções primeiro de Robert Venturi [133-135], depois de Charles Moore [222], Robert Stern e Michael Graves. Estes quatro americanos cristalizaram o Pós-Modernismo da forma mais efectiva possível e permaneceram como os seus principais protagonistas. Podíamos chamar-lhes Escola Pós-Moderna, de forma a distingui-los do movimento, mais vasto,

Michael Gavres, *Edifício dos Portland ·Services, Portland, Oregon, 1980-82.* O cismo Pós-Moderno é um estilo híbrido que mistura códigos arquitectónicos para icar com um público genérico. Aqui, *Art* Racionalismo Italiano e motivos clássi-videm o arranha-céus numa base englo-fuste e capitel.

que inclui uma pluralidade de outras abordagens. Dois acontecimentos ajudaram a estabelecer a notoriedade desta Escola: a Bienal de Veneza de 1980, consagrada ao tema «A Presença do Passado», confirmou o consenso historicista, ao passo que o Classicismo Pós-Moderno de James Stirling e Michael Graves definiu o estilo partilhado [223].

A capacidade sintética de Graves como pintor e desenhador permitiu-lhe, como a Le Corbusier, associar muitos factores da cena actual — em particu-

224. *Ralph Erskine, Byker Wall, Newca 1972-4.* Mistura *ad hoc* de materiais — c ondulada, amianto, madeira pintad verde — reduz o bloco modernista a escala mais doméstica. Os arquitectos co taram os habitantes para produzirem o a mento público mais humano do mundo.

lar o contextualismo de Leon Krier, o fundamentalismo de Aldo Rossi e o historicismo multicolorido de Venturi e Moore. Uma vez mais na história da arquitectura o poder do artista para forjar uma nova síntese mostrava-se decisivo. Enquanto decorria a Bienal de Veneza, surgiu a minha própria publicação *Pot-Modern Classicism — The New Synthesis,* que definia partes da linguagem emergente, mais tarde clarificada e generalizada como Classicismo Aberto.[8]

Outros desenvolvimentos tiveram alguma importância na definição do movimento pós-modernista mais vasto (referimo-nos aqui ao movimento e não estritamente à Escola). Os trabalhos populares, *Pop* e populistas de Portmeirion, Disneyland e John Portman, introduziram na linguagem elementos representacionais; o movimento Neo-Vernacular em Inglaterra, que era também contextualista, conduziu à reabsorção de velhas tecnologias — e em

[8] Os meus próprios escritos sobre a arquitectura pós-moderna e neo-moderna são em número demasiado para aqui poderem ser resumidos, mas a nota 7 menciona o primeiro e *The Language of Post-Modern Architecture,* Londres e Nova Iorque, 1977, novas edições 1978, 1980, 1984, p. 8, menciona algum material, tal como *Late-Modern Architecture,* Londres e Nova Iorque, 1980, pp. 192-3. *Post-Modern Classicism — The New Synthesis* foi publicado como um número especial de *Architectural Design,* Maio/Junho de 1980, e mais tarde numa versão reduzida em Londres e Nova Iorque. *Free Style Classicism* foi também um *AD* especial — Janeiro/Fevereiro de 1982, e em versão resumida, Londres e Nova Iorque (Academy e Rizooli, todas as publicações, excepto a última referida, de St Martins Press, Nova Iorque). *Current Architecture,* Londres e Nova Iorque, 1982, escrito com Bill Chaitkin, tem uma visão sinóptica da arquitectura pós e neo-moderna.

primeiro lugar o tijolo. A mistura *ad hoc* de muitas tecnologias e não menos estilos no trabalho de Bruce Goff, Lucien Kroll e Ralph Erskine impôs a imaginação e a diversidade num meio-ambiente que se estava a tornar cada vez mais homogéneo. Estes últimos arquitectos mantêm-se em contacto com os utentes finais da arquitectura e, através deste processo participativo, aproximam-se dos sentidos e dos códigos dos habitantes [244]. Uma das mais fortes motivações do pós-modernismo consiste em desenhar dentro dos gostos da comunidade, embora inovando e controlando o resultado enquanto produto arquitectónico. Trata-se de uma tentativa de equilíbrio que por vezes resulta. Charles Moore, por exemplo, encontrou muito do seu simbolismo, a partir da participação com a comunidade italiana no desenho da Piazza d'Italia em New Orleans. A participação na arquitectura pode não passar de um *slogan* vazio ou de um acto de paternalismo mais do que uma realidade, mas parecerá decerto uma necessidade na nossa sociedade fragmentada se os símbolos e as formas do arquitecto têm de ter alguma ressonância. Sem ela o arquitecto cai no formalismo vazio tão evidente no trabalho final (*kitsch*) de Walter Gropius [67].

Devem ser ainda mencionadas duas outras tendências que pertencem à contribuição pós-moderna. Em primeiro lugar, há o edifício fortemente metafórico — a Sydney Opera House [33], o Pacific Design Center de Cesar Pelli em Los Angeles (conhecido como «A Baleia Azul», 1975-76), a Daisy House de Stanley Tigerman, 1976-77, e outros semelhantes, os edifícios fortemente evocativos de japoneses como Minoru Takeyama e Monta Monzuna.[9] Todos eles representam uma tentativa para comunicar com imagens poéticas, algumas das quais podem ter uma base metafísica (como no caso da Constellation House de Mozuna, 1978), e devem ser vistos como uma oposição à abstracção do Modernismo (embora, obviamente, Ronchamp de Le Corbusier [88] tenha desempenhado um papel certo na libertação desta tendência do tabu da iconofobia).

Em segundo lugar, há os divertidos e ambíguos jogos espaciais de Robert Venturi, Charles Moore, Michael Graves, e mesmo os neo-modernistas Peter Eisenmann e Richard Meier. Temos aqui uma clara sobreposição de tradições essencialmente diferentes. Alguns arquitectos neo-modernos desenvolvem um espaço pós-moderno complexo e contraditório e usam todo um conjunto de artifícios (des)ordenadores como a inclinação, a erosão e a elisão que são comuns à arquitectura da tradição representacional oposta. Por exemplo, Frank Gehry desenvolveu alguns dos truques espaciais mais surpreendentes e ambíguos, usando a grelha recortada, a perspectiva invertida e vibrantes contrastes de cores [225], mas mantém-se dentro de uma imagística abstracta, tecnológica.

Os Neo-Modernistas concentram-se, o que é perfeitamente natural, naquilo a que tem sido chamado a arquitectura «High-Tech», rótulo que devia ser mudado para «Slick Tech», que seria mais preciso, dado que as tecnologias actuais não são muito mais sofisticadas do que as dos anos vinte, ao passo

---

[9] As tendências metafórica e metafísica do Pós-Modernismo são discutidas em *Language of Post-Modern Architecture,* op. cit., pp. 112-17, e mais profundamente em *Current Architecture,* Londres e Nova Iorque, 1982.

225. *Frank Gehry, Toyota Office, Glen* *nie, Maryland, 1978-9.* Ambiguidade esp pós-moderna e sobreposição de camadas, binadas com um uso neo-moderno da tec gia e abstracção, cria um escritório muito d tido e misterioso, o oposto do meio de neg anónimo.

226. *Philip Johnson e John Burgee, Pen* *Place, Houston, 1974-5.* Duas cunhas n convergem para um ponto e criam uma te «cunha vazia» e uma fenda estreita e m rista. Este arranha-céus é uma típica res neo-moderna ao caixote anterior.

que a imagística é bastante mais engenhosa. [10] Philip Johnson, que salta do Neo para o Pós-Modernismo e vice-versa, pegou na fachada-cortina da Seagram [53] e brincou com ela nas torres da Pennzoil Place [226]. Aqui é muito claro que o Neo-Moderno é a fase exagerada, distorcida e extrema do Moderno. Tal como o Renascimento Final brinca ao Maneirismo com uma gramática renascentista, também Johnson ironiza de todas as formas com a linguagem anterior, dando-lhe nova vida. Pennzoil Place é o Seagram Building cortado ao meio, as duas partes colocadas diagonalmente culminando nos pontos de ruptura, uma fina fenda maneirista eleva-se a trezentos pés, um átrio-tecto como que sussura a um canto, em baixo, e todo o complexo pode ser visto como um vasto conjunto de dispositivos auto-irónicos: o «duplo single» com a sua «branda dureza», a fachada-cortina que é «a mesma e diferente» conforme o ângulo de visão, produzindo uma «harmonia inarmónica» com a sua «lógica irracional». A maior parte dos arranha-céus americanos seguem esta tradição moderna final e, como é evidente, há muitos precedentes europeus para as distorções, como no trabalho da vagamente organizada Escola de Barcelona — por exemplo, a Torre Urquinaona de Antoni Bonet, Barcelona (1969-76) [227], os Escritórios de José A. Coderach, Barcelona (1966-69), ou o trabalho, menor mas mais espalhado, dos MBM (Martorell, Bohigas e Mackay).

Os monumentos supremos desta fase final do Modernismo (o que é irónico para uma tradição que evita conscientemente os monumentos) são o Museu de Gunna de Isozaki (1974), o New Harmony Atheneum de Richard Meier, em Indiana (1975-80), a Willis Faber de Norman Foster, em Ipswich (1972-5), Sainsbury Centre, em Norwich (1974-8), e o Hongkong & Shangai Bank (1981-85) também de Foster, e o Centro Pompidou de Richard Rogers e Renzo Piano, em Paris (1972-77) [228]. Em todos estes trabalhos, a lógica

[10] Ver *High-Tech,* por Joan Kron e Suzanne Slesin, Nova Iorque e Londres, 1978, e Londres, 1979. Em «The Rhetoric of Late-Modernism» (Late-Modern Architecture, op. cit., pp. 33-5) defendo outros tropos retóricos que não o simples «High-Tech», mas este rótulo parece ter pegado e «Slick-Tech» não.

do Modernismo é exagerada, distorcida, transformada em algo de belo pelo seu extremismo ou mordacidade (de uma forma moderada). O Centro Pompidou é a Cidade Encaixada da *Archigram* [171] com a sua estrutura exposta e o equipamento mecânico pintado em azuis e vermelhos da bandeira francesa. Quase todos os aspectos do Pompidou respondem a um exagero de uma ideia modernista. A «pele e osso» de Mies é agora «pele escondida e ossos redundantes» — um exoesqueleto; o espaço universal em grelha no interior é agora um hangar de aviões que acolhe uma abstracção aberta, içado por gigantescas armações; a construção é de tal forma exposta que os «feixes» de junturas ressaltam como garras gigantescas, metálicas, reptilíneas — quase que uma imagem de Arte Nova; a circulação, sempre expressa de acordo com a doutrina modernista, torna-se agora o assunto básico do edifício: é tão agradável subir as escadas rolantes em forma de verme até se ter uma visão ampla

. Antoni Bonet, Torre Urquinaona, Barce-a, 1969-76. Geometrias e uma tecnologia enhosa impõem um contraponto sensual e a rotação a 45°, uma elaboração caracterís- do neo-modernismo. Na realidade, a ola de Barcelona usa materiais locais (telha venaria) e adapta-se à estrutura urbana exis-te — neste caso o plano de Cerda do ulo XIX.

228. *Richard Rodgers e Renzo Piano, Centro Pompidou, Paris, 1971-7.* O exo-esqueleto é separado da «pele» por «gerberettes» e suportes em cruz brancos. Colunas de equipamento mecânico azuis, ascensores a vermelho e passagens isoladas a branco, criam uma versão *Pop* da *tricoleur*. Circulação, estrutura, serviços e espaço belamente exagerados.

dos telhados de Paris, que muitas pessoas vão ao centro cultural só para praticar esse «desporto». Se em parte o Modernismo falhou por ser aborrecido, este Novo Modernismo está decidido a não repetir o erro.

E como será a evolução futura das duas principais direcções? Tal como os estilos gótico e clássico, ou o romântico perene *versus* dicotomia clássica, o Neo e o Pós-Modernismo parecem apontar para uma oposição que obscurece uma unidade ainda mais profunda. Vários arquitectos como Arata Isozaki, James Stirling e Hans Hollein saltam de um estilo para outro tão facilmente como Karl Friedrich Schinkel podia saltar do Vernacular para o Gótico e daí para o Romântico Clássico. Outros, como Ricardo Bofill e o seu Taller de Arquitectura, seguem um Classicismo Pós-Moderno que se baseia em novas tecnologias do betão [229,230]. Com Bofill a mistura de opostos é agressiva e provocativa. As suas Arcades du Lac e Marne-la-Vallée são os *phalanstè-*

res de Fourier, os palácios de Luís XIV e o Brutalismo do betão de Le Corbusier, construídas com a gramática de Andrea Palladio. Bofill mostra-se decidido a produzir a oitava maravilha do mundo, ou, pelo menos, a mais improvável conjunção de tradições. É um caso a ver se conseguirá ou não desenvolver esta imagística, esta tecnologia e o envolvimento social, em direcções positivas e refinadas, mas o seu exemplo, tal como os de James Stirling e Michael Graves, mostra que as categorias e tradições com que trabalhamos estão ainda abertas à recombinação e ao reexame. Como se diz no início deste livro, os melhores arquitectos são os menos fáceis de classificar, aqueles que se integram em muitas tradições, porque produzem uma arquitectura multivalente.

Muitos arquitectos que provavelmente criticam o classicismo explícito dos monumentos de Bofill, continuam talvez a operar no seio de uma tradição

. *Ricardo Bofill e Taller de Arquitectura, Arcades du Lac, St Quentin-en-Yvelines, ·-81.* Gruas colocam no seu lugar elemen- clássicos produzidos em massa — frontões rados, pilastras de quatro andares e arca- Refinamentos posteriores, após esta base itiva, são prometidos por Bofill, que está senvolver um betão que brilha como már- e — uma nova forma de *stucco lustro.*

clássica. Mantêm as suas referências gerais e abstractas para sugerirem muitos sentidos, em vez de apelarem para associaçsões demasiado específicas. É este movimento, a que chamei «Representação Abstracta», que sintetiza a imagística representacional dos Pós-Modernistas e a abstracção da «High-Tech».[11] Combina uma série de antíteses que a tornam particularmente poderosa. Da abstracção ganha as virtudes de repetição, que são tanto económicas como visuais. Um padrão repetido é não só mais barato, como também mais relaxante e um melhor pano de fundo do que uma fachada fortemente diferenciada. Permite também uma maior flexibilidade na mistura de materiais por causa da inerente harmonia da linha, da geometria e do sentimento. Da representação, retira as virtudes da histórica, local e significado. Uma figura representacional dá conexão a um pano de fundo repetido e significação à forma. A arte, a escultura, o ornamento, eram os meios representacionais tradicionais, e agora regressam numa nova chave.[12]

230. *Ricardo Bofill e Taller de Arquitectu Palácio de Abraxas, Marne-la-Vallée, 1978-*
Alojamentos em forma de palácio, arco tri fal e anfiteatro às curvas, formam um conju positivo de espaços urbanos que é ta fechado como aberto aos transeuntes. U série gigantesca de colunas de vidro culmina capitéis moldados encimados por cipres Surrealismo e classicismo combinados co nos filmes de Buñuel.

[11] Ver *Abstract Representation* e um resumo num número de *Architectural Design* editado e largamente escrito por mim, também com ensaios de Michael Graves e O. M. Ungers, *AD,* 53, Julho/Agosto de 1983.

[12] «The Return to Ornament» foi um simpósio que *The Architectural Review* organizou em vários números em 1976 e «The Question of Ornament» foi um simpósio que Nicholas Taylor e eu organizámos na Architectural Association em Dezembro de 1978. *Ornamentalism,* de Robert Jensen e Patricia Conway, Nova Iorque e Londres, 1982, concentra-se nos exemplos americanos recentes mas de longe a obra mais significativa sobre ornamentação é *The Sense of Order,* de E. H. Gombrich, Oxford, 1979, que trata a questão de um ponto de vista psicológico, histórico e construtivo.

. *James Stirling e Michael Wilford: entrada Teatro, 1977-83, Staatsgalerie, Estugarda.* abrigo assimétrico à anos vinte e *De Stijl*, bolo do Modernismo, é imposto sobre um o de fundo clássico, símbolo de uma instião cultural alemã. O híbrido pósmoderno ntém os seus símbolos suficientemente abstos e funcionais para que possam aceder à tivalência.

Assim, o museu de Stirling e Wilford em Estugarda [231] coloca um abrigo fortemente ornamental contra um pano de fundo abstracto, clássico. O ornamento, tratado segundo uma estética *De Stijl* de assimetria e cores primárias, tem obviamente um papel funcional: anuncia a entrada pública em termos muito claros e protege os visitantes da chuva. O seu forte contraste com o pano de fundo à Shinkel, símbolo de uma instituição cultural alemã, visa obviamente uma leitura polémica. Stirling afirma a sua ligação ao Modernismo e à cultura ocidental, embora acrescentando que os dois estão em conflito e não numa integração harmoniosa. Mas estes significados são abstraídos e ligados a tarefas funcionais, pelo que não precisam de se impor. Podem deslizar para o pano de fundo, sempre uma necessidade para o sentido arquitectónico que tem de partir de uma estrutura para se afirmar, bem como para uma arte ocasional de primeiro plano.

A Representação Abstracta opera particularmente bem esta dupla expressividade. Comparemos novamente algum trabalho pós-moderno clássico que põe em relevo este ponto. Enquanto o Centro Cívico de Tsukuba de Arata Isozaki, tal como o trabalho de Bofill, é uma reutilização fortemente inventiva das formas clássicas numa nova tecnologia, já a nível da transformação é especialmente literalista [232]. Podemos reconhecer nele um composto das pedras angulares de Ledoux, do Campidoglio de Miguel Ângelo, das janelas quadradas de Aldo Rossi e das figuras erosadas de Hans Hollein. É isso que acontece frequentemente com um ecletismo literal. As fontes são demasiado visíveis e por isso redutivas: «apenas e somente» as associações a que elas

232. *Arata Isozaki: Centro Cívico de T kuba, 1980-83*. Conjunto eclético de Cla cismo Pós-Moderno, em que as partes deri claramente de Ledoux, Hollein, Miguel Ân e outros. O planeamento e a articulação bais das diferentes funções ganham com heterogeneidade; o espaço aberto, para função ocidental, é perfeitamente diferent espaço urbano japonês.

conduzem, quer se trate de fontes históricas ou de significados populares. Em contrapartida, o Humana Building de Michael Grave esconde de um modo mais inteligente as suas fontes e transforma os protótipos para cumprir uma tarefa particular [233]. Aqui podemos reconhecer citações: a armação construtivista é uma reminiscência dos trabalhos de Lissitsky [63] e dos irmãos Vesnin [44], a clássica abóbada semicilíndrica e a vernacular janela-parede, são também de algum modo visíveis, mas a composição escalonada e o tratamento da cor surgem muito ao estilo de Graves. Este absorveu e modificou muitas fontes para que elas impusessem uma abundância de tons excessivos, um halo de memórias, sem denotar um qualquer conjunto particular. Esta transformação imaginativa tem o grande poder de sugerir muito mais do que o que pode ser nomeado. A obra multivalente, como dissemos na Introdução, estimula a mente para que vá além das suas abstracções familiares e tente novas interpretações. Esta deve ser sempre uma justificação para a arquitectura criativa.

Outra justificação tem a ver com novos padrões de vida. Uma nova ideia urbana que reemergiu entre os arquitectos pós-modernos é a velha noção do bloco-perímetro e da área pedestre fechada rodeada por uma arquitectura que acompanha a linha da rua. O. M. Ungers, Robert Krier e J. P. Kleiheus foram fundamentais na revivência desta arquitectura e construíram exemplos em Berlim [234]. O de Krier é o ponto focal de um vasto bloco urbano desenhado com outros arquitectos, fugindo à linha de rua e transformando-

-se numa porta urbana, arqueada, articulada com ornamentação restrita de um lado e escultura figurativa do outro. O classicismo é reconhecível no *pallazo* um U, na simetria e nos ritmos regulares; o Modernismo visível no tecto chato e na brancura abstracta. Houve muitos esquemas urbanos modestos construídos deste modo pós-moderno clássico, modo que vai desde o alojamento vernacular de Jeremy Dixon aos conjuntos monumentais de Bofill. Em quase todos os casos combinam elementos contextuais com citações modernistas, velhas ideias urbanas com novas tecnologias.

Talvez a construção urbana mais bem sucedida neste estilo seja o Museu de Arte Moderna de Hans Hollein em Mönchengladbach, um conjunto de edifícios que levou dez anos a completar [235,236]. As partes individuais não são tão notáveis, apesar de muito pacientemente pormenorizadas. O que torna o esquema tão impressionante é precisamente aquilo que é difícil de apanhar nas fotografias: o fluxo agradável e dramático de um espaço bem escalado, a justaposição de materiais — alguns luxuriantes, outros industriais — e a forma subtil como os caminhos através do Museu se relacionam com a arte. São usadas três ou quatro linguagens arquitectónicas e tipos de espaço, cada um dos quais dá um carácter particular a um tipo diferente de arte moderna.

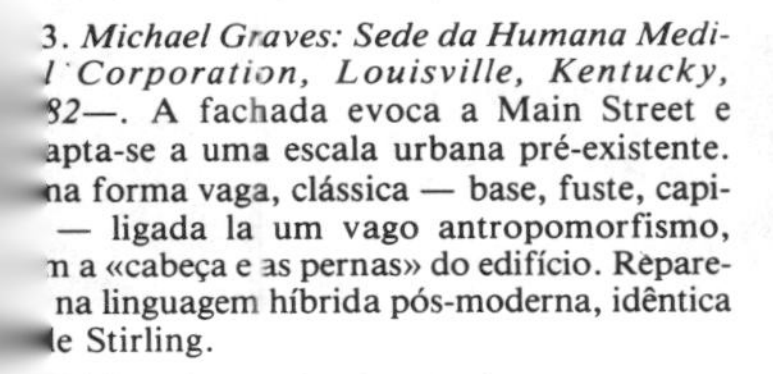

3. *Michael Graves: Sede da Humana Medi-l Corporation, Louisville, Kentucky, 82—.* A fachada evoca a Main Street e apta-se a uma escala urbana pré-existente. na forma vaga, clássica — base, fuste, capi- — ligada la um vago antropomorfismo, n a «cabeça e as pernas» do edifício. Repare- na linguagem híbrida pós-moderna, idêntica le Stirling.

234. *Robert Krier: A Casa Branca, Ritt trasse, Berlim, 1977-80.* O *palazzo* e em U p mite uma abertura para um largo blo -perímetro de alojamentos, formando espaço urbano positivo de ambos os lado

Há um espaço em grelha muito claro, organizado na diagonal sob o perfil típico em dentes de serra que encontramos nas fábricas. Há um fluxo infindável de espaço interpenetrando-se, contrastando com áreas fechadas, e pequenos monumentos de aproveitamento do espaço interior. A linguagem abstracta é apenas suficientemente representacional para que nos apercebamos do escritório elevado, do mármore «propileu» e dos «vinhedos» encurvados devotados à pintura e à escultura. Este museu é um equivalente do século XXda igreja românica ao lado: uma paisagem urbana belamente pormenorizada, dedicada a uma forma de crença colectiva que consideramos válida. A arte não pode ser um substituto muito convincente para a religião, mas é certamente um pretexto adequado para a arquitectura heróica.

Se o Classicismo Pós-Moderno se tornará a síntese colectiva que prevejo, é evidentemente um caso a ver. A arquitectura, a mais pública das artes, tem de comunicar e, portanto, precisa de um estilo e de um conjunto de convenções que são genéricas, flexíveis e bem conhecidas. O Classicismo Pós--Moderno tem estes atributos dado que sintetiza o realismo técnico do Modernismo e os arquétipos universais do Classicismo. Foi adoptado em muitos países e uma breve lista de arquitectos significativos que usam este estilo porá em relevo o seu carácter ecuménico. No Japão, não só Arata Isozaki realizou cinco ou mais edifícios neste estilo, mas o mesmo fizeram Minoru Takeyama, Kazuhiro Ishii, Takefumi Aida e Toyokazu Watanabe.[13] Na Noruega,

[13] Para exemplos deste e de outros trabalhos clássicos pós-modernos, ver números de *Architectural Design,* mencionados nas notas 8 e 11 deste capítulo.

235-236. *Hans Hollein: Städtliches Museum Abteiberg, Mönchengladbach, 1972-82.* Uma série de «ninhos» de edifícios na encosta da colina e vila mais do que uma Acrópole moderna. O museu situa-se ao lado de uma igreja românica e fornece um equivalente do século XX à função religiosa. A linguagem constitui uma representação abstracta controlada: passagens, templos e símbolos da Acrópole são reconhecíveis sob a superfície abstracta *High-Tech.*

Jan Digerud e Jon Lundberg praticam uma versão leve e despreocupada do mesmo estilo, ao passo que no cantão suíço de Ticino, Mario Botta usa a mesma linguagem de uma forma muito rigorosa e fundamentalista, numa reminiscência de Le Corbusier. Os americanos, com Venturi, Stern, Moore e Graves, continuam o centro da versão realista e não espanta que os primeiros arranha-céus neste estilo tenham sido realizados aqui: os de Ulrich Franzen, Helmut Jahn e, evidentemente, Philip Johnson — com o seu, e de John Burge, A T & T Building. O estilo *é* flexível, capaz de se adaptar ao local e aos edifícios adjacentes — como mostra a Clore Gallery de James Stirling, ao lado de Tate Gallery em Londres. Pode ser cruzado e atenuado com a High-Tech, como fazem Hollein, Kevin Roche e Isozaki. Inevitavelmente o estilo não resolve os problemas sociais, mas pode articulá-los e celebrar os

valores sociais: não é um substituto para o conteúdo, mas pode torná-lo manifesto. O estilo, uma linguagem arquitectural, é a condição *sine qua non* da comunicação e o Classicismo Pós-Moderno emergiu por ser uma necessidade pública. Permite também à arquitectura ser aquilo que ela tenta sempre tornar-se — uma arte fruível.

BIBLIOGRAFIA

Para uma abordagem mais específica de cada arquitecto e das contribuições nacionais, vejam-se as notas a cada capítulo.

Indubitavelmente, as três histórias mais sérias e gerais são: Siegfried Giedion, *Space, Time and Architecture,* Cambridge, Mass., e Londres, 1941, quinta edição revista e aumentada, 1967; Leonardo Benevolo, *Storia dell'architetura moderna,* 2 vols., Bari, 1960; e Reyner Banham, *Theory and Design in the First Machine Age,* Londres, 1960. A primeira e a última denotam pontos de vista relativamente opostos, com divergências a propósito do papel da estética e da tecnologia, ao passo que a segunda é mais equilibrada e vasta, mas menos interessante. Para as completarmos com pontos de vista de arquitectos em exercício, podemos ler Ulrich Conrads, ed., *Programmes and Manifestoes on 20th-Century Architecture,* Berlim, 1964, Londres e Cambridge, Mass., 1970, e Kenneth Frampton, *A Concise History of Modern Architecture,* Londres, 1973.

A um nível descritivo e enciclopédico, as melhores fontes são: para questões específicas, Gerd Hatje, *Encyclopaedia of Modern Architecture,* Londres, 1963; para fotografias, referências e bibliografia, Jürgen Joedicke, *A History of Modern Architecture,* Londres, 1959, e o seu *Architecture Since 1945,* Londres, 1969; quanto a tendências formais e modas, veja-se Henry-Russell Hitchcock, *Architecture: Nineteenth and Twentieth Centuries,* Londres e Baltimore, 1958, e John Jacobus, *Twentieth Century Architecture 1940-65,* Londres e Nova Iorque, 1966; para correntes teóricas, Bruno Zevi, *Storia dell'architettura moderna,* Turim, 1950, e Peter Collins, *Changing Ideals in Modern Architecture 1750-1950,* Londres, 1965.

Para descrições de movimentos arquitectónicos específicos, veja-se Nikolaus Pevsner, *Pioneers of the Modern Movement from William Morris to Walter Gropius,* Londres, 1936, revisto e reescrito como *Pionners of Modern Design,* Londres, 1960; H. L. C. Jaffé, *De Stijl,* Londres e Amesterdão, 1956; Ulrich Conrads e Hans G. Sperlich, *Fantastic Architecture,* Londres, 1962; Oscar Newman, *CIAM 59 in Otterlo,* Londres e Nova Iorque, 1961; Reyner Banham, *The New Brutalism; Ethic or Aesthetic?,* Londres, 1966; Dennis Sharp, *Modern Architecture and Expressionism,* Londres, 1966. A extremamente importante influência do Construtivismo foi finalmente salientada nos seguintes trabalhos: Camilla Gray, *The Great Experiment: Russian Art, 1863-1922,* Londres, 1963; Vittorio de Feo, *URSS-architettura 1917-1936,* Roma, 1963; Vieri quilici, *L'architettura del Costruttivismo,* Bari, 1969 (muito bom quanto a manifestos); El Lissitzky, *Russia: An Architecture for World Revolution* (1929), reeditado em 1970, Londres e Cambridge, Mass.; Anatole Kopp, *Town and Revolution,* Londres e Nova Iorque, 1970.

Há inúmeros livros e monografias sobre arquitectos específicos e a arquitectura recente em cada país; por exemplo, a série de George Braziller, Nova Iorque, 1960, e Studio Vista, Londres, 1968. Para uma análise das tendências ideológicas das histórias recentes, ver Charles Jencks, «History as Myth», in *Meaning in Architecture,* ed. Charles Jencks e George Baird, Londres e Nova Iorque, 1970.

LISTA DE ILUSTRAÇÕES

62. Walter Gropius com Adolf Meyer, 1922-3: Habitações produzidas em massa (Arquivo Bauhaus).
63. El Lissitzky: Tribuna de Lenine, 1920.
64. Walter Gropius com Marcel Breuer: Casa Chamberlain, Weyland, Massachusetts, 1939 (TAC).
65. Walter Gropius com TAC: Edifício Pan Am, Nova Iorque, 1958 (Charles Jencks).
66. Walter Gropius com o TAC: Templo de Oheb Shalom, Baltimore, Maryland, 1957 (Louis Reens).
67. Water Gropius: Mesquita de Bagdade (TAC).
68. Frank Lloyd Wright: Grady Gammage Memorial Auditório, Tempe, Arizona, 1959--66 (Serviço Fotográfico, Universidade do Estado do Arizona).
69. Frank Lloyd Wright: Construções Froebel, segundo Grant Manson (Grant Manson).
70. Frank Lloyd Wright: Igreja da Unidade, Oak Park, Illinois, 1906, acessórios de iluminação e galeria (S. Myers).
71. Frank Lloyd Wright: Midway Gardens, Chicago, 1914-18 (F. R. Yerbury).
72. Frank Lloyd Wright: Hollyhock House, Los Angeles, 1916-20 (John Winter).
73,74. Frank Lloyd Wright: Price Tower, Bartlesville, Oklahoma, 1953-5 (Joe D. Price).
75. Price Tower, plano (Joe D. Prece).
76. Price Tower, mobiliário angular (Joe D. Price).
77. Frank Lloyd Wright: típica Usonian House, Okemos, Michigan, 1939.
78. Frank Lloyd Wright: Edifício Johnson Wax, Racine, Wisconsin, 1938 (USIS).
79. Edifício Johnson Wax, tubagens de pyrex (John Winter).
80. Edifício Johnson Wax, Torre do Laboratório, 1950 (John Winter).
81. Frank Lloyd Wright: Museu Guggenheim, Nova Iorque, 1943-59 (Museu Guggenheim).
82. Frank Lloyd Wright: Marin County Civic Center, San Rafael, California, 1959-64 (Thom Jestico).
83. Le Corbusier, esboço.
84. Le Corbusier: ilustração do Purismo, de *L'Esprit Nouveau*.
85. Le Corbusier: Ville Radieuse, 1930-38 (Artemis Verlag).
86. Le Corbusier: Plan voisin, Paris, 1925 (Artemis Verlag).
87. Le Corbusier: Ronchamp, Pintura (Lucien Hervé).
88. Ronchamp, França, vista de sueste (Departamento de Turismo deo Governo Francês).
89. Ronchamp, axonométrico (Artemis Verlag).
90. Ronchamp, interior (Departamento de Turismo do Governo francês).
91. Le Corbusier: Chandigarh, Índia, Supremo Tribunal, 1956 (Serviço de Informação da Índia).
92. Chandigarh, secção dos dois corpos (Artemis Verlag).
93. Chandigarh, fachada sudoeste (Serviço de Informação da Índia).
94. Chandigarh, interior do Edifício da Assembleia (Lucien Hervé).
95. Chandigarh, planeamento de acrópole (Artemis Verlag).
96. Chandigarh, símbolo da mão aberta (Artemis Verlag).
97. Le Corbusier: Hospital de Veneza, 1965 (Artemis Verlag).
98. Le Corbusier: Centro Le Corbusier, Zurique, 1965-8 (Charles Jencks).
99. Centro Le Corbusier, interior (Charles Jencks).
100. Henry van de Velde: Werkebund Theater, Colónia, 1914.
101. Alvar Aalto: Biblioteca de Viipuri, Viipuri, Finlândia, 1927-35 (Museu da Arquitetura Finlandesa).
102. Alvar Aalto: Centro Cultural de Wolfsburg, Wolfsburg, Alemanha, 1959-62; entrada principal (Museu da Arquitectura Finlandesa).
103. Centro Cusltural de Wolfsburg, plano (Museu da Arquitectura Finlandesa).
104. Centro Cultural de Wolfsburg, desenho (H. Heidersberger).
105. Centro Cultural de Wolfsburg, vista aérea (Museu da Arquitectura Finlandesa).
106. Alvar Aalto: Município de Säynätsalo, Säynätsalo, Finlândia (Museu da Arquitectura Finlandesa).
107. Município de Säynätsalo, entrada (Museu da Arquitectura Finlandesa).
108. Município de Säynätsalo, suportes (Museu da Arquitectura Finlandesa).
109. Alvar Aalto, Igreja de Imatra, Imatra, Finlândia, 1957-9 (Museu da Arquitectura Finlandesa).
110. Igreja de Imatra, vista para o altar (Museu da Arquitectura Finlandesa).
111. Igreja de Imatra, modelo acústico (Museu da Arquitectura Finlandesa).
112. Alvar Aalto: Banco de Pensões, Helsínquia, Finlândia, 1952-6 (Museu da Arquitectura Finlandesa).
113. Igreja de Imatra, exterior (Museu da Arquitectura Finlandesa).
114. Igreja de Imatra, juntura (Museu da Arquitectura Finlandesa).
115a. Albert Speer: Zeppelinfeld, Nuremberga, Alemanha, 1934 (Library of Congress).
115b. Centro Cultural Lincoln, Nova Iorque (Charles Jencks).
116. Taxonomia numérica (Charles Jencks).
117. Paul Rudolph: Edifício Arts and Architecture, New Haven, 1963 (USIS).
118. Edward Durrell Stone: Centro John F. Kennedy, Washington, primeiro modelo, 1964 (USIS).
119a. Bruce Goff: Casa Bavinger, Norman, Oklahoma, 1957 (Timothy Street-Porter).
119b. Herbert Greene: Casa da Pradaria, Norman, Oklahoma, 1961 (Timothy Street--Porter).
119c. Paolo Soleri e Mills: Casa do Deserto, Cave Creek, Arizona, 1951 (Julius Schulman).
120. Minoru Yamasaki: Edifício da Consolidated Gas, Detroit, 1964 (Balthazar Korab).
121. Eero Saarinen: Edifício TWA, Jamaica, Nova Iorque, 1956-62 (USIS).
122 Eero Saarinen: Aeroporto Dulles, Chantilly, Washington, DC, 1964 (USIS).
123. Harrison & Abramovitz: Edifício Alcoa, Pittsburgh, 1955 (USIS).
124. SOM, Academia da Força Apérea, Colorado Springs, 1957-62 (USIS).
125. John M. Johansen: Biblioteca da Universidade de Clark, Worcester, Massachusetts, 1966-9 (Louis Chekman e George Sserna).
126. Philip Johnson: Casa de Vidro, New Canaan, Connecticut (Roy Summers).
127. Philip Johnson: Igreja de New Harmony, New Harmony, Indiana, 1960 (Ezra Stoller).
128. Andy Warhol: Lata de Sopa Campbell, 1964.
129. Buckminster Fuller: Casa de Wichita, Kansas, 1946 (Buckminster Fuller).

130. Charles e Ray Eames: Casa Eames, Los Angeles, 1949 (Charles Eames).
131. Pierre Koenig: Case Study House 22, Hollywood Hills, 1959 (Julius Schulman).
132. Edifício de Montagem de Veículos, Cabo Kennedy, Florida, 1964, e SOM, Telescópio Solar, Kitts Peak, Arizona, 1965 (USIS e SOM).
133. Robert Venturi: Chestnut Hill House, Pennsylvania, 1965 (Rolin R. La France).
134. Robert Venturi: Football Hall of Fame, 1968 (George Pohl).
135. Robert Venturi: Lieb House, Long Beach Island, New Jersey, 1966-9 (Stephen Hill).
136. Charles Moore e William Turnbull: interior do Clube da Faculdade, Universidade da Califórnia, 1968 (Morley Baer).
137. Sert, Jackson, Gourley e Associados, Torre da Universidade de Boston, 1965 (USIS).
138. Ser, Jackson, Gourley e Associados: Holyhoke Center, Cambridge, Massachusetts, 1963 (Charles Jencks).
139. Kallmann, McKinnel & Knowles: Municipalidade de Boston, 1964-9 (Charles Jencks).
140. Louis Kahn: Edifício Medical Research, Filadélfia, 1961-8 (USIS).
141. Louis Kahn: Balneários de Trenton, Trenton, New Jersey, 1958 (John Ebstel).
142. Louis Kahn: Instituto Salk, Laboratórios, La Jolla, Califórnia, 1965 (USIS).
143. Louis Kahn: Axonométrico do Servidor e do Servido (Louis Kahn).
144. Louis Kahn: Primeira Igreja Unitária, Rochester, Nova Iorque, 1964 (USIS).
145. Louis Kahn: Axonométrico da orientação da luz (Louis Kahn).
146. Louis Kahn: Edifício da Assembleia de Dacca, Bangla Desh, 1962- (Su King).
147a. Reyner Banham e François Dallegret na sua Não-Casa, 1965 (Reyner Banham).
147b. Richard Hamilton: Homenagem à Chrysler Corp., 1957 (Richard Hamilton).
148. Robert Matthew e outros no LCC Architects Department: Royal Festival Hall, Londres, 1951 (E. R. Jarrett).
149. Foster Associates: Computer Technology Ltd. Office, Londres, 1970 (John Donat).
150. LCC Architects department: Habitações de Alton East, Roehampton, Londres, 1953-6 (Gregory Jones).
151. Chamberlin Powell & Bonn: New Hall, Cambdrige, 1966 (Charles Jencks).
152. Alison e Peter Smithson: Escola de Hunstanton, Hunstanton, 1949-54 (Robert Vickery).
153. Mies van der Rohe: Almuni Memorial Hall, Chicago, 1947 (Hedrich-Blessing).
154. John Weeks e Llewelyn-Davies: Hospital de Northwick Park, Londres, 1961-70 (Weeks and Davies).
155. Leslie Martin, Colin St John Wilson e Patrick Hodgkinson: Albergue do Caius College, Cambridge, 1962 (John Donat).
156. Peter e Alison Smithson: Golden Lane Competition, 1952 (A. e P. Smithson).
157. Lynn, Smith e Nicklin, sob a direcção de Wormersley: Park Hill, Sheffield, 1961 (Jane Beckett).
158. Stirling e Gowan: Leicester Engineering Building, Leicester, 1964 (RIchard Einzig).
159. James Stirling: Quatro axonométricos e uma nave lunar (James Stirling).
160. James Stirling: Faculdade de História da Universidade de Cambridge, 1968 (Richard Einzig).
161. James Stirling: Edifício Florey, Oxford, 1966-71.
162. Alison e Peter Smithson: Esquema de Sheffield, 1953 (A. e P. Smithson).
163. Perter e Alison Smithson: Casa do Futuro, 1956 (A. e P. Smithson).
164. Richard Hamilton: Isto é Amanhã, 1956 (Sam Lambert).
165. Michael Webb: Edifício Furniture Manufacturers, 1959 (Archigram).
166. Michael Webb: Centro do Pecado, 1962 (Archigram).
167. Cedric Price com Lord Snowdown e Frank Newby: Gaiola de Pássaro, Londres, 1961-2 (Sam Lambert).
168,169. Cedric Price: Potteries Thinkbelt, 1966 (Cedric Price).
170. *Archigram:* Exposição da Cidade Viva, 1963 *(Archigram).*
171. *Archigram:* Projectos *(Archigram).*
172. *Archigram 7,* 1966 *(Archigram).*
173. Peter Cook: Contrôlo e Escolha, 1967 *(Archigram).*
175. *Archigram:* Edifício de Diversões de Monte Carlo, 1969- *(Archigram).*
176. Ray Affleck e Associados: Place Bonaventure, Montreal, 1962-6 (Chrys Payne).
177. Lucio Costa: Brasília, 1956, plano, e Oscar Niemeyer: Brasília, Edifícios do Governo, 1956-60 (Embaixada do Brasil).
178. Van den Broek e Bakema: Projecto para Kennemerland, 1959 (J.B. Bakema).
179. Van den Broek e Bakema: Municipalidade de Marl, Marl, Alemanha, 1964-9 (Stadt Marl).
180. Alison e Peter Smithson: Berlim — Haupstadt Scheme, 1958 (A. & P. Smithson).
181. Affonso Eduardo Reidy: Alojamentos de Pedregulho, rio de Janeiro, 1947-53 (embaixada brasileira).
182. Maki e Ohtaka: Projecto Shinjuku (F. Maki).
183. Aldo van Eyck: Lar das Crianças, Amsterdão, 1958-60 (P. G. Goede).
184. Lar das Crianças, Amsterdão, 1958-60 (J. J. van der Meyden).
185. Lar das Crianças, plano (KLM).
186. Aldo van Eyck: Pavilhão de Arnheim, 1966 (Koen Wessing).
187. Herman Hertzberger: Extensão de Fábrica, Amsterdão, 1964 (Jan Vershel).
188. Kiyonori Kikutake: Centro Cívico de Miyakonojo, Japão, 1965-6 (T. Oyama).
189. Kenzo tange: Municipalidade de Kurashiki, Japção, 1958-60 (Fumio Murasawa).
190. Arata Isozaki: Cachos no ar, 1962 (A. Isozaki).
191. Franco Albini e Franca Helg: Armazéns Rinascente, Roma, 1957-62 (Oscar Sario).
192. BBPR: Torre Velasca, Milão, 1957 (Departamento de Turismo Italiano).
193. Guy Debord: Mapa Situacionista de Paris, 1961 (Guy Debord).
194. Alison e Peter Smithson: Edifícios da Soho Route e rede de estradas, 1959 (A. e P. Smithson).
195. Louis Kahn: padrões de Movimento existentes e propostos para Filadélfia, 1952 (Louis I. Kahn).
196. Richards e Chalk: Intercâmbio, 1966 (Sandra Lousada).
197. Brian Richards: Anatomia Comparativa dos Sistemas de Movimento, 1966 (Brian Richards).
198. Christopher Alexander: tipo ideal de padrão de rua (C. Alexander).

199. Frank Lloyd Wright: Broadacre City, 1934 (Roy E. Peterson).
200a. Kenzo Tange e a Equipa Metabolista: Plano para a Baía de Tóquio, 1960 (Osamu Murai).
200b. Kenzo Tange: Centro de Imprensa de Yamanashi, Konju, Japão, 1967 (Osamu Murai).
201. Kenzo Tange: Plano para a Baía de Tóquio (K. Tange).
202.Candilis, Josic e Woods: Toulouse-le--Mirail, França, 1961 (Yan).
203. John Andrews. Scarborouygh College, Toronto, 1964-6 (John Andrews).
204. Candilis, Josic e Woods, Universidade Livre de Berlim, 1963- (Nina von Jaanson).
205. Colin Buchanan: Grelha Direccional, 1966 (C. Buchanan).
206. Lionel March: Parâmetros da Forma, 1967 (L. March).
207. Le Ricolais: Trihex, 1968 (Le Ricolais).
208. Yona Friedman: Cidade Espacial, 1961 (Y. Friedman).
209. Wimmenauer, Szabo, Kasper & Meyer: Superestrutura urbana sobre Dusseldorf, modelo, 1969 (K. Wimmenauer).
210. Christopher Alexander: Diagrama para uma aldeia índia, 1962 (C. Alexander).
211. Hugh Wilson e outros: Cumbernauld New Town, Escócia, Centro, 1956- (Cumbernauld Development Corporation).
212. Christopher Alexander: semi--entrelaçamento e árvore (C. Alexander).
213. Christopher Alexander e Centre for Environmental Structure: Planos genéricos para uma casa de *barriada,* Peru, 1969 (C. Alexander).
214. Democracia de consumo (Charles Jencks).
215. Técnica Delphi, 1967 *(Sunday Times).*
216. Gabriel Bouladon: rede de sistema de transferências do futuro, 1967 (G. Bouladon).
217. Gabriel bouladon: Carro do Futuro (G. Bouladon).
218. Análise de sistemas *(Scientific American).*
219. *Archigram:* Possibilidades Futuras *(Archigram).*
220. Paul e Percival Goodman: Uma Nova Comunidade, 1947-60 (P. e P. Goodman).
221. Leon Krier: Alojamentos para a Royal Mint Square, projecto, Londres, 1974 (Leon Krier).
222. Charles Moore com Perez Associates & UIG: Piazza d'Italia, Nova Orleães, 1976-9 (Norman McGrath).
223. Michael Graves: Edifício dos Portland Public Services, Portland, Oregon, 1980-82 (Proto Acme Photo).
224. Ralph Erskine: Byker Wall, Newcastle, 1972-4 (Bill Toomey, *The Architectural Review).*
225. Frank Gehry: Toyota Office, Glen Burnie, Maryland, 1978-9 (Frank Gehry).
226. Philip Johnson e John Burgee: Pennzoil Place, Houston, 1974-5 (Charles Jencks).
227. Antoni Bonet: Torre Urquinaona, Barcelona, 1969-76 (Charles Jencks).
228. Richard Rodgers e Renzo Piano: Centro Pompidou, Paris, 1971-7 (Charles Jencks).
229. Ricardo Bofill e Taller de Arquitectura: Les Arcades du Lac, St Quentin-en-Yvelines, 1974-81 (Charles Jencks).
230. Richardo bofill e Taller de Arquitectura: Palácio de Abraxas, Marne-la-Vallée, 1978--82 (Charles Jencks).
231. James Stirling e Michael Wilford: entrada do Teatro, Estugarda, 1977-83 (Peter Walser).
232. Arata Isozaki: Centro Cívico de Tsukuba, 1980-83 (Satoru Mishima).
233. Michael Graves: Sede da Humana Medical corporation, Louisville, Kentucky, 1982- (Michael Graves).
234. Robert Krier: A Casa Branca, Ritterstrasse, Berlim, 1977-80 (Gerard Blomeyer).
235,236. Hans Hollein: Städtiches Museum Abteiberg, Mönchengladbach, 1972-82 (Charles Jencks).

ÍNDICE